Ute Behning
Sozialpolitik im europäischen Mehrebenensystem

D1670587

2-H-342

Ute Behning

Sozialpolitik im europäischen Mehrebenensystem

Analysen kommunikativen Handelns
am Beispiel des Politikprozesses zum
Hartz-IV-Gesetz

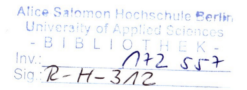

Alice Salomon Hochschule Berlin
University of Applied Sciences
- B I B L I O T H E K -
Inv.: 172 55-7
Sig.: R-H-3/12

ausgeschieden

Budrich UniPress Ltd.
Opladen & Farmington Hills 2009

Bibliografische Information der Deutschen Nationalbibliothek
Die Deutsche Nationalbibliothek verzeichnet diese Publikation in der Deutschen
Nationalbibliografie; detaillierte bibliografische Daten sind im Internet über
http://dnb.d-nb.de abrufbar.

Gedruckt auf säurefreiem und alterungsbeständigem Papier.

Alle Rechte vorbehalten.
© 2009 Budrich UniPress, Opladen & Farmington Hills MI
www.budrich-unipress.de

ISBN   978-3-940755-38-4

Das Werk einschließlich aller seiner Teile ist urheberrechtlich geschützt. Jede Ver-
wertung außerhalb der engen Grenzen des Urheberrechtsgesetzes ist ohne Zustimmung des Verlages unzulässig und strafbar. Das gilt insbesondere für Vervielfältigun-
gen, Übersetzungen, Mikroverfilmungen und die Einspeicherung und Verarbeitung in
elektronischen Systemen.

Umschlaggestaltung: disegno visuelle kommunikation, Wuppertal – www.disenjo.de
Druck: paper&tinta, Warschau
Printed in Europe

Inhalt

1. Einleitung

„Die Felder der kulturellen Produktion halten für alle, die sich in ihnen
engagieren, einen Raum des *Möglichen* bereit, der ihrer Suche eine Orientierung gibt, indem das Universum der Probleme, Bezüge, geistigen Fix-
punkte [...], kurz, das ganze Koordinatensystem absteckt, das man im
Kopf – was nicht heißt im Bewusstsein – haben muß, um mithalten zu
können. [...] Daß die Produzenten einer bestimmten Epoche durch ihre
Position und durch den historischen Zeitpunkt determiniert und zugleich,
was die direkten Determinierungen durch das ökonomische und soziale
Umfeld angeht, relativ autonom sind, liegt an diesem Raum des Möglichen [...]. Dieser in bezug auf die einzelnen Akteure transzendente Raum
des Möglichen fungiert nach Art eines gemeinsamen Koordinatensystems
und bewirkt, dass die zeitgenössischen Regisseure, auch wenn sie sich
nicht bewusst aufeinander beziehen, objektiv durch ihr Verhältnis zueinander bestimmt sind. [...] Eine erste, wohlvertraute Gliederung ergibt sich
aus dem Gegensatz von *externer* und *interner* [...] Interpretation" (Bourdieu 1998: 55f.; Herv. i. O.).

Begreift man die sozialpolitische Ausgestaltung des europäischen Integrationsprozesses in Anlehnung an Bourdieu (1998) als *Raum des Möglichen*, der
zwar die Grenzen von Erfahrungen der in ihm Handelnden überschreitet, aber
ihre makroökonomische Gestaltungsautonomie in einem gemeinsamen Koordinatensystem gewährleistet, doch letztendlich durch ihr Verhältnis zueinander bestimmt wird, so ist die Frage zu stellen, welche Akteure in diesem Koordinatensystem wen als extern und wen als intern interpretieren. Derzeit
befindet sich die europäische Integrationspolitik in einer Phase, in der gerade
die Beantwortung ebendieser Frage das sozialpolitische Handeln von Akteuren prägt und, wie am Beispiel der Bundesrepublik Deutschland zu zeigen
sein wird, mitgliedstaatliche Sozialpolitik zutiefst beeinflusst. Gleichzeitig
stoßen die aktuellen Sozialstaatsreformen in denjenigen Mitgliedstaaten der
Europäischen Union (EU), die hohe Sozialstandards erreicht haben, nicht auf
gesellschaftliche Akzeptanz und auch die Vertiefung des europäischen Integrationsprozesses wird, wie die Verfassungsreferenden in Frankreich und den
Niederlanden verdeutlicht haben, von der Wahlbevölkerung dieser Mitgliedstaaten mehrheitlich nicht unterstützt. Objektiv betrachtet, gibt es für diejenigen, die langfristig an erreichten Wohlfahrtsstandards und deren (Wieder-)
Ausbau in den Mitgliedstaaten der EU festhalten möchten, angesichts der im
Folgenden kurz skizzierten realpolitischen Hintergründe aber *keine* Alternative zur politischen und sozialen Vertiefung des europäischen Integrationsprozesses.

1.1 Realpolitische Hintergründe

Mit den Argumenten, die Attraktivität des Wirtschaftsstandortes Europa in Zeiten zunehmender wirtschaftlicher Globalisierungsprozesse zu steigern, die Abwanderung industrieller Produktionen in Billiglohnländer zu verringern und Erwerbsarbeitsplätze in den mitgliedstaatlichen Räumen zu erhalten, bereiteten die Europäischen Gemeinschaften (EG) in den 1980er-Jahren das europäische Binnenmarktprojekt vor (vgl. z.B. KOM 1994: 7; kritisch vgl. Altvater/Mahnkopf 2004: 398–422). Schon vor und während der Umsetzung der Wirtschafts- und Währungsunion (WWU) wiesen Experten darauf hin, dass die wirtschaftspolitische Intensivierung des europäischen Integrationsprojektes eine Standortkonkurrenz zwischen den Mitgliedstaaten der EU erzeugen wird. Die Realisierung des Binnenmarktes führte

„dazu, daß wir nun innerhalb Europas über einen integrierten ökonomischen Bereich verfügen, in dem gesetzliche und administrative Barrieren für Güter- und Kapitalbewegungen beseitigt und Einschränkungen des freien Wettbewerbs zwischen Dienstleistungsanbietern rasch abgebaut wurden [...]. Zur Verfolgung seiner Zwecke kann das Kapital deshalb nun ungehindert an die Standorte gehen, die den höchsten Gewinn versprechen, und Unternehmen sind frei, ihre Produktion sowie ihre Forschungs- und Entwicklungsaktivitäten an jeden Platz innerhalb der Union zu verlagern, ohne dadurch auf irgendeine erdenkliche Weise ihren Zugang zum heimischen Markt zu gefährden (was für Standorte außerhalb der Europäischen Union keineswegs gewährleistet ist). [...] Steuern zu erheben und das heimische Kapital und die privaten Unternehmen zu regulieren, wird nun durch die Angst vor Kapitalflucht und der Verlagerung der Produktion begrenzt" (Scharpf 1998: 329).

Um nun auch im *EU-internen* Wirtschaftsstandortwettbewerb bestehen zu können, konkurrieren die Wohlfahrtsstaaten der EU seit den frühen 1990er-Jahren u. a. um das niedrigste Lohn(neben)kostenniveau, was in der Folge die Finanzierung ihrer sozialen Sicherungssysteme gefährdet.[1] Außerdem

„reduziert der Zwang zur Einhaltung der europäischen Konvergenzkriterien [...] [für die Mitgliedstaaten der Europäischen Währungsunion nun auch] die Möglichkeit zu fiskalischer und geldpolitischer Nachfragesteuerung" (Lütz 2004: 13).

In der logischen Konsequenz bedeutet dies, dass vom WWU-Effekt des *race to the bottom*, also einer beständigen Verschlechterung der Beschäftigungsbedingungen, vor allem gut ausgebildete, kontinentale Sozialstaaten betroffen sind, deren nationale Sozialsysteme durch erwerbsarbeitsgebundene Einnahmen finanziert werden (detaillierter vgl. Scharpf 1999). Die Bundesrepublik Deutschland, aber auch Frankreich und die Niederlande gehören dazu.

Einig sind sich die Experten, dass die soziale Abwärtsspirale, die durch die marktfördernden Politiken der EU erzeugt wird – die so genannte negative

---

1   Für eine vergleichende Analyse der wohlfahrtsstaatlichen Reformen, die in den 1990er-Jahren als Reaktion auf den skizzierten Sachverhalt durchgeführt wurden, vgl. z. B. Scharpf/ Schmidt (2000a u. 2000b) und Kuhnle (2000).

Integration –, nur noch durch komplementäre, marktkorrigierende Politiken auf europäischer Ebene – die so genannte positive Integration – abgefedert werden kann. Doch gleichzeitig konstatieren dieselben Experten, dass einer der ökonomischen Integration äquivalenten sozialen Integration die differenten wohlfahrtsstaatlichen Systeme der EU-Mitgliedstaaten, ihre unterschiedlichen Sozialleistungsniveaus,[2] das daraus erwachsende Beharren der mitgliedstaatlichen Regierungen auf wohlfahrtsstaatliche Souveränität und – nicht zuletzt – die unzureichende Entwicklung einer europäischen Wir-Identität der EU-Bürgerinnen und -Bürger entgegenstehen (vgl. z. B. Room 1991; Leibfried/ Pierson 1992, 1995b u. 2000; Majone 1993; Schulte 1995a u. 1997; Baldwin 1996; Scharpf 1996, 1997 u. 2002; Streeck 1996 u. 1998; Rhodes 1998; Busch 1998; Offe 2000, 2001 u. 2003).

Obwohl die mitgliedstaatlichen Regierungen seit Beginn der 1990er-Jahre – wenn auch nur indirekt – anerkennen, dass der wirtschaftliche Integrationsprozess gemeinschaftlichen Handlungsbedarf in der Sozialpolitik erzeugt (vgl. KOM 1993; KOM 1994), entbrannte in den Folgejahren ein Streit um die Definition der grundlegenden sozialpolitischen Ziele der Union. Dabei rückte die zentrale integrationspolitische Frage nach der Finalität des europäischen Integrationsprojektes in den Vordergrund der Debatte (vgl. z. B. Giering 1997). Versuche, die EU als regulativen Staatenbund (vgl. z. B. Majone 1996) oder als demokratischen Wohlfahrtsstaat mit föderalem Charakter zu denken (vgl. z. B. Offe 2003; Scharpf 1997), sind gepaart mit bzw. werden überlagert von Debatten über die ‚richtige‘ makroökonomische Ideologie und die gemeinschaftlich zu ergreifenden Maßnahmen. Seit Mitte der 1990er-Jahre changieren die makroökonomischen Auseinandersetzungen in der EU zwischen liberalen und keynesianischen Vorstellungen (vgl. Aust 2000; Aust et al. 2000: 284–290). Eine endgültige Einigung konnte bislang nicht erzielt werden.

Um die sozialpolitische Pattsituation zu überwinden, ist in den 1990er-Jahren die Idee der Entwicklung *eines neuen europäischen Sozialmodells* auf politischer Ebene geboren worden. Ende 1999 erhielt die portugiesische Regierung von der sozialdemokratischen Parteienfamilie in der EU[3] das Mandat, für ihre Ratspräsidentschaft im Frühjahr 2000 ein umfassendes und konsensfähiges Konzept zur weiteren Gestaltung *eines* neuen europäischen Sozialmodells[4] zu entwickeln (vgl. Aust 2000: 278). Das von der portugiesi-

---

2   Für eine differenzierte Klassifizierung und Gegenüberstellung der wohlfahrtsstaatlichen Systeme in der EU vgl. z. B. Esping-Andersen (1990) und Ferrera et al. (2000).

3   Zu diesem Zeitpunkt stellten Regierungen unter der Beteiligung sozialdemokratischer Parteien die überwiegende Mehrheit im Europäischen Rat. In diesem Kontext ist auch die „Reformfähigkeit der Sozialdemokratie" (Merkel et al. 2006) zu verstehen.

4   Die politische Auseinandersetzung um *ein* neues europäisches Sozialmodell (vgl. z. B. Jepsen/Serrano Pascual 2005 u. 2006) ist von der wissenschaftlichen Debatte um *das* europäische Sozialmodell zu unterscheiden. Letztere widmet sich insbesondere der vergleichenden Entstehungsgeschichte der europäischen Wohlfahrtsstaaten sowie der Identifikati-

schen Ratspräsidentschaft in Kooperation mit Experten erarbeitete (vgl. z. B. Ferrera et al. 2000; Esping-Andersen et al. 2002[5]) und durch die Europäische Kommission ergänzte Konzept (vgl. z. B. Rat 2000) stellt eine Vision für die Ausrichtung des neuen europäischen Sozialmodells dar. Sie wurde im März 2000 auf einem Sondergipfel in Lissabon als gemeinsame Zielvorstellung verabschiedet: Die so genannte *Lissabon-Strategie* verfolgt das Ziel, die EU bis 2010 zum

„wettbewerbsfähigsten und dynamischsten wissensbasierten Wirtschaftsraum zu machen – einem Wirtschaftsraum, der fähig ist, ein dauerhaftes Wirtschaftswachstum mit mehr und besseren Arbeitsplätzen und einem größeren sozialen Zusammenhalt zu erzielen" (Europäischer Rat 2000: 1).

Um ihr ehrgeiziges Ziel vor dem Auslaufen aller Übergangsbestimmungen für die zwischenzeitlich der EU beigetretenen osteuropäischen Staaten zu erreichen,[6] verständigten sich die mitgliedstaatlichen Regierungen, ihre nationalen wirtschafts-, beschäftigungs- und sozialpolitischen Institutionen in koordinierter und abgestimmter Weise zu reformieren. Sie einigten sich

„auf ein ambitioniertes Programm für den Aufbau von Wissensinfrastrukturen, die Förderung von Innovation und Wirtschaftsreform und die Modernisierung der Sozialschutz- und Bildungssysteme […][, also darauf,] sowohl wirtschaftliche als auch soziale Reformen einzuleiten" (ebd.).

Explizites Ziel der bis zum Jahr 2010 gemeinsam durchzuführenden nationalen Reformprozesse ist die Konvergenz der nationalen Sozialsysteme der EU (vgl. ebd.: 8). Entstehen soll *ein* neues europäisches Sozialmodell, das seine institutionelle Verankerung in jedem Mitgliedstaat findet und auf die Modi „investing in people" und „activating social policies" ausgerichtet ist (Borrás/ Jacobsson 2004: 190). Seither stehen Bildungs-, Forschungs- und Technologiepolitik sowie eine aktivierende Sozialpolitik im Zentrum der Entwicklung des neuen europäischen Sozialmodells (vgl. auch Palier 2004).

Damit war die Entscheidung *gegen* ein Sozialdumping erzeugendes Konkurrieren der Sozialsysteme der EU und *für* eine auf die Generierung *eines* Sozialmodells ausgerichtete kooperative und koordinierte Reorganisation aller Wohlfahrtsstaaten der EU gefallen. Herbeigeführt werden soll das *eine* Sozialmodell mittels der parallel und zur Umsetzung der Lissabon-Strategie

---

on ihrer Gemeinsamkeiten und Differenzen (vgl. z. B. Aust et al. 2000 u. 2002; Kaelble/ Schmid 2004; für einen Vergleich mit den USA vgl. auch Alber 2006).

5   Diese Publikation ist die überarbeitete Fassung des zentralen Berichts, der zur Vorbereitung der Lissabon-Strategie diente; vgl. auch Rodrigues (2002).

6   Die niedrigen Sozialstandards der osteuropäischen Mitgliedstaaten werden die geschilderte Situation in den 15 „alten" EU-Staaten (EU-15) abermals verschärfen. Anzumerken ist allerdings, dass die in 2004 beigetretenen Mitgliedstaaten seit 2001 am Lissabon-Prozess teilnehmen. Die Aufwertung und Angleichung der Sozialstandards der neuen Mitgliedstaaten an die der EU-15 und damit eine Entschärfung der Situation für die alten Mitgliedstaaten ist intendiert.

eingeführten neuen Form des Regierens der EU, der ‚Methode der offenen Koordinierung' (MOK). In Lissabon vereinbarten die Regierungen der Mitgliedstaaten folgende, hier vereinfacht dargestellte Verfahrensgrundlage für das MOK-Regieren: Die Ausrichtungen aller wirtschafts-, beschäftigungs- und sozialpolitischen nationalen Reformprozesse sollen in den Mitgliedstaaten und auf europäischer Ebene vorbereitet, dann auf den jeweiligen nationalen und regionalen Ebenen im Rahmen von Reformen umgesetzt, daraufhin auf europäischer Ebene die Gesamtheit aller nationalen Reformprozesse auf ihre Ausrichtung überprüft und abschließend ggf. auf den nationalen und regionalen Ebenen Reformmodifikationen vorgenommen werden (vgl. Europäischer Rat 2000: 8f.). Das MOK-Regieren wurde erstmals im Dezember 2000 im Politikbereich ‚Bekämpfung von Armut und sozialer Ausgrenzung' praktiziert und – wie in Kapitel 6 dieser Arbeit noch deutlich wird – in den Folgejahren weiter ausgestaltet und verfeinert. Schon im März 2001 folgte eine Ausdehnung des MOK-Regierens auf die Politikfelder Bildung, Gesundheit, Pflegevorsorge und Renten (vgl. Hodson/Maher 2001: 726). Schließlich wurden die in den 1990er-Jahren eingeführten Koordinierungsformen in den Wirtschafts- und Beschäftigungspolitiken im Sinne des MOK-Regierens im Jahr 2003 modifiziert (vgl. Linsenmann et al. 2006).[7]

Die Einführung des MOK-Regierens löste in der EU-Sozialpolitikforschung eine Welle theoretischer Wirkungseinschätzungen aus, wie sie unterschiedlicher nicht sein könnten. Hinsichtlich der zu erwartenden Effekte auf die Vertiefung der sozialen Dimension der EU schwanken die Bewertungen zwischen „[it] masks the absence of action in the social sphere" (de la Porte/ Pochet 2002a: 15; ähnlich Streeck 2000), über „[it] seeks to limit divergence, or even bring about a degree of convergence in some cases" (de la Porte/ Pochet 2002a: 15; ähnlich Ferrera 2000; Scharpf 2001) bis hin zu „[it] could be conducive to policy convergence" (de la Porte/Pochet 2002a: 16; ähnlich Jacobsson 2001; Goetschy 2001; Telò 2002). Die differenten Einschätzungen sind letztendlich darauf zurückzuführen, dass das MOK-Regieren eine Interaktion der Mitgliedstaaten darstellt, die *nicht* zur Verabschiedung von Gesetzen auf europäischer Ebene führt, sondern alle Mitgliedstaaten zu europäisch koordinierten wohlfahrtspolitischen Reformen zwar auffordert, aber *nicht* verpflichtet. Deshalb werden die neuen Formen des Regierens mittels MOK – in Abgrenzung zum *hard-law*-Regieren via Gemeinschaftsmethode[8] – auch als europäisches *soft-law*-Regieren erfasst (vgl. z.B. Scharpf 2001; Trubek/ Trubek 2005). Hervorzuheben ist, dass das MOK-Regieren keinesfalls ge-

---

7 Das MOK-Regieren wird stetig ausgeweitet. Beispielhaft zu nennen sind folgende Politikfelder: Migration, Wissensgesellschaft, Forschungs- und Technologiepolitik (für einen Überblick vgl. Borràs/Jacobsson 2004: 194f.).

8 Für einen detaillierten Überblick über die Entstehungsgeschichte, Ziele und Funktionsweisen der Gemeinschaftsmethode, die vielfach auch Monnet-Methode genannt wird, vgl. Wessels (2001).

währleistet, dass der Lissabon-Prozess auch von allen Mitgliedstaaten der EU getragen wird.[9] Erst eine sozialrechtliche Vertiefung des europäischen Integrationsprozesses kann diesbezüglich für Sicherheit sorgen (detaillierter vgl. z. B. Scharpf 2001).

Das Wissen über die Hintergründe der Restrukturierungen der Wohlfahrtsstaaten der EU kann die mitgliedstaatlichen Reformanstrengungen im Bereich des Sozialen erklären und verständlich machen. Um aber nachvollziehen zu können, warum der Umbau der Sozialsysteme in denjenigen Mitgliedstaaten, die hohe Sozialstandards erreicht haben, seit Ende der 1990er-Jahre mit einem Abbau von Sozialleistungen einhergeht, bedarf es einiger Zusatzinformationen: In der Rechtssache Grzelcyk stellten das belgische *Tribunal du travail Nivelles* am 7. Mai 1999 und der Europäische Gerichtshof (EuGH) am 20. September 2001 erstmals fest, dass jeder Mitgliedstaat seine sozialen Leistungen nicht mehr von der Staatsangehörigkeit abhängig machen darf.[10] Ausschlaggebend für das Recht auf beitragsabhängige wie beitragsunabhängige Sozialleistungen – dazu zählen auch die ‚alte‘ und ‚neue‘ Sozialhilfe, das ‚alte‘ Arbeitslosengeld, die ‚alte‘ Arbeitslosenhilfe und die ‚neuen‘ Arbeitslosengelder I und II der Bundesrepublik Deutschland – ist die Unionsbürgerschaft; sie gewährt allen Unionsbürgerinnen und -bürgern ein uneingeschränktes und unbefristetes Aufenthaltsrecht in allen Mitgliedstaaten der EU. Die Höhe und die Bedingungen der sozialen Leistungsvergabe werden durch das jeweils national gültige Recht bestimmt. Unionsbürgerinnen und -bürger mit der Staatsangehörigkeit eines anderen Mitgliedstaates sind mit den Staatsbürgerinnen und -bürgern des Mitgliedstaates, in dem die Sozialleistung genutzt oder beantragt wird, gleichzustellen.[11] Ob es infolgedessen

---

9   Noch gibt es keine unabhängigen wissenschaftlichen ländervergleichenden Analysen der 27 mitgliedstaatlichen Adaptionen der Lissabon-Strategie und Beteiligungen am MOK-Regieren. Für erste indirekte ländervergleichende Analysen vgl. Merkel et al. (2006).

10   Vgl. Rs. C-184/99, Slg. 2001, I-6193. Auch durch die Rs. D'Hoop C-224/98 wurden interessante, wenn auch weniger spektakuläre Neuerungen eingeführt.

11   In seinem Urteil nimmt der EuGH Bezug auf Art. 12, 17 und 18 EGV in der Fassung des Vertrags von Amsterdam, der am 17. Juni 1997 von allen Regierungschefs der Europäischen Union verabschiedet wurde und am 1. Mai 1999 in Kraft trat. Art. 17 (2) EGV schreibt die Vertragsbestimmungen als ‚Rechte und Pflichten‘ der Unionsbürgerinnen und -bürger fest. Wie im empirischen Teil dieser Arbeit noch deutlicher wird, wurden soziale EU-Grundrechte auf Initiative und kurz nach dem Amtsantritt der rot-grünen Bundesregierung im Frühjahr 1999 im Kontext der deutschen Ratspräsidentschaft eingefordert. Daraufhin nahm ein Konvent unter der Leitung des ehemaligen Bundespräsidenten Roman Herzog (CDU) im Dezember 1999 die Arbeit an einer EU-Grundrechtscharta auf. Diese Charta wurde aber von den Staats- und Regierungschefs der Mitgliedstaaten im Dezember 2000 lediglich deklariert und nicht in den Vertrag von Nizza aufgenommen. Der Vertrag von Nizza trat am 1. Februar 2003 in Kraft. Durch die Verfassung der Europäischen Union (VVE), die ebenfalls durch einen Konvent vorbereitet und am 29. Oktober 2004 von allen 25 Regierungen der Mitgliedstaaten unterzeichnet wurde, werden die ‚Rechte und Pflichten‘ der Unionsbürgerinnen und -bürger mit Art. I-9 und I-10 VVE abermals konkretisiert *und* durch soziale Grundrechte (Art. II-87 bis II-98 VVE) ausgestaltet. Danach hat

zu vermehrten sozialen Migrationsbewegungen innerhalb der EU kommen wird, bleibt zu beobachten.[12] Sollte dies der Fall sein, so werden diejenigen Wohlfahrtsstaaten der EU, die wie z.b. die Bundesrepublik Deutschland ein hohes Sozialleistungsniveau gewähren, abermals und verstärkt unter Finanzierungsdruck geraten. Um das Kollabieren dieser Sozialsysteme zu vermeiden, *war* jedenfalls ein innerstaatlicher Abbau von sozialen Migrationsanreizen angezeigt.[13]

Das Wissen um diese Hintergründe kann wiederum erklären, warum gerade die Regierungen derjenigen Mitgliedstaaten, die hohe Sozialstandards erreicht haben, Interesse an einer konvergenten Entwicklung der mitgliedstaatlichen Sozialsysteme der EU sowie der sozialrechtlichen Vertiefung des europäischen Integrationsprozesses haben und für die Reform der politischen Institutionen der EU plädieren. Das gültige Vertragswerk der EU – der Vertrag von Nizza – sieht im Bereich der sozialen Sicherheit und des sozialen Schutzes der Arbeitnehmenden immer noch ein europäisches Rechtsetzungsverfahren vor, das Einstimmigkeit im Rat erfordert. Vereinfacht dargestellt heißt dies, dass *alle 27 Regierungen der Mitgliedstaaten* entweder sich mit der sozialrechtlichen Vertiefung des europäischen Integrationsprozesses einverstanden erklären oder aber *keine* gemeinsame Entscheidung herbeiführen. Letzteres hat zur Folge, dass der gemeinschaftliche Regulierungsbedarf im Bereich des Sozialen quasi ‚auf Eis' liegt. Diesen Zustand hätte auch die Europäische Verfassung nicht verhindert; ihr Entwurf sah jedoch in Art. I-47 Abs. 4 Interventionsrechte für Unionsbürgerinnen und -bürger vor, deren Hürden sehr viel leichter hätten genommen werden können als die einstimmige Einigung der mitgliedstaatlichen Regierungen.[14]

---

jeder Mitgliedstaat Leistungen der sozialen Sicherheit in den Fällen von Mutterschaft, Krankheit, Arbeitsunfall, Pflegebedürftigkeit, Alter, Verlust des Arbeitsplatzes sowie soziale Dienste, soziale Mindestsicherungen, Zugang zur Gesundheitsvorsorge und ärztlicher Versorgung, ein hohes Gesundheitsniveau, Zugang zu Dienstleistungen, ein hohes Umweltschutzniveau und ein hohes Verbraucherschutzniveau bereitzustellen, aber nach einzelstaatlichen Rechtsvorschriften und Gepflogenheiten zu gestalten.

12 Eine Voraussetzung für die realistische Einschätzung der Entwicklungen sind differenzierte und aktuelle statistische Daten. Auch aus diesem Grund ist in der Bundesrepublik Deutschland für den Beginn der nächsten Dekade dieses Jahrhunderts und damit dem Zeitpunkt des Auslaufens aller Übergangsbestimmungen für die neuen osteuropäischen EU-Mitgliedstaaten eine Volkszählung geplant.

13 Dass der Abbau von Sozialleistungen ein interessengeleiteter Prozess ist, sei unbenommen.

14 Es hätte „nur" einer Million Unterschriften von Unionsbürgerinnen und -bürgern aus mehreren Mitgliedstaaten bedurft, um die Europäische Kommission aufzufordern, eine europäische Gesetzesinitiative vorzubereiten, die alle Mitgliedstaaten zur Einhaltung von sozialen Mindeststandards in der EU verpflichtet. Zudem hätte Teil II der Verfassung soziale EU-Grundrechte fixiert, die einem Volksbegehren Nachdruck verliehen und die Rechtsnormen der EU verändert hätten (detaillierter vgl. *Kapitel 6*).

1.2 Herleitung von Fragestellung und Hypothese

Doch unabhängig davon ist festzustellen, dass der EuGH mit seinem Urteil vom 20. September 2001 eine *europäische Solidargemeinschaft* konstruiert hat, die eine indirekte Umverteilung von Wohlfahrtsgütern zwischen allen EU-Bürgerinnen und -Bürgern institutionalisiert. Deshalb muss die von Beckert et al. (2004a) aufgeworfene Frage, „[o]b die Europäische Union langfristig eine kulturell-lebensweltliche Einheit wird, die eine Institutionalisierung solidarischer Pflichten und Rechte [...] legitimieren könnte" (ebd.: 13), reformuliert werden. Zu fragen ist viel eher, ob die *de jure* institutionalisierten und die sich zurzeit in kooperativer Koordinierung befindlichen solidarischen Pflichten und Rechte der Unionsbürgerinnen und -bürger in den Wohlfahrtsstaaten der EU auch zur Legitimierung – also zur sprachlichen Begründung und damit zur Vermittlung des politischen Handelns von Akteueren – der wohlfahrtsstaatlichen Reformen im Rahmen der Lissabon-Strategie genutzt werden, um eine lebensweltliche Einheit zu ermöglichen.

Theoretische Arbeiten heben hervor, dass die Entwicklung einer europäischen Gesellschaft, die eine Güter umverteilende europäische Solidargemeinschaft der Unionsbürgerinnen und -bürger anerkennen würde, vom Entwicklungsstand einer europäischen Identität der EU-Bürgerinnen und -Bürger abhängig ist (vgl. Brunkhorst 2002; Beckert et al. 2004b; Trenz 2005a).[15] Dass eine europäische Gesellschaft als solche nicht existiert und dass es an einer europäischen Wir-Identität mangelt, wird wiederum auf das Fehlen einer europäischen Öffentlichkeit,[16] aber auch auf die Abwesenheit einer Vertrauen generierenden europäischen Verfassung zurückgeführt (vgl. Preuß 1998; Brunkhorst 2002; Offe 2003; anders Trenz 2005a). Habermas (2004a) zufolge sind allerdings bereits die Fragen, die zu dieser Annahme führen, falsch gestellt:

„Bürger, die sich gegenseitig als Mitglieder einer bestimmten politischen Gemeinschaft identifizieren, handeln in dem Bewusstsein, dass sich ‚ihre' Gemeinschaft vor anderen durch eine kollektiv bevorzugte, jedenfalls stillschweigend akzeptierte Lebensweise auszeichnet. Ein solches Ethos muss freilich unter Bedingungen einer demokratischen Verfassung auch für die Bürger selbst nichts Naturwüchsiges mehr sein, heute bildet es sich auf transparente Weise als Ergebnis einer in demokratischen Prozessen stets mitlaufenden politischen Selbstverständigung. [...] Schon das im 19. Jahrhundert entstandene Nationalbewusstsein war eine solche Konstruktion. Die Frage, ob es eine europäische Identität ‚gibt', ist deshalb falsch gestellt. Die richtige Frage ist, ob die Europäische Union in Anse-

---

15 Zur älteren Debatte um eine europäische Identität vgl. insb. Münch (1993), Weiler (1997), Reese-Schäfer (1997), Schmidt-Gering (1999), Walkenhorst (1999), Kohli (2002).

16 Kaufmann hat bereits 1986 darauf hingewiesen, dass die Entwicklung einer sozialen Dimension im Kontext des europäischen Integrationsprozesses „nicht nur eine Frage der politischen Kompetenzen, sondern darüber hinaus auch eine Frage der Entstehung einer europäischen Öffentlichkeit" ist (Kaufmann 1986: 80f.).

hung ihrer Kompetenzen angemessen demokratisch verfasst ist, und ob die nationalen Arenen füreinander so porös sind, dass über nationale Grenzen hinweg eine gemeinsame politische Meinungs- und Willensbildung über europäische Themen stattfinden und eine Eigendynamik der Selbstverständigung entfalten kann. Denn nur auf dem Rücken demokratischer Prozesse kann sich heute ein politisches Selbstverständnis der Europäer, natürlich in Abgrenzung, wenn auch nicht in pejorativer Abgrenzung von Bürgern anderer Kontinente herausbilden. Das [...] vorgetragene Argument stützt [...] die grundsätzliche Aussage, dass in der Struktur der staatsbürgerlichen Solidarität kein Hindernis für deren Erweiterung über nationale Grenzen hinaus zu entdecken ist. Allerdings ist wachsendes Vertrauen nicht nur *Folge* einer gemeinsamen politischen Meinungs- und Willensbildung, sondern auch deren *Voraussetzung*. Hoffnung können wir daraus schöpfen, dass die europäische Einigung auch bisher ein zirkulärer Prozess gewesen ist" (ebd.: 231f.; Herv. i. O.).

Habermas sieht eine solidarische europäische Gesellschaft und europäische Identitäten der Unionsbürgerinnen und -bürger als konstruierbare Ressourcen an, die in demokratischen Prozessen diskursiv erzeugt werden können. Er präzisiert seine Vorstellung vom Herstellungsprozess wie folgt:

„Der selbstreflexive Prozess einer Einigung und einer Ansparung von Vertrauenskapital muss so weit gedeihen, dass dann Themen, also lösungsbedürftige Probleme, ins öffentliche Bewusstsein treten und eine, wenn Sie das in einem schwachen Sinne nehmen, diskursive Eigendynamik auslösen, und zwar horizontal durch verschiedene nationale Arenen zurückgreifend. [...] Europaweite Diskurse über gemeinsame Themen, die die Bevölkerung nicht entlang nationaler Grenzen polarisieren, würden eine integrierende Wirkung haben. Sie würden genügen, um den Bedarf an staatsbürgerlicher Solidarität aus den eigenen Verfassungsressourcen zu erzeugen" (Habermas 2004b: 270f.).

Festzuhalten ist, dass europäische Gesellschaftsbildungsprozesse und damit die soziale Integration der Bevölkerung der EU nicht vom Inkrafttreten einer europäischen Verfassung abhängig sind. Um eine solidarische europäische Gesellschaft und europäische Identitäten zu konstituieren, bedarf es vielmehr diskursiver Teil*habe*möglichkeiten[17] der Unionsbürgerinnen und -bürger an politischen Meinungs- und Willensbildungsprozessen in der EU, die in den nationalen Arenen öffentlich debattiert werden.[18]

Eigentlich bietet das MOK-Regieren mit seinen mitgliedstaatlichen Sozialstaatsreformen Gelegenheiten für derartige Debatten, die ja auch die symbolisch strukturierten Lebenswelten der Bürgerinnen und Bürger in den Mit-

---

17 Im Rahmen dieser Arbeit wird der Begriff der politischen Partizipation unterteilt in Teil*nahme*, womit das Partizipieren von Personen und Organisationen am politischen Gestaltungsprozess erfasst wird, und Teil*habe*, worunter das diskursive Partizipieren der Bürgerinnen und Bürger am politischen Gestaltungsprozess verstanden wird.

18 Die hier vorgenommene Verlagerung der Perspektive auf die mitgliedstaatlichen Öffentlichkeiten als Orte der Debatte europäischer Problemlösungen wird auch von der neueren soziologischen Europaforschung privilegiert. Teil*habe*möglichkeiten am europäischen Regieren werden dort primär als mediale Partizipationsmöglichkeit der EU-Bürgerinnen und -Bürger am Regieren auf *europäischer Ebene* erforscht (vgl. insb. Eder et al. 1998; Kantner 2004; Trenz 2005a).

gliedstaaten in erheblichem Maße beeinflussen.[19] Wie *Kapitel 4* noch detailliert erörtert, hat Habermas (1988a u. 1988b) eindrücklich dargelegt, dass eine soziale Integration der Bürgerinnen und Bürger, aber auch die Legitimität[20] und Stabilität von im Entstehen oder im Wandel befindlichen Systemen nur gewährleistet werden kann, wenn Systemdifferenzierungen symbolisch strukturiert in die Lebenswelt der Bürgerinnen und Bürger Eingang finden; deshalb werden Gesellschaften – auch in dieser Arbeit – als *„systemisch stabilisierte* Handlungszusammenhänge" verstanden (Habermas 1988b: 228; Herv. i. O.).

Folgt man aktuellen Diagnosen über den Zustand der bundesdeutschen Gesellschaft, so ist die soziale Integration der Bürgerinnen und Bürger nicht mehr gewährleistet; vielmehr wird eine „gespaltene Gesellschaft" identifiziert (Lessenich/Nullmeier 2006). Auch steht die Legitimität des europäischen Integrationsprozesses infrage, nachdem die Verfassungsreferenden in Frankreich und den Niederlanden gescheitert sind; sie haben das Voranschreiten der europäischen Vereinigung problematisiert und ins Stocken gebracht. Ebenso weisen die Massendemonstrationen gegen die ab 2003 unter der Überschrift *Agenda 2010* durchgeführten bundesdeutschen Sozialstaatsreformen, die darauf folgenden Protestwahlen der Bürgerinnen und Bürger in den Bundesländern, die vorgezogene Neuwahl zum Deutschen Bundestag im Jahr 2005 und deren unerwarteter Ausgang in ihrer Gesamtheit darauf hin, dass das sozialpolitische Regieren vom Volkssouverän mehrheitlich nicht unterstützt wird und Verunsicherungen in der Bevölkerung sowie Vertrauensverluste gegenüber den Parteien hervorgerufen hat.[21]

---

19 Im sozialpolitischen Koordinierungsprozess mittels des MOK-Regierens stehen sozialstrukturierende, lebensweltprägende, in die mitgliedstaatlichen Wohlfahrtsstaaten ‚gegossene', unterschiedliche Ideen über Gerechtigkeit, Umverteilung, (geschlechtsspezifische) Arbeitsteilung, Freiheit, Sicherheit, Anerkennung, Subsidiarität etc. zur Disposition. Für eine differenzierte Betrachtung der wohlfahrtsstaatlichen Grundbegriffe vgl. Lessenich (2003). Als praktische Beispiele können aber nicht nur die sozialen Grund(ver)sicherungen dienen, sondern auch gesundheitsfördernde Maßnahmen wie z. B. Zuschüsse für Brillen und Zahnersatzbehandlungen oder auch die Bereitstellung von Krippenplätzen.

20 Legitimität wird in Anlehnung an Abromeit (2002) als Akt der An*erkennung* von Entscheidungen bzw. Normen durch die Herrschafts- bzw. Normunterworfenen definiert (vgl. ebd.: 146).

21 Seit der öffentlichen Bekanntgabe der *Agenda 2010* im März 2003 und der Verabschiedung der so genannten *Hartz-Gesetze* mehrten sich die Proteste der Bürgerinnen und Bürger gegen das sozialpolitische Handeln der bundesdeutschen Regierung unter der Leitung von Kanzler Gerhard Schröder. Trotz bundesweiter Massendemonstrationen setzte die rotgrüne Bundesregierung ihren Kurs der proklamierten Reformpolitik fort. In der Folge verloren die im Bund an der Regierung beteiligten Parteien etliche Landtagswahlen. Dadurch verbesserten sich die Mehrheitsverhältnisse im Bundesrat zunehmend zugunsten der Oppositionsparteien im Deutschen Bundestag. Im Mai 2005, direkt nach der Wahlniederlage der SPD im Stammland der Sozialdemokratie, Nordrhein-Westfalen, verkündete Schröder, alsbald vorgezogene Neuwahlen zum Deutschen Bundestag herbeizuführen. Sein erklärtes Ziel war dabei, die Zustimmung der Wählerinnen und Wähler für die Reformpolitik der

Wie *Kapitel 2* herleitet und verdeutlicht, geht das Integrationstheorem ‚europäisches Mehrebenensystem' davon aus, dass die EU ein im Werden befindliches föderales System ist, dessen Herausbildung durch einen restrukturierenden Wandel von Staatlichkeit begleitet wird (vgl. insb. Benz 2003; Jachtenfuchs/Kohler-Koch 2003b). Aus dieser Perspektive legen die bisherigen Ausführungen und die exemplarisch aufgeführten Befunde die These nahe, dass sich das wohlfahrtsstaatliche System der Bundesrepublik Deutschland durch das MOK-Regieren zu einem Teilgebilde eines bereichsspezifischen EU-Systems wandelt. Diese Entwicklung hin zu einem *europäischen Wohlfahrtsföderalismus* geht mit einem restrukturierenden Wandel des bereichsspezifischen bundesdeutschen Systems einher, der die diskursiven Teilhabemöglichkeiten der Bürgerinnen und Bürger am sozialpolitischen Integrationsprozess in der nationalen Arena der Bundesrepublik Deutschland verhindert, sodass weder die soziale Integration der Bevölkerung der Bundesrepublik Deutschland noch die Entwicklung europäischer Solidaritäten gewährleistet sind. Systemisch stabilisierte Handlungszusammenhänge scheinen nicht mehr existent und offenbaren eine Legitimierungskrise des wohlfahrtspolitischen Regierens in der EU, die in der Bundesrepublik Deutschland durch erste Anzeichen einer Gesellschaftskrise in Erscheinung tritt.

Bislang haben Studien des sozialpolitischen Regierens zumeist vorausgesetzt, dass der *output*[22] des sozialpolitischen Handelns der Eliten problem-

---

Agenda 2010 zu erlangen. Der kürzeste Bundestagswahlkampf in der Geschichte der Bundesrepublik Deutschland ließ die Positionen der Parteien zur Gestaltung der nun von allen öffentlich für notwendig erklärten Reform des bundesdeutschen Sozialstaates hervortreten. An der Wahl beteiligte sich auch eine neue politische Partei, Die Linke/PDS. Sie war hervorgegangen aus einem Zusammenschluss der überwiegend in Ostdeutschland vertretenen Partei des Demokratischen Sozialismus (PDS) mit der Wahlalternative soziale Gerechtigkeit (WASG), einer Gruppierung, die sich vorwiegend in Westdeutschland als Reaktion auf die *Hartz-Gesetze* formiert hatte. Die Ergebnisse der im Herbst 2005 abgehaltenen vorgezogenen Neuwahl zum Deutschen Bundestag machten deutlich, dass weder die radikal marktorientierten Reformvorschläge der christlich-liberalen Parteien noch die *Agenda 2010* der rot-grünen Bundesregierung mehrheitlich Unterstützung beim Wahlvolk fanden. Die im 15. Deutschen Bundestag vertretenen Parteien – die Sozialdemokratische Partei Deutschlands (SPD), die Christlich Demokratische Union (CDU), die Christlich-Soziale Union (CSU), Bündnis 90/Die Grünen und die Freie Demokratische Partei (FDP) – hätten das Votum des Wahlvolkes als Mahnung und Herausforderung begreifen können. Ob die Große Koalition, bestehend aus CDU/CSU und SPD, durch ihr sozialstaatliches Regierungshandeln in der 16. Legislaturperiode des Deutschen Bundestages das Vertrauen der Bürgerinnen und Bürger zurückgewinnen konnte, bedarf der Untersuchung.

22   Scharpf (1970) unterscheidet zwischen input- und output-orientierten Legitimitätsargumenten und definiert sie wie folgt: „Die input-orientierte Perspektive betont die ‚Herrschaft *durch das Volk'*. Politische Entscheidungen sind legitim, wenn und weil sie den ‚Willen des Volkes' widerspiegeln – das heißt, wenn sie von den authentischen Präferenzen der Mitglieder einer Gemeinschaft abgeleitet werden können. Im Unterschied dazu stellt die output-orientierte Perspektive den Aspekt der ‚Herrschaft *für das Volk'* in den Vordergrund. Danach sind politische Entscheidungen legitim, wenn und weil sie auf wirksame

lösungsorientiert und mithin legitim ist (vgl. insb. Mayntz/Scharpf 1973, 1995a u. 1995b; Scharpf 1999; selbstreflexiv vgl. Mayntz 2001 u. 2004). Abromeit (2002) merkt kritisch an, dass

„Problemlösungen [...] nicht für sich [stehen], sondern in Bezug zu den Präferenzen der Menschen, die von Problemen betroffen sind. So gesehen sind Lösungen nur dann ‚effektiv, gut und richtig‘, wenn sie auf deren Akzeptanz stoßen. Wie die Präferenzen aussehen und ob Entscheidungen als angemessen akzeptiert werden, lässt sich ohne einen entsprechenden input indessen nicht feststellen – oder erst dann, wenn unzufriedenes Gegrummel an der Basis sich zu Protestaktionen und damit zu offenkundigem Loyalitätsentzug auswächst. Ohne partizipatorischen input zeigt sich die angebliche Selbst-Legitimierungsfähigkeit des ‚guten‘ Politik-outputs nur im Negativen. [...] Die beiden Seiten der Medaille – ‚Herrschaft durch das Volk und für das Volk‘ – lassen sich (man möchte sagen: ‚legitimerweise‘) nicht auseinanderreißen und gegeneinander ausspielen [...]. Der sich selbst legitimierende output jedenfalls ist, demokratietheoretisch betrachtet, eine Chimäre; jeder output bedarf zu seiner Legitimierung des vorgängigen und/oder nachträglichen (möglichst beides!) demokratischen inputs" (ebd.: 19).

Der nachträgliche *input* des bundesdeutschen Wahlvolkes hat im Herbst 2005 den *output* der bundesdeutschen sozialpolitischen Reformpolitik mehrheitlich nicht an*erkannt*; ein Votum, das nach legitimitätsorientierten Studien des sozialpolitischen Regierens verlangt. Anliegen dieser Arbeit ist es, (1.) Analyseansätze zu entwickeln, die das neue sozialpolitische Regieren auf seine legitime Ausgestaltung hin untersuchen können, (2.) die zu entwickelnden Ansätze in ihrer Anwendung exemplarisch vorzustellen und (3.) die Ursachen der sozialpolitischen Legitimierungskrise wie der Gesellschaftskrise in der Bundesrepublik Deutschland im Rahmen einer empirischen Fallstudie zu ergründen. Bekanntlich wurden die ersten Anzeichen für eine Legitimierungskrise des sozialpolitischen Regierens in der Bundesrepublik Deutschland nach Verkündung der *Agenda 2010* und der am 19. Dezember 2003 erfolgten Verabschiedung des ‚Vierten Gesetzes für moderne Dienstleistungen am Arbeitsmarkt‘ – dem so genannten Hartz-IV-Gesetz – durch bundesweite Massendemonstrationen sichtbar. Es bietet sich somit an, den Politikprozess, der zur Verabschiedung des Hartz-IV-Gesetzes führte, als Untersuchungsgegenstand zu nutzen.

Weise das allgemeine Wohl im jeweiligen Gemeinwesen fördern" (Scharpf 1999: 16; Herv. i. O.).

1.3 Untersuchungsaufbau

Um die Untersuchungsthese am ausgewählten Fallbeispiel zu prüfen, wird auf das bereits erwähnte Integrationstheorem der *governance*-Forschung[23] zurückgegriffen. Dies bedeutet, wie in *Kapitel 2* erörtert wird, sich von den klassischen Europäisierungsstudien zu verabschieden. Vielmehr ist eine analytische Perspektive notwendig, die supranationale, europäische und mitgliedstaatliche Politik in ihrem Zusammenhang betrachtet und, wie in diesem Forschungszweig üblich, Akteursnetzwerke politischer Entscheidungsprozesse untersucht, um den Entwicklungsstand der EU-*polity*[24] als *Gesamtsystem* zu erheben. Empirische Untersuchungen, die einen solchen integrationstheoretischen Ansatz anwenden, stellen ein Forschungsdesiderat dar. Unter dem Begriff *Unionsforschung* setzt die vorliegende Arbeit den Forschungsansatz erstmals empirisch um und entwickelt ihn zugleich weiter: Das Legitimitätsverständnis der *governance*-Forschung, das implizit partizipative Demokratiemodelle normativ favorisiert, wird mit der Unionsforschung um die Analyse von diskursiven Teil*habe*möglichen der Bürgerinnen und Bürger in den nationalen Arenen erweitert; die mitgliedstaatlichen Ausformungen repräsentativer Demokratien gelten dabei explizit als Norm.

Das Konzept der Unionsforschung verlangt eine Auseinandersetzung mit den Ergebnissen sowohl der MOK-interessierten Europaforschung als auch der Forschung zur bundesdeutschen Sozialpolitik. Beide Forschungsrichtungen haben bislang wenig Kenntnis voneinander genommen. *Kapitel 3* legt den Stand beider Forschungsstränge dar und setzt ihre Ergebnisse in Beziehung zueinander. Dabei wird deutlich, dass seit der Jahrtausendwende sozialstaatliches Regieren auf allen Ebenen der EU stattfindet. Ebenso lässt sich auf allen Ebenen der EU ein Wandel sozialpolitischer Verhandlungsstrukturen belegen, der durch Entkorporatisierungen und Entparlamentarisierungen gekennzeichnet ist. Wie aber mitgliedstaatliche Sozialstaatsreformen unter den Bedingungen des MOK-Regierens ablaufen, von wem sie letztendlich ausgestaltet werden und wo die Quellen der Reproduktionsstörungen von Lebenswelten – was Legitimierungsdefizite einschließt – dezidiert zu veror-

---

23 In der Europaforschung wird der Begriff *governance* als „the ability to make collectively binding decisions" definiert (Jachtenfuchs 2001: 246). Politikprozesse, die im Kontext des europäischen Integrationsprozesses zur Verabschiedung von *hard laws* führen, bilden den Untersuchungsgegenstand der *governance*-Forschung. Im Rahmen dieser Arbeit werden mit dem Begriff *governance*-Forschung Studien zum Regieren im europäischen Mehrebenensystem erfasst. Für weitergehende Verwendungen des Begriffs vgl. insb. Benz (2004), Schuppert (2005), Schuppert/Zürn (2008).

24 Die Politikwissenschaft differenziert zwischen den Begriffen *polity*, dem institutionellen und normativen Rahmen einer politischen Ordnung, den sich eine Gesellschaft gegeben hat, *politics*, worunter man politische Konsensbildungs- und Konfliktprozesse versteht, und *policies*, den Inhalten gesamtstaatlicher und bereichsspezifischer verbindlicher Entwicklungen (vgl. Schmidt 1988: 1).

ten sind, bleibt nach der Sichtung des Forschungsstandes unzureichend geklärt.

Seit geraumer Zeit werden die Kategorien *input-* und *output-*Legitimität durch die der *throughput*-Legitimität – die von Easton (1965) noch als „withinput" bezeichnet wird – erweitert, um zu verdeutlichen, dass Teil*nah*me*möglichkeiten an Entscheidungsprozessen politikwissenschaftlich zu untersuchen sind (vgl. insb. Zürn 1998; Haus 2004; Haus/Heinelt 2005).[25] Diese Arbeit vermeidet die Verwendung der genannten Kategorien, setzt aber ein Verständnis von Teil*nahme-* und/oder Teil*habe*möglichkeiten aller Bürgerinnen und Bürger in allen Phasen eines Politikprozesses normativ voraus und erklärt deren geltende verfahrensrechtliche Regulierung und ihre faktische Interpretation zum Untersuchungsgegenstand.[26] Um den Quellen der Reproduktionsstörungen von Lebenswelten im Rahmen der Unionsforschung von diesem Ausgangspunkt aus auf den Grund gehen zu können, wird in *Kapitel 4* ein neuer Analyseansatz theoretisch hergeleitet: der *politologische Institutionalismus*. Mit diesem Ansatz wird eine politikwissenschaftliche Öffentlichkeitsforschung in der *policy*-Forschung respektive der *governance*-Forschung etabliert, die Bildungs- und Wandlungsprozesse von Institutionen als Gesellschaftsbildungsprozesse begreifbar werden lässt.

Kapitel 5 stellt das Untersuchungsdesign der Fallstudie vor. Verdeutlicht wird, wie das Konzept der Unionsforschung in Kombination mit dem Ansatz des politologischen Institutionalismus empirisch umgesetzt wird. *Kapitel 6* wendet das entwickelte Untersuchungsdesign auf die Rekonstruktion und Analyse des Politikprozesses zum Hartz-IV-Gesetz an. *Kapitel 7* befasst sich mit der Auswertung der empirischen Ergebnisse und zeigt weitergehende Forschungsperspektiven auf. In *Kapitel 8* werden die Forschungsergebnisse abschließend resümiert.

---

25 Anzumerken ist, dass *policy*-Analysen seit Ende der 1980er-Jahre und *governance*-Studien seit Mitte der 1990er-Jahre genau diesen Untersuchungsgegenstand bearbeiten (für einen Überblick zur internationalen Debatte vgl. Moran et al. 2006) – das gilt auch für die bundesdeutsche Forschungslandschaft (vgl. insb. Windhoff-Héritier 1987; Schmidt 1988; Héritier 1993; Mayntz/Scharpf 1995a u. 1995b; Jachtenfuchs/Kohler-Koch 1996a; Scharpf 1999; Kohler-Koch/Eising 1999; Héritier 2001; Knodt/Finke 2005). Allerdings wurde die Aufmerksamkeit der Forschenden erst durch ihre empirischen Studien sukzessive von Verwaltungsakteuren und politischen Akteuren hin zu privaten Akteuren und nun auch auf die so genannte – noch nicht endgültig definierte – Zivilgesellschaft gelenkt (detaillierter vgl. *Kapitel 2*).

26 Die vorliegende Arbeit legt ihren Analyseschwerpunkt auf die demokratisch-prozeduralistische Ausgestaltung von Wohlfahrtspolitik – eine Forschungsperspektive, die Nullmeier (2005) eingefordert hat.

2. Das Integrationstheorem Mehrebenensystem

„Die Möglichkeiten wissenschaftlicher Erkenntnis beruhen auf den dazu verwendeten Theorien. Solche Theorien [...] konstruieren auf eine jeweils spezifische Art das zu analysierende Phänomen selbst. [...] Das gilt auch für die Europaforschung" (Jachtenfuchs/Kohler-Koch 2003b: 11).

Klassische Integrationstheorien[27] gehen davon aus, dass die EG bzw. EU eine besondere Form der internationalen Organisation darstellt, in der die mitgliedstaatlichen Regierungen die handelnden Akteure sind (vgl. z.B. Moravcsik 1995). Die *governance*-Forschung hat diese Sichtweise verändert. Primäres Anliegen dieses Forschungszweiges ist die empirisch gesättigte, integrationstheoretische Klassifizierung der EU. Wie nun verdeutlicht werden soll, ist das Integrationstheorem der *governance*-Forschung, das Mehrebenensystem, und damit auch die Vorstellung davon, was die EU ist, mit Voranschreiten des europäischen Integrationsprozesses einer kontinuierlichen Revision unterworfen. Der Wandel und die veränderten Wahrnehmungen des Untersuchungsgegenstandes führten gleichzeitig zu einer sukzessiven Erweiterung der Untersuchungsbereiche und zu einer Vertiefung analytischer Perspektiven.

2.1 Das ‚system of multi-level governance'

Seit Mitte der 1990-er Jahre wird die EU als eine im Werden befindliche *polity* erfasst, die durch den europäischen Integrationsprozess entsteht:

„European integration is a polity creating process in which authority and policy-making influence are shared across multiple levels of government – subnational, national, and supranational" (Marks et al. 1996: 342).

Akteurszentrierte Rekonstruktionen des EU-*policy-makings* haben die Beteiligung supranationaler Institutionen sowie nationaler und subnationaler Regierungen nachgewiesen. Durch die Etablierung supranationaler Institutionen und deren Beteiligung an politischen Entscheidungen kann sogleich eine

---

27 Zu den klassischen Integrationstheorien zählen der Neofunktionalismus (vgl. z.B. Haas 1964) und der Intergouvernementalismus (vgl. z.B. Hoffmann 1966). Für einen exzellenten Überblick über die Entwicklungsgeschichte der Theorien der europäischen Integration vgl. Rosamond (2000).

Aushöhlung der Vormachtstellung der mitgliedstaatlichen Regierungen in den fokussierten politischen Prozessen festgestellt werden. Darum heißt es:

„While national governments are formidable participants in EU policy-making, control has slipped away from them to supranational institutions. [...] In short, the locus of political control has changed. Individual state sovereignty is diluted in the EU by collective decision-making among national governments and by the autonomous role of the European Parliament, the European Commission, and the European Court of Justice" (ebd.: 342f.).

Deshalb wird das Verständnis der EU als internationale Organisation aufgegeben:

„The separation between domestic and international politics [...] is rejected by the multi-level governance model. States are an integral and powerful part of the EU, but they no longer provide the sole interface between supranational and subnational arenas, and they share, rather than monopolize, control" (ebd.: 346f.).

Hervorzuheben ist, dass der *multi-level governance*-Ansatz Souveränitätsverluste der mitgliedstaatlichen Regierungen auf der europäischer Ebene thematisiert. Die EU mutiert zu einem System, in dem supranationale, nationale und subnationale Akteure in *einer europäischen multi-level-Arena* gemeinsam rechtsverbindliche Entscheidungen herbeiführen:

„The character of the Euro-polity [...] has crystallized into a multi-level polity. [...] a system of multi-level governance arose, in which national governmental control became diluted by the activities of supranational and subnational actors" (ebd.: 372f.).

Dem theoretischen Verständnis des *system of multi-level governance*-Ansatzes folgend, nehmen empirische Studien die Herausbildung von supranationalen Institutionen, subnationalen Vertretungen, Verbänden, Interessengruppen und Nichtregierungsorganisationen (NGOs) auf europäischer Ebene sowie ihre Beteiligung am und die Ausgestaltung des EU-*policy-making(s)* in diversen Politikfeldern in den Blick (vgl. insb. Peterson/Bomberg 1999; Wallace/ Wallace 2000; Richardson 2001; Wallace et al. 2005; Tömmel 2007). Dass die integrationspolitischen Entwicklungen auch nationalstaatliches Regieren tangieren könnten, wird lediglich benannt (vgl. Marks et al.: 373). Fragen nach der Legitimität europäischer Entscheidungsfindungen stellt der im englischen Sprachraum entwickelte Ansatz nicht. Anders gestaltet sich die Debatte zu diesem Zeitpunkt im deutschsprachigen Raum.

2.2 Das ‚dynamische Mehrebenensystem'

In der deutschsprachigen Europaforschung wird der Begriff *governance* seit Mitte der 1990er-Jahre durch den staatsträchtigen Ausdruck ‚regieren' ersetzt,[28] und zwar mit folgender Begründung:

„Die politische Integration Westeuropas hat [...] dazu geführt, dass die Bedingungen, unter denen Regierungen tätig werden, und ihre Fähigkeit, im Interesse ihrer Bürger zu ‚regieren', sich qualitativ gewandelt haben. Gleichzeitig ist mit der EU – konkreter gesagt, mit ihrer supranational ausgestalteten Säule EG – ein politisches Ordnungssystem mit eigener, auch rechtlich anerkannter Handlungsfähigkeit entstanden. Die Verlagerung von Handlungskompetenzen vollzieht sich in kleinen Schritten durch die tägliche politische Praxis und Rechtsprechung, deren Ergebnisse in großen zeitlichen Abschnitten vertraglich kodifiziert werden. Somit erscheint es wissenschaftlich fruchtbar, die Problematik des Regierens im Bezug auf das Gesamtsystem der Gemeinschaft als ‚dynamisches Mehrebenensystem' zu analysieren" (Jachtenfuchs/Kohler-Koch 1996: 15f.).

Der Ausdruck ‚regieren' soll die normative Notwendigkeit demokratisch verantwortlichen Handelns der mitgliedstaatlichen Regierungen betonen und gleichzeitig ihre Fähigkeit – bei zunehmenden Kompetenzverlagerungen von Regierungsaufgaben auf die supranationale und die europäische Ebene – hierzu problematisieren. Die analytische und normative Aufmerksamkeit wird auf die Politikgestaltung in „entgrenzten Räumen" gelenkt (Kohler-Koch 1998). Damit rückt die Effektivität und Legitimität des Regierens „jenseits der (territorialen) Übereinstimmung von Herrschaftsbetroffenen und Herrschaftsbeteiligten" ins Zentrum des Erkenntnisinteresses (Jachtenfuchs/Kohler-Koch 1996b: 21f.).

Wie das oben wiedergegebene Zitat belegt, begreift auch dieser Ansatz die europäische Integration als einen Prozess, der ein politisches System hervorbringt. Die EG wird als supranationales, politisches Ordnungssystem mit eigener, vertraglich verankerter Handlungsfähigkeit begriffen. Zwar wird zwischen der EG und den Mitgliedstaaten differenziert, beide werden aber in Bezug auf ihr gemeinschaftliches Regieren verknüpft, als ‚Gesamtsystem der Gemeinschaft' betrachtet und mit dem Begriff ‚dynamisches Mehrebenensystem' belegt. Durch diese Perspektive wird es – anders als beim *system of multi-level governance*-Ansatz – möglich, den Untersuchungsgegenstand auf mitgliedstaatliches Regieren auszudehnen:

„Die durch die Integration bewirkten Veränderungen staatlichen Handelns sind ein zunehmend beachtetes Untersuchungsfeld sowohl in der vergleichenden Untersuchung politischer Systeme als auch in der Policy-Forschung geworden. Die Eigentümlichkeit politischer Institutionen, politischer Prozesse und Politikinhalte und deren Veränderungen lässt

---

28 Allerdings wird der Ausdruck ‚regieren' von den Autorinnen und Autoren nur in ihren deutschsprachigen Publikationen benutzt. In englischen Veröffentlichungen greifen auch sie auf den Begriff *governance* zurück (vgl. Jachtenfuchs 2001; Eising/Kohler-Koch 1999).

sich weder bezogen auf einzelne Mitgliedstaaten noch in internationalvergleichender Perspektive ohne Reflexion des EU-Kontextes untersuchen. Dabei geht es nicht nur darum, die mittlerweile vielfältigen und weitgehenden Auswirkungen des Gemeinschaftssystems auf die Politikgestaltung in den Mitgliedstaaten aufzudecken, sondern auch darum, die Veränderungen für verantwortliches und effizientes Regieren grundsätzlich zu analysieren" (ebd.: 20).

Sodann heißt es:

„Die Veränderung von Regieren in der *Europäischen Union* bezieht sich auf drei Aspekte, nämlich auf (1.) Handlungsfähigkeit und Verantwortlichkeit von Politik, (2.) Veränderung politischer Strukturen und Prozesse sowie (3.) Veränderung von Staatlichkeit" (ebd.: 22; Herv. UB).

Während der unter (1.) genannte Aspekt die veränderten Bedingungen effektiven und legitimen politischen Handelns in der EU zum Untersuchungsgegenstand erklärt (vgl. ebd.), werden unter (2.) folgende Elemente in den Blick genommen:

„Die Überformung nationaler durch europäische Politik, die zwangsläufig nicht auf die jeweils spezifischen Verhältnisse der Mitgliedstaaten ausgerichtet sein kann, verändert die in den Mitgliedstaaten gewachsenen Strukturen und Prozessabläufe, zerstört sie eventuell gar und schafft neue. Hierdurch werden auch Machtgleichgewichte zwischen unterschiedlichen Akteuren, die sich im Laufe einer längeren Entwicklung herausgebildet haben, mitunter recht plötzlich aufgebrochen" (ebd.: 22).

Diese Veränderungen könnten dann auch, wie unter (3.) angesprochen, zu einer Veränderung von Staatlichkeit führen, die wie folgt definiert ist:

„Von der Veränderung von Staatlichkeit soll nur die Rede sein, wenn das *Prinzip territorial organisierter und verantwortlicher Politik selbst zur Disposition* steht. Als zweite Bedingung kommt hinzu, dass *solche Veränderungen zwingend sein müssen* und nicht lediglich das Ergebnis einer bewussten politischen Präferenzentscheidung sind. [...] Erst *wenn* [...] *[eine] Verschiebung notwendig aus der Internationalisierung funktionaler Teilsysteme* folgt, weil es nicht gelingt, entsprechende politisch verantwortliche Steuerungsinstanzen aufzubauen, handelt es sich um Veränderung von Staatlichkeit" (ebd.: 23; Herv. UB).

Erkennbar ist, dass hier die *EU als Mehrebenensystem* verstanden wird, welches die supranationale Ebene, die europäische Ebene und die mitgliedstaatlichen Ebenen umfasst. Die dynamische Entwicklung der EU auf all diesen Ebenen zu begreifen, ist das Anliegen des Integrationstheorems ,dynamisches Mehrebenensystem'. Für empirische Analysen bedeutet dies, den Schwerpunkt auf die Identifikation von Veränderungen mitgliedstaatlicher Politik und – wie die Thematisierung der „Erosion und Transformation von Staatlichkeit" (ebd.: 31) belegt – mitgliedstaatlicher Systeme durch den europäischen Integrationsprozess sowie die Überprüfung der Effektivität und Legitimität des Regierens in der so definierten EU zu legen (vgl. auch Kohler-Koch 1998 u. 2003).

Um die genannten Aspekte im ,dynamischen Mehrebenensystem' empirisch zu erheben, wird der Netzwerkansatz der Policy-Forschung privilegiert (vgl. ebd.: 39). Deshalb firmiert dieser Ansatz im englischen Sprachraum auch unter dem Begriff „network governance" (Eising/Kohler-Koch 1999). Im Zentrum der Studien steht die Identifikation der an der Herstellung von verbindlichen Entscheidungen beteiligten Akteure sowie die Analyse ihrer politischen Verhandlungs- und Entscheidungspraxis. Durch diese Schwerpunktsetzung erfährt die Analyse von *input*-Legitimität in der *governance*-Forschung eine spezifische Verengung auf Teil*nahme*möglichkeiten (vgl. z. B. Heinelt et al. 2002; Grote/Gbikpi 2002) und *output*-Legitimität wird mit Problemlösungsfähigkeit – hier verstanden als die schlichte Fähigkeit zur effektiven Herbeiführung kollektiv verbindlicher Entscheidungen – gleichgesetzt (vgl. z. B. Scharpf 1999; Grande/Jachtenfuchs 2000).

Der Ansatz des ‚dynamischen Mehrebenensystems' führte zu Etablierung einer weitverzweigten Europäisierungsforschung, die entweder *bottom-up*- oder *top-down-orientierte* Analyseperspektiven zugrunde legt. Während die *bottom-up*-Forschung die Konsequenzen der Denationalisierung von Politik durch Kompetenzverlagerungen auf die supranationale und die europäische Ebene (vgl. z. B. Zürn 1998; Leibfried/Zürn 2006) und die Beteiligung nationaler Akteure an der Ausgestaltung von europäischer Politik (vgl. z. B. Goetz/ Hix 2001) betrachtet, untersucht die *top-down*-Forschung die Veränderung politischer und administrativer Strukturen sowie die Veränderung von Politikinhalten durch die Implementation europäischer Richtlinien und Maßnahmen in den Mitgliedstaaten (vgl. z. B. Héritier 2001; Knill 2001; Börzel 2002; Bulmer/Lequesne 2005; Leibfried/Zürn 2006; Tömmel 2007).

2.3 Das ‚europäische Mehrebenensystem'

Leiten Jachtenfuchs/Kohler-Koch (1996b) ihr beschriebenes Verständnis der EU als ‚dynamisches Mehrebenensystem' noch mehr implizit als explizit her, so behaupten sie in der reformulierten Fassung ihres Beitrages souverän:

„Für das Verständnis des Regierens in der EU ist aber die Vorstellung eines aus mehreren, sauber voneinander getrennten Schichten bestehenden Mehrebenensystems eher hinderlich. Die EU entspricht keineswegs dem idealtypischen Modell des dualen US-Föderalismus, sondern ist wie im deutschen Föderalismus durch die Verflechtung der Ebenen gekennzeichnet [...]. Man sollte die Gemeinsamkeiten zwischen deutschem und europäischem Föderalismus aber auch nicht überschätzen. [...] [Denn:] Im europäischen Mehrebenensystem sind die Ebenen locker, im deutschen Föderalismus dagegen eng gekoppelt" (Jachtenfuchs/Kohler-Koch 2003b: 22).

Die Wahrnehmung der EU als ‚dynamisches Mehrebenensystem' verfestigt sich nun zum ‚europäischen Mehrebenensystem'. Dieser Begriff soll die EU als ein im Werden befindliches föderales System versinnbildlichen (vgl. auch Benz 2003). Nicht zuletzt deshalb wird in der aktuellen *governance*-Forschung die analytische Aufmerksamkeit auf „system building and political structuring" (Bartolini 2005) oder „system integration" gelegt (Kohler-Koch 2005); es geht darum, die Restrukturierung des *gesamten politischen Systems* unter dem integrationspolitischen Vorzeichen der Entwicklung eines europäischen Föderalismus zu erfassen.

Diese Schwerpunktsetzung kann auch erklären, warum weder die analytischen Perspektiven der *bottom-up-* noch die der *top-down-orientierten* Europäisierungsforschung für dieses Unterfangen als hinreichend gelten können. Jachtenfuchs/Kohler-Koch (2003b) plädieren deshalb für eine Forschungsperspektive, die

„die EU-Integration und den gleichzeitigen Wandel in den Mitgliedstaaten in einem umfassenderen Zusammenhang [sieht] und […] nach den langfristigen Prozessen der gesellschaftlichen, wirtschaftlichen und politischen Restrukturierung Europas […] [fragt]. Hier geht es nicht wie bei der üblichen Betrachtung der europäischen Integration um die von staatlicher Politik ausgelösten Veränderungen, sondern um die Dynamik gesellschaftlicher Prozesse, die – wie das Beispiel europäischer Protestbewegungen zeigt – neue, transnationale Konfliktlinien entstehen lassen und die gegebenen politischen Strukturen grundsätzlich in Frage stellen können" (ebd.: 35f.).

Die beobachtbare zunehmende EU-Integration wird theoretisch durch eine Erweiterung der analytischen Perspektive auf gesellschaftliche, wirtschaftliche und politische Restrukturierungsprozesse begleitet. Es wird davon ausgegangen, dass der Institutionenbildungsprozess des ‚europäischen Mehrebenensystems' zu gesellschaftlichen Konflikten und der Infragestellung politischer Strukturen führt. Gesellschaftliche Konfliktlinien würden vornehmlich transnationaler Natur sein, während die Infragestellung politischer Strukturen sich „vor allem innenpolitisch ausdrückt" (ebd.: 40).

Hervorzuheben ist, dass Jachtenfuchs/Kohler-Koch (ebd.) dennoch die Analyse des Institutionenbildungsprozesses eines ‚europäischen Mehrebenensystems' ins Zentrum ihrer langfristigen Forschungsperspektive stellen; akteurszentrierte Untersuchungen politischer Entscheidungsprozesse im Gesamtsystem sollen zukünftig herausarbeiten, wie die *polity* des ‚europäischen Mehrebenensystems' und der „Wandel von Staatlichkeit" (ebd.: 42) ausgeformt werden. Allerdings ist die *polity* des ‚europäischen Mehrebenensystems' nicht nur strukturell und aus der Perspektive der Effektivität politischer Entscheidungen zu erforschen. Denn

„mit der Europäischen Union [ist] nicht nur eine Institution zur Reduktion von grenzüberschreitenden Transaktionskosten und zur effektiven Problembearbeitung und Konfliktmanagement im Entstehen begriffen […], sondern eine normative politische Ordnung, die individuelle und kollektive Lebenschancen entscheidend prägt. Diese Ordnung entsteht nicht nur auf Regierungskonferenzen oder Verfassungskonventen unter den Augen der Öffentlichkeit, sondern in kleinen, scheinbar belanglosen Schritten hinter unserem Rücken. Diese stille Revolution führt langsam zu einem Wandel von Staatlichkeit in Europa. Die Beschäftigung mit dem Regieren in Europa sollte nicht nur zu einem besseren Verständnis der zugrundeliegenden Prozesse und ihrer möglichen Ergebnisse führen, sondern auch daran erinnern, dass es hier nicht nur um die Suche nach effizienten Institutionen geht, sondern auch um eine legitime Ordnung" (ebd.: 42).

Analysen zur Überprüfung der Demokratiefähigkeit des im Entstehen befindlichen Gebildes, wie sie Jachtenfuchs und Kohler-Koch hier fordern, sind m. E. tatsächlich vordringlich. Vonnöten sind politische Prozessanalysen, die am Beispiel von Politikfeldern prüfen, ob (1.) die EU sich im Institutionenbildungsprozess eines ‚europäischen Mehrebenensystems' – also der prognostizierten Entwicklung zu einem neuen föderalen System – befindet und (2.) das politikfeldspezifische Regieren auf dessen demokratisch legitimierte Ausgestaltung hin untersuchen. Der mit dem Integrationstheorem verknüpfte Wandel von Staatlichkeit verlangt geradezu danach, da sich die demokratische Legitimität des integrationspolitischen Handelns der Eliten bislang weitestgehend vom Funktionieren der repräsentativen Demokratien der Mitgliedstaaten ableitet (vgl. z. B. Kielmansegg 2003).

Für politische Analysen des Institutionenbildungsprozesses eines ‚europäischen Mehrebenensystems' bieten Jachtenfuchs/Kohler-Koch (2003b) folgende erweiterte Definition des Regierens an:

„Wir definieren […] Regieren als den fortwährenden Prozess bewusster politischer Zielbestimmung und Eingriffe zur Gestaltung gesellschaftlicher Zustände […]. Dies stellt einen Kompromiss zwischen einer umfassenden und damit unscharfen und einer eng gefassten Sichtweise dar, die schon konzeptuell Regieren an das Handeln von Staatsorganen bindet. Regieren beinhaltet Zielbestimmung und Entscheidungen über Maßnahmen, die für gesellschaftliche Kollektive und damit auch für solche Individuen oder Gruppen verbindlich sind, die nicht zugestimmt oder sich sogar dagegen ausgesprochen haben" (ebd.: 15).

Der Hinweis auf die Verbindlichkeit integrationspolitischer Entscheidungen wird hier kombiniert mit einer unspezifischen Erweiterung der Wahrnehmung der im politischen Prozess Handelnden. Implizit wird auf die normativ-demokratische Notwendigkeit der Teil*nahme*- und Teil*habe*möglichkeiten der Bürgerinnen und Bürger an politischen Meinungs-, Willenbildungs- und Entscheidungsprozessen hingewiesen. Seither erweitern politikwissenschaftliche Analysen ihre Untersuchungen auf die Beteiligung der Zivilgesellschaft am Regieren in der EU (vgl. insb. Knodt/Finke 2005a). Die realpolitische Rezeption einer europäischen Zivilgesellschaft umfasst Interessenverbände, NGOs und die Unionsbürgerinnen und -bürger (vgl. KOM 2001). Die Europaforschung antizipiert dieses Verständnis und reflektiert es kritisch (vgl. insb. Knodt/Finke 2005). Untersuchungen der zivilgesellschaftlichen Teil*nahme*(möglichkeiten) am europäischen Regieren dominieren die wissenschaftlichen Auseinandersetzungen (kritisch vgl. Trenz 2002; Rucht 2005; Trenz 2005a u. 2005b; Eder/Trenz 2007).

2.4 Die Unionsforschung

Bislang liegen keine empirischen Studien vor, die sich des Integrationstheorems ‚europäisches Mehrebenensystem' bedient haben. Wie Abbildung 1 verdeutlicht, wenden empirische Europäisierungsanalysen im Mehrebenensystem EU entweder eine *bottom-up*- oder eine *top-down*-Perspektive an. Während die *bottom-up*-Forschung die Generierung europäischen *hard laws* via Gemeinschaftsmethode erhebt, konzentriert sich die *top-down*-Forschung auf Implemenationsprozesse europäischen *hard laws* in den Mitgliedstaaten der EU.

Abbildung 1: Analyseperspektiven der Europäisierungsforschung

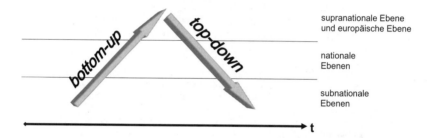

supranationale Ebene
und europäische Ebene

nationale
Ebenen

subnationale
Ebenen

t

Mit der MOK ist eine neue Regierungsform etabliert worden, die weder zu einer Verabschiedung von *hard laws* auf europäischer Ebene führt, noch eine Implementation von europäischen *hard laws* in den Mitgliedstaaten bewirkt. Vielmehr verkörpert die MOK als Regierungsform der EU den Anspruch, alle politischen und zivilgesellschaftlichen Akteure auf der supranationalen, der europäischen und den mitgliedstaatlichen Ebene(n) der EU an den politischen Meinungs- und Willensbildungsprozessen zu beteiligen (vgl. Europäischer Rat 2000: 8f.). Das ebenenübergreifende MOK-Regieren wird genutzt, um auf den nationalstaatlichen Ebenen die Verabschiedung von *hard laws* herbeizuführen. Vor diesem Hintergrund erscheinen das Integrationstheorem ‚europäisches Mehrebenensystem' und die damit verbundene Analyseperspektive geeignet, um politische Entscheidungsprozesse mitgliedstaatlicher Wohlfahrtsstaatsreformen unter den Bedingungen des MOK-Regierens mit den Instrumenten der *policy*-Forschung zu erheben. Hierbei sind zwar *bottom-up*- wie auch *top-down*-Prozesse zu beachten (vgl. auch Schmidt/Radaelli 2004), doch, wie Abbildung 2 visualisiert, ist für diese Analyseperspektive das ebenenübergreifende Wechselspiel des MOK-Regierens im *Gesamtsystem* der EU ins Blickfeld zu nehmen. Der empirische Ansatz wird mit dem Begriff *Unionsforschung* erfasst.

Abbildung 2: Analyseperspektive der Unionsforschung

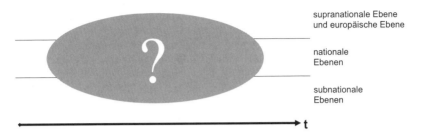

supranationale Ebene
und europäische Ebene

nationale
Ebenen

subnationale
Ebenen

───────────────────────────► t

Die *Unionsforschung* nutzt die Identifizierung von politischen und zivilge-sellschaftlichen Akteursnetzwerken in politischen Entscheidungsprozessen, um den Entwicklungsstand der EU-*polity* als Gesamtsystem sowie den prog-nostizierten Wandel von Staatlichkeit zu erheben.

Das Konzept der *Unionsforschung* ermöglicht es darüber hinaus, das normativ-akteurszentrierte Demokratieverständnis der *governance*-Forschung, das auch als „partizipative Demokratie" bezeichnet werden kann (vgl. Beh-ning 2004; differenzierter Cohen/Arato 1992; den partizipativen Ansatz ver-treten z. B. Heinelt et al. 2002; Grote/Gbikpi 2002), zu erweitern. Wie Kant-ner (2004) zu Recht hervorhebt, sind die modernen mitgliedstaatlichen repräsentativen Massendemokratien

„die einzigen Maßstäbe, die man überhaupt heranziehen kann, wenn von politisch-institutionellen Erfahrungen mit demokratischen Prozeduren [in der EU] die Rede ist und nicht allein von Ideen oder Utopien" (ebd.: 9f.).[29]

Politische Teil*habe*möglichkeiten der Bürgerinnen und Bürger sind in den mitgliedstaatlichen repräsentativen Demokratien normative Voraussetzungen für die Legitimität des Handelns der gewählten Regierungen, Repräsentantin-nen und Repräsentanten.

Analysen der Teil*habe*möglichkeiten der EU-Bürgerinnen und -Bürger an politischen Institutionenbildungs- und -wandlungsprozessen in der EU stellen in der *governance*-Forschung bislang ein Forschungsdesiderat dar. Dieser Sachverhalt kann darauf zurückgeführt werden, dass öffentliche De-batten der am integrationspolitischen Regieren via Gemeinschaftsmethode teil*nehmen*den Akteure vornehmlich auf supranationaler und europäischer Ebene des Mehrebenensystems stattfinden. Eine transparente Vermittlung dieses Regierens durch teil*nehmen*de Akteure und die Medien erfolgt in den mitgliedstaatlichen Arenen nur bedingt (vgl. insb. Eder et al. 1998; Kantner

---

29 Für eine Vielzahl an Studien, die Ideen zur Demokratisierung der EU unterbreiten, vgl.
z. B. Schmitter (2000); Abromeit (2002); Lord (2004); Schäfer (2006); Kohler-Koch/Ritt-berger (2007).

2004; Trenz 2005a).[30] Als Hindernisse für die Entwicklung einer europäischen Öffentlichkeit – und damit auch für die Vernachlässigung von teil*habe*orientierten Analyseperspektiven in der *governance*-Forschung – werden räumliche, sprachliche und organisatorische Gründe angeführt (detaillierter vgl. z. B. Gerhards 2000; Klein et al. 2003; Franzius/Preuß 2004; Kraus 2004; Kantner 2004; Barbarto 2005; Neidhardt 2006; Langenbucher/Latzer 2006).

Wendet man jedoch die Untersuchungsperspektive der *Unionsforschung* an, so ergeben sich neue Analysemöglichkeiten. Am MOK-Regieren teil*nehmen*de Akteure führen in den nationalen Arenen öffentliche Debatten über nationale Sozialstaatsreformen. Einer transparenten Vermittlung des integrationspolitischen Hintergrundes dieser Reformen an die Bürgerinnen und Bürger der Mitgliedstaaten stehen keine räumlichen, sprachlichen und organisatorischen Hindernisse entgegen. Das kommunikative Handeln der am politischen Prozess in den nationalen Arenen Teil*nehmen*den kann demnach politikwissenschaftlich erforscht werden.

Bislang wird das neue sozialpolitische Regieren der EU von zwei Forschungszweigen untersucht, die ihren Dialog noch nicht aufgenommen haben:[31] der MOK-interessierten Europaforschung und der nationalstaatlich orientierten Sozialpolitikforschung.[32] Das folgende *Kapitel 3* erörtert deren jeweiligen Forschungsstand und setzt die Ergebnisse in Beziehung zueinander.

---

30 Die soziologische Europaforschung untersucht die Darstellung des Regierens auf *europäischer Ebene* in den nationalstaatlichen Medien.

31 Für einen ersten indirekten Dialog vgl. allerdings Heidenreich/Bischoff (2008).

32 Anders gestaltet sich der Befund im Bereich der Beschäftigungspolitik. In diesem Politikfeld wird die Verknüpfung europäischer und nationalstaatlicher Politik auch wissenschaftlich bearbeitet. Analysen des Einflusses der seit 1997 praktizierten europäischen Beschäftigungspolitik auf die bundesdeutsche Politik heben insbesondere auf die gescheiterte Konzertierungspolitik des Bündnisses für Arbeit (vgl. z. B. Hassel 2000; Jochem/Siegel 2003) und die nur latent nachgewiesene Europäisierung bundesdeutscher Politikinhalte ab (vgl. z. B. Ostheim/Zohlenhöfer 2004). Für erste indirekte Verknüpfungen von sozial- und beschäftigungspolitischen Wirkungen des MOK-Regierens in ausgewählten Mitgliedstaaten vgl. allerdings Merkel et al. (2006).

3. Der Forschungsstand und seine Desiderate

Kaum eine Neuerung im politischen Prozess der europäischen Integration hat mehr sozialwissenschaftliche Aufmerksamkeit auf sich gezogen als die neuen Formen des Regierens mittels der MOK.[33] Konstatiert wird, dass „its operation is still not fully understood" (Mosher/Trubek 2003: 83) und dass die diesbezügliche Forschung „continues to pose more questions than it seems to answer" (Borrás/Greve 2004: 329). Dennoch liegen bereits theoretische und empirische Erkenntnisse vor, die die Chancen und Risiken des MOK-Regierens in Umrissen erkennen lassen.

3.1 Europaforschung

Die politikwissenschaftlichen *governance*-Forschenden reagierten euphorisch auf die Einführung des MOK-Regierens. Der MOK-Anspruch, Formen des Regierens zu entwickeln, die alle Akteure und die Zivilgesellschaft auf allen politischen Ebenen der EU am Politikprozess beteiligen (vgl. Europäischer Rat 2000: 8f.), löste eine demokratiepolitische Debatte aus. Zusätzlich geschürt wurde die Diskussion durch das Weißbuch ‚Europäisches Regieren', das die MOK zu *der* zukunftsträchtigen Regierungsform erklärt, um das Demokratiedefizit der EU zu beheben, und sie mit dieser Intention weiterentwickelt (vgl. KOM 2001; kritisch Scharpf 2001; Wincott 2001). Die MOK wird deshalb auch als „democratic experimentalism" gekennzeichnet (Eberlein/Kerwer 2002: 1). Zum einen wird theoretisch argumentiert, dass die MOK durch die Stärkung der Teil*nahme*möglichkeiten am politischen Prozess die Legitimität des Regierens in der EU erhöhen könnte (vgl. ebd.; auch Telò 2002; Scott/Trubek 2002; Knill/Lenschow 2003). Zum anderen wird mit der MOK die theoretische Möglichkeit der Entwicklung einer europäischen Öffentlichkeit verbunden (vgl. Heritier 2002: 21; Telò 2002: 263f.), die wiederum die Entwicklung einer europäischen Wir-Identität der EU-Bürgerinnen und -Bürger fördern könnte (vgl. z. B. Castells 2002).

Empirische Überprüfungen der Thesen zur demokratisierenden Wirkung des MOK-Regierens kommen jedoch zu dem ernüchternden Ergebnis, dass

---

33 Für einen Überblick über die Vielfalt an Studien zur MOK ist ein Blick auf die Homepage des European Union Center der University of Wisconsin-Madison hilfreich; sie dient der Vernetzung von MOK-Forschenden: http://eucenter.wisc.edu/OMC/open12.html.

auf europäischer Ebene keine verstärkte Inklusion von korporativen Akteuren und NGOs festzustellen ist (vgl. z. B. Jacobsson/Vifell 2003; de la Porte/ Nanz 2004). Auch eine erste Analyse der nationalstaatlichen, medialen Vermittlungen des *soft-law*-Regierens zerschlägt die Hoffnung auf eine für die EU-Bürgerinnen und -Bürger europäische Identität stiftende Thematisierung des MOK-Regierens in den nationalen Öffentlichkeiten (vgl. Meyer 2004). Erhebungen der *governance*-Strukturen der MOK, also des spezifischen *polity-buildings* der neuen Regierungsformen, liefern für diese Forschungsergebnisse erste Erklärungsansätze.

Empirische Untersuchungen der sozialpolitischen Anwendungsfälle der MOK belegen z. B., dass mit dem Europäischen Sozialschutzausschuss (ESSA) und der jährlichen Märzsitzung des Europäischen Rates neue Strukturen geschaffen wurden, deren Auftrag die Koordinierung der nationalstaatlichen Politiken ist (vgl. z. B. Ferrera et al. 2002; Armstrong 2003; Behning 2004). Ferner zeigen Vergleiche mit dem Regieren via Gemeinschaftsmethode, dass von den supranationalen Institutionen nur die Europäische Kommission, der Europäische Rat und die zuständigen Ministerräte am MOK-Regieren beteiligt sind; der Europäische Gerichtshof, das Europäische Parlament und der sozialpartnerschaftliche Dialog erlangen hingegen nur marginale Bedeutung (vgl. z. B. Borrás/Jacobsson 2004: 198ff.). Hervorzuheben ist auch, dass – anders als in den *soft-law*-Koordinierungsverfahren der Beschäftigungspolitik – die Europäische Kommission in den sozialpolitischen Feldern *keine* Leitlinienkompetenz für so genannte Nationale Aktionspläne (NAP) innehat und eine öffentliche Identifikation von *best practices* (im Deutschen: ‚beste Praktiken' bzw. Identifikation der Besten im EU-Vergleich) nationaler Sozialschutzsysteme und -reformen *nicht* stattfindet (vgl. z. B. Borrás/Jacobsson 2004: 198ff.).

Die NAPs sind Dokumente, die auf den nationalstaatlichen Ebenen erstellt werden. Durch die NAPs teilen die Mitgliedstaaten allen anderen Mitgliedstaaten und der Europäischen Kommission mit, wie und bis wann sie ihre nationalen Reformen entlang der gemeinsam definierten Ziele der Lissabon-Strategie durchzuführen beabsichtigen bzw. durchgeführt haben. Die Erhebung der zur NAP-Erstellung genutzten *governance*-Strukturen bilden das Erkenntnisinteresse der sich zurzeit herausbildenden und auf die nationalen sowie subnationalen Ebenen fokussierenden MOK-Forschung (vgl. Zeitlin/ Pochet 2005). Bislang konnte herausgearbeitet werden, dass die sozialpolitischen NAP-Erstellungsprozesse zu einer verstärkten interministeriellen und politikfeldübergreifenden Zusammenarbeit auf den nationalstaatlichen Ebenen führen. Außerdem ist belegt, dass im Zuge der NAP-Erstellungsprozesse in mehreren Mitgliedstaaten neue nationalstaatliche Gremien entstanden, die zwar weniger nationale Parlamentsangehörige inkludieren, aber für subnationale Akteure, korporative Akteure, Experten und NGOs offen sind (vgl. Zeitlin 2005b: 457ff.; Büchs 2005 u. 2007; zur Beteiligung nationaler Parlamente vgl. insb. Raunio 2006; Duina/Raunio 2006; Duina/Oliver 2006).

Zusammenfassend lässt sich festhalten, dass die politikwissenschaftliche MOK-Forschung eine Vielzahl an Fragestellungen für zukünftige empirische Untersuchungen bietet. Die bisher vorliegenden empirische Ergebnisse deuten darauf hin, dass das MOK-Regieren politische Prozesse auf europäischer Ebene entkorporatisiert sowie entparlamentarisiert und dass die Parlamente auf den nationalstaatlichen Ebenen nur bedingt in die integrationspolitische Koordinierung sozialstaatlicher *policy-makings* in der EU eingebunden sind. Gleichzeitig lässt sich die Bildung neuer Institutionen beobachten, die auf europäischer Ebene zur Koordinierung aller mitgliedstaatlichen Reformprozesse genutzt werden und auf den nationalstaatlichen Ebenen die jeweiligen mitgliedstaatlichen Beiträge zur Koordinierungspolitik vorbereiten. Letztere eröffnen Teil*nahme*möglichkeiten für subnationale Akteure, korporative Akteure, Experten und NGOs.

Dennoch ist hervorzuheben, dass die MOK-Forschung den Gegenstand der neuen Koordinierungspolitik, die mitgliedstaatlichen Sozialstaatsreformen, bislang nicht ins Blickfeld genommen hat. Ihre Wahrnehmung des Einflusses des MOK-Regierens auf die nationalstaatlichen Ebenen endet an den ‚Grenzen der NAPs'. Die Forschungsergebnisse der bundesdeutschen Sozialpolitikforschung können weitere Informationen bereitstellen.

3.2 Bundesdeutsche Sozialpolitikforschung

Seit dem Beginn des Millenniums ist ein Wandel des sozialpolitischen Regierens in der Bundesrepublik Deutschland feststellbar.[34] Auffällig ist ein „Regieren durch Kommissionen", das als „erfolgreicher Versuch, [...] Handlungsfähigkeit zurückzugewinnen" und als „zunehmende Entkorporatisierung von Politik" gewertet wird (Lütz 2004: 33). Zu einer ähnlichen Diagnose gelangt Czada (2004). Er beurteilt die Entwicklungen kritischer:

„[...] die Regierung Schröder [suchte] nach neuen Pfaden, um nicht nur Unberechenbarkeiten der korporatistischen Arena, sondern auch legislative Vetospieler zu umgehen. Darüber hinaus versucht sie, die etablierten Netzwerke in den Politikfeldern Gesundheit, Rente, Arbeitslosigkeit und Sozialhilfe aufzulockern. Die neue Strategie strebt eine Konsensmobilisierung durch eigens eingerichtete Kommissionen an. Ihr Einsatz als Sachver-

---

34 Dieser Wandel wird von einer investiven und aktivierenden Arbeitsmarktpolitik (vgl. z. B. Heyder 2003; Evers 2004; Rosenbaum 2004) sowie einer zunehmenden „Vermarktlichung" (Nullmeier 2004), „Privatisierung" (Klammer/Bäcker 2004) und die Eigenverantwortung der Bürgerinnen und Bürger stärkenden Entwicklung der inhaltlichen Ausgestaltung von Sozialpolitik in der Bundesrepublik Deutschland begleitet (vgl. z. B. Urban 2004; Nullmeier 2006; Riedmüller/Willert 2006; Lessenich 2008).

ständigengremium ist für das bundesdeutsche politische System bei weitem nichts Neues. […] Die Regierung Schröder jedoch nutzt diese nicht nur als Beratungsgremien, sondern als zeitlich begrenzte Arenen, in die politische Debatten um- und abgeleitet werden, wo die öffentliche Meinung ausgetestet wird und über die Druck auf Opposition, Landesregierungen und Interessenverbände ausgeübt werden kann. […] Darüber hinaus gibt das Recht zur Einsetzung, Berufung und Auflösung von Kommissionen der Bundesregierung viel stärkere Möglichkeiten, die Fäden in der Hand zu halten" (ebd.: 150).

Schröder (2003) ergänzt diese Analysen. Er weist nach, dass „für die Ergebnisfähigkeit der Hartz-Kommission […] letztlich der Modus der hierarchischen Steuerung durch das Kanzleramt" (ebd.: 140), die zeitlich begrenzte Ergebnisorientierung, die starke Rolle des Vorsitzenden und, nicht zuletzt, der Auftrag zur Ausgestaltung eines definierten Reformvorhabens ausschlaggebend waren (vgl. ebd.: 141; detaillierter Weimar 2004). Diesen Sachverhalt erfasst Fleckenstein (2004), indem er die neuen Expertenkommissionen als politikgestaltende Gruppen identifiziert (vgl. auch Lamping 2006). Lütz (2004) formuliert diesbezüglich vorsichtiger: „[…] der politische Zweck der neuen Expertenkommissionen [scheint] […] darin zu bestehen, die politische Debatte zu kanalisieren" (ebd.: 33).

Ergänzend kann Trampusch (2005) feststellen, dass die jüngeren Sozialstaatsreformen nicht mehr von den sozialpolitisch verantwortlichen Parlamentsangehörigen der Bundesrepublik Deutschland ausgestaltet werden, sondern nun „Angelegenheit der Regierung und der Parteiführungen" sind (ebd.: 18f.).[35] Letztere werden durch eine „informelle Große Koalition" gestützt, deren Funktion es ist, den „innerparteilichen Widerstand [in den Regierungsparteien] gegen die Reformmaßnahmen auszuschalten" (ebd.: 18; vgl. auch Zohlenhöfer 2004).

Zusammenfassend ist festzuhalten, dass sich das sozialpolitische Regieren in der Bundesrepublik Deutschland in einem Transformationsprozess befindet. Sozialpolitisches Regieren wird zunehmend entkorporatisiert und entparlamentarisiert. Um Reformpolitik zu gestalten und zu legitimieren, setzte die Regierung Schröder Expertenkommissionen ein. Diese wurden durch das Bundeskanzleramt gezielt einberufen, genutzt und auch wieder aufgelöst, um Reformvorhaben in einer informellen Großen Koalition durchzusetzen. Eine Erosion der tradierten sozialpolitischen Verhandlungsnetzwerke ist unverkennbar.

Auffällig ist aber, dass die nationalstaatlich-orientierten Analysen der jüngeren sozialpolitischen Reformprozesse keinen Zusammenhang zwischen europäischer und nationalstaatlicher Politik herstellen (anders vgl. Behning 2005a u. 2005b). Lediglich die WWU-Effekte werden als Handlungshinter-

---

35 Außerdem kann Trampusch (2004) feststellen, dass die tradierte Bindung der sozialpolitischen Experten an Gewerkschaften und Arbeitnehmervertretungen in den bundesdeutschen Parteien abgenommen hat.

grund für die Notwendigkeit von sozialpolitischen Reformen benannt (vgl.
z. B. Lütz 2004: 13f.).

3.3 Zusammenführung

Führt man nun die Ergebnisse der MOK-interessierten Europaforschenden
und der bundesdeutschen Sozialpolitikforschenden zusammen, so muss festgestellt werden, dass seit dem Beginn des neuen Millenniums sowohl auf
europäischer Ebene als auch auf den nationalstaatlichen Ebenen der Bundesrepublik Deutschland eine Entkorporatisierung und Entparlamentarisierung
der sozialpolitischen Verhandlungsnetzwerke empirisch zu beobachten ist.
Gleichzeitig wird auf europäischer Ebene sowie auf der Bundesebene die
Ausbildung neuer Verhandlungsstrukturen verzeichnet. Aufgabe der neuen
Verhandlungsstrukturen auf europäischer Ebene ist die Koordinierung der
mitgliedstaatlichen Reformpolitiken. Aufgaben der neuen Verhandlungs-
strukturen auf Bundesebene sind die Vorbereitungen des bundesdeutschen
Beitrags zur europäischen Koordinierungspolitik (NAP-Gremien) und die
Ausgestaltung von Sozialstaatsreformen (neue Kommissionen).

Die bisher vorliegenden Forschungsergebnisse deuten darauf hin, dass
nunmehr Akteure aller Ebenen der EU am sozialpolitischen Regieren in der
Bundesrepublik Deutschland beteiligt sind und ein Wandel der Beteiligungs-
strukturen auf den bundesdeutschen Ebenen zu konstatieren ist. Wie aber
bundesdeutsches sozialpolitisches *policy-making* seit der Einführung des
MOK-Regierens abläuft und wer daran teil*nimmt*, bleibt auch nach der Sichtung des Forschungsstandes nebulös.

Um mithin zu klären, von wem jüngere Sozialstaatsreformen der Bundesrepublik Deutschland unter den Bedingungen des MOK-Regierens ausgestaltet werden, kann die in *Kapitel 2* vorgestellte Analyseperspektive der
Unionsforschung dienen. Doch um dabei die Teil*habe*möglichkeiten von
Unionsbürgerinnen und -bürgern am politischen Meinungs-, Willenbildungs-
und Entscheidungsprozess zu berücksichtigen, bedarf es der Entwicklung
eines neuen Analyseansatzes. Er wird im folgenden *Kapitel 4* theoretisch
hergeleitet.

4. Der politologische Institutionalismus

„Policy Sciences [sind] [...] auf Wissen ausgerichtet, das benötigt wird,
um die Praxis der Demokratie zu verbessern" (Lasswell 1951, zit. n. de
Leon 1993: 471).

Wie *Kapitel 2* verdeutlicht hat, ist die empirische Überprüfung demokratischen
Regierens im Mehrebenensystem EU erklärtes Ziel der deutschsprachigen
governance-Forschung (vgl. z. B. Kohler-Koch 1998; Jachtenfuchs/Kohler-
Koch 2003). Damit wird an ein Verständnis von Politikwissenschaft als De-
mokratiewissenschaft angeknüpft. Nur lautet die normative Leitkategorie für
das Regieren in der EU „nicht mehr ‚Demokratie‘, sondern ‚Legitimität‘"
(Wolf 2000: 165). Europäisierungsstudien, die Netzwerkanalysen politischer
Entscheidungsprozesse mit neo-institutionalistischen Ansätzen verbinden,[36]
widmen sich überwiegend der steuerungstheoretischen Analyse politischer
Prozesse (vgl. insb. Knill 2001; Börzel 2002; Holzinger et al. 2003; Bandelow 2005). Dadurch rückt das oben zitierte normative Anliegen des Begrün-
ders der *policy*-Forschung in den analytischen Hintergrund. Diese Arbeit

---

36 Zu unterscheiden sind der historische, der *rational choice*- und der soziologische Institutionalismus (vgl. Hall 1996). Der historische Institutionalismus erfasst Institutionen als *polities* und *policies*. Als unabhängige Variable dienen die *polities* staatlicher Ordnungen. Als
abhängige Variable warten *policies* auf, die auf ihre Wandlungsfähigkeit untersucht werden. Grundannahme des historischen Institutionalismus ist ein pfadabhängiger Wandel von
Institutionen (policies) (vgl. z. B. Thelen 1999 u. 2000; Pierson 2000a, 2000b u. 2000c;
Mahoney 2000). Der *rational choice*-Institutionalismus begreift Institutionen als stabile
Organisationen (vgl. z. B. March/Olsen 1984), die das *policy*-gestaltende Handeln von Akteuren vorstrukturieren. Dadurch erscheint das *bargaining* in politischen Prozessen erwart-
und kalkulierbar (vgl. z. B. Elster/Hylland 1986; Tsebelis 1994). Dieser Perspektive widerspricht der soziologische Institutionalismus. Er erfasst Institutionen als Werte und Ideen,
die kulturell geprägt sind. Im Zentrum dieser Ansätze steht die Analyse von akteursspezifischen Werten und Ideen, die das *policy*-gestaltende Handeln im politischen Prozess deter-
minieren oder die selbst durch Lernprozesse gewandelt werden (vgl. z. B. Hall 1986; March/
Olsen 1989; DiMaggio/Powell 1991; Sabatier/Jenkins-Smith 1993). Seit Ende der 1990er-
Jahre kommen in der *top-down*-orientierten Europäisierungsforschung verschiedene Misch-
formen neo-institutionalistischer Ansätze zur Anwendung (vgl. insb. Knill 2001; Börzel
2002; Holzinger et al. 2003; Bandelow 2005). Auch die Wissenspolitologie (Nullmeier
1993; Nullmeier/Rüb 1993) findet in der Europaforschung Beachtung (vgl. z. B. Kohler-
Koch/Eder 1998). Hier werden Institutionen (*policies*) als durch akteursspezifisches Wissen geprägt verstanden, wobei sich Wissen sowohl als durch Lernprozesse beeinflusst wie
auch machtpolitisch gewählt darstellt. Allen aufgeführten Ansätzen ist gemein, dass sie politische Institutionen (*polities*) als unabhängige Variablen setzen und als unveränderlich
wahrnehmen (anders vgl. Börzel 2002). Dieser Sichtweise widerspricht der politologische
Institutionalismus. Ihm geht es auch darum, *polities* im Wandel zu untersuchen und zu beschreiben.

wendet sich dem Lasswell'schen Verständnis von *policy*-Forschung zu und wendet es mit der Entwicklung eines neuen Analyseansatzes auf die *Unionsforschung* an: dem *politologischen Institutionalismus*. Wie nun theoretisch hergeleitet und verdeutlicht wird, versteht dieser Ansatz Institutionen als „Instanzen der symbolischen Darstellung von Orientierungsleistungen einer Gesellschaft" (Göhler 1994: 26).[37] Dieses Konzept ermöglicht es, Institutionenbildungs- und -wandlungsprozesse als Gesellschaftsbildungsprozesse zu analysieren. Es etabliert eine politikwissenschaftliche Öffentlichkeitsforschung in der *policy*-Forschung respektive der *governance*-Forschung.

4.1 Das Diskursmodell der Öffentlichkeit

Politische Entscheidungsprozesse werden in theoretischen Modellen deliberativer Politik[38] als argumentative Verständigungsprozesse begriffen (vgl. insb. Habermas 1992; Cohen/Arato 1992; Peters 1994; Schmalz-Bruns 1995). Modelltheoretisch erfordert das kooperative kommunikative Handeln der teil*nehmen*den Akteure die Offenlegung und die Debatte ihrer Wissensbestände über lösungsbedürftige Probleme sowie der – davon abgeleiteten – gemeinwohlorientierten Problemlösungsvorstellungen.

„Aus der Perspektive der Teilnehmer bedeutet ‚Verständigung' nicht einen empirischen Vorgang, der ein faktisches Einverständnis verursacht, sondern einen Prozeß der gegenseitigen Überzeugung, der die Handlungen mehrerer Teilnehmer auf der Grundlage einer *Motivation durch Gründe* koordiniert" (Habermas 1988a: 525; Herv. i. O.).

---

37 Für weitere Definitionen vgl. insb. March/Olsen (1984 u. 1989); Göhler et al. (1990); Lepsius (1995); Czada (1995); Göhler (1997); Sauer (2005); Buchstein/Schmalz-Bruns (2006). In der *policy*-Forschung dominiert ein Verständnis von Institutionen, das die Ausgestaltung des rechtlichen Regelwerkes eines Politikfeldes mit umfasst. An dieses Institutionenverständnis schließt der politiologische Institutionalismus an.

38 In der politikwissenschaftlichen Europaforschung finden deliberative Ansätze zunehmend Beachtung (vgl. z. B. Jörges/Neyer 1997; Cohen/Sabel 1997 u. 2003; Schmalz-Bruns 1999; Risse 2000; Eriksen/Fossum 2002; Neyer 2003 u. 2006; Pütter 2006). Sie konzeptualisieren das Regieren auf europäischer Ebene als kommunikatives Handeln, das eine europäische Öffentlichkeit erzeugt. Diese Ansätze schreiben nicht-öffentlichen Verständigungen eine diskursive Wirkung zu. Sie analysieren das *arguing* in politischen Sequenzen auf europäischer Ebene. Durch diese Studien wird der Eindruck vermittelt, dass der Verhandlungsstil des *bargainings* durch den des *arguings* abgelöst wird, was m. E. letztendlich auf die gewählte theoretische Perspektive zurückzuführen ist. Da partizipative Demokratiemodelle den normativen Bezugspunkt dieser Arbeiten bilden, tritt eine Rückbindung des kommunikativen Handelns von teil*nehmen*den Akteuren an teil*habende* Herrschaftsunterworfene in den theoretischen und analytischen Hintergrund. Verfahrensrechtliche Voraussetzungen der diskursiven Wirkungen deliberativer Politik werden weitestgehend vernachlässigt. Letzteres gilt auch für soziologische Ansätze der europäischen Öffentlichkeitsforschung, deren theoretische Wurzeln ebenfalls im Diskursmodell der Öffentlichkeit liegen (vgl. z. B. Eder et al. 1998; Kantner 2004; Trenz 2005a).

Sprache ist hierbei das Medium, das die „Funktionen der Verständigung, der Handlungskoordinierung und der Vergesellschaftung von Individuen erfüllt" (Habermas 1988b: 132). Die intersubjektive Überprüfung der sprachlichen Legitimierungen von Problemwahrnehmungen und -lösungen dient der gesteigerten Rationalität ihrer Begründungen in politischen Prozessen. Die Rationalität und intersubjektive Überprüfbarkeit der Begründungen des kommunikativen Handelns der an politischen Prozessen Teil*nehmen*den ist in deliberativen Modellen nicht nur die normative Voraussetzung für Legitimität, sondern auch Bedingung für die (Re-)Produktion von Gesellschaft.

4.1.1   Die (Re-)Produktion von Gesellschaft

Um die (Re-)Produktion von Gesellschaften theoretisch zu fassen, differenziert Habermas zwischen drei Rationalitätsebenen kommunikativen Handelns, die er als symbolische Strukturen der Lebenswelt versteht:

„[D]ie kommunikativ Handelnden [bewegen sich] im Medium einer natürlichen Sprache, machen von kulturell überlieferten Interpretationen Gebrauch und beziehen sich gleichzeitig auf etwas in der einen objektiven, ihrer gemeinsamen sozialen und jeweils einer subjektiven Welt" (Habermas 1988a: 525).

Die ‚objektive Welt' setzt Habermas mit Kultur gleich. Unter Kultur versteht er „den Wissensvorrat, aus dem sich die Kommunikationsteilnehmer, indem sie sich über etwas in der Welt verständigen, mit Interpretationen versorgen" (Habermas 1988b: 209). Hinter dem Terminus ‚ihre gemeinsame soziale Welt' verbirgt sich sein Verständnis von Kollektividentitäten:

„Kollektive erhalten ihre Identitäten nur in dem Maße, wie sich die Vorstellungen, die sich die Angehörigen von ihrer Lebenswelt machen, hinreichend überlappen und zu unproblematischen Hintergrundüberzeugungen verdichten" (ebd.: 206).

Diese Gruppenidentität bildet die Basis für solidarische Gesellschaften. Sie sind „die legitimen Ordnungen, über die die Kommunikationsteilnehmer ihre Zugehörigkeit zu sozialen Gruppen regeln und damit Solidarität sichern" (ebd.: 209). Die dritte Rationalitätsebene, die ‚jeweils eine subjektive Welt', beschreibt Habermas als „Kompetenzen, die ein Subjekt sprach- und handlungsfähig machen, also instandsetzen, an Verständigungsprozessen teilzunehmen und dabei die eigene Identität zu behaupten" (ebd.). Er erfasst sie mit dem Terminus Person bzw. Persönlichkeit (ebd.).

Sprechakte erfüllen in der *Theorie des Kommunikativen Handelns* dann „die Voraussetzungen für rationale Äußerungen bzw. für die Rationalität sprach- und handlungsfähiger Subjekte" (Habermas 1988b: 132), wenn sie folgende Funktionen kommunikativen Handelns beachten:

„Unter dem funktionalen *Aspekt der Verständigung* dient kommunikatives Handeln der Tradition und der Erneuerung kulturellen Wissens; unter dem Aspekt der *Handlungskoor-*

dinierung dient es der sozialen Integration und der Herstellung von Solidarität; unter dem *Aspekt der Sozialisation* schließlich dient kommunikatives Handeln der Ausbildung von personalen Identitäten. Die symbolischen Strukturen der Lebenswelt reproduzieren sich auf dem Weg der Kontinuierung von gültigem Wissen, der Stabilisierung von Gruppensolidarität und der Heranbildung zurechnungsfähiger Aktoren. Der Reproduktionsprozeß schließt neue Situationen an die bestehenden Zustände der Lebenswelt an, und zwar in der *semantischen* Dimension von Bedeutungen oder Inhalten (der kulturellen Überlieferung) ebenso wie in den Dimensionen des *sozialen Raumes* (von sozial integrierten Gruppen) und der *historischen Zeit* (der aufeinander folgenden Generationen)" (ebd.: 208f.; Herv. i. O.).

Festzuhalten ist, dass trotz räumlicher Erweiterungen und dem Anwachsen von Gruppengrößen eine sozial integrierte, solidarische Gesellschaft ausgebildet werden kann, wenn (1.) alle Gruppenmitglieder an kommunikativen Handlungskoordinierungen beteiligt und (2.) Verständigungen auf die Erneuerung kulturellen Wissens ausgerichtet sind, was sich in der semantischen Vermittlung der Verschiebung von gültigen Bedeutungen und Inhalten äußert. Deutlich wird allerdings auch, dass die an Raum und Bezugsgröße angepassten personalen Identitäten der kommunikativ Handelnden sich nur langsam ausbilden. Der Wandel von Identitäten nimmt Zeit in Anspruch und benötigt womöglich einen Generationenwechsel. Derweil erfolgt die Sozialisation sprach- und handlungsfähiger Subjekte in die kommunikativ vermittelte, symbolisch strukturierte, erweiterte und vergrößerte Lebenswelt.

Gelingt der moralisch und rechtlich zu verankernde Transformationsprozess nicht, so kommt es zu Reproduktionsstörungen der symbolisch strukturierten Lebenswelten, die als Pathologien in Erscheinung treten (vgl. ebd.: 215). Um pathologische Gesellschaftsentwicklungen zu vermeiden, bedarf es der Berücksichtigung kommunikativer Handlungselemente bzw. -risiken:

„Die kulturelle Reproduktion der Lebenswelt stellt sicher, daß in der semantischen Dimension neu auftretende Situationen an die bestehenden Weltzustände angeschlossen werden: sie sichert die *Kontinuität* der Überlieferung und eine für die Alltagspraxis jeweils hinreichende *Kohärenz* des Wissens. Kontinuität und Kohärenz bemessen sich an der *Rationalität* des als gültig akzeptierten Wissens. Das zeigt sich bei Störungen der kulturellen Reproduktion, die sich in einem Sinnverlust manifestieren und zu entsprechenden Legitimations- und Orientierungskrisen führen. In solchen Fällen können die Aktoren den mit neuen Situationen auftretenden Verständigungsbedarf aus ihrem kulturellen Wissensvorrat nicht mehr decken. Die als gültig akzeptierten Deutungsschemata versagen und die Ressource ‚Sinn' verknappt" (ebd.: 212f.; Herv. i. O.).

Die Erweiterung von Bezugsräumen eines Kollektivs erfolgt über die Vermittlung eines entsprechenden kohärenten Wissens. Hierbei ist darauf zu achten, dass vorhergehende Wissensbestände als Anknüpfungspunkte genutzt werden, um neue Wissensbestände semantisch zu vermitteln. So kann deren Akzeptanz und Gültigkeit gestärkt werden. Derart gestaltete kulturelle Reproduktionen vermeiden gesellschaftliche Legitimations-, Orientierungs- und Sinnkrisen.

„Die soziale Integration der Lebenswelt stellt sicher, daß neu auftretende Situationen in der Dimension des sozialen Raums an die bestehenden Weltzustände angeschlossen werden: sie sorgt für die Koordinierung von Handlungen über legitim geregelte interpersonelle Beziehungen und verstetigt die Identität von Gruppen in einem für die Alltagspraxis hinreichenden Maße. Dabei bemessen sich die Koordinierung von Handlungen und die Stabilisierung von *Gruppenidentitäten* an der *Solidarität* der Angehörigen. Das zeigt sich bei Störungen der sozialen Integration, die in Anomie und entsprechenden Konflikten zur Erscheinung kommen. In diesen Fällen können die Aktoren den mit neuen Situationen auftretenden Koordinationsbedarf aus dem Bestand an legitimen Ordnungen nicht mehr decken. Die legitim geregelten sozialen Zugehörigkeiten reichen nicht mehr aus und die Ressource ‚gesellschaftliche Solidarität' verknappt" (ebd.: 213; Herv. i. O.).

Neue Kollektive stellen Gruppenidentitäten über die interpersonelle Verschränkung ihrer kommunikativen Handlungen her. Erforderlich sind neue legitime Ordnungen, die den Koordinierungsbedarf an kommunikativem Handeln decken. So kann die Solidarität der Angehörigen des neuen Kollektivs gesichert werden. Eine derart gestaltete soziale Integration vermeidet die Auflösung sozialer Beziehungen, gesellschaftliche Konflikte und die Stärkung der Eigenverantwortung von Individuen.

„Die Sozialisation der Angehörigen einer Lebenswelt stellt schließlich sicher, daß neu auftretende Situationen in der Dimension der historischen Zeit an die bestehenden Weltzustände angeschlossen werden: sie sichert für nachwachsende Generationen den Erwerb *generalisierter Handlungsfähigkeit* und sorgt für die *Abstimmung* von *individuellen Lebensgeschichten* und *kollektiven Lebensformen*. Interaktive Fähigkeiten und Stile der Lebensführung bemessen sich an der *Zurechnungsfähigkeit der Personen*. Das zeigt sich bei Störungen des Sozialisationsvorgangs, die sich in Psychopathologien und entsprechenden Entfremdungserscheinungen manifestieren. In diesen Fällen reichen die Fähigkeiten der Aktoren nicht aus, die Intersubjektivität gemeinsam definierter Handlungssituationen aufrechtzuerhalten. Das Persönlichkeitssystem kann seine Identität nur noch mit Hilfe von Abwehrstrategien wahren, die eine realitätsgerechte Teilnahme an Interaktionen beeinträchtigen, so daß die Ressource ‚Ich-Stärke' verknappt" (ebd.: 213; Herv. i. O.).

In erweiterten und vergrößerten Bezugsräumen ist die intra- und intersubjektive Verarbeitung des neuen kulturellen und sozial-integrativen Wissens die Voraussetzung für die Bildung von starken und handlungsfähigen Personen. Erforderlich sind Sozialisationsprozesse, die die neuen kollektiven Lebensformen an die individuellen Lebensgeschichten rückkoppeln, die neuen kommunikativen Handlungsordnungen verdeutlichen und Individuen die sprachlichen Fähigkeiten für interaktive Kommunikationen mit allen Gruppenmitgliedern vermitteln. So können die Angehörigen des neuen Kollektivs als starke Persönlichkeiten bestehen. Eine derart gestaltete Sozialisation vermeidet Abwehrstrategien, realitätsferne Handlungen, Entfremdungen und das vermehrte Auftreten von psychischen Erkrankungen.

Zusammenfassend ist festzuhalten: Im Prozess der Generierung neuen kulturellen Wissens für neue Kollektive sind interpersonelle, kommunikative Handlungskoordinierungen elementar, die *alle* Angehörigen der bisherigen Kollektive beteiligen. So kann die Suche nach und die Definition einer neuen symbolisch strukturierten Lebenswelt im neuen Kollektiv legitim und gültig werden. So können sozial integrierte Gesellschaften, in denen Personen (Gruppen-)Identitäten und Solidaritäten ausgebildet haben, in eine ebensolche erweiterte und vergrößerte Gesellschaft transformiert werden.

Um Lebenswelten in erweiterten und vergrößerten Kollektiven systemisch zu stabilisieren und damit kohärent zu halten, bedarf es „freilich einer veränderten institutionellen Basis" (ebd.: 232ff.) in Gestalt von politischen Institutionen, die systemisch stabilisierte Handlungszusammenhänge herstellen und durch kollektive Handlungskoordinierungen eine neue solidarische Gesellschaft konstituieren. Entsprechend sind *Verfahren* der teil*nehmen*den und teil*haben*den Handlungskoordinierung aller Mitglieder der bisherigen Kollektive notwendig, die sich gemeinsam über die Institutionalisierung ihrer neu auszugestaltenden Lebenswelt verständigen.

4.1.2   Verfahrensrechtliche Voraussetzungen

Möglichkeiten der Teil*nahme* und der Teil*habe* an kommunikativen Handlungskoordinierungen politischer Meinungs-, Willensbildungs- und Entscheidungsprozesse werden durch die Ausgestaltungen politischer Systeme determiniert. Diese legalisieren die Aneignung von Macht und Herrschaft auf Zeit durch Recht. Im Diskursmodell der Öffentlichkeit übernehmen politische Institutionen

„die Funktion […], die kommunikativen Strukturen der kulturellen Reproduktion enttraditionalisierter Lebenswelten mehr formal über entsprechende Verfahren in systemisch geprägte Willensbildungsprozesse und Entscheidungsverfahren zu implementieren. Recht – oder genauer: verfassungsrechtliche Prinzipien – bilden in dieser Sicht den paradigmatischen Bezugspunkt, an dem sich die Wirkungsweise von Institutionen als Vermittlerinstanzen kultureller Sinnproduktion generell explizieren läßt" (Schmalz-Bruns 1995: 40f.).

Repräsentative Demokratien haben verfassungsrechtlich institutionalisierte *Verfahren* ausgebildet, die

„einerseits in politischen Entscheidungsprozessen Begründungspflichten institutionalisieren und andererseits den Bürgern rechtlich einklagbare Partizipationschancen […] [garantieren], über die sie – wenn auch in gefilterter Weise – politische Macht und politischen Einfluss ausüben können. Auf diese Weise bleibt der Pool von Gründen, mit denen kollektiv verbindliche politische Entscheidungen gerechtfertigt werden, öffentlicher politischer Kommunikation zugänglich" (Kantner 2004: 45).

In repräsentativen Demokratien sind Macht und Herrschaft in kommunikativen Handlungskoordinierungen verfassungsrechtlich an Parlamente und Parteien delegiert. Auf Dauer gestellte *Verfahren* der Meinungs- und Willenbildung zwischen Regierungs- und Oppositionsparteien, die durch die Anhörungen zivilgesellschaftlicher Interessengruppen sowie durch Expertinnen und Experten in ihrem Prozess der Entscheidungsfindung beratend unterstützt werden und sich gegenseitig kontrollieren, sollen in repräsentativen Demokratien die Rationalität von Problemwahrnehmungen und -lösungen gewährleisten. Öffentliche Parlamentsdebatten, in denen die gewählten Volksvertretenden ihre Problemwahrnehmungen und -lösungen debattieren und begründen, stellen wiederum diskursive Teil*habe*- und Kontrollmöglichkeiten der Herrschaftsunterworfenen an den kommunikativen Handlungskoordinierungen der zur Herrschaft Bevollmächtigten sicher. Sie stellen einen öffentlichen Raum dar, der die Rationalität der Begründungen von Problemwahrnehmungen und -lösungen überprüfbar, nachvollziehbar und erwartbar werden lässt. Gleichzeitig sichern sie die Zurechenbarkeit von politischen Entscheidungen, sodass die Herrschaftsunterworfenen die auf Zeit bevollmächtigten Herrschenden durch Wahlen weiterhin legitimieren oder auch entmachten können. Kommunikative Handlungszusammenhänge, die derart systemisch stabilisiert sind, verfügen über eine politische Öffentlichkeit, die alle Angehörigen des Kollektivs diskursiv einschließt und die Reproduktion sozial integrierter und solidarischer Gesellschaften gewährleisten kann (vgl. Habermas 1992: 349ff.).

Kommt es zur Erweiterung und Vergrößerung von kommunikativen Handlungszusammenhängen, die weder über eine gemeinsame Sprache noch über gemeinsame *Verfahren* der Handlungskoordinierung verfügen, die denen repräsentativer Demokratien entsprechen, so sind Reproduktionsstörungen auf allen drei Rationalitätsebenen kommunikativen Handelns in den bisherigen Kollektiven bzw. dem neuen Kollektiv vorprogrammiert. Politologisch-institutionalistische Analysen sehen es sodann als ihre Aufgabe an, die Quellen der Reproduktionsstörungen von Lebenswelten im Transformationsprozess zu identifizieren. Hierbei müssen die nachfolgend vorgestellten Analyseebenen des Ansatzes berücksichtigt werden.

4.2 Analyseebenen des politologischen Institutionalismus

Das Erkenntnisinteresse von Analysen im Kontext des *politologischen Institutionalismus* ist die wissenschaftliche Untersuchung von Rationalitäten des kommunikativen Handelns der an politischen Prozessen teil*nehmen*den Akteure und deren Überprüfbarkeit durch die Herrschaftsunterworfenen. Welche Akteure an politischen Prozessen teil*nehmen*, wird von politologisch-institutionalistischen Analysen ebenso erhoben wie die öffentlichen Debatten des kommunikativen Handelns der an politischen Prozessen Teil*nehmen*den; sie gelten als Voraussetzung für Teil*habe*möglichkeiten der Herrschaftsunterworfenen und damit auch für die Legitimität des Regierens der Herrschaftsbevollmächtigten – das gilt insbesondere bei Erweiterungen von Bezugsräumen der kommunikativen Handelungskoordinierung. Jedoch begreift der politologische Institutionalismus kommunikatives Handeln nicht als etwas, das „eine zwanglose Verständigung der Individuen im Umgang miteinander ebenso ermöglicht wie die Identität eines sich zwanglos mit sich selbst verständigenden Individuums" (Habermas 1988a: 524). Vielmehr werden kollektive Handlungskoordinierungen als kommunikative Prozesse betrachtet, die von Akteuren mit unterschiedlichen Interessen, Wertvorstellungen und Machtressourcen gestaltet werden. Die Rationalität des Handelns der Teil-*nehmen*den leitet sich von ihren Interessen und Wertvorstellungen ab.

Gleichwohl gelten Interessen und Wertvorstellungen nicht als statisch. Wie in der Wissenspolitologie (Nullmeier 1993; Nullmeier/Rüb 1993), treten auch im politologischen Institutionalismus

„[an] die Stelle von gegebenen Präferenzen, als objektiv handlungsleitend unterstellten Interessen oder Wertsystemen, [...] die variablen Prozesse der Präferenz-, Interessen- und Normkonstruktion, in denen Akteure erst ein (normatives) Wissen von den eigenen Interessen und dem eigenen Willen zu gewinnen suchen" (Nullmeier/Rüb 1993: 24).

In der Wissenspolitologie kommt Interessen und Wertvorstellungen als Konstruktionen der Wirklichkeit von Akteuren besondere Bedeutung zu. Sie werden als akteursspezifisches Wissen erfasst. Auch der politologische Institutionalismus versteht Interessen und Wertvorstellungen als veränderbares Wissen, das durch den kulturellen Handlungskontext und die Erfahrungen von Akteuren geprägt wird (vgl. dazu auch Behning 1999). Dieses akteursspezifische Wissen erheben politologisch-institutionalistische Analysen in Verbindung mit akteursspezifischen Wissensbeständen über Erweiterungen von Bezugsräumen der kommunikativen Handlungskoordinierung. Beide Ansätze, die Wissenspolitologie und der politologische Institutionalismus, knüpfen damit an die kulturelle Reproduktion von Lebenswelten als eine von drei Rationalitätsebenen kommunikativen Handelns an.[39] Der politologische Institutionalismus erweitert den Analysefokus.

Durch die Berücksichtigung einer zweiten Rationalitätsebene, der sozialen Reproduktion von Lebenswelten, erlangen kommunikative Handlungskoordinierungen und mit ihnen die akteursspezifischen Machtressourcen verstärkte Aufmerksamkeit. Machtressourcen werden primär als Teil*nahme*- und Teil*habe*möglichkeiten an kommunikativen Handlungskoordinierungen definiert. Sie sind systemisch durch institutionalisierte *Verfahren* geregelt, können aber durch die Interpretation und Fortschreibung von geltendem Recht selbst zur Disposition stehen; dies gilt insbesondere bei Erweiterungen und Vergrößerungen von Bezugsräumen kommunikativer Handlungskoordinierung. Verfahren der Handlungskoordinierung sind faktisch gestalt- und ver-

---

39 Die Wissenspolitologie bezieht sich auf die Wissenssoziologie (vgl. insb. Berger/Luckmann 1969). M.E. können die Interpretation von ‚Konstruktionen der Wirklichkeit' bei Berger/Luckmann (1969) und das Verständnis von ‚kulturell-lebensweltlicher Rationalität' bei Habermas (1988a u. 1988b) synonym gelesen werden (für eine andere Interpretation von ‚Rationalität' bei Habermas vgl. Peters 1991).

änderbar. Dennoch erachtet der politologische Institutionalismus nur Verfahren der kommunikativen Handlungskoordinierung als legitim, die allen Kollektivmitgliedern Teil*nahme*- und/oder Teil*habe*möglichkeiten an kommunikativen Handlungskoordinierungen offerieren. Das Kollektiv der Teil*nehmen*den und Teil*haben*den am Institutionenbildungs- und -wandlungsprozess definiert die sich konstituierende Gesellschaft. So werden Institutionenbildungs- und -wandlungsprozesse als Gesellschaftsbildungsprozesse (be-)greifbar.

Schlussendlich findet die Sozialisation in Lebenswelten als dritte Rationalitätsebene kommunikativen Handelns Beachtung. Hier rücken die Begründungen kommunikativen Handelns in den Vordergrund der Analyse. Dabei geht es vor allem um die Frage, wie Teil*nehmen*de ihr Handeln in erweiterten Bezugsräumen kommunikativer Handlungskoordinierung in öffentlichen Debatten legitimieren und ob ihre sprachlichen Legitimierungen den Teil*haben*den eine Sozialisation in erweiterte Handlungsräume ermöglicht, die ihnen eine realitätsgerechte Teil*nahme* und/oder Teil*habe* an kommunikativen Handlungskoordinierungen erlauben, sie dadurch sozial integrieren und sie als Angehörige einer neuen solidarischen Gesellschaft wahrnehmen.

Freilich sind Institutionenbildungs- und -wandlungsprozesse politikfeldspezifischer Natur. Politikfelder stellen Teilsysteme mit ihnen eigenen rechtlich institutionalisierten *Verfahren* dar. Sie bilden den Untersuchungsbereich, in dem der politologische Institutionalismus im Rahmen von Politikprozessanalysen zur Anwendung kommt. Berücksichtigt man insbesondere die erste Rationalitätsebene kommunikativen Handelns, so kann der Ansatz der *policy*-Forschung zugerechnet werden.[40] Berücksichtigt man nur die zweite und dritte Rationalitätsebene, so kann der Ansatz auch unter den Begriff *polity*-Forschung subsumiert werden und ist ohne Weiteres an die *governance*-Forschung anschlussfähig.

Wie der politologische Institutionalismus und die Unionsforschung empirisch umgesetzt werden können, wird zunächst in *Kapitel 5* am Beispiel des Untersuchungsdesigns dieser Arbeit verdeutlicht.

---

40 Seit einigen Jahren entwickelt sich ein neuer Forschungsstrang in der *policy*-Forschung, der unter dem Namen „deliberative policy analysis" firmiert (vgl. insb. Hajer/Wagenaar 2003; auch Fischer 2003). Diesen Ansätzen geht es, ähnlich wie der Wissenspolitologie, primär um das Transparentwerden von Interpretationen akteursspezifischer Deutungsmuster; sie berücksichtigen die kulturell-lebensweltliche Rationalitätsebene kommunikativen Handelns. Damit will der Forschungszweig selbst Wissen bereitstellen, dass zur Demokratisierung politischer Prozesse dienen kann. An diesen Anspruch schließt sich der politologische Institutionalismus an.

5. Das Untersuchungsdesign

Im empirischen Teil dieser Arbeit werden der Ansatz der Unionsforschung und der des politologischen Institutionalismus' genutzt, um den politischen Prozess, der zur Verabschiedung des 'Vierten Gesetzes für Moderne Dienstleistungen am Arbeitsmarkt' führte, chronologisch zu rekonstruieren und zu analysieren. Zur Systematisierung des sozialstaatlichen *policy-makings* unter MOK-Bedingungen wird der ausgewählte Politikprozess mittels des heuristischen Instruments 'Policy-Zyklus' in Phasen untergliedert (einführend vgl. Windhoff-Héritier 1987; Jann/Wegrich 2003; für eine kritische Diskussion vgl. Sabatier 1993 u. 1999).

Abbildung 3: Der Policy-Zyklus

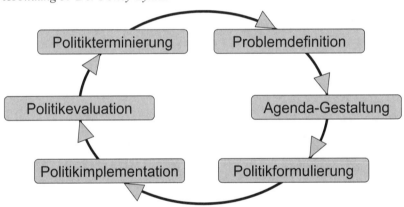

Quelle: Behning (1999: 46); in Anlehnung an Windhoff-Héritier (1987: 65).

„Der sogenannte Policy-Zyklus beginnt mit der *Problemdefinition* als Stadium, in dem entschieden wird, ob ein Problem als handlungsrelevant betrachtet wird. Es folgen die Phasen der *Agenda-Gestaltung*, in der ein als handlungsrelevant betrachtetes Problem auf die politische Agenda gesetzt wird, sowie der formale Entscheidungsprozeß auf der politisch-administrativen Ebene, die sogenannte *Politikformulierung*, deren Ergebnis Programme oder Gesetze sind. An diese Sequenzen schließt sich die *Politikimplementation* an, in der beschlossene Programme oder Gesetze umgesetzt werden. Zur Überprüfung der jeweiligen Maßnahmen werden Evaluationen durchgeführt, die ihrerseits zur *Politikterminierung oder Neudefinition* der Politikinhalte führen können" (Behning 1999: 45f.; Herv. i. O.).

Im Erkenntnisinteresse der vorliegenden Arbeit liegt die Untersuchung des sozialstaatlichen *policy-makings* in den Politikprozessphasen Problemdefinition, Agenda-Gestaltung und Politikformulierung.

Vor die deskriptiven-analytischen Darstellungen der Handlungskoordinierungen in den ausgewählten Politikprozessphasen wird ein Überblick über die im jeweiligen Untersuchungszeitraum relevanten Änderungen des europäischen Vertrags- sowie des bundesdeutschen Verfassungsrechts gegeben, die die Verfahrensänderungen und Verschiebungen von Machtressourcen im politischen Prozess *de jure* legitimieren. Deutlich wird, dass Art. 23 Abs. 1 GG die Normen für ein *de jure* legitimiertes Regieren im Rahmen des europäischen Integrationsprozesses bereitstellt. Wie in Kapitel 6.2.1.2 hergeleitet und in Kapitel 6.2.3 veranschaulicht wird, ergänzen die Rechtsnormen des Art. 23 Abs. 1 GG auch das nachstehende Analyseschema.

An die Darlegungen des im Untersuchungszeitraum gültigen Rechts schließt sich die Deskription der faktischen Interpretationen des gültigen Vertrags- und Verfassungsrechts und/oder der sukzessiven Fortschreibung gültigen Rechts in der Politikproduktion an. Dabei wird das Regieren auf allen Ebenen des Mehrebenensystems EU als ein potenziell teil*nehmende* Akteure Bereitstellendes betrachtet. Der Fallauswahl entsprechend steht das vertikale MOK-Regieren am Beispiel der Bundesrepublik Deutschland analytisch im Vordergrund.[41] Die Rekonstruktionen erheben zugleich das *issue network* ‚beitragsunabhängige soziale Grundsicherung' des *policy*-Netzwerkes[42] der am politischen Prozess Teil*nehmen*den, auf das die Untersuchung eingegrenzt wird.

„Mit dem Begriff Issue Network werden [...] Netzwerkstrukturen erfasst, die sich unterhalb der Ebene einer nominellen Policy allein um einzelne politische Themen bilden, die aber deutlich Policy-Bezug aufweisen" (Nullmeier/Rüb 1993: 298).

Durch diese Perspektive wird die faktische Ausgestaltung eines bereichsspezifischen Teilsystems des *Gesamtsystems* der EU-*polity* ins Blickfeld genommen und strukturell analysiert, ob und durch wen sozialstaatliches *policy-making* im Mehrebenensystem EU ausgestaltet wird. Zugleich wird die ‚Rationalität der sozialen Reproduktion der Lebenswelt'der am politischen Prozess Teil*nehmen*den greifbar. Fragen, die an das empirische Material herangetragen werden, lauten: Werden im Politikprozess ‚alte' Verfahren der Politikproduktion aufgebrochen? Werden ‚neue' Verfahren der Politikproduktion entwickelt und angewendet? Werden ‚alte' Akteure vom sozialstaat-

---

41 Wie an anderer Stelle herausgearbeitet, ist beim MOK-Regieren zwischen Programm-Prozessen, die primär das horizontale MOK-Regieren fördern, und NAPincl-Prozessen, die vornehmlich das vertikale MOK-Regieren steuern, zu differenzieren (detaillierter vgl. Behning 2004: 131ff.).

42 Für eine Einführung in die Netzwerkanalyse vgl. Marin/Mayntz (1991), Jansen/Schubert (1995), Thatcher (1998), Jansen (1999), Schneider (1999), Scott (2000). Für ihre Adaption im Kontext der Integrationsforschung vgl. Kohler-Koch/Eising (1999).

lichen *policy-making* in der Bundesrepublik Deutschland exkludiert? Werden ‚neue' Akteure in das sozialstaatliche *policy-making* der Bundesrepublik Deutschland inkludiert? Sind die gegebenenfalls festgestellten Verschiebungen von Machtressourcen *de jure* legitimiert? Und ermöglichen die im politischen Prozess angewendeten Verfahren der kommunikativen Handlungskoordinierung die Kontrolle und damit die Überprüfbarkeit der Rationalitäten des kommunikativen Handelns der zur Herrschaft Bevollmächtigten?

Für die Erhebung der ‚Rationalitäten der kulturellen Reproduktion der Lebenswelt' als akteursspezifisches Wissen wird das *issue network* ‚beitragsunabhängige soziale Grundsicherung' des phasenspezifischen *policy*-Netzwerkes auf den *inner circle* eingegrenzt (vgl. Abbildung 4).

„Zum Inner Circle einer Politik darf zählen, wer in den wechselseitigen Bestimmungen von Zugehörigkeit als Mitglied des Kerns oder Zentrums eines Policy-Netzes gesehen wird, wobei hier einseitige Selbstzurechnungen nicht ausreichen" (Nullmeier/Rüb 1993: 299).

Abbildung 4: Das Policy-Netzwerk

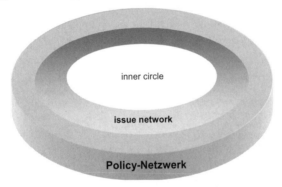

Die Summe der akteursspezifischen Wissensbestände der teil*nehmen*den Akteure im *inner circle* des *issue networks* ‚beitragsunabhängige soziale Grundsicherung' werden in Form von phasenspezifischen *Wissensmärkten* erfasst (vgl. Nullmeier/Rüb 1993: 51ff.). Zur Identifikation des Wissens der am *issue network* Teil*nehmen*den werden ihre Problemwahrnehmungen und -lösungsvorstellungen sowie die dahinterliegenden integrationspolitischen Visionen identifiziert. Entsprechend lauten die Fragen, die an das empirische Material herangetragen werden: Was nehmen die Teil*nehmen*den als lösungsbedürftiges Problem war? Wie sehen die davon abgeleiteten Problemlösungsvorstellungen aus? Welche integrationspolitischen Vorstellungen liegen den privilegierten Problemlösungsvorstellungen zugrunde?

Danach rückt die Rationalität kommunikativen Handels der am politischen Prozess Teil*nehmen*den unter dem Aspekt der sozialen Integration von Teil*haben*den in den Vordergrund der Untersuchung. Um das *policy*-Netzwerk

49

‚komplett' zu erfassen,[43] werden im folgenden Analyseschritt die öffentlichen Debatten der Teilnehmenden erhoben, die die Überprüfbarkeit der Rationalität des kommunikativen Handelns der am politischen Prozess Teil*nehmen*den durch die teil*habenden* Bürgerinnen und Bürger gewährleisten sollen.[44] Bekanntlich handeln repräsentative Systeme mit ihren verfassungsmäßigen Organen der Herrschaftsausübung „im Namen des Volkes, jedoch ohne dessen bindenden Auftrag" (Fraenkel 1991, zit. n. Sarcinelli 2002: 257). Ihre Legitimität und die Legitimität des repräsentativen Handelns der politischen Eliten ist, wie das Bundesverfassungsgericht hervorhebt (vgl. Böckenförde 1991), abhängig von der „ununterbrochenen demokratischen Legitimationskette, [...] [die] allerdings nur hergestellt werden [kann], wenn Repräsentation als ein dynamischer und responsiver, insgesamt also als kommunikativer Prozess begriffen wird" (Sarcinelli 2002: 257).

Deshalb hebt die Repräsentationsforschung hervor, dass die auf Zeit gewählten Repräsentantinnen und Repräsentanten des Volkes in kommunikativen Prozessen auch die Funktion der „Politik-Vermittler" zu erfüllen haben (Herzog 1993, zit. n. Sarcinelli 2002: 258). Im politischen System der Bundesrepublik Deutschland stellen öffentliche Parlamentsdebatten verfassungsrechtlich institutionalisierte *Verfahren* dar, die die demokratische Legitimati-

---

43 Denkbar ist auch eine Erweiterung des Verständnisses von *policy*-Netzwerken, das transnationale Kooperationen und Koordinationen einschließt, die über die EU hinausreichen. Sie bleiben im Rahmen dieser Arbeit ebenso außer Betracht wie die horizontale Vernetzung der kommunikativ Handelnden innerhalb der EU.

44 Die Politische Kommunikationsforschung geht davon aus, dass Teil*habe* an politischen Prozessen durch die Medien vermittelt ermöglicht wird (vgl. insb. Jarren et al. 2002; Gellner/Strohmeier 2003; Esser/Pfetsch 2003; Trenz 2005a). In Anlehnung an diese Studien wurde in einem ersten Konzept zu der vorliegenden Arbeit der Schwerpunkt im Bereich der Erhebung von Teil*habe*möglichkeiten auf eine Analyse der nationalen medialen Berichterstattung zum ausgewählten politischen Prozess gelegt. Es zeigte sich jedoch, dass sich durch diese Analyse nicht klären ließ, wo die Quellen der Reproduktionsstörungen von Lebenswelten dezidiert zu verorten waren. Zudem waren ihre Ergebnisse mit den Resultaten der Erhebung des teil*nehmen*den Akteursnetzwerkes nicht kompatibel. Um den Quellen der Reproduktionsstörungen von Lebenswelten im Bereich der Sozialpolitik auf den Grund gehen zu können, musste deshalb mit dem politologischen Institutionalismus zunächst ein Ansatz entwickelt werden, der die Reproduktionsstörungen im politischen Entscheidungsprozess und dem kommunikativen Handeln der teil*nehmen*den Akteure sucht. Grundsätzlich lassen sich Analysen der Medienberichterstattung in den Mitgliedstaaten in das Konzept des politologischen Institutionalismus integrieren. Im Rahmen dieser Arbeit wurde auf eine schriftliche Darstellung dieser Untersuchungsebene aber letztlich verzichtet, da sie die Ergebnisse der anderen Untersuchungsebenen lediglich bestätigt und somit redundant gewirkt hätte. Diese Arbeit geht davon aus, dass eine sachgerechte Berichterstattung der medialen Akteure von den Rationalitäten der an den kommunikativen Handlungskoordinierungen Teil*nehmen*den abhängig ist. Dennoch bleibt die Notwendigkeit der Vermittlung des kommunikativen Handelns der Teil*nehmen*den an die Teil*habenden* durch die Medien eine nicht hinterfragte Voraussetzung diskursiver Teil*habe*möglichkeiten. Quellen der Reproduktionsstörungen von Lebenswelten, die in der kommunikativen Handlungskoordinierung zwischen Politik und Medien gründen, werden in dieser Arbeit außer Acht gelassen.

onskette und den kommunikativen Prozess zwischen den gewählten Volks-vertretenden und dem Volk gewährleisten sollen (vgl. z. B. Zeh 2005; Schuett-Wetschky 2005). In seinem Maastricht-Urteil hat das Bundesverfas-sungsgericht die nationalen Parlamente als die zuständigen Orte für Vermitt-lungsleistungen integrationspolitischer Prozesse identifiziert, in denen inner-staatlich erworbene Normsetzungs- und Herrschaftskompetenzen genutzt werden und auf innerstaatliche Politik einwirken. Demnach steht fest, dass die „demokratische Legitimation durch die Rückkopplung des Handelns eu-ropäischer Organe an die Parlamente der Mitgliedstaaten erfolgt" (BVerfGE 89: 155f.). Die öffentlichen Debatten in den nationalen Parlamenten sollen die kommunikative Vermittlung des integrationspolitischen Handelns der Eliten an die Bürgerinnen und Bürger gewährleisten. Ebenso gilt für integra-tionspolitische Prozesse die klassische Definition von Repräsentation, „dass etwas, was nicht präsent ist, gegenwärtig gemacht wird" (Leibholz 1966, zit. n. Sarcinelli 2002: 257). Entsprechend bilden die Sprechakte der Haupt-rednerinnen und -redner der im Bundestag und Bundesrat vertretenen Partei-en in öffentlichen Parlamentsdebatten den Untersuchungsgegenstand. Die analysierten Legitimierungen in öffentlichen Parlamentsdebatten werden in phasenspezifischen *Legitimierungsmärkten*[45] erfasst. Zur Identifikation der sprachlichen Legitimierungen werden die Begründungen analysiert, die die parteipolitischen Redner vorbringen, um ihr kommunikatives Handeln zu rechtfertigen. Die Fragen, die an das empirische Material herangetragen wer-den, lauten: Ermöglichen die Begründungen der parteipolitischen Akteure den Bürgerinnen und Bürgern eine realitätsgerechte Teil*habe* am politischen Prozess? Gewährleisten die Begründungen der kommunikativ Handelnden die realitätsgerechte Zurechenbarkeit von politischen Entscheidungen? Und *last but not least*: Sind die Begründungen der parteipolitischen Akteure ge-eignet, um zur Sozialisation und sozialen Integration der Bürgerinnen und Bürger in die faktische sozialpolitische Lebenswelt beizutragen?

Um ein Gesamtbild der Analyseebene ‚Rationalität der sozialen Repro-duktion von Lebenswelt' zu erhalten, werden die Ergebnisse zu jeder Politik-prozessphase im Anschluss zusammengeführt. Gefragt wird, ob die fakti-schen Interpretationen des gültigen Rechts im Prozess des sozialstaatlichen *policy-makings* unter den Bedingungen des MOK-Regierens zu Veränderun-gen von Machtressourcen führten und ob allen Bürgerinnen und Bürgern, für die das Ergebnis der Gesetzesproduktion primär Gültigkeit hat, Teil*habe*-möglichkeiten an den kommunikativen Handlungskoordinierungen zur Ver-fügung standen. Auch wird erörtert, ob sich aus den Analyseergebnissen schlussfolgern lässt, dass und inwiefern sich in der jeweiligen Politikprozess-phase tatsächlich Gesellschaftsbildungsprozesse vollzogen haben.

---

45 Der Begriff wird analog zu dem oben erwähnten Begriff der Wissensmärkte verwendet.

Während *Kapitel 6* den Politikprozess, der zur Verabschiedung des Hartz-IV-Gesetzes führte, in der beschriebenen Weise untersucht, werden die so gewonnen phasenspezifischen Ergebnisse in *Kapitel 7* im Zusammenhang analysiert.

6. Rekonstruktion und Analyse der Entstehung des Hartz-IV-Gesetzes im Mehrebenensystem Europäische Union

Wie in *Kapitel 5* erläutert, wird der Politikprozess, der in der Bundesrepublik Deutschland zur Verabschiedung des ‚Vierten Gesetzes für Moderne Dienstleistungen am Arbeitsmarkt' (Hartz-IV-Gesetz) führte, nachfolgend mit der inhaltlichen Eingrenzung auf das *issue network* ‚beitragsunabhängige soziale Grundsicherung' im Mehrebenensystem EU rekonstruiert und analysiert. Damit rückt die Armutspolitik der Europäischen Union und im Speziellen die der Bundesrepublik Deutschland als primär zu untersuchendes Politikfeld im Mehrebenensystem EU in den Analysefokus. Bevor in diesem Kapitel der ausgewählte Politikprozess in seinen phasenspezifischen Entwicklungen ins Blickfeld genommen wird, gilt es zunächst, die Grundzüge der vorgelagerten Entwicklungslinien des (bundes-)deutschen Politikfeldes der Armutspolitik und die Genese des EU-Politikbereichs *social inclusion* – im Deutschen ‚Bekämpfung von Armut und sozialer Ausgrenzung' – nachzuzeichnen.

6.1 Vorgeschichten der Armutspolitik im Mehrebenensystem

6.1.1 (Bundes-)Deutsche Armutspolitik

Die Wurzeln der bundesdeutschen Armutspolitik reichen bis ins Mittelalter und in ihrer strukturellen Verankerung in das 19. Jahrhundert zurück (vgl. insb. Kickbusch/Riedmüller 1984; Leibfried/Tennstedt 1985a u. 1985b; Sachße/Tennstedt 1986; Pankoke 1990). Signifikant ist, dass Armutspolitik (nicht nur) in Deutschland von Anbeginn an als Arbeitspolitik debattiert wurde. Hieß es im 19. Jahrhundert noch „[w]er nicht arbeitet, soll auch nicht essen" (Vobruba 1985: 48), so lautet die transformierte Grundproblematik in gut ausgebildeten Systemen sozialer Sicherung wie folgt:

„Die Institutionalisierung eines staatlichen Sozialversicherungssystems ist also als ein Vorgang aufzufassen, in dem es gelingen muß, stabile arbeitsmarktexterne Formen materieller Sicherung aufzubauen, zugleich aber das Funktionieren des Arbeitsmarktes nicht durch diese Sicherung in Frage zu stellen. Organisiert werden muß der Gütertransfer von der Wirtschaft in das System sozialer Sicherung. Verhindert werden muß der Transfer von ‚Anti-Arbeits-Motiven' aus dem System sozialer Sicherung in die Wirtschaft" (ebd.: 49).

Damit ist thematisiert, dass Armutspolitik in kapitalistischen Gesellschaften immer im Spannungsfeld zwischen Disziplinierungspolitik zur (Erwerbs-)

Arbeitsaufnahme und sozialer Grundsicherungspolitik angesiedelt ist und das Konfliktfeld Wirtschaftsinteressen versus Interessen abhängiger (Erwerbs-) Arbeitender plastisch widerspiegelt (vgl. insb. Elias 1976; Polanyi 1978; König et al. 1990; Negt/Kluge 1993a, 1993b u. 1993c; zu ihren lebensweltlichen Wirkungen vgl. insb. Riedmüller/Rodenstein 1989; Leibfried et al. 1995a).

In Deutschland wurde der Interessenkonflikt zwischen Arbeit und Kapital spätestens durch die Institutionalisierung des bundesdeutschen Sozialstaates eingeebnet. Die an der Ausgestaltung des bundesdeutschen Sozialstaates beteiligten Akteure etablierten nach dem Zweiten Weltkrieg einen makroökonomischen Kompromiss: die soziale Marktwirtschaft. Diese Problemlösung konstituierte eine verfassungsrechtlich abgesicherte Wohlfahrtsgemeinschaft, an der alle Bürgerinnen und Bürger politisch und sozial teil*haben* sollen (Art. 20 GG).[46] Neben den Sozialversicherungssystemen wurde die beitragsunabhängige Sozialhilfe als letztes Netz zum Schutz vor Armut im Sozialgesetzbuch der Bundesrepublik Deutschland verankert. Alle in der Bundesrepublik rechtmäßig Lebenden hatten – beim Nachweis ihrer Bedürftigkeit – einen Rechtsanspruch auf diese beitragsunabhängige soziale Grundsicherung, die mit der Verpflichtung zur Arbeitssuche einherging, aber *keine* Arbeitsverpflichtung beinhaltete. Der soziale Frieden und die Wahrung sozialer Gerechtigkeit wurden als „Wert der Wohlfahrt" (Möhle 2001) gesehen und galten als akzeptierte Norm (zur Begründung von Sozialstaatlichkeit vgl. insb. Kaufmann 2002).

Die Reproduktion und Fortschreibung des auf Bundesebene sozialrechtlich verankerten makroökonomischen Kompromisses sicherte ein fein gewebtes Akteursnetzwerk. Die Kompetenzen für die sozialrechtliche Ausgestaltung der ‚beitragsunabhängigen sozialen Grundsicherung' lagen und liegen im Bereich der konkurrierenden Gesetzgebung des Bundes (Art. 74 Abs. 1 Nr. 7 GG); d.h., der Bund verabschiedet(e) Rahmengesetze, um die Herstellung gleichwertiger Lebensverhältnisse im Bundesgebiet sicherzustellen. Deren praktische Ausführung war (und ist) den Städten und Kommunen überantwortet. In Kooperation mit den Wohlfahrtsverbänden regulier(t)en sie ‚ein menschenwürdiges Leben' (vgl. Art. 1 GG) für alle in der Bundesrepublik Deutschland lebenden Personen vor Ort.

Bund, Länder, Städte, Kommunen und Wohlfahrtsverbände koordinierten die Interessen, Problemwahrnehmungen und -lösungsvorstellungen ihrer Organisationen im *Deutschen Verein für private und öffentliche Fürsorge* (DV). Auch von den Arbeitgeber- und Arbeitnehmerverbänden entsandte Vertreter nahmen regelmäßig an den Sitzungen im DV teil. Neu auftretende,

---

46 Allerdings erhielten (Ehe-)Frauen und Mütter nur politische Rechte. Soziale Rechte standen ihnen nur vermittelt, über einen Ehemann, zu (detaillierter und kritisch vgl. Kickbusch/ Riedmüller 1984; Gerhard et al. 1987; Riedmüller/Rodenstein 1989; Pfau-Effinger 1993; Ostner 1994). Der Kompromiss wurde „[a]uf Kosten der Frauen" geschlossen (Gerhard et al. 1987).

regulierungsbedürftige Probleme wurden zumeist von Mitgliedern des DV benannt und ihre ersten Problemlösungsvorschläge dann im DV abgestimmt. Daraufhin wurden die Problemwahrnehmungen und -lösungen an die parteipolitischen Akteure herangetragen. Danach beauftragten die parteipolitischen Akteure das administrative Personal ihrer Ministerialbürokratien in Bund und Ländern mit der Koordinierung ihrer Interessen und der Ausformulierung von Gesetzesvorschlägen; Orte dieser Verhandlungen waren Bund-Länder-Arbeitsgruppen. Danach wurden auf der politisch-administrativen Ebene Gesetzesentwürfe erarbeitet, die auf Bundes- und/oder Länderebene schließlich zur Verabschiedung von rechtlichen Neuregulierungen führten (vgl. z. B. Backhaus-Maul/Olk 1994 u. 1997; Backhaus-Maul 2000; Frevel/Dietz 2004: 73ff.; Lösche 2007). Bis in die 1980er-Jahre hinein stellte niemand den im *bottom-up*-Verfahren kontinuierlich reproduzierten Wert der Wohlfahrt für alle ernsthaft infrage.

Doch Ende der 1980er-Jahre kam es zu einem erneuten Aufbrechen des Interessenkonfliktes zwischen Wirtschaft und abhängig (Erwerbs-)Arbeitenden. Die stetig steigende Anzahl der bundesdeutschen Erwerbsarbeitslosen führte zu einer allseitigen Reformulierung von Standpunkten in der Armuts- und Arbeitsdebatte. Hierbei unterschieden sich die tradierten Interessenlager sowohl hinsichtlich ihrer Problemwahrnehmungen als auch in Bezug auf die davon abgeleiteten Problemlösungsvorstellungen. Einigkeit herrschte lediglich über den Bedarf an einer Neuregulierung der sozialen Grundsicherungspolitik: Die einen interpretierten die Situation als Ergebnis eines durch Sozialstaatspolitik hervorgerufenen Verfalls der Arbeitsmoral und mangelnder Arbeitsbereitschaft der Erwerbslosen. Sie plädierten für eine Reduktion und teilweise auch für eine Zusammenlegung der Sozial- und Arbeitslosenhilfen, eine gemeinwohlorientierte Arbeitsverpflichtung der Sozial- und Arbeitslosenhilfebeziehenden und so genannte Hilfe zur Selbsthilfe (kritisch vgl. insb. Grottian et al. 1988). Für die anderen war die aktuelle Situation zuallererst auf einen Mangel an Erwerbsarbeit für alle Erwerbswilligen zurückzuführen. Sie verlangten nach einem Umbau von Arbeitswelt und Sozialstaat sowie einem beitragsunabhängigen Grundeinkommen für jede Staatsbürgerin und jeden Staatsbürger, das ohne Gegenleistung, etwa in Form einer (Arbeits-) Verpflichtung, bereitzustellen ist (vgl. insb. Brun 1985; Opielka/Vobruba 1986; Hoffmann et al. 1990; Negt 1994; Matthies et al. 1994; differenziert Eichler 2001).

Obwohl die Regierungsparteien CDU/CSU und FDP eine offizielle Armutsberichterstattung zu Beginn der 1990er-Jahre nicht für notwendig erachteten, gab der Deutsche Gewerkschaftsbund (DGB) zusammen mit dem Paritätischen Wohlfahrtsverband einen wissenschaftlichen Armutsbericht in Auftrag. Er sollte die differenten Problemlagen in den alten und neuen Bundesländern nach der Wiedervereinigung Deutschlands herausarbeiten. Letztendlich identifizierte der Armutsbericht aber auch in den alten Bundesländern nicht minder große Armutsrisiken und eine unerwartet hohe Anzahl an von Armut Betroffenen (vgl. Hanesch et al. 1994).[47] Die Regierungsparteien reagierten auf den Armutsbericht der Verbände mit der Einsetzung der *Kommission für Zukunftsfragen der Freistaaten Bayern und Sachsen*. Unter dem Vorsitz von Meinhard Miegel tagte die Kommission von 1995 bis 1997 und entwickelte Vorschläge zur privaten Absicherung von Armutsrisiken sowie zur Förderung des ehrenamtlichen Engagements der bundesdeutschen Bevölkerung (vgl. z. B. Miegel/Wahl 1997).

Mit der Bundestagswahl 1998 änderten sich nach 16 Jahren die Machtverhältnisse im Bund und eine rot-grüne Bundesregierung trat ihr Amt an. Wie Armut am Ende der Amtszeit der Regierung von Bundeskanzler Helmut Kohl (CDU) in der EU und im vorhergehenden Verlauf des europäischen Integrationsprozesses thematisiert wurde und schließlich zur Herausbildung eines neuen europäischen Politikbereichs führte, wird im Folgenden nachvollzogen.

6.1.2   Armutspolitik im Prozess der europäischen Integration

Schon in den 1970er-Jahren machte die Kommission der Europäischen Gemeinschaften auf die wachsende Armut in der EG aufmerksam und warnte in diesem Zusammenhang vor einem Anstieg der Erwerbslosigkeit in den Mitgliedstaaten mit hohen Sozialstandards. Als Ursache identifizierte sie das Voranschreiten des wirtschaftlichen Integrationsprozesses bei gleichzeitiger Erweiterung der EG um neue Mitgliedstaaten mit Sozialstandards, die unterhalb derer der alten Mitgliedstaaten liegen. Deshalb schlug die Kommission der Europäischen Gemeinschaften vor, die wirtschaftliche Integration zu vertiefen und mit einer beschäftigungs- und sozialpolitischen Integrationspolitik auf europäischer Ebene zu kombinieren (vgl. Becher 1995; Room 1998). Wie nun zu zeigen ist, unterlag diese Problemwahrnehmung und die davon abgeleiteten Problemlösungsvorstellungen bis zur ersten vertragsrechtlichen Institutionalisierung des hier im Fokus stehenden Politikfeldes einem Wandel.

Den Auftakt für eine europäische Armutspolitik bildete das *sozialpolitische Aktionsprogramm*, das der Rat der Europäischen Gemeinschaften im Jahr 1974 beschloss (vgl. KOM 1974).[48] Mit dem Aktionsprogramm brachte

---

47 Dem Bericht zufolge waren in den alten Bundesländern insbesondere alleinerziehende Frauen und deren Kinder von Armut betroffen. Dieser Tatbestand ist als Folge der *strukturellen Bevorzugung der Lebensform Ehe* – ob mit oder eben auch *ohne Nachkommen* – im bundesdeutschen Sozialstaat und der in der vorgehenden Fußnote benannten sozialrechtlichen Diskriminierungen von Frauen mit Kindern zu betrachten. Letztendlich bedarf die Problematik der *demografischen Entwicklung* in der Bundesrepublik Deutschland *vor diesem Hintergrund der Reflexion*.

48 Damit setzte eine erste aktive sozialpolitische Integrationsphase ein. Sie ging vor allem auf eine geänderte integrationspolitische Position der Bundesrepublik Deutschland zurück, die

der Rat seinen Willen zum Ausdruck, neben wirtschaftspolitischen auch sozialpolitische Zielsetzungen zu verfolgen. Die Kommission der Europäischen Gemeinschaften wurde beauftragt, ein *Erstes Programm zur Bekämpfung von Armut (1975–1980)* in Angriff zu nehmen. Ziel des Programms war es, die Formen und Gründe sowie das Ausmaß von Armut in den Mitgliedstaaten zu erheben und die nationalstaatlichen Maßnahmen zur Bekämpfung von Armut zu beurteilen. Die Kommission vergab entsprechende Forschungsaufträge an unabhängige Sachverständige, beeinflusste als Auftraggeberin aber deren Fragestellungen maßgeblich. Die Studien sollten die unterschiedlichen Typen von Wohlfahrtsstaaten in der EG untersuchen, um Ideen für die Entwicklung eines zukünftigen EG-Wohlfahrtsmodells zu erhalten (vgl. Room 1995: 125). Hintergrund der Initiative des Rates war der Beitritt Großbritanniens, Irlands und Dänemarks zur EG im Jahr 1973.[49] Hatte die EG vor 1973 aus sechs kontinentalen Wohlfahrtsstaaten (Belgien, Deutschland, Frankreich, Italien, Luxemburg und die Niederlande) bestanden, die in der Klassifizierung von Esping-Andersen (1990) alle dem konservativen Wohlfahrtsstaatstyp zugerechnet werden, führten die Beitritte Großbritanniens und Irlands zur Erweiterung um den Strukturtypus des liberalen Wohlfahrtsstaates. Außerdem trat mit Dänemark ein Staat mit komplett differenten Strukturmerkmerkmalen bei, die ihn als sozial-demokratischen Wohlfahrtsstaatstyp auswiesen.

Die wissenschaftlichen Auftragsarbeiten zum Thema Armut lösten in allen Mitgliedstaaten eine Welle an Studien aus und führten zu einer Intensivierung ländervergleichender Armutsforschung sowie der finanziellen Förderung ländervergleichender Forschungskooperationen durch die Kommission (vgl. insb. Room/Henningsen 1990; Voges/Kazepov 1998). Allerdings konnte eine Vergleichbarkeit von Armutsaufkommen in den Mitgliedstaaten aufgrund der national unterschiedlichen Verständnisse von Armut sowie den daran gekoppelten analytischen Zugangsweisen und Erhebungsverfahren nicht gewährleistet werden. Da die amtlichen Statistiken der Mitgliedstaaten außerdem sehr lückenhaft waren, beschränkte man sich zunächst auf die Erhebung von Einkommensarmut. Als arm wurden diejenigen definiert, die über weniger als die Hälfte des durchschnittlichen Nettoeinkommens pro Kopf der Bevölkerung im jeweiligen EG-Mitgliedstaat verfügten. Nachdrücklich wurde herausgearbeitet, dass in den Mitgliedstaaten vornehmlich Erwerbsarbeitslose von Armut betroffen sind.

Die im Abschlussbericht des ersten Armutsprogramms enthaltenen Vorschläge zur Bekämpfung von Armut wurden ausschließlich als Empfehlungen an die *nationalstaatlichen Ebenen* formuliert (vgl. KOM 1989a). Den-

---

wiederum eine Folge des Regierungswechsels von einer CDU/CSU/FDP- zu einer SPD/FDP-Koalition war (vgl. Balze 1994).

49 Auch der Beitritt Norwegens war geplant und vom norwegischen Parlament befürwortet worden. Das norwegische Volk sprach sich 1972 im Rahmen eines Referendums aber gegen den Beitritt zur EG aus.

noch wurde den Regierungen der Mitgliedstaaten die Notwendigkeit eines sozialen Handelns auf europäischer Ebene verdeutlicht. Die niedrigen Sozialstandards in Griechenland, Spanien und Portugal, die der EG Anfang bzw. Mitte der 1980er-Jahre beitraten, lösten im Zusammenhang mit der Verwirklichung des europäischen Binnenmarktes eine Debatte über ein Sozialdumping in der EG aus (vgl. z. B. Room 1991; Ringler 1997). Dennoch erteilte die Revision der Gründungsverträge der EG, die die Verwirklichung des europäischen Binnenmarktes 1986 mit der Einheitlichen Europäischen Akte einläutete, der wirtschaftlichen Integration Vorfahrt.

„Das Binnenmarktprojekt basiert auf einer für die Zukunft der europäischen Sozialpolitik maßgeblichen Handlungsmaxime: es wurde zu Gunsten des Prinzips der gegenseitigen Anerkennung von Rechtsvorschriften auf deren Vereinheitlichung verzichtet" (Behning/ Feigl-Heihs 2001: 463).

Auf Drängen des Europäischen Parlamentes, das sich für eine Vereinheitlichung der mitgliedstaatlichen sozialen Rechtsvorschriften einsetzte, förderte die Kommission ein zweites Armutsprogramm (vgl. Room 1995: 124ff.).
　　Ziel dieses *Zweiten Programms zur Bekämpfung von Armut (1986–1989)* war es, (1.) die Kooperation des statistischen Amts der Europäischen Gemeinschaften EUROSTAT mit den mitgliedstaatlichen statistischen Ämtern zu forcieren und mit der Entwicklung von einheitlichen statistischen Erhebungsverfahren zu beauftragen sowie (2.) vorbildliche Maßnahmen zur Armutsbekämpfung in den Mitgliedstaaten zu identifizieren. In diesem Zusammenhang finanzierte die Kommission der Europäischen Gemeinschaften unterschiedliche lokale Projekte zur Eingliederung von Erwerbsarbeitslosen. Diese Projekte wurden Effektivitätsevaluationen unterzogen und die erfolgreichsten unter ihnen anschließend den nationalen Arenen innerhalb der Gemeinschaft als vorbildliche Maßnahmen (*best practices*) vermittelt sowie deren Übernahme in die nationalen Politikgestaltungen angeregt (vgl. KOM 1989b; Room 1995: 138).
　　Die statistischen Studien hatten gezeigt, dass die nationalstaatlichen Erhebungen das Ausmaß der Erwerbsarbeitslosigkeit i. d. R. zu niedrig abbilden und geringfügig Beschäftigte unzureichend erfassen. Dies galt insbesondere für die neuen südeuropäischen Mitgliedstaaten (vgl. Schulte 1995: 78). Die alarmierenden Befunde führten zum Auftrag an die Kommission, eine EG-Sozialcharta zu entwickeln.
　　Der Kommissionsentwurf einer Sozialcharta sah soziale Rechte für alle Bürgerinnen und Bürger der EG vor (vgl. KOM 1989c). Die Regierungen der Mitgliedstaaten reduzierten die Gültigkeit von sozialen Grundrechten in ihren Verhandlungen dann aber auf Arbeitnehmende.

„Die vorgenommen Änderungen resultierten aus einem Kompromiss zwischen jenen Ländern, die hohe Sozialkosten befürchteten (Spanien, Portugal und Irland) und dieser Charta skeptisch gegenüberstanden, und jenen Ländern, die sich für höhere Standards einsetzten (Deutschland, Italien und die BENELUX-Staaten). Die ,Gemeinschaftscharta der sozialen

Grundrechte der Arbeitnehmer' [...], die im Dezember 1989 von elf Staats- und Regierungschefs – mit Ausnahme Großbritanniens – angenommen wurde, stellt eine politische Erklärung ohne Rechtsverbindlichkeit dar. Sie war der erste Versuch, auf der Ebene der Staats- und Regierungschefs konkrete Maßnahmen im Hinblick auf die Schaffung einer kohärenten gemeinschaftlichen Sozialpolitik zu entwickeln" (Behning/Feigl-Heihs 2001: 465).

Die Unverbindlichkeit der Sozialcharta war für Befürworter des Rechts auf soziale Grundsicherungen innerhalb der EG wenig zufrieden stellend. Weitere Chancen für die sozialrechtliche Vertiefung des europäischen Integrationsprozesses eröffneten die anstehenden Verhandlungen zur rechtlichen Fixierung des WWU-Fahrplans. Doch fielen die Verhandlungen mit der Wiedervereinigung Deutschlands und der Umbruchsituation in den Ländern des Ostblocks zusammen, die Pläne zur Osterweiterung der EG schürten und die Verhandlungen zur sozialen Ausgestaltung des Integrationsprozesses im Rahmen der für 1992 geplanten Vertragsänderung unter neue Vorzeichen stellten. Die Thematisierung der Problemlösungsvorstellung der sozialrechtlichen Vertiefung des europäischen Integrationsprozesses auf europäischer Ebene, die sich von der Problemwahrnehmung der Erweiterung um Mitgliedstaaten mit niedrigeren Sozialstandards und der Vertiefung des wirtschaftlichen Integrationsprozesses ableitete, wurde abgewandelt.

Hierzu wurde als flankierende Maßnahme ein drittes Armutsprogramm aufgestellt, das den Titel *Mittelfristiges Aktionsprogramm der Europäischen Gemeinschaft zur wirtschaftlichen und sozialen Integration der am stärksten benachteiligten Gruppen (1990–1994)* trug. Es knüpfte an die vorhergehenden Programme an und nutzte bisher erworbene Erkenntnisse auf eine Art, die den weiteren Integrationsprozess maßgeblich prägen sollten. Neben der Finanzierung von lokalen Modellprojekten und der Harmonisierung von Statistiken sah auch das dritte Armutsprogramm erneut die Förderung von ländervergleichender Forschung vor. Zu diesem Zweck unterstützte die Kommission die Einrichtung einer ,Beobachtungsstelle für nationale Maßnahmen zur Bekämpfung sozialer Ausgrenzung' in jedem Mitgliedstaat. So entstand ab 1990 ein Netzwerk an Forschungsinstituten, die sich dem Thema der Bekämpfung von Armut nun aber unter neuen und vereinheitlichten Vorzeichen zuwenden sollten (vgl. Room 1998: 47; für die Bundesrepublik Deutschland vgl. z. B. Leibfried/Voges 1992).[50]

Im Titel des dritten Armutsprogramms wurde der bisher verwendete Begriff ,Armut' durch ,soziale Integration' ersetzt. Mit dieser Änderung der Terminologie ist ein Paradigmenwechsel in der Armutspolitik verbunden. Das Konzept der ,sozialen Integration' – im Englischen *social inclusion* – ist multidimensional. Es wendet sich vom angelsächsischen Verständnis von Armut, das an der Verteilung von Ressourcen ansetzt, ab und der französi-

---

50 In der fachwissenschaftlichen Diskussion ist der vereinheitlichte Ansatz als Lebenslagenforschung bekannt.

schen Tradition von Sozialstrukturanalysen zu. Der entscheidende Vorteil dieses Konzepts liegt darin, dass es Armut und Armutsgrenzen nicht in Form monetärer Zuwendungsmaßstäbe definiert und diese somit auch nicht benannt werden müssen (vgl. Siebel 1997: 68f.; Veit-Wilson 1998: 39). Sowohl ‚soziale Integration' als auch ‚soziale Ausgrenzung' als ihr Gegenbegriff gehen vom Konzept der sozialen Ungleichheit aus und spitzen dessen Gedanken von gesellschaftlichem Zentrum und gesellschaftlicher Peripherie durch die Addition von Ungleichheitsdimensionen innerhalb eines *Erwerbssystems* zu. Dabei wird auf den abgestuften Zugang zu materiellen und symbolischen Ressourcen sowie auf Unterschiede in der Verteilung von Macht verwiesen, die als gesellschaftliche Spaltungslinien erfasst werden und Schichtungs- und Klassenschemata weitgehend vernachlässigen (vgl. Kronauer 1997: 31ff.). Der Ansatz stellt das Verhältnis der Mitglieder einer Gesellschaft zueinander ins Zentrum und erfasst ‚soziale Ausgrenzung' relational als mangelnde soziale Teilhabe, fehlende soziale Integration und fehlende Macht. Demgegenüber begründet ‚soziale Integration' sozialmoralische Rechte des Individuums auf Teilhabe an den Institutionen einer Gesellschaft, also auf soziale Teilhabe und politische Partizipation (vgl. Siebel 1997: 68).

Dieser von der Kommission geförderte und geforderte Forschungsansatz bildete auch den konzeptionellen Ausgangspunkt für die Gestaltung des dritten Armutsprogramms: Armut bzw. ‚soziale Integration' wird nicht als durch institutionelle Strukturen zu regulierendes Problem betrachtet, sondern primär als Problem der Integration bestimmter Gruppen in das Erwerbssystem;[51] damit wurde Armutspolitik in der EG zur Erwerbssystempolitik.[52] Entsprechend rückten Informationen über die Krisensituation in städtischen Räumen, die Spannungen zwischen ethnischen Gruppen, die zunehmende Erwerbsarbeitslosigkeit, insbesondere Langzeit- und Jugendarbeitslosigkeit, und die Ausgrenzung von Frauen vom Erwerbsarbeitsmarkt ins Zentrum des Erkenntnisinteresses (vgl. Becher 1995: 148). Im Rahmen eines solchen Verständnisses von ‚sozialer Integration' wird zudem die Ausgestaltung von sozialer Teilhabe als durch politische Partizipation determiniert erfasst. Seither wird die Verteilung von Wohlfahrtsgütern nur mehr in Verbindung mit politischer Partizipation thematisiert; eine gerechte (Um-)Verteilung von Wohlfahrtsgütern erscheint als abhängig vom Entwicklungsstand des demokratischen Systems im jeweiligen Land und ihre ökonomische bzw. wirtschaftspolitische Determinierung tritt demgegenüber in den Hintergrund.

---

51 Dass die Benennung von ‚Problemgruppen' auch Stigmatisierungen zur Folge hat, die ‚hausgemachte' Ausgrenzungsmechanismen generieren und legitimieren, bleibt in dieser Logik unberücksichtigt. Die realen Folgen lassen sich heute z. B. in den Vorstädten von Paris und in der zunehmenden Empfänglichkeit bundesdeutscher Jugendlicher für nationalsozialistisches Gedankengut beobachten.

52 Wie noch zu zeigen sein wird, ist dieses Verständnis von Erwerbssystem *nicht* mit dem des Erwerbsarbeitssystems, das auf eine Teilnahme am ersten Arbeitsmarkt abzielt, gleichzusetzen.

Der dargelegte Paradigmenwechsel lässt verständlich werden, warum in den Verhandlungen zur umfassenden Revision der Gründungsverträge der EG, in denen sowohl die wirtschaftliche als auch die politische Dimension der Union zur Debatte standen, die soziale Vertiefung des europäischen Integrationsprozesses im Kontext der Debatte um die politische Union und abgekoppelt von der Diskussion um die WWU thematisiert wurde. Kursorisch skizziert nahmen die sozialpolitischen Verhandlungen folgenden Verlauf:

„In den Verhandlungen zur Gründung der EU bekundeten vor allem Deutschland und Frankreich, aber auch Belgien und Dänemark, Interesse an einer Verstärkung der sozialen Dimension der Gemeinschaft. [...] Für Großbritannien stand diese Frage, wie in den Jahren zuvor, nicht zur Diskussion, weshalb die Regierungskonferenz in Maastricht beinahe zu scheitern drohte. Schließlich einigten sich die zwölf Mitgliedstaaten auf einen Kompromiss, der elf Mitgliedstaaten (ohne Großbritannien) ein Voranschreiten des europäischen Integrationsprozesses im Bereich der Sozialpolitik erlaubte. [...] [F]ür elf der zwölf Mitgliedstaaten [galt] [...] das Protokoll und das Abkommen über die Sozialpolitik" (Behning/Feigl-Heihs 2001: 466).

Indem die Rechte der Arbeitnehmenden als Unionsbürgerrechte debattiert wurden (vgl. Schulte 2004: 86f.), konnte die Aufnahme der *Gemeinschaftscharta der sozialen Grundrechte der Arbeitnehmer* in das Abkommen über die Sozialpolitik gewährleistet werden. Dieser Prozess ist

„[die] politische Antwort auf das in der Einheitlichen Europäischen Akte von 1987 niedergelegte Binnenmarktprogramm, welches auf Deregulierung und Liberalisierung setzte, jedoch – so die Klage von Kirchen, Wohlfahrtsverbänden, Gewerkschaften und linken Parteien – keine sozialpolitischen Akzente enthielt" (ebd.: 86).

Seither haben Unionsbürgerinnen und -bürger, die zwar in der EU, aber nicht in dem Land erwerbstätig sind, dessen Staatsbürgerschaft sie besitzen, nicht nur politische Partizipationsrechte auf der regionalen Ebene ihres Wohnortes, sondern auch das Recht auf Teilhabe an Sozialleistungen des Aufnahmestaates (vgl. ebd.: 87).

Signifikante Neuerungen stellten außerdem die Aufnahme eines korporatistischen Entscheidungsmusters in die Verfahrensprozesse der EU – bekannt als ‚sozialer Dialog‘ (vgl. Keller 1995: 252) – sowie die Ausweitung des Mehrheitsprinzips im Rat auf ausgewählte beschäftigungspolitische Bereiche dar (detaillierter Behning/Feigl-Heihs 2001: 467ff.). Außerdem wurden die Ziele des gemeinschaftlichen Handelns für elf Mitgliedstaaten erweitert:

„Im Sozialabkommen, in dem die wesentlichen Neuerungen enthalten sind, wurden folgende sozialpolitische Ziele der Gemeinschaft festgehalten: Förderung der Beschäftigung, Verbesserung der Lebens- und Arbeitsbedingungen, angemessener sozialer Schutz, sozialer Dialog, Entwicklung des Arbeitskräftepotentials im Hinblick auf ein dauerhaft hohes Beschäftigungsniveau und Bekämpfung von Ausgrenzung aus dem Arbeitsleben" (Behning/Feigl-Heihs 2001: 467).

Protokoll und Abkommen über die Sozialpolitik wurden mit dem Vertrag von Maastricht verabschiedet und traten am 1. November 1993 in Kraft. In Anlehnung an die Debatte um ‚soziale Ausgrenzung' konnte die rechtlich fixierte Thematisierung der ‚Bekämpfung von Ausgrenzung aus dem Arbeitsleben' sodann genutzt werden, um das initiative Handeln der Europäischen Kommission im Bereich des Sozialen zu legitimieren.

Zunächst legte die Kommission dem Rat noch im Jahr 1993 die *Mitteilung betreffend eines mittelfristigen Aktionsprogramms zur Bekämpfung der Ausgrenzung und zur Förderung der Solidarität: ein neues Programm zur Unterstützung und Anregung der Innovation (PROGRESS) 1994–1999* vor. Dieses vierte und letzte Programm im Bereich der Bekämpfung von Armut respektive Ausgrenzung achtete formal das im Vertrag von Maastricht festgeschriebene Subsidiaritätsprinzip; demzufolge können die Organisationen der Gemeinschaft in den Bereichen, die nicht in ihre ausschließliche Zuständigkeit fallen, nur tätig werden, wenn die Mitgliedstaaten selbst keine ausreichenden Schritte unternehmen, um die gesteckten Ziele zu erreichen. Mit der Schwerpunktsetzung auf den Aspekt der Förderung der Solidarität zwischen den Mitgliedstaaten hatte die Kommission einen Weg gefunden, das Subsidiaritätsprinzip einzuhalten, aber dennoch Handlungskompetenzen in Anspruch zu nehmen. Somit blieb das Thema der Armutspolitik, verstanden als Verhinderung der Ausgrenzung aus dem Arbeitsleben, auf der europäischen Agenda und führte in der Europäischen Kommission zur Einrichtung der direktionsübergreifenden Arbeitsgruppe ‚Armut und soziale Ausgrenzung', die sich bis 1999 entsprechender politischer Projekte annahm (vgl. KOM 1993a).

Die Europäische Kommission legte mit dem Grünbuch (vgl. KOM 1993b) und dem Weißbuch für europäische Sozialpolitik (vgl. KOM 1994) darüber hinaus zwei Dokumente vor, die ihre neue Problemwahrnehmung und die davon abgeleitete Problemlösungsvorstellung deutlich hervortreten lassen. In dem genannten Weißbuch heißt es:

„[D]ie Mitgliedstaaten [erkennen] an, dass die Schaffung eines Binnenmarktes bei gleichzeitiger Erhaltung der innerhalb der Union existierenden unterschiedlichen Systeme des sozialen Schutzes (dies betrifft vor allem Unterschiede in bezug auf Finanzierungs- und organisatorische Fragen) möglich ist und dass vergleichbare Tendenzen in den Mitgliedstaaten die gleichen Probleme zur Folge haben (Arbeitslosigkeit, Überalterung, Veränderung familiärer Strukturen, Eindämmung der Kosten der Gesundheitsversorgung usw.). Um die Koexistenz unterschiedlicher nationaler Systeme und deren harmonische Annäherung an die grundlegenden Ziele der Union zu ermöglichen, sind die Mitgliedstaaten übereingekommen, die Annäherung ihrer Politik im Bereich des sozialen Schutzes zu fördern" (KOM 1994: 51f.).

Analog zum Konzept der sozialen Ausgrenzung setzen die Problemwahrnehmungen im Bereich des sozialen Schutzes nun an gesellschaftlichen Problemlagen an, mit denen alle Mitgliedstaaten konfrontiert sind: Erwerbsarbeitslosigkeit, demografische Entwicklung, Individualisierung, Kostensteigerungen im Gesundheitswesen etc. Gleichzeitig gilt die *gemeinsame Bewältigung der*

Probleme, die zur harmonischen Annäherung der mitgliedstaatlichen Sozial-politiken an die grundlegenden Ziele der Union führen soll, als privilegierte Problemlösungsvorstellung. Es fällt auf, dass der Zusammenhang zwischen der Etablierung des Binnenmarktes und der durch ihn erzeugten Systemkon-kurrenz der Wohlfahrtsstaaten der EU, die in den Mitgliedstaaten mit hohen Sozialstandards zum Anstieg der Erwerbsarbeitslosenzahlen führt, nun ne-giert wird; auch werden die Koexistenz sowie der Erhalt der wohlfahrtstaatli-chen Systeme der EU nicht mehr infrage gestellt.

Dadurch traten weder die WWU noch die Erweiterung der EU um Mit-gliedstaaten mit durchschnittlich niedrigeren Sozialstandards als Probleme in Erscheinung, sodass die so genannten Kopenhagener Kriterien[53] und der Bei-tritt Polens und Ungarns im Juni 1993 beschlossen werden konnten (vgl. ebd.: 66). Gleichwohl findet sich seit Ende der 1980er-Jahre die wirtschaftli-che Globalisierung als neue Problemwahrnehmung sowie die davon abgelei-tete Problemlösung einer Strukturförderung der mittel- und osteuropäischen Staaten durch die EG/EU sowie die (Ost-)Erweiterung der EU in politischen und wissenschaftlichen Debatten in der EU (vgl. z. B. Kuhn 1995: 75; KOM 1996; Ringler 1997: 241; kritisch Altvater/Mahnkopf 2004).

1995 traten Finnland, Österreich und Schweden der EU als Mitgliedstaa-ten bei und akzeptierten das Protokoll und das Abkommen über die Sozialpo-litik. Durch Mitgliedstaaten mit hohen Sozialstandards gestärkt, nahmen die Regierungen der nunmehr 15 EU-Mitgliedstaaten (EU-15) ihre Vorverhand-lungen zur Überprüfung der Bestimmungen des Maastrichter Vertrages im März 1996 in Turin auf. Schweden und Österreich wiesen darauf hin, dass ihre traditionell hohen Erwerbsarbeitsquoten bereits in der Vorbereitungspha-se zum EU-Beitritt gesunken waren. Sie forderten vehement ein beschäfti-gungspolitisches Handeln der Gemeinschaft ein. So konnte die Aufnahme eines so genannten Beschäftigungskapitels in den Vertrag von Amsterdam durchgesetzt werden (detailliert vgl. Tidow 1998). Damit ist die Zusammen-arbeit der Mitgliedstaaten – analog zu den oben zitierten Schwerpunktsetzun-gen des Weißbuchs – *mit und ohne* rechtsverbindliche Entscheidungen auf europäischer Ebene verstärkt worden. Allerdings blieben die sozialpoliti-schen Verhandlungen des Vertrags von Amsterdam bis zum Schluss ergeb-nisoffen. Erst die am 16. und 17. Juni 1997 abgehaltene Regierungskonferenz in Amsterdam führte zum erwünschten Erfolg. Denn

„das Hauptziel der Amsterdamer Konferenz [war] im Hinblick auf die europäische Sozial-politik die Eingliederung des Sozialabkommens in das für alle 15 Mitgliedstaaten gültige Vertragswerk. Die Erreichung dieses Zieles hing von der Zustimmung Großbritanniens ab, das sich nach dem Wahlsieg der Labour Party am 1. Mai 1997 unter dem neuen Premier-

---

53 Die ‚Kopenhagener Kriterien' verlangen von den Beitrittsländern insbesondere stabile
    Institutionen als Garantie für Demokratie, Rechtsstaatlichkeit, Menschenrechte und den
    Schutz von Minderheiten, eine funktionierende Marktwirtschaft und die Übernahme des
    acquis communautaire.

minister Tony Blair bereit erklärte, den Vertrag von Amsterdam inklusive des dem Maast-richter Vertrag beigefügten Sozialabkommens zu unterzeichnen. Die Regelungen des Sozialabkommens wurden als Ersatz für die Art. 117 bis 119 EGV als Art. 136 bis 145 in den am 1. Mai 1999 in Kraft getretenen Vertrag von Amsterdam aufgenommen" (Behning/ Feigl-Heihs 2001: 468f.).

Berücksichtigt man, dass Armutspolitik in der EU seit geraumer Zeit als *Er-werbssystempolitik* definiert und in den politischen Debatten unter dem *label* ‚Bekämpfung von Ausgrenzung' thematisiert wird, so bietet – wie nun her-auszuarbeiten ist – der Vertrag von Amsterdam *auch* die vertragsrechtliche Basis für die Beteiligung supranationaler und europäischer Organisationen an der Gestaltung von mitgliedstaatlichen Armutspolitiken. Wie sich diese Be-teiligung in der politischen Praxis faktisch darstellt und wie sie in den Folge-jahren durch die Fortschreibung des Gemeinschaftsrechts modifiziert wurde, gilt es im Folgenden anhand des Politikprozesses zum Hartz-IV-Gesetz nach-zuvollziehen. Dabei wird das in *Kapitel 5* vorgestellte Untersuchungsdesign angewendet.

6.2 Die Phase der Problemdefinition

Die Problemdefinitionsphase des Hartz-IV-Gesetzes begann im November 1997 und endete im September 2001.[54] In diesem Zeitraum stellte sich die Rechtslage für eine *de jure* legitimierte Politikgestaltung des *issue networks* ‚beitragsunabhängige soziale Grundsicherung' im Mehrebenensystem EU wie folgt dar.

6.2.1 Das geltende Recht

6.2.1.1 Das geltende Recht der Europäischen Gemeinschaft

Der am 2. Oktober 1997 von allen Staats- und Regierungschefs der EU un-terzeichnete Vertrag von Amsterdam trat am 1. Mai 1999 in Kraft. In seinen Art. 136, 137 und 140 finden sich Regelungen, die für die *de jure* legitimierte Politikgestaltung des *issue networks* ‚beitragsunabhängige soziale Grundsi-cherung' im Mehrebenensystem EU von Bedeutung sind. Art. 136 EGV lau-tet:

Die Gemeinschaft und die Mitgliedstaaten verfolgen eingedenk der sozialen Grundrechte, wie sie in der am 18. Oktober 1961 in Turin unterzeichneten Europäischen Sozialcharta und in der Gemeinschaftscharta der sozialen Grundrechte der Arbeitnehmer von 1989

---

54 Zur Problematik der Phasenheuristik vgl. Sabatier (1993).

festgelegt sind, folgende Ziele: die Förderung der Beschäftigung, die Verbesserung der Lebens- und Arbeitsbedingungen, um dadurch auf dem Weg des Fortschritts ihre Angleichung zu ermöglichen, einen angemessenen sozialen Schutz, den sozialen Dialog, die Entwicklung des Arbeitskräftepotentials im Hinblick auf ein dauerhaft hohes Beschäftigungsniveau und die Bekämpfung von Ausgrenzung.
Zu diesem Zweck führen die Gemeinschaft und die Mitgliedstaaten Maßnahmen durch, die der Vielfalt der einzelstaatlichen Gepflogenheiten, insbesondere in den vertraglichen Beziehungen, sowie der Notwendigkeit, die Wettbewerbsfähigkeit der Wirtschaft der Gemeinschaft zu erhalten, Rechnung tragen.
Sie sind der Auffassung, daß sich eine solche Entwicklung sowohl aus dem eine Abstimmung der Sozialordnungen begünstigenden Wirken des Gemeinsamen Marktes als auch aus den in diesem Vertrag vorgesehenen Verfahren sowie aus der Angleichung ihrer Rechts- und Verwaltungsvorschriften ergeben wird.

Alle drei Unterabsätze des Art. 136 EGV heben klar hervor, dass nunmehr die *Gemeinschaftsebene und die Mitgliedstaaten* für die in Abschnitt eins des Artikels aufgeführten *Kompetenzbereiche* verantwortlich zeichnen, darunter die Beschäftigungspolitik und – mit der Benennung von ‚Bekämpfung von sozialer Ausgrenzung' – auch die Armutspolitik in der Union.

Zielvorstellung des gemeinschaftlichen Handelns ist die Förderung von Beschäftigung und die Verbesserung von Lebens- und Arbeitsbedingungen in der Union. Um diese Zielvorstellung zu erreichen, sollen die Lebens- und Arbeitsbedingungen sowie die Beschäftigungsförderungen in der Union *angeglichen* werden. Eindeutig ist, dass hier die Unionsperspektive gilt. Eine Angleichung der Sozial- und Armutspolitiken innerhalb der Union bedeutet, dass sich Mitgliedstaaten mit hohen Sozialstandards zum Abbau und Mitgliedstaaten mit niedrigeren Sozialstandards zum Ausbau ihrer Sozialsysteme verpflichten. Hingegen gilt in der Beschäftigungspolitik das Primat des ‚dauerhaft hohen Beschäftigungsniveaus' (also ein möglichst hoher Anteil an Erwerbstätigen an allen Erwerbsfähigen) für alle Mitgliedstaaten, das zu fördern ist. Entsprechend bedeutet eine Angleichung der Beschäftigungspolitiken innerhalb der Union, dass sich Mitgliedstaaten mit niedrigen Beschäftigungsförderungen zum Ausbau ihres Beschäftigungsniveaus und Mitgliedstaaten mit hoher Beschäftigungsförderung zur Beibehaltung und/oder zum Ausbau ihres hohen Beschäftigungsniveaus verpflichten; oberste Maxime ist die Erhöhung des Arbeitskräfteangebotes. Wie der thematisierte ‚angemessene soziale Schutz' auszugestalten ist, verdeutlicht der darauf folgende Abschnitt.

Abschnitt zwei liefert die Begründung für das gemeinschaftliche Handeln: Die *Gemeinschaftsebene und die Mitgliedstaaten* haben die genannten Maßnahmen durchzuführen, um der Wettbewerbsfähigkeit der Wirtschaft Rechnung zu tragen. Diese Wettbewerbsfähigkeit bezieht sich ausschließlich auf die Konkurrenz zwischen dem Wirtschaftsraum EU und anderen Regionen außerhalb der Union. Um Nachteile im internationalen Wettbewerb für den EU-Wirtschaftsraum zu vermeiden – so das zugrunde liegende Argument –, dürfen die Sozialstandards innerhalb der Union nicht höher liegen als die Sozialstandards außerhalb der Union und die Beschäftigungsniveaus außerhalb der Union nicht durch Beschäftigungsniveaus innerhalb der Union unterboten werden. Dabei wird ignoriert, dass die WWU der Wirtschaft innerhalb der Union im internationalen Wettbewerb bislang weltweit einzigartige Vorteile bietet.[55] Vielmehr wird mit dem Hinweis, dass bei der *Angleichung* der Vielfalt der einzelstaatlichen Gepflogenheiten insbesondere ihre vertraglichen Beziehungen untereinander zu berücksichtigen sind, eine Vervielfältigung der ignorierten Vorteile der Wirtschaft innerhalb der Union angestrebt. Die Formulierung lässt ausreichend Raum, um Staaten, mit denen Beitrittverhandlungen geführt werden und die i. d. R. niedrigere Sozialstandards als die Mitgliedstaaten aufweisen, in den politischen Angleichungsprozess faktisch oder zumindest kognitiv bereits im Vorhinein zu integrieren.

Abschnitt drei konkretisiert die dafür zu ergreifenden Maßnahmen. Die *Abstimmung der Sozialordnungen* der vertragsrechtlich miteinander verbundenen Staaten und die *Angleichung ihrer Rechts- und Verwaltungsvorschriften* ist Aufgabe der Gemeinschaftsebene und der Mitgliedstaaten. Sie werden durch das Wirken des Gemeinsamen Marktes und die *de jure* fixierten Verfahren der Politikgestaltung des Amsterdamer Vertrags ausgestaltet.

Verfahren der Entscheidungsfindung unterliegen auch im Gemeinschaftsrecht Regeln, die von Politikfeld zu Politikfeld unterschiedlich und rechtlich fixiert sind. Für den Politikbereich der ‚Bekämpfung von Ausgrenzung' bietet der Vertrag von Amsterdam zwei Verfahren (Art. 137 Abs. 2 EGV) und ein Verfahrenselement (Art. 140 EGV) an. Sie sind den dargelegten Zielvorstellungen des Art. 136 EGV verpflichtet, setzen aber unterschiedliche Schwerpunkte hinsichtlich der *de jure* festgeschriebenen Kompetenzverteilungen, Kontrollmechanismen, Wirkungsbereiche, Teil*nahme*- und Teil*habe*rechte.

Europäische Entscheidungsverfahren, die im Bereich der Sozialvorschriften zu rechtsverbindlichen Entscheidungen (*hard laws*) führen, sind primär durch Art. 137 EGV geregelt.[56] Für das Politikfeld ‚Bekämpfung von Ausgrenzung' sind Abs. 1 und 2 des Art. 137 EGV relevant. Sie lauten:

(1) Zur Verwirklichung der Ziele des Artikels 136 unterstützt und ergänzt die Gemeinschaft die Tätigkeit der Mitgliedstaaten auf folgenden Gebieten:
  – Verbesserung insbesondere der Arbeitsumwelt zum Schutz der Gesundheit und der Sicherheit der Arbeitnehmer,
  – Arbeitsbedingungen,
  – Unterrichtung und Anhörung der Arbeitnehmer,
  – berufliche Eingliederung der aus dem Arbeitsmarkt ausgegrenzten Personen, unbeschadet des Artikels 150,

---

55 Dass die Europäische Union derzeit von der internationalen Wirtschaft als weltweit lukrativster Raum für Investitionen betrachtet wird, belegt diesen Sachverhalt. Er ist darauf zurückzuführen, dass die EU derzeit die größte Freihandelszone der Welt ist. Mit diesem Wettbewerbsvorteil können weder China noch Indien oder eine andere Region der Welt konkurrieren. Vielmehr werden andere Regionen in der Welt durch die EU gezwungen, sich auch zu Wirtschaftsräumen zusammenzuschließen, um konkurrenzfähig zu bleiben.
56 Vgl. aber auch Art. 138 u. 139 EGV.

- Chancengleichheit von Männern und Frauen auf dem Arbeitsmarkt und Gleichstellung am Arbeitsmarkt.
(2) Zu diesem Zweck kann der Rat unter Berücksichtigung der in den einzelnen Mitgliedstaaten bestehenden Bedingungen und technischen Regelungen durch Richtlinien Mindestvorschriften erlassen, die schrittweise anzuwenden sind. Diese Richtlinien sollen keine verwaltungsmäßigen, finanziellen oder rechtlichen Auflagen vorschreiben, die der Gründung und Entwicklung von kleinen und mittleren Unternehmen entgegenstehen. Der Rat beschließt gemäß dem Verfahren des Artikels 251 nach Anhörung des Wirtschafts- und Sozialausschusses sowie des Ausschusses der Regionen.
Der Rat kann zur Bekämpfung von sozialer Ausgrenzung gemäß diesem Verfahren Maßnahmen annehmen, die dazu bestimmt sind, die Zusammenarbeit zwischen den Mitgliedstaaten durch Initiativen zu fördern, die die Verbesserung des Wissensbestandes, die Entwicklung des Austausches von Informationen und bewährten Verfahren, die Förderung innovativer Ansätze und die Bewertung von Erfahrungen zum Ziel haben.

Mit der Benennung des Kompetenzbereichs ‚berufliche Eingliederung der aus dem Arbeitsmarkt ausgegrenzten Personen'[57] in Art. 137 Abs. 1 EGV bezieht sich die ergänzende *hard-law*-Kompetenz der Gemeinschaftsebene auch auf Armutspolitik, die eine soziale Integration in das Erwerbssystem sicherstellt. Für die Verabschiedung von europäischen Richtlinien (*hard laws*), die einheitliche Mindestvorschriften im Bereich des Sozialen erlassen, ist ein Verfahren nach Art. 251 EGV vorgesehen. Art. 251 EGV lautet wie folgt:

(1) Wird in diesem Vertrag hinsichtlich der Annahme eines Rechtsaktes auf diesen Artikel Bezug genommen, so gilt das nachstehende Verfahren.
(2) Die Kommission unterbreitet dem Europäischen Parlament und dem Rat einen Vorschlag.
Nach Stellungnahme des Europäischen Parlaments verfährt der Rat mit qualifizierter Mehrheit wie folgt:
- Billigt er alle in der Stellungnahme des Europäischen Parlaments enthaltenen Abänderungen, so kann er den vorgeschlagenen Rechtsakt in der abgeänderten Fassung erlassen;
- schlägt das Europäische Parlament keine Abänderung vor, so kann er den vorgeschlagenen Rechtsakt erlassen;
- anderenfalls legt er einen gemeinsamen Standpunkt fest und übermittelt ihn dem Europäischen Parlament. Der Rat unterrichtet das Europäische Parlament in allen Einzelheiten über die Gründe, aus denen er seinen gemeinsamen Standpunkt festgelegt hat. Die Kommission unterrichtet das Europäische Parlament in allen Einzelheiten über ihren Standpunkt.
Hat das Europäische Parlament binnen drei Monaten nach Übermittlung
a) den gemeinsamen Standpunkt gebilligt oder keinen Beschluß gefasst, so gilt der betreffende Rechtsakt als entsprechend diesem gemeinsamen Standpunkt erlassen;
b) den gemeinsamen Standpunkt mit der absoluten Mehrheit seiner Mitglieder abgelehnt, so gilt der vorgeschlagene Rechtsakt als nicht erlassen;
c) mit der absoluten Mehrheit seiner Mitglieder Abänderungen an dem gemeinsamen Standpunkt vorgeschlagen, so wird die abgeänderte Fassung dem Rat und der

---

57   Der Politikbereich der beruflichen Bildung ist in Art. 150 EGV geregelt.

Kommission zugeleitet; die Kommission gibt eine Stellungnahme zu diesen Abänderungen ab.

(3) Billigt der Rat mit qualifizierter Mehrheit binnen drei Monaten nach Eingang der Abänderungen des Europäischen Parlaments alle diese Abänderungen, so gilt der betreffende Rechtsakt als in der so abgeänderten Fassung des gemeinsamen Standpunktes erlassen; über Abänderungen, zu denen die Kommission eine ablehnende Stellungnahme abgegeben hat, beschließt der Rat jedoch einstimmig. Billigt der Rat nicht alle Abänderungen, so beruft der Präsident des Rates im Einvernehmen mit dem Präsidenten des Europäischen Parlaments binnen sechs Wochen den Vermittlungsausschuß ein.

(4) Der Vermittlungsausschuß, der aus den Mitgliedern des Rates oder deren Vertreter und ebenso vielen Vertretern des Europäischen Parlaments besteht, hat die Aufgabe, mit der qualifizierten Mehrheit der Mitglieder des Rates oder deren Vertreter und der Mehrheit der Vertreter des Europäischen Parlaments eine Einigung über einen gemeinsamen Entwurf zu erzielen. Die Kommission nimmt an den Arbeiten des Vermittlungsausschusses teil und ergreift alle erforderlichen Initiativen, um auf eine Annäherung der Standpunkte des Europäischen Parlaments und des Rates hinzuwirken. Der Vermittlungsausschuß befasst sich hierbei mit dem gemeinsamen Standpunkt auf der Grundlage der vom Europäischen Parlament vorgeschlagenen Abänderungen.

(5) Billigt der Vermittlungsausschuß binnen sechs Wochen nach seiner Einberufung einen gemeinsamen Entwurf, so verfügen das Europäische Parlament und der Rat ab dieser Billigung über eine Frist von sechs Wochen, um den betreffenden Rechtsakt entsprechend dem gemeinsamen Entwurf zu erlassen, wobei im Europäischen Parlament die absolute Mehrheit der abgegebenen Stimmen und im Rat die qualifizierte Mehrheit erforderlich ist. Nimmt eines der beiden Organe den vorgeschlagenen Rechtsakt nicht innerhalb dieser Frist an, so gilt er als nicht erlassen.

(6) Billigt der Vermittlungsausschuß keinen gemeinsamen Entwurf, so gilt der vorgeschlagene Rechtsakt als nicht erlassen.

(7) Die in diesem Artikel genannten Fristen von drei Monaten bzw. sechs Wochen werden auf Initiative des Europäischen Parlaments oder des Rates um höchstens einen Monat bzw. zwei Wochen verlängert.

Das Rechtssetzungsverfahren nach Art. 251 bestimmt eindeutig die Europäische Kommission als initiierenden und zentralen Akteur, der Richtlinienvorschläge erstellt, die dann debattiert und gegebenenfalls modifiziert werden. Wenn man berücksichtigt, dass der Rat im Verfahren nach Art. 251 EGV im ausgewählten Politikfeld auf das Abstimmungsverfahren der qualifizierten Mehrheit zurückgreifen muss, stehen die Chancen für die Effizienz und die Effektivität des Entscheidungsverfahrens nicht allzu gut.[58] Das Abstimmungsverfahren nach qualifizierter Mehrheit legt Art. 205 EVG fest. Danach wurden die Stimmen der damals 15 Mitgliedstaaten der EU bis zum 1. Februar 2003 wie folgt gewichtet: Deutschland, Frankreich, Großbritannien und Italien je zehn, Spanien acht, Belgien, die Niederlande, Griechenland und Portugal je fünf, Österreich und Schweden je vier, Dänemark, Finnland und

---

58 Erfolge konnten insbesondere durch die Inanspruchnahme des Verfahrens des ,sozialen Dialogs' – ein Entscheidungsverfahren, das den Sozialpartnern durch Art. 138 u. 139 EGV im Rahmen der Sozialpolitik offen steht – erzielt werden (dazu vgl. z. B. Piazolo 1998).

Irland je drei und Luxemburg zwei Stimmen. Ein Rechtsakt war erlassen, wenn mindestens 62 von 87 Stimmen ein positives Votum abgegeben hatten. Ist ein Rechtsakt erlassen, so müssen die Mitgliedstaaten ihn noch in nationales Recht umsetzen, damit er volle Gültigkeit erlangt. Wie diese Implementation in nationales Recht bewerkstelligt wird, bleibt laut Art. 249 EGV den einzelnen Mitgliedstaaten überlassen (zu diesbezüglichen Erfahrungen im Bereich des Sozialen vgl. z. B. Hartlapp 2005; Leiber 2005; Treib 2005). Für die effektive Koordinierung der Wohlfahrtspolitiken aller Mitgliedstaaten, deren Ziel die Konvergenz der unterschiedlichen Wohlfahrtssysteme im Bereich der ‚beitragsunabhängigen sozialen Grundsicherung' ist, stellen die *hard-law*-Verfahren der Gemeinschaftsebene weder ausreichende Kompetenzen zur Verfügung, noch kann die gewünschte Wirksamkeit garantiert werden.

Doch Art. 137 Abs. 2 Abschnitt 3 EGV bietet zum *hard-law*-Verfahren eine Alternative an, die sich explizit und ausschließlich auf den Politikbereich ‚Bekämpfung von sozialer Ausgrenzung' bezieht. Darin wird der Rat ermächtigt, *Maßnahmen zur Unterstützung der Zusammenarbeit der Mitgliedstaaten* anzunehmen. Solche Maßnahmen sind zulässig, wenn sie Initiativen fördern, die der Verbesserung von Wissensbeständen, der Entwicklung des Austausches von Informationen und bewährten Verfahren, der Förderung innovativer Ansätze und der Bewertung von Erfahrungen dienen. Für die Annahme dieser Maßnahmen durch den Rat, die als *soft law* bezeichnet werden können, gilt ebenfalls das Verfahren nach Art. 251 EGV.

Entsprechend legt Art. 137 Abs. 2 Abschnitt 3 fest, dass die benannten *soft-law*-Maßnahmen auf Initiative und Vorschlag der Kommission nach Anhörung des Wirtschafts- und Sozialausschusses (WSA)[59] und des Ausschusses der Regionen (AdR)[60] zu erfolgen haben. Im WSA sind Mitglieder der nationalen Arbeitgeber-, Arbeitnehmer- und Wohlfahrtsverbände paritätisch vertreten. Der AdR setzt sich aus Mitgliedern der regionalen und lokalen Gebietskörperschaften zusammen; im Falle der Bundesrepublik Deutschland sind dies Delegierte von Ländern, Städten, Kommunen und Gemeinden. Danach kann eine *soft-law*-Maßnahme von der Kommission dem Europäischen Parlament und dem Rat vorgelegt und daraufhin vom Rat und vom Europäischen Parlament nach dem beschriebenen Verfahren angenommen werden.

Festzuhalten ist, dass *de jure* fünf Organisationen an der Ausgestaltung von *soft-law*-Maßnahmen nach Art. 251 EGV auf europäischer Ebene teil*nehmen*: die Europäische Kommission, der Rat der Europäischen Union – also der jeweils zuständige Ministerrat –, das Europäische Parlament, der WSA und der AdR. Das Verfahren nach Art. 251 EGV stellt die Teil*nahme*möglichkeiten dieser Akteure auf europäischer Ebene sicher, legt klare und erwartbare Verhandlungs- und Kontrollstrukturen fest und kann zu öffentli-

---

59 Das rechtliche Regelwerk für den WSA ist in Art. 257 bis 262 EGV zu finden.
60 Das rechtliche Regelwerk für den AdR ist in Art. 263 bis 265 EGV zu finden.

chen Debatten des Europäischen Parlaments genutzt werden, die wiederum den Unionsbürgerinnen und -bürgern durch die nationalen Medien vermittelte Teil*habe*möglichkeiten zusichern. Durch die Inklusion der genannten Akteure kann auch im Modus des *soft law* eine Verbindlichkeit entstehen, die alle beteiligten Akteure zur mitgliedstaatlichen Umsetzungen der Vereinbarungen moralisch verpflichtet, sie öffentlich thematisierbar und dadurch kontrollierbar werden lässt.

Art. 140 EGV normiert im Gegensatz zu Art. 137 Abs. 2 Abschnitt 3 EGV kein vollständiges Verfahren, sondern nur ein Verfahrenselement. Art. 140 EGV lautet:

Unbeschadet der sonstigen Bestimmungen dieses Vertrages fördert die Kommission im Hinblick auf die Erreichung der Ziele des Artikels 136 die Zusammenarbeit zwischen den Mitgliedstaaten und erleichtert die Abstimmung ihres Vorgehens in allen unter dieses Kapitel [damit ist Kapitel 1 ‚Sozialvorschriften‘ gemeint, das die Art. 136 bis 145 EGV umfasst] fallenden Bereiche der Sozialpolitik, insbesondere auf dem Gebiet
– der Beschäftigung,
– des Arbeitsrechts und der Arbeitsbedingungen,
– der beruflichen Ausbildung und Fortbildung,
– der sozialen Sicherheit,
– der Verhütung von Berufsunfällen und Berufskrankheiten,
– des Gesundheitsschutzes bei der Arbeit,
– des Koalitionsrechts und der Kollektivverhandlungen zwischen Arbeitgebern und Arbeitnehmern.
Zu diesem Zweck wird die Kommission in enger Verbindung mit den Mitgliedstaaten durch Untersuchungen, Stellungnahmen und die Vorbereitung von Beratungen tätig, gleichviel ob es sich um *innerstaatliche* oder um internationalen Organisationen *gestellte Probleme* handelt.
Vor Abgabe der in diesem Artikel vorgesehenen Stellungnahmen hört die Kommission den Wirtschafts- und Sozialausschuß. [Herv. UB].

Art. 140 EGV räumt der Kommission das Recht ein, in allen europäischen Politikfeldern des Sozialen[61] die *Zusammenarbeit der Mitgliedstaaten und die Abstimmungen zwischen den Mitgliedstaaten* durch Untersuchungen sowie vorbereitende Maßnahmen aktiv und initiativ *zu fördern und zu erleichtern.* Lediglich für das Rechtsinstrument der Stellungnahme[62] ist der Kommission der WSA als anzuhörendes Kontrollorgan gegenübergestellt. Wirklich ausschlaggebend ist aber, dass das vertragsrechtlich legitimierte Tätigwerden der Kommission hier *nicht* – wie in allen anderen Artikeln des Kapitels *Sozialvorschriften* – auf die supranationale und die europäische Ebene beschränkt ist, sondern die innerstaatlichen Ebenen und die internationale Ebene als Kompetenz- und Wirkungsräume der Europäischen Kommission benennt.

---

61 Mit der Benennung des Koalitionsrechts in Art. 140 EGV wird Art. 137 Abs. 6 EGV widersprochen. Entsprechend ist festzuhalten, dass Art. 140 EGV die Kompetenzbereiche der Kommission um das Koalitionsrecht ausweitet.
62 Stellungnahmen sind laut Art. 249 EGV nicht verbindlich, können aber Rechtswirkungen zur Folge haben, was sich insbesondere durch ihre Selbstbindungswirkung ergibt.

Die Kompetenzen der Kommission beziehen sich auf Instrumente und Maßnahmen, die als *soft law* bezeichnet werden können, gestatten ihren Mitgliedern jedoch die Teil*nahme* an politischen Verhandlungen auf allen Ebenen des Mehrebenensystems EU und die Vertretung von Unionsinteressen in internationalen Organisationen. Damit ist die aktive Teil*nahme* von Mitgliedern der Europäischen Kommission an den nationalen Politikgestaltungen aller Mitgliedstaaten in allen Politikfeldern des Sozialen *de jure* legitimiert.

Exkurs zur Charta der Grundrechte der EU

Am 17. Dezember 2000 wurde die *Charta der Grundrechte der Europäischen Union* von allen Staats- und Regierungschefs und der Europäischen Kommission feierlich deklariert; sie ist nun Teil II der Europäischen Verfassung und hat bislang keine volle Rechtsgültigkeit. Art. 51 Abs. 1 der Charta beschreibt ihren Geltungsbereich wie folgt:

Diese Charta gilt für die Organe und Einrichtungen der Union unter Einhaltung des Subsidiaritätsprinzips und für die Mitgliedstaaten ausschließlich bei der Durchführung des Rechts der Union. Dementsprechend achten sie die Rechte, halten sie sich an die Grundsätze und fördern sie deren Anwendung gemäß ihren jeweiligen Zuständigkeiten.

Festzuhalten ist, dass die *Charta der Grundrechte der Europäischen Union* und die EU-Verfassung alle Akteure der EU auf neue Rechtsnormen verpflichten können.

Das Kapitel IV der *Charta der Grundrechte der Europäischen Union* trägt den Titel *Solidarität* und hält für das *issue network* ,beitragsunabhängige soziale Grundsicherung' seit Dezember 2000 insbesondere mit Art. 34 die folgenden, unverbindlichen normativen Grundlagen für das sozialpolitische Handeln auf allen Ebenen der EU bereit:

(1) Die Union anerkennt und achtet das Recht auf Zugang zu den Leistungen der sozialen Sicherheit und zu den sozialen Diensten, die in Fällen wie Mutterschaft, Krankheit, Arbeitsunfall, Pflegebedürftigkeit oder im Alter sowie bei Verlust des Arbeitsplatzes Schutz gewährleisten, nach Maßgabe des Gemeinschaftsrechts und der einzelstaatlichen Rechtsvorschriften und Gepflogenheiten.

(2) Jede Person, die in der Union ihren rechtmäßigen Wohnsitz hat und ihren Aufenthalt rechtmäßig wechselt, hat Anspruch auf die Leistungen der sozialen Sicherheit und die sozialen Vergünstigungen nach dem Gemeinschaftsrecht und den einzelstaatlichen Rechtsvorschriften und Gepflogenheiten.

(3) Um die soziale Ausgrenzung und die Armut zu bekämpfen, anerkennt und achtet die Union das Recht auf eine soziale Unterstützung und eine Unterstützung für die Wohnung, die allen, die nicht über ausreichend Mittel verfügen, ein menschenwürdiges Dasein sicherstellen sollen, nach Maßgabe des Gemeinschaftsrechts und der einzelstaatlichen Rechtsvorschriften und Gepflogenheiten.

Die proklamierten sozialen Normen der *Charta der Grundrechte der Europäischen Union* stehen – wie im nächsten Abschnitt noch detaillierter zu erörtern ist – mit den sozialen Rechtsnormen der Bundesrepublik Deutschland weitgehend im Einklang. Nur die vage Formulierung in Abs. 3, demgemäß in der Union lediglich ein menschenwürdiges Dasein sichergestellt werden soll, widerspricht dem Grundgesetz der Bundesrepublik Deutschland. Auffällig ist, dass die Zielvorstellungen der *Charta der Grundrechte der Europäischen Union* denen des Art. 136 EGV, der eine liberale Marktwirtschaft mit einer sozialen Sicherung privilegiert, die sich auch an Standards konkurrierender außereuropäischer Wirtschaftsnationen orientiert, diametral entgegengesetzt sind. Da sich die 15 Staats- und Regierungschefs der EU im Dezember 2000 nicht einstimmig entschließen konnten, die Grundrechtscharta in den *acquis communautaire* zu integrieren, und die *Verfassung der Europäischen Union* deshalb nicht ratifiziert wurde, gilt Art. 136 EGV unverändert fort. Akteure, die im *issue network* ,beitragsunabhängige soziale Grundsicherung' auf der supranationalen und der europäischen Ebene agieren, müssen sich an Art. 136 EGV orientieren. Die Grundrechtscharta kann ihnen lediglich als Auslegungshilfe dienen. In diesem Szenario sind letztendlich die subjektiv privilegierten Normen der handelnden Akteure dafür ausschlaggebend, ob sie Art. 136 EGV oder die Grundrechtscharta als Rechtsnorm heranziehen.

Wie politische Prozesse des *issue networks* ,beitragsunabhängige soziale Grundsicherung' im Mehrebenensystem EU auf den bundesdeutschen Ebenen ausgestaltet werden müssen, um *de jure* legitim zu sein, gilt es nun darzulegen.

6.2.1.2 Das geltende Recht der Bundesrepublik Deutschland

Die Bundesrepublik Deutschland hat sich mit dem Grundgesetz einen Verfassungsrahmen gegeben, der mit Art. 1 Abs. 1 GG die Würde des Menschen als unantastbar erklärt und mit Art. 1 Abs. 3 GG alle im Grundgesetz verankerten Grundrechte als für die Gesetzgebung, die vollziehende Gewalt und die Rechtssprechung unmittelbar geltendes Recht festschreibt. Zu den Grundrechten zählt auch Art. 12 GG. Er lautet:

(1) Alle Deutschen haben das Recht, Beruf, Arbeitsplatz und Ausbildungsstätte frei zu wählen. Die Berufsausübung kann durch Gesetz oder auf Grund eines Gesetzes geregelt werden.

(2) Niemand darf zu einer bestimmten Arbeit gezwungen werden, außer im Rahmen einer herkömmlichen allgemeinen, für alle gleichen öffentlichen Dienstleistungspflicht.

(3) Zwangsarbeit ist nur bei einer gerichtlich angeordneten Freiheitsentziehung zulässig.

Art. 12 Abs. 1 GG eröffnet die Möglichkeit, Gesetze zu verabschieden, die das Grundrecht der Berufsfreiheit einschränken. Abs. 2 stellt klar, dass ein Zwang zur Arbeit nur zulässig ist, wenn es sich um eine öffentliche Dienstleistungspflicht handelt, die für alle gilt und der Allgemeinheit dient. Festzuhalten ist, dass bundesdeutsche Gesetze eine Arbeitsverpflichtung einführen dürfen; sie muss aber für alle in der Bundesrepublik Deutschland rechtmäßig Lebenden gelten. Hingegen sind andersartige Zwangsverpflichtungen zur Arbeit, insbesondere in der freien Wirtschaft oder in wirtschaftsnahen Bereichen, verfassungswidrig.

Dass die Bundesrepublik Deutschland die soziale Marktwirtschaft als Wirtschaftsprinzip, den Föderalismus als Staats- und Ordnungsprinzip und die repräsentative Demokratie als Staatsprinzip zu wahren hat, ist in Art. 20 GG festgelegt. Gleichzeitig bindet Art. 20 GG die bundesdeutsche Gesetzgebung an die verfassungsmäßige Ordnung, bestimmt das Volk als Souverän und gibt ihm ein Widerstandsrecht. Art. 20 Abs. 2 und 4 GG lauten:

(2) Alle Staatsgewalt geht vom Volke aus. Sie wird vom Volke in Wahlen und Abstimmungen und durch besondere Organe der Gesetzgebung, der vollziehenden Gewalt und der Rechtssprechung ausgeübt.

(4) Gegen jeden, der es unternimmt, diese Ordnung [die grundgesetzlich geregelten Prinzipien und damit verbundene Rechte und Pflichten] zu beseitigen, haben die Deutschen das Recht zum Widerstand, wenn andere Abhilfe nicht möglich ist.

Gleichzeitig legt Art. 23 GG in der Fassung vom 20. Oktober 1997[63] folgende normativen Rechtsgrundsätze für die Weiterentwicklung des europäischen Einigungsprozesses mit Abs. 1 fest:

Zur Verwirklichung eines vereinten Europas wirkt die Bundesrepublik Deutschland bei der Entwicklung der Europäischen Union mit, die demokratischen, rechtsstaatlichen, sozialen und föderativen Grundsätzen und dem Grundsatz der Subsidiarität verpflichtet ist und einen diesem Grundgesetz im wesentlichen vergleichbaren Grundrechtsschutz gewährleistet. Der Bund kann hierzu durch Gesetz mit Zustimmung des Bundesrates Hoheitsrechte übertragen. Für die Begründung der Europäischen Union sowie für Änderungen ihrer vertraglichen Grundlagen und vergleichbare Regelungen, durch die dieses Grundgesetz seinem Inhalt nach geändert oder ergänzt wird oder solche Änderungen oder Ergänzungen ermöglicht werden, gilt Artikel 79 Abs. 2 und 3.

Damit bekennt sich die Bundesrepublik Deutschland klar und eindeutig zum Voranschreiten des europäischen Vereinungsprozesses. Allerdings gilt das nur für einen europäischen Integrationsprozess, der das Ziel verfolgt, die EU demokratisch, rechtsstaatlich, sozial und föderal auszugestalten. Explizit hervorgehoben wird, dass die Entwicklung der Europäischen Union zu einem föderalen System angestrebt wird und der Bund – nach Zustimmung der Bundesländer – unter Wahrung des Subsidiaritätsprinzips Hoheitsrechte an die Europäische Union übertragen kann. Legitimiert ist dieses Vorgehen aber nur, wenn die Europäische Union einen Grundrechtsschutz gewährleistet, der dem bundesdeutschen Grundgesetz entspricht. Zugleich sind bestimmte Verfassungsprinzipien durch die so genannte Ewigkeitsklausel des Art. 79 Abs. 3

---

63 Art. 23 GG galt in dieser Fassung bis zum 1. September 2006. Er wurde durch die Föderalismusreform geändert.

GG grundsätzlich einer Verfassungsänderung entzogen. Art. 79 Abs. 3 GG lautet:

Eine Änderung dieses Grundgesetzes, durch welche die Gliederung des Bundes in Länder, die grundsätzliche Mitwirkung der Länder bei der Gesetzgebung oder die in den Artikeln 1 und 20 niedergelegten Grundsätze berührt werden, ist unzulässig.

Demnach dürfen folgende vier Grundelemente der grundgesetzlich geregelten Staatlichkeit der Bundesrepublik Deutschland auch durch den europäischen Einigungsprozess *absolut nicht* verändert werden: das *Bundesstaatsprinzip*, die *Grundrechte* (Art. 1 GG) – zu denen auch Art. 12 GG zählt –, die *repräsentative Demokratie* und die *soziale Marktwirtschaft* (Art. 20 GG). Die bundesdeutsche Beteiligung am europäischen Integrationsprozess und das Handeln bundesdeutscher Akteure, die an der Weiterentwicklung der Europäischen Union teil*nehmen*, sind deshalb nur dann verfassungsrechtlich legitim, wenn die dargelegten *vier Grundelemente bundesdeutscher Staatlichkeit* dabei gewahrt bleiben.

Das Grundgesetz legt auch fest, ob der Bund oder die Bundesländer oder beide gemeinsam Gesetzgebungskompetenzen innehaben. Die Verteilung von Gesetzgebungskompetenzen ist in der Bundesrepublik Deutschland von Politikfeld zu Politikfeld unterschiedlich. Wie Art. 74 GG verdeutlicht, liegen die für das *issue network* ‚beitragsunabhängige soziale Grundsicherung' relevanten Politikfeder im Bereich der konkurrierenden Gesetzgebung, in der sowohl dem Bund wie auch den Ländern die Gesetzgebungskompetenz obliegt. Die ausschlaggebenden Passagen des Art. 74 GG lauten:

(1) Die konkurrierende Gesetzgebung erstreckt sich auf folgende Gebiete:
   4. das Aufenthalts- und Niederlassungsrecht der Ausländer; [...]
   7. die öffentliche Fürsorge; [...]
   12. [...] die Sozialversicherung einschließlich der Arbeitslosenversicherung; [...]

Der zentrale Kompetenzbereich im Untersuchungsfeld, die öffentliche Fürsorge, wird jedoch nicht nur von Bund und Ländern ausgestaltet, sondern er liegt – wie oben dargestellt – gleichzeitig im Kompetenzbereich der Gemeinschaft. Die Gemeinschaft kann diesbezügliche *hard laws* und *soft laws* erlassen, die auch in der Bundesrepublik Deutschland umzusetzen sind bzw. beachtet werden sollen. Dies gilt ebenfalls für die bislang nur einleitend thematisierten Bereiche des Aufenthalts- und Niederlassungsrechts der Ausländer (vgl. Art. 137 Abs. 3 EGV und Art. 43ff. EGV) und das der Sozialversicherung einschließlich der Arbeitslosenversicherung (Art. 137 Abs. 3 EGV). Auch für die politische Ausgestaltung des *issues* ‚beitragsunabhängige soziale Grundsicherung' auf allen Ebenen des Mehrebenensystems EU gilt, dass sie aus bundesdeutscher Perspektive dann legitim ist, wenn die zentralen vier Grundelemente bundesdeutscher Staatlichkeit dabei unberührt bleiben. Berücksichtigt man die Ergebnisse der vorangehenden Abschnitte, so sind insbesondere in Bezug auf die soziale Marktwirtschaft und die Grundrechte

(Art. 1 und 12 GG) Zielkonflikte im Mehrebenenverhandlungsprozess erwartbar. Wie nun zu veranschaulichen ist, könnten auch die repräsentative Demokratie und das Bundesstaatsprinzip der Bundesrepublik Deutschland durch ein Regieren im Mehrebenensystem infrage gestellt werden.

Zur Wahrung der repräsentativen Demokratie und des Bundesstaatsprinzips der Bundesrepublik Deutschland hat das Grundgesetz mit den Art. 38 bis 53 GG Grundregeln für Bundestag und Bundesrat fixiert. Im Rahmen der nachstehenden Untersuchung sind insbesondere die Modi der Verhandlungsführung und die Bestimmungen zur Behandlung von Angelegenheiten der EU von Bedeutung. Die Verhandlungsführung des Bundestages regelt Art. 42 Abs. 1 GG:

Der Bundestag verhandelt öffentlich. Auf Antrag eines Zehntels seiner Mitglieder oder auf Antrag der Bundesregierung kann mit Zweidrittelmehrheit die Öffentlichkeit ausgeschlossenen werden. Über den Antrag wird in nichtöffentlichen Sitzungen entschieden.

In der Regel sind die Debatten des Bundestags öffentlich, da Art. 42 Abs. 1 hohe Anforderungen für den Ausschluss der Öffentlichkeit stellt. Doch behandelt der Bundestag Angelegenheiten der EU, so ist die Öffentlichkeit nicht zwangsläufig sichergestellt. Denn der Bundestag kann, wie Art. 45 GG festlegt, in diesem Fall seine Aufgaben an einen Ausschuss überweisen. Art. 45 GG lautet:

Der Bundestag bestellt einen Ausschuß für die Angelegenheiten der Europäischen Union. Er kann ihn ermächtigen, die Rechte des Bundestages gemäß Artikel 23 gegenüber der Bundesregierung wahrzunehmen.

Art. 23 Abs. 2 und 3 GG lauten:

(2) In Angelegenheiten der Europäischen Union wirken der Bundestag und durch den Bundesrat die Länder mit. Die Bundesregierung hat den Bundestag und den Bundesrat umfassend und zum frühestmöglichen Zeitpunkt zu unterrichten.

(3) Die Bundesregierung gibt dem Bundestag Gelegenheit zur Stellungnahme vor ihrer Mitwirkung an Rechtsetzungsakten der Europäischen Union. Die Bundesregierung berücksichtigt die Stellungnahmen des Bundestages bei den Verhandlungen. Das Nähere regelt ein Gesetz.

Die hier statuierte Pflicht der Bundesregierung zur Berücksichtigung der Stellungnahme des Bundestages in Verhandlungen auf europäischer Ebene gilt nur für Rechtssetzungsakte – also *hard laws*; *soft-law*-Maßnahmen liegen in einem ungeregelten Graubereich. Allerdings hat die Bundesregierung nicht nur bei *hard-law*-, sondern auch bei *soft-law*-Maßnahmen die Pflicht, Bundestag und Bundesrat zum frühestmöglichen Zeitpunkt zu unterrichten, da letztere gleichfalls als Angelegenheiten der EU zu betrachten sind. Das Recht des Bundestages, an der diesbezüglichen Willensbildung des Bundes mitzuwirken, ist zusätzlich in § 1 des *Gesetzes über die Zusammenarbeit von Bundesregierung und Deutschem Bundestag in Angelegenheiten der Europäi-*

schen Union (EUZBBG) vom 12. März 1993 (BGBl. 1993 I: 311) festgeschrieben.

Aber dadurch, dass der Bundestag legitimiert ist, Angelegenheiten der EU an seinen Europaausschuss zu delegieren, können EU-Angelegenheiten auch ausschließlich in nichtöffentlichen Sitzungen des Ausschusses behandelt werden. Außerdem sieht § 93 der Geschäftsordnung des Bundestages vor, dass Unionsvorlagen unmittelbar an den Europaausschuss des Bundestages geleitet werden. Der Bundestag und die zuständigen Fachausschüsse des Bundestages können nur Kenntnis von Verhandlungen auf europäischer Ebene nehmen, wenn der Europaausschuss sie seinerseits informiert und eine Befassung der Fachausschüsse für notwendig erachtet. Hingegen ist der Europaausschuss berechtigt, gemeinsam mit dem Europäischen Parlament und der Europäischen Kommission zu beraten (vgl. § 93 der Geschäftsordnung des Bundestages). Festzuhalten ist, dass der Europaausschuss ohne teil*ha*bende Öffentlichkeit und weitgehend unkontrolliert am Bundestag vorbei agieren kann; die (potenziell mögliche) Teil*nahme* aller Parlamentsangehörigen sowie die Teil*habe*möglichkeiten der Bürgerinnen und Bürger an Verfahren zur Ausgestaltung von Angelegenheiten der EU ist nur gewährleistet, wenn der Europaausschuss eine Notwendigkeit hierfür (an)erkennt.

Für den Bundesrat bestehen ähnliche Regelungen im Hinblick auf die Öffentlichkeit seiner Debatten in Angelegenheiten der EU. Die insofern einschlägigen Absätze 3, 3a und 4 des Art. 52 GG in der Fassung bis zum 31. August 2006 lauteten:

(3) Der Bundesrat faßt seine Beschlüsse mit mindestens der Mehrheit seiner Stimmen. Er gibt sich eine Geschäftsordnung. Er verhandelt öffentlich. Die Öffentlichkeit kann ausgeschlossen werden.

(3a) Für Angelegenheiten der Europäischen Union kann der Bundesrat eine Europakammer bilden, deren Beschlüsse als Beschlüsse des Bundesrates gelten; Artikel 52 Abs. 2 [der die Einberufung des Bundesrates regelt] und 3 Satz 2 gilt entsprechend.

(4) Den Ausschüssen des Bundesrates können andere Mitglieder oder Beauftragte der Regierungen der Länder angehören.

Auch der Bundesrat kann demnach Angelegenheiten der EU delegieren, und zwar an eine eigens dafür geschaffene Europakammer. Diese Kammer kann zudem aus Mitgliedern bestehen, die nicht den Länderregierungen angehören, und sie ist bemächtigt, Beschlüsse zu fassen. Auch für den Bundesrat gilt, dass die (potenziell mögliche) Teil*nahme* aller Bundesratmitglieder sowie die Teil*habe*möglichkeiten der Bürgerinnen und Bürger an Verfahren zur Ausgestaltung von Angelegenheiten der EU nur gewährleistet ist, wenn die Europakammer eine Notwendigkeit hierfür (an)erkennt.

Festzuhalten ist, dass der Wahrung des rechtsstaatlichen Grundelements der repräsentativen Demokratie im Kontext des bundesdeutschen Regierens in Angelegenheiten der EU in der Bundesrepublik Deutschland durch den Europaausschuss und die Europakammer verfassungsrechtlich legitimierte strukturelle Grenzen gesetzt sind. In der Praxis verhindern sie die Teil*nahme* der gewählten Volksvertretungen, insbesondere die der Fachausschüsse, öffentliche Debatten in den Parlamenten und dadurch die Teil*habe*möglichkeiten der Bürgerinnen und Bürger am politischen Prozess; die repräsentative Demokratie als ein Grundelement bundesdeutscher Staatlichkeit könnte hierdurch infrage gestellt werden.

Anders gelagerte Probleme können im Rahmen der Wahrung des Bundesstaatsprinzips als Grundelement bundesdeutscher Staatlichkeit auftreten. Mögliche Konflikte zwischen Bund und Ländern bei der Behandlung von Angelegenheiten der EU sind im einschlägigen Verfahrensrecht strukturell angelegt.[64] In Angelegenheiten der EU regelt der bereits erwähnte Art. 23 GG das Verhältnis und die Verfahren zwischen Bundesregierung und Bundesrat in den Absätzen 4, 5 und 7:

(4) Der Bundesrat ist an der Willenbildung des Bundes zu beteiligen, soweit er an einer entsprechenden innerstaatlichen Maßnahme mitzuwirken hätte oder soweit die Länder innerstaatlich zuständig wären.

(5) Soweit in einem Bereich ausschließlicher Zuständigkeiten des Bundes Interessen der Länder berührt sind oder soweit im übrigen der Bund Recht zur Gesetzgebung hat, berücksichtigt die Bundesregierung die Stellungnahme des Bundesrates. Wenn im Schwerpunkt Gesetzgebungsbefugnisse der Länder, die Einrichtung ihrer Behörden oder ihre Verwaltungsverfahren betroffen sind, ist bei der Willenbildung des Bundes insoweit die Auffassung des Bundesrates maßgeblich zu berücksichtigen; dabei ist die gesamtstaatliche Verantwortung des Bundes zu wahren. In Angelegenheiten, die zu Ausgabenerhöhungen oder Einnahmeminderungen für den Bund führen können, ist die Zustimmung der Bundesregierung erforderlich.

(7) Das Nähere zu den Absätzen 4 bis 6 regelt ein Gesetz, das der Zustimmung des Bundesrates bedarf.

Hebt Art. 23 Abs. 3 GG noch explizit auf Rechtssetzungsakte (*hard laws*) ab, so verweisen die Absätze 4 und 5 explizit auf Willenbildungsprozesse und gelten somit auch im Bereich von *soft-law*-Maßnahmen, die in die gemeinsamen Kompetenzbereiche von Bund und Ländern fallen. Wie herausgearbeitet, ist das im *issue network* ‚beitragsunabhängige soziale Grundsicherung‘ in mehrfacher Hinsicht der Fall: Art. 23 Abs. 4 GG ist einschlägig, da die Länder an innerstaatlichen Maßnahmen im Untersuchungsbereich teil*nehmen* und innerstaatliche Zuständigkeiten ausüben. Auch die Voraussetzungen des Art. 23 Abs. 5 GG liegen für das genannte Untersuchungsfeld vor, da die Einrichtung von Länderbehörden ebenso wie die Verwaltungsverfahren der Länder betroffen sind. Entsprechend ist *de jure* festgelegt, dass *die Bundesregierung die Auffassung des Bundesrates auf europäischer Ebene maßgeblich berücksichtigen muss.*

---

64 Da die Stimmenmehrheit der Regierungsparteien im Bundestag im Untersuchungszeitraum gewährleistet war, wird das Verhältnis zwischen Bundesregierung und Bundestag weniger stark beeinträchtigt. Es wird an dieser Stelle deshalb nicht weiter behandelt.

Im *Gesetz über die Zusammenarbeit von Bund und Ländern in Angelegenheiten der Europäischen Union* (EUZBLG) vom 12. März 1993 (BGBl. 1993 I: 313), insbesondere in den §§ 3 bis 6, wird das Verfahren zur Abstimmung der Positionen von Bund und Ländern näher beschrieben. Eine noch detailliertere Ausformulierung der Abstimmungs- und Unterrichtungsverfahren enthält die am 29. Oktober 1993 verabschiedete *Vereinbarung zwischen der Bundesregierung und den Regierungen der Länder über die Zusammenarbeit in Angelegenheiten der Europäischen Union in Ausführung von § 9 des Gesetzes über die Zusammenarbeit von Bund und Ländern in Angelegenheit der Europäischen Union vom 12. März 1993* (Bundesanzeiger Nr. 226/1993: 10425), welche am 8. Juni 1998 – kurz vor der Bundestagswahl 1998 und dem anschließenden Regierungswechsel – ergänzt wurde (vgl. Bundesanzeiger Nr. 123/1998: 9433). Seither ist *de jure* festgelegt, dass die Bundesregierung den Bundesrat respektive seine Europakammer bis ins kleinste Detail über Verhandlungen auf europäischer Ebene zu informieren und mit dem Bundesrat die zu vertretende Position auf europäischer Ebene vorab zu vereinbaren hat. An dieser Stelle wird auf eine detaillierte Darlegung der einzelnen Verfahren verzichtet. Nur zwei Elemente seien benannt, da sie für die nachstehende Analyse von besonderer Relevanz sind: (1.) Die Bundesregierung ist gegenüber dem Bundesrat zu einer innerstaatlichen Vorbesprechung und dem Bericht über Beratungsergebnisse von Beratungsgremien bei der Europäischen Kommission verpflichtet. (2.) Die Bundesregierung muss dem Bundesrat sämtliche Dokumente vorlegen, die sie an die Europäische Kommission übermittelt. Eine konkrete Frist hierfür ist jedoch nicht genannt; die Vorlage soll zum – weit interpretierbaren – frühestmöglichen Zeitpunkt erfolgen.

Durch die dargelegten Regelungen wird das Bundesstaatsprinzip der Bundesrepublik Deutschland auch beim integrationspolitischen Regieren gewahrt, doch sie tragen dazu bei, dass die parteipolitischen Prägungen von Entscheidungen leicht verwischen. Das ist insbesondere dann der Fall, wenn diejenigen Parteien, die die Bundesregierung stellen, nicht gleichzeitig auch über eine Mehrheit der Stimmen im Bundesrat verfügen. In einer solchen Konstellation können die Regierungsparteien vom bundesdeutschen Wahlvolk in Landtags- bzw. Bundestagswahlen leicht für eine Politikgestaltung im Mehrebenensystem EU verantwortlich gemacht werden, die gar nicht ihrer genuinen Position entspricht, die sie aber aufgrund des dargelegten Verfahrensrechts *de jure* vertreten müssen und die auf Verpflichtungen beruhen, die sie auf europäischer Ebene auf der Basis einer gemeinsamen Position von Bundesrat und Bundesregierung eingegangen sind. Diese konkrete Form der Ausgestaltung des Bundesstaatsprinzips in Bezug auf europapolitische Angelegenheiten birgt die Gefahr, dass die politische Verantwortung für Entscheidungen nicht mehr eindeutig zugeordnet werden kann. Dies wiederum kann zu Verunsicherungen sowie Politikverdrossenheit bei Wählerinnen und Wählern führen, die sich und ihre Interessen in der Bundesrepublik Deutschland nicht mehr durch Parteien vertreten sehen, deren Positionen klar und voneinander abgrenzbar sind und dann auch in der politischen Praxis identifizierbar bleiben. Das gilt vor allem im Bereich der Sozial(staats)politik, die die Lebenswelt und die Lebensbedingungen jeder Bürgerin und jedes Bürgers entscheidend prägt, und für eine Wahlbevölkerung, die an politische Prozesse gewohnt ist, die einfach und klar strukturiert sind. Festzuhalten ist, dass die gewählte Form der Wahrung des Bundesstaatsprinzips im europäischen Integrationsprozess zwar dieses Grundelement bundesdeutscher Staatlichkeit unangetastet lässt, in der Folge aber das Grundelement der repräsentativen Demokratie, die vom Funktionieren der öffentlich nachvollziehbaren Parteienkonkurrenz abhängig ist, unter Druck gerät.[65]

Die Regeln für Gesetzgebungsprozesse des Bundes haben eine einfache und klare Struktur. Verfahren der Bundesgesetzgebung sind insbesondere durch das Grundgesetz, die Geschäftsordnung des Bundestages und die Geschäftsordnung des Bundesrates eindringlich geordnet. Mit Art. 76 GG wird das Einbringen von Gesetzesvorlagen geregelt. Im Rahmen der nachfolgenden Untersuchung ist zentral, dass Gesetzesvorlagen beim Bundestag durch die Bundesregierung, aus der Mitte des Bundestages oder durch den Bundesrat eingebracht werden können (Abs. 1). Gesetzesvorlagen der Bundesregierung müssen zunächst dem Bundesrat zugeleitet werden. Erst wenn der Bundesrat mindestens drei und maximal neun Wochen Zeit für eine Stellungnahme hatte, darf die Gesetzesvorlage an den Bundestag weitergeleitet werden. Gesetzesentwürfe des Bundesrates müssen laut Art. 76 Abs. 3 GG zunächst der Bundesregierung überstellt werden, die diese wiederum an den Bundestag nebst einer Stellungnahme binnen einer Frist von drei bis neun Wochen weiter zu leiten hat. Der Bundestag hat über Gesetzesvorlagen in angemessener Frist zu beraten.

Die Geschäftsordnung des Bundestags legt mit den §§ 54 bis 74 fest, dass Gesetzesvorlagen vom Bundestag an die zuständigen ständigen Ausschüsse überwiesen werden, die in nicht öffentlichen Sitzungen beraten. Ihre Schlussberatungen sollen zur öffentlichen Aussprache genutzt werden (§ 69a). Außerdem kann ein Fachausschuss öffentliche Anhörungssitzungen durchführen, in denen Sachverständige und Interessenvertretungen zu Wort kommen (§ 70). Zur Vorbereitung der öffentlichen Anhörungssitzung soll der Ausschuss den Auskunftspersonen die jeweiligen Fragestellungen übermit-

---

65 Hervorzuheben ist, dass die benannte Problematik auch durch die Föderalismusreform, die am 1. September 2006 in Kraft trat, nicht beseitigt werden konnte (kritisch vgl. Eppler 2006). D.h., selbst wenn die derzeit regierende Große Koalition durch die nächste Bundestagswahl 2009 nicht bestätigt werden sollte, wird die Nicht-Zurechenbarkeit von parteipolitischen Entscheidungen im Bereich der Sozialstaatspolitik unter den gegebenen Bedingungen strukturell Bestand haben. Eine Ausnahme stellt die Bildungspolitik dar; in diesem Politikfeld hat seit 1. September 2006 der Bundesrat das alleinige Recht, bundesdeutsche Interessen auf europäischer Ebene zu vertreten.

teln und sie um die Einreichung einer schriftlichen Stellungnahme bitten (§ 70 Abs. 5). Das Gesetzgebungsverfahren regelt wiederum Art. 77 GG. Er legt fest, dass Bundesgesetze (a) vom Bundestag beschlossen werden und (b) der Bundesrat den Beschluss des Bundestages billigen muss. Des Weiteren regelt Art. 77 GG das Vermittlungsverfahren, welches einsetzt, wenn der Bundesrat dem Beschluss des Bundestages nicht zustimmt.

Wie der politische Prozess, der zur Verabschiedung des Hartz-IV-Gesetzes führte, im Mehrebenensystem EU in der Problemdefinitionsphase verlief und ausgestaltet wurde, gilt es im Folgenden chronologisch nachzuvollziehen.

6.2.2 Das faktische Regieren

Nachdem Bundeskanzler Helmut Kohl am 2. Oktober 1997 den Vertrag von Amsterdam unterzeichnet hatte, gab der Bundesrat am 28. November 1997 eine Stellungnahme zum Vertrag ab. Zu diesem Zeitpunkt dominierten Länderregierungen mit einer SPD-Mehrheit den Bundesrat. In der Stellungnahme heißt es:

„Bei den *Sachpolitiken* gab es beachtliche Fortschritte:
Der Reformvertrag bringt insbesondere im Bereich der Sozialpolitik große Fortschritte zu einem Europa der Bürgerinnen und Bürger.
In Anbetracht von rund 18 Mio. arbeitslosen Menschen in der Europäischen Union wurde das Ziel der *Beschäftigungspolitik* stärker als bisher im EG-Vertrag verankert und in einer Entschließung des Europäischen Rats zu Wachstum und Beschäftigung festgelegt, daß Beschäftigung künftig auf der Tagesordnung der Europäischen Union obenan stehen solle. […] Auch die soziale Dimension der Gemeinschaft wird weiter gestärkt. Dies dient dem angestrebten Ziel der Gleichgewichtigkeit von Wirtschafts- und Sozialpolitik. […] Der Rat hat die Möglichkeit, Anreize für die Zusammenarbeit der Mitgliedstaaten, Leitlinien und Empfehlungen zu beschließen, wodurch die Mitgliedstaaten in ihren Anstrengungen zur Bekämpfung von Arbeitslosigkeit unterstützt werden. […] Der Bundesrat wird die auf das Beschäftigungskapitel gestützten Maßnahmen aufmerksam begleiten. Er erwartet darüber hinaus, daß auf dem Beschäftigungsgipfel in Luxemburg im November 1997 u. a. eine erste grundlegende Beurteilung der aktuellen Maßnahmen zur Bekämpfung der Arbeitslosigkeit erfolgen wird. […] Die Eingliederung des Sozialabkommens in den EGV (Art. 136 ff. EGV) ist ein sozialpolitischer Durchbruch. Die Schaffung einer Grundlage für eine einheitliche, alle Mitgliedstaaten umfassende europäische Sozialpolitik ist eine elementare Voraussetzung für das Fortschreiten der europäischen Integration. Soziale Mindeststandards werden nun endlich EG-weite Geltung haben. […]
Durch die Schaffung einer eigenen Kompetenz zur Bekämpfung der sozialen Ausgrenzung (Art. 137 Abs. 2, 3. Unterabsatz EGV) verdeutlicht die EG ihren Handlungswillen auch für den Bereich persönlicher Lebenssituationen der Bürgerinnen und Bürger der EU. Es ist zu erwarten, daß nach Inkrafttreten des Vertrages aufgrund der neuen Kompetenzen das Armutsprogramm (Viertes Programm zur Bekämpfung der sozialen Ausgrenzung) wieder verhandelt werden wird. […] Über den Auftrag [des Bundesrates an die Bundesregierung im Rahmen von Art. 23 GG] zur Erarbeitung eines Grundrechtskataloges konnte keine

Einigung erreicht werden. Dieses Ziel muß im Laufe der fortschreitenden Integration wei-terverfolgt werden [...]" (BR-Drucks. 784/97: 3–5; Herv. i. O.).

Eindeutig ist, dass der SPD-dominierte Bundesrat (1.) ein Gleichwicht zwischen Wirtschafts- und Sozialpolitik in der europäischen Integrationspolitik privilegiert, wobei er unter Sozialpolitik soziale Sicherungs- und Erwerbsarbeitsmarktpolitik subsumiert; (2.) das integrationspolitische Ziel der Vereinheitlichung aller mitgliedstaatlichen Sozialpolitiken als Voraussetzung für ein weiteres Voranschreiten des europäischen Integrationsprozesses erachtet; (3.) die Bundesregierung als Mitglied des Rates auffordert, die *hard-law*-Kompetenzen des Rates im Bereich der Bekämpfung von Arbeitslosigkeit (Art. 137 EGV) zu nutzen, um *soft-law*-Maßnahmen im Bereich der Beschäftigungspolitik durchzuführen, für die laut Vertrag von Amsterdam aber nur der Europäischen Kommission Kompetenzen zukommen; (4.) in seiner Stellungnahme das bundesdeutsche Verständnis von Beschäftigungspolitik als Erwerbsarbeitsmarktpolitik zugrunde legt, während der Vertrag von Amsterdam mit Beschäftigungspolitik die Erhöhung des Beschäftigungsniveaus verbindet (Art. 136 EGV), also – vereinfacht ausgedrückt – genau das gegenteilige Ziel verfolgt; (5.) begrüßt, dass im Bereich der Sozialpolitik EU-weite soziale Mindeststandards nun auch in Großbritannien gelten; (6.) das Politikfeld der 'Bekämpfung von Ausgrenzung' als Armutspolitik begreift, in dem der Rat zukünftig handeln sollte; (7.) die Bundesregierung aufgefordert hatte und weiterhin auffordert, eine Grundrechtspolitik auf europäischer Ebene durchzusetzen; und (8.) vom Beschäftigungsgipfel in Luxemburg eine erste grundlegende Beurteilung der aktuellen Maßnahmen zur Bekämpfung der Arbeitslosigkeit erwartet, die er als vordringlichstes Ziel erachtet.

Noch im November 1997 traten die beschäftigungspolitischen Zielkonflikte auf dem Beschäftigungsgipfel in Luxemburg offen zutage. Die Europäische Kommission, die im Institutionengefüge der EU als 'Hüterin der Verträge' fungiert, das politische Initiativrecht in allen Belangen innehat und die Arbeit des Rates unterstützt, machte erstmals von ihrem autonomen Recht Gebrauch, *soft-law*-Maßnahmen in inhaltlich ausgestalteter Form vorzulegen. Sie entsprachen sowohl ihrer neuen integrationspolitischen Vorstellung wie auch den sozialpolitischen Rechtsnormen des Amsterdamer Vertrages: Um die Zusammenarbeit der Mitgliedstaaten im Bereich der Beschäftigungspolitik zu fördern, legte die Kommission beschäftigungspolitische Leitlinien vor. Analog zum Paradigmenwechsel, der auf europäischer Ebene bereits mit dem *dritten Armutsprogramm* und kurz zuvor auf bundesdeutscher Ebene durch die *Kommission für Zukunftsfragen der Freistaaten Bayern und Sachsen* eingeläutet wurde, waren die beschäftigungspolitischen Leitlinien inhaltlich an der Integration so genannter Problemgruppen in das Erwerbssystem ausgerichtet. Diese Leitlinien wurden später zu den so genannten vier Säulen (im Englischen: *pillars*) der Beschäftigungsstrategie zusammengefasst: (1.) 'Verbesserung der Beschäftigungsfähigkeit', wobei insbesondere Jugendliche,

Langzeitarbeitslose und ältere Bevölkerungsgruppen als zu fördernde Problemgruppen identifiziert werden; (2.) ,Entwicklung des Unternehmergeistes und Schaffung von Arbeitsplätzen', worunter die Förderung von unternehmerischer Selbstständigkeit und ihre Erleichterung durch Steuerreformen zu verstehen ist; (3.) ,Förderung der Anpassungsfähigkeit der Unternehmen und ihrer Beschäftigten', womit die Sozialpartner aufgefordert sind, die Erwerbsarbeitsbedingungen und deren Organisation neu auszugestalten, um so genannte Beschäftigungshemmnisse zu beseitigen; und (4.) ,Verstärkung der Maßnahmen zur Förderung der Chancengleichheit für Frauen und Männer', wo mit Hilfe von *gender mainstreaming* die Ungleichheit von Männern und Frauen am Arbeitsmarkt abgeschafft und die Beschäftigungsfähigkeit von Frauen durch die Verbesserung der Vereinbarkeit von Familie und Beruf gestärkt werden sollen (vgl. z. B. Goetschy 1999: 127).

Zusammen mit den Leitlinien offerierte die Europäische Kommission folgende Konkretisierung des *soft-law*-Verfahrens nach Art. 140 EGV: Die Leitlinien der Kommission sollen von jedem Mitgliedstaat bei der Ausgestaltung der Beschäftigungspolitiken beachtet und in beschäftigungspolitische Maßnahmen und Reformen umgewandelt werden. Die Mitgliedstaaten werden aufgefordert, im Rahmen von jährlich anzufertigenden Berichten – den so genannten NAPs – ihre beschäftigungspolitischen Maßnahmen und geplante Reformen darzulegen, mit denen sie beabsichtigen, die Leitlinien umzusetzen und die gesetzten Zielgrößen der Erhöhung des Beschäftigungsniveaus auf 70% der erwerbsfähigen Bevölkerung und 60% der weiblichen erwerbsfähigen Bevölkerung zu erreichen. Die NAPs aller Mitgliedstaaten werden sodann an die Europäische Kommission übermittelt, wo sie im Wege eines *peer-revue*-Verfahrens von der Kommission auszuwerten sind. Dieser Auswertung folgt ein Benchmarking der mitgliedstaatlichen Beschäftigungspolitiken, das zur Identifikation von so genannten *best practices* genutzt wird, die dann in Politikgestaltungsempfehlungen der Kommission an die Mitgliedstaaten münden. Ein jährlich von der Europäischen Kommission anzufertigender und zu veröffentlichender Beschäftigungsbericht soll anschließend die Ergebnisse des *soft-law*-Regierens, das als europäische Koordinierungspolitik erfasst wurde, für alle zugänglich machen (detaillierter vgl. Goetschy 1999; Behning et al. 2001; Foden/Magnusson 2003).

Diese Vorschläge der Kommission wurden auf dem Beschäftigungsgipfel in Luxemburg im November 1997 debattiert. Obwohl Gewerkschaften und Arbeitsloseninitiativen europaweit zu Protesten gegen die inhaltliche Ausrichtung der so genannten Luxemburger Beschäftigungsstrategie mobilisiert hatten und die Vertreter Luxemburgs und Frankreichs im Rat massiv intervenierten, wurden die Vorschläge der Europäischen Kommission in inhaltlich nur leicht abgeänderter Form vom Rat der zu diesem Zeitpunkt stimmberechtigten 14 EU-Mitgliedstaaten[66] beschlossen (vgl. Tidow 1998: 66ff.). Seither gilt in der europäischen Beschäftigungspolitik das Primat der ‚Erhöhung des Arbeitskräftevolumens' durch Aktivierungspolitik. Die vom SPD-dominierten Bundesrat geforderte Bekämpfung der Erwerbsarbeitslosigkeit wurde so konterkariert.

Während alle Mitgliedstaaten die ersten beschäftigungspolitischen NAPs erstellten, verabschiedete der Deutsche Bundestag am 5. März 1998 eine Entschließung zum Vertragsgesetz. Er erklärte:

„Der Vertrag von Amsterdam ist ein wichtiger Schritt auf dem Weg zur Vollendung der politischen Union. Er ermöglicht den Beginn des Erweiterungsprozesses und gibt europäische Antworten auf globale Herausforderungen. [...]
Die europäische Einigung ist auch weiterhin ein Prozeß, der einer ständigen Entwicklung zur weiteren Vertiefung und Erweiterung bedarf.
[...] Die Zuständigkeit des Europäischen Gerichtshofes (EuGH) für die Kontrolle der Einhaltung der Grundrechte wurde im neuen Vertrag verankert. [...]
Der Deutsche Bundestag stellt mit Bedauern fest, dass keine Einigung zur Erarbeitung einer Grundrechtscharta erzielt werden konnte. Er fordert die Bundesregierung auf, dieses Anliegen weiter zu verfolgen, um die Rechte des einzelnen auf Unionsebene zu stärken.
[...] Der Deutsche Bundestag sieht in der Bekämpfung der Arbeitslosigkeit in den Mitgliedstaaten der Europäischen Union die wichtigste gesellschaftliche Herausforderung und begrüßt daher die Aufnahme eines Beschäftigungskapitels in den EG-Vertrag. Außerdem ist in den Zielbestimmungen des Vertrags der Europäischen Union die Förderung eines hohen Beschäftigungsniveaus aufgenommen worden. Hierzu soll die Beschäftigungspolitik der Mitgliedstaaten stärker aufeinander abgestimmt werden. Der Vertrag enthält die Grundlagen für eine koordinierte Beschäftigungsstrategie. Die Gemeinschaft erhält eine fördernde und ergänzende Rolle zu den Politiken der Mitgliedstaaten, in deren Kompetenz die Beschäftigungspolitik verbleibt. Der Deutsche Bundestag betont die Bedeutung einer abgestimmten Sozial- und Wirtschaftspolitik für das Gelingen einer dauerhaften und stabilitätsorientierten Wirtschafts- und Währungsunion.
Durch die Integration des Sozialabkommens in den EG-Vertrag werden die Einheit des europäischen Rechtsraumes und die Kohärenz der Sozialpolitik gestärkt. Damit werden gemeinsame Entschließungen und Ansätze in der Sozialpolitik in der gesamten Europäischen Union ermöglicht" (BT-Drucks. 13/9913: 3–5)[67].

Wie der Verweis auf die Erhöhung des Beschäftigungsniveaus, die koordinierte Beschäftigungsstrategie, die Wahrnehmung von Arbeitslosigkeit als ein Problem gesellschaftlicher Entwicklung, die deklarierte Erweiterungsfähigkeit der EU und die Thematisierung globaler Herausforderungen belegen, befindet sich die Position der Bundestagsmehrheit mit den Amsterdamer und Luxemburger Verhandlungsergebnissen sowie den neuen Problemwahrneh-

---

66 Großbritannien nahm zwar am Luxemburger Gipfel teil, war aber nicht stimmberechtigt, da es den Vertrag von Amsterdam und damit auch das Sozialabkommen noch nicht ratifiziert hatte.

67 Die genannte BT-Drucks. enthält die vom Ausschuss für die Angelegenheiten der Europäischen Union formulierte Beschlussempfehlung, die vom Bundestag mit den Stimmen der damaligen Koalitionsfraktionen und der SPD-Fraktion gegen die Stimmen von Bündnis 90/ Die Grünen und PDS unverändert angenommen wurde (vgl. BT-Plenarp. 13/222: 20291).

mungen und -lösungen der Europäischen Kommission im Einklang. Außerdem verdeutlicht die Textpassage, dass die Abstimmung von Sozialpolitiken auf die Wirtschaftpolitik für notwendig erachtet und dass Sozialpolitik, die über Beschäftigungspolitik hinausreicht, als europäisches Handlungsfeld für ‚neue Ansätze' begriffen wird. Um die Vertiefung des Integrationsprozesses im Bereich des Sozialen *ohne* die umfassende Wahrung der vier Grundelemente bundesdeutscher Staatlichkeit zu legitimieren,[68] wird auf die Erweiterung der Kompetenzen des EuGH im Bereich der Grundrechte verwiesen und das Scheitern der Verhandlungen zu einer EU-Grundrechtscharta bedauert.

Als die ersten beschäftigungspolitischen NAPs der Mitgliedstaaten in Brüssel ausgewertet wurden, lief in der Bundesrepublik Deutschland der Bundestagswahlkampf mit dem Topthema ‚Arbeitslosigkeit' auf vollen Touren. Am 27. September 1998 wechselte die Regierungsverantwortung im Bund. Die CDU/CSU-FDP-Regierung unter der Leitung von Helmut Kohl wurde durch eine Koalitionsregierung von SPD und Bündnis 90/Die Grünen unter Bundeskanzler Gerhard Schröder abgelöst. Die neue Bundesregierung, die seit der Verabschiedung des Art. 23 GG am 27. Oktober 1994 durch den Bundesrat an der Ausgestaltung europäischer Politik auf der nationalen Ebene beteiligt und informiert war, stand damit nach 16 Jahren erstmals wieder vor der Herausforderung, europäische Integrationspolitik auf europäischer Ebene direkt mitzugestalten.[69] Mit der deutschen Ratspräsidentschaft, die am 1. Januar 1999 begann und am 30. Juni 1999 endete, boten sich dafür gleich zu Beginn der Amtszeit der Regierung Schröder optimale Chancen. Alle Themen, die der SPD-dominierte Bundesrat im Bereich des Sozialen eingefordert hatte, befinden sich seither im Zentrum europäischer und bundesdeutscher Politik.

Entsprechend der verfassungsrechtlich fixierten Rechtsnormen für eine bundesdeutsche Beteiligung am europäischen Integrationsprozess, die zur Wahrung der vier Grundelemente bundesdeutscher Staatlichkeit dienen sollen, wirkte die deutsche Ratspräsidentschaft in der ersten Hälfte des Jahres 1999 darauf hin, ein Gleichgewicht zwischen Wirtschafts-, Beschäftigungs-

---

68 Das Grundelement der Grundrechte wurde auf europäischer Ebene in der Dimension der sozialen Grundrechte nicht umfassend gesichert, sondern auf Menschenrechte eingegrenzt; das Grundelement der sozialen Marktwirtschaft wurde auf europäischer Ebene durch das normative Leitbild der liberalen Marktwirtschaft ersetzt (Art. 136 EGV); das Grundelement des Bundesstaatsprinzips wurde im Bereich des Sozialen auf europäischer Ebene durch das des supranationalen Zentralismus ersetzt (Art. 140 EGV); das Grundelement der repräsentativen Demokratie wurde im Bereich des Sozialen durch die Koordinierungspolitik auf europäischer Ebene geschwächt (Art. 140 EGV); eine demokratisch nicht legitimierte, auf Dauer gestellte Institution, die durch die Unionsbürgerinnen und -bürger nicht kontrolliert werden kann und sich ihnen gegenüber nicht verantworten muss, übernahm mit ihrer Herrschaft über das Unionsvolk bzw. – wie es damals noch hieß – die Völker der Mitgliedstaaten der EU.

69 Anzumerken ist allerdings, dass der SPD-dominierte Bundesrat auch im AdR vertreten war.

und Sozialpolitiken auf europäischer Ebene, die Ausarbeitung einer EU-Grundrechtscharta, eine föderalstaatliche Entwicklung der EU und die Demokratisierung von Entscheidungsverfahren in der EU zu fördern. Zu den ersten Maßnahmen auf bundesdeutscher Ebene zählte, dass der SPD-dominierte Bundesrat im Dezember 1998 auf der Jahreskonferenz der Länder beschloss, die „bundesstaatliche Aufgaben-, Ausgaben- und Einnahmenverteilung einer kritischen Überprüfung zu unterziehen (Federführung seit 1999 bei Bayern und Bremen)" (Deutscher Bundestag Bundesrat Öffentlichkeitsarbeit 2005: 15) und damit den Beginn der Verhandlungen zur Föderalismusreform einläutete.

Die ersten Erfahrungen mit der beschäftigungspolitischen Koordinierungspolitik im kommissions-dominierten *top-down*-Verfahren, das entsprechend der Vorgaben des Amsterdamer Vertrags auf die Deregulierung von Beschäftigungs- und Sozialpolitiken setzte, rief bei den mitgliedstaatlichen Regierungen, die zu diesem Zeitpunkt überwiegend von Parteien der sozialdemokratischen Parteienfamilie gestellt wurden, Skepsis gegenüber der Europäischen Kommission hervor. Dass die Zusammenarbeit der Mitgliedstaaten durch die Koordinierung von Politiken ein sinnvolles Instrument zur langsamen Angleichung der mitgliedstaatlichen Politiken sein kann, um einen gegenseitigen Unterbietungswettbewerb der Mitgliedstaaten im Bereich des Sozialen zu verhindern, erkannten hingegen alle an. Nur sollten die Mitgliedstaaten in einem *bottom-up*-Verfahren selbst über die Prioritäten bei den gemeinschaftlich koordinierten und kooperativen Reformen ihrer sozialen Systeme entscheiden können. Die Möglichkeit des *soft-law*-Regierens stand den Mitgliedstaaten aber *de jure* ausschließlich im Politikfeld ‚Bekämpfung von Ausgrenzung' zur Verfügung.

Die Bundesregierung wurde aktiv: Sie legte im Herbst 1998 in ihrer Koalitionsvereinbarung fest, einen nationalen Armuts- und Reichtumsbericht erstellen zu lassen. Die Fraktionen SPD und Bündnis 90/Die Grünen beantragten am 5. Mai 1999 die Institutionalisierung einer regelmäßigen nationalen Armuts- und Reichtumsberichterstattung im Deutschen Bundestag (vgl. BT-Drucks. 14/999). Die Fraktion der PDS legte am 21. Mai 1999 einen eigenen Antrag vor, der das Vorhaben nachdrücklich unterstützte (vgl. BT-Drucks. 14/1069). Hingegen lehnte die Fraktion der CDU/CSU eine generelle nationale Armuts- und Reichtumsberichterstattung mit ihrem Antrag vom 22. Juni 1999 ab (vgl. BT-Drucks. 14/1213). Sie hob hervor, dass es vielmehr um Berichte gehen müsse, die die ‚verdeckte Armut' erheben, denn:

„Während die laufende Hilfe zum Lebensunterhalt einkommensschwachen Menschen in der Bundesrepublik Deutschland ein soziokulturelles Niveau *über* dem Existenzminimum garantiert und damit Armut bekämpft, besteht bei jener ‚verdeckten Armut', die aus verschiedensten Gründen – Unwissenheit, Angst vor Regressforderungen an Angehörige, Scham – ihre Ansprüche nicht einfordert, tatsächlich die Gefahr der existentiellen Gefährdung" (BT-Drucks. 14/1213: 1; Herv. UB).

Obwohl der Bundestag zunächst den Ausschuss für Arbeit und Sozialordnung mit der Bearbeitung der Anträge betraute und sie erst im September 1999 öffentlich debattierte, leitete das Bundesministerium für Arbeit und Sozialordnung (BMAS) die Berichterstattung bereits im Sommer 1999 in die Wege (vgl. BT-Plenarp. 14/58).

Den Hintergrund dieses Vorgehens bildeten auch Vereinbarungen, die während der deutschen Ratspräsidentschaft sukzessive vorbereitet und auf einem Gipfel der Staats- und Regierungschefs aller EU-Mitgliedstaaten im Juni 1999 in Köln getroffen wurden. Die EU-15 kamen überein, dass der europäische Integrationsprozess zukünftig durch einen so genannten ‚makroökonomischen Dialog' vorangebracht werden soll. Dieses durch die Mitgliedstaaten geprägte dezentrale und kooperative Verfahren dient dazu, dem Wirtschaftssystem der sozialen Marktwirtschaft entsprechend ein Gleichgewicht zwischen Wirtschafts-, Beschäftigungs- und Sozialpolitiken in der EU herzustellen und die mitgliedstaatlichen Wohlfahrtsstaatssysteme aneinander anzugleichen (vgl. Goetschy 2001: 403ff.). Die portugiesische Regierung erhielt den Auftrag, den ‚makroökonomischen Dialog' zu fördern und während ihrer Ratspräsidentschaft im März 2000 einen Sondergipfel einzuberufen, der zur Verabschiedung einer gemeinsamen Strategie der Mitgliedstaaten führen sollte. Mit Bezug auf Art. 202 EGV wurden die Kompetenzen der Kommission im Bereich Sozialschutz eingegrenzt und eine mitgliedstaatlich besetzte ‚Interimsgruppe hochrangiger Beamter für Sozialschutz' mit der Vorbereitung des Lissabonner Gipfels betraut (vgl. ABl.EG Nr. L 184 vom 17.7.1999: 23). Erteilt wurden wissenschaftliche Forschungsaufträge, die sich mit der Frage auseinandersetzten, auf welchen Grundlagen ein europäisches Sozialmodell aufbauen kann, worin die Gemeinsamkeiten und Differenzen der Wohlfahrtsstaaten der EU bestehen und wie ein soziales Europa ausgestaltet werden müsste, um mehr Erwerbsarbeitsplätze zu schaffen (vgl. Ferrera et al. 2000; Esping-Andersen et al. 2002; Rodrigues 2002). Der angestrebte Prozess sollte durch die Verabschiedung einer EU-Grundrechtscharta gestützt werden, die allen Unionsbürgerinnen und -bürgern bei der Angleichung der mitgliedstaatlichen Wohlfahrtsstaatssysteme Sicherheit garantiert. Deswegen wurde in Köln auch festgelegt, dass bei der Ausarbeitung der Charta „wirtschaftliche und soziale Rechte zu berücksichtigen" sind (Meyer 2003: 326). Vereinbart wurde, dass die EU-Grundrechtscharta bis zum Herbst 2000 vorliegen und über ihre Aufnahme in die Verträge auf einer Regierungskonferenz unter französischer Ratspräsidentschaft im Dezember 2000 entschieden werden soll, auf der auch ein neuer Vertrag zu verhandeln ist, der die Institutionen der EU unfassend reformiert und Entscheidungsverfahren vereinfacht. *Erst dann* sollte die EU als erweiterungsfähig gelten.

Die Skepsis der mitgliedstaatlichen Regierungen gegenüber den politischen Zielen der Europäischen Kommission drückte sich dann auch im Dezember 1999 in den Beschlüssen des folgenden Ratsgipfels unter finnischer

Präsidentschaft in Tampere aus: (1.) Das Mandat für die Ausarbeitung der Grundrechtscharta erging nicht, wie üblich, an die Europäische Kommission, sondern an einen so genannten ‚Konvent‘, dessen Mitglieder fast alle demokratisch legitimiert waren. Der Konvent umfasste 62 Mitglieder: 15 Repräsentantinnen und Repräsentanten der mitgliedstaatlichen Regierungen, 16 Vertreterinnen und Vertreter des Europäischen Parlaments, 30 Repräsentantinnen und Repräsentanten der nationalen Parlamente und ein Mitglied der Europäischen Kommission. Der Repräsentant der rot-grünen Bundesregierung, Roman Herzog (CDU), wurde in der konstituierenden Sitzung zum Vorsitzenden gewählt. Die Verhandlungen zu den wirtschaftlichen und sozialen Rechten stellten in den folgenden Monaten den konfliktreichsten Bereich der gesamten Verhandlungen dar (detailliert vgl. Wörgötter 2005a u. 2005b). (2.) Die Koordinierung der anzustrebenden nationalen Reformprozesse zur Herstellung eines Gleichgewichts der Wirtschafts-, Beschäftigungs- und Sozialpolitiken mit der Intention der Angleichung der mitgliedstaatlichen Wohlfahrtsstaatssysteme soll durch die Mitgliedstaaten gesteuert werden. Hierzu soll die ‚Interimsgruppe hochrangiger Beamter für Sozialschutz‘ durch einen Europäischen Sozialschutzausschuss (ESSA) ersetzt werden, der die konzertierte Strategie zur Modernisierung des Sozialschutzes der EU steuert und mit Vertreterinnen und Vertretern der Mitgliedstaaten besetzt ist (vgl. ABl.EG Nr. C 8 vom 12.1.2000). Ignoriert wurde das nach Art. 137 Abs. 2 Abschnitt 3 EGV festgesetzte Verfahren, wonach die Europäische Kommission zunächst Vorschläge erarbeitet, daraufhin die Stellungnahme des WSA und des AdR einholt, um den Kommissionsvorschlag dann schließlich dem Europäischen Parlament und dem Rat vorzulegen.

Derweil hatte der bundesdeutsche Parlamentsausschuss für Arbeit und Sozialordnung seine Beschlussempfehlung hinsichtlich der Anträge zur Armuts- und Reichtumsberichterstattung in der Bundesrepublik Deutschland vorgelegt. Dazu fand eine öffentliche Debatte des Deutschen Bundestages am 27. Januar 2000 statt, in der sich Vertreterinnen und Vertreter aller Fraktionen zu Wort meldeten (vgl. BT-Plenarp. 14/84). Sie mündete in dem Beschluss, den Antrag der Fraktionen der SPD und von Bündnis 90/Die Grünen zur Institutionalisierung einer regelmäßigen nationalen Armuts- und Reichtumsberichterstattung anzunehmen (vgl. BT-Drucks. 14/999). Die Bundesregierung beauftragte jedoch nicht nur – wie sonst im Berichtswesen üblich – einen Kreis von insgesamt 30 wissenschaftlichen Expertinnen und Experten mit der Erstellung von Gutachten für den ersten Armut- und Reichtumsbericht, sondern bezog eine Reihe weiterer Akteure ein, darunter den DGB, die Deutsche Angestelltengewerkschaft, die Bundesvereinigung der Deutschen Arbeitgeberverbände, die Evangelische Kirche, die Katholische Kirche, den DV, den Bundesverband der Arbeiterwohlfahrt, den Deutschen Paritätischen Wohlfahrtsverband, den Deutschen Caritasverband, das Diakonische Werk der Evangelischen Kirche in Deutschland, das Deutsche Rote Kreuz, den

Sozialverband Deutschlands, den Sozialverband VdK, die Nationale Armutskonferenz in der Bundesrepublik Deutschland, die Bundesarbeitsgemeinschaft Sozialhilfeinitiativen, die Bundesarbeitsgemeinschaft Wohnungslosenhilfe, den Deutschen Frauenrat, den Verband alleinerziehender Mütter und
Väter, die kommunalen Spitzenverbände, die Arbeits- und Sozialminister-
konferenz der Länder, die Deutsche Bundesbank, das Statistische Bundesamt
sowie den Sachverständigenrat zur Begutachtung der gesamtwirtschaftlichen
Entwicklung. Als ständige Gäste nahmen außerdem Vertreterinnen und Vertreter des Bundeskanzleramtes, des Bundesministeriums für Finanzen, des
Bundesministeriums für Familie, Senioren, Frauen und Jugend sowie die
SPD-Bundestagsfraktion und die Bundestagsfraktion Bündnis 90/Die Grünen
an den Gremiensitzungen teil (vgl. BT-Drucks. 14/5990: 8f.).

Schon die Teil*nahme* des Bundeskanzleramtes lässt erahnen, dass es bei
dem ersten Armuts- und Reichtumsbericht nicht nur darum gehen konnte, in
einem Dokument Hintergrundinformationen über gesellschaftliche Entwicklungen zusammenzustellen. Auffällig sind außerdem zwei Punkte: (1.) Es
wurden alle im DV vertretenen Ebenen, die sonst mit der Thematik des Berichts *im* DV befasst sind, berücksichtigt, aber zusätzlich Akteure eingeladen,
die nicht im DV vertreten sind. Beispielhaft zu nennen sind der Verband
alleinerziehender Mütter und Väter, der Deutsche Frauenbund und die Bundesarbeitsgemeinschaft der Wohnungslosenhilfe. (2.) Die Bundestagsfraktionen der Oppositionsparteien CDU/CSU, FDP und PDS gehörten nicht zu den
ständigen Gästen; sie wurden von der inhaltlichen Beeinflussung und Kontrolle des Entstehungsprozesses des Armuts- und Reichtumsberichts und
damit von der Teil*nahme* am politischen Handeln ausgeschlossen.

Als zu Beginn des Jahres 2000 die Arbeit an dem Bericht begann, lagen
auch bereits die Antworten auf die Fragen, wie ein europäisches Sozialmodell
ausgestaltet werden müsste und Erwerbsarbeitsplätze in der EU geschaffen
werden könnten, vor. Die von der Kommission in Auftrag gegebenen Studien
verdeutlichten, dass es *ein* europäisches Sozialmodell nicht gibt und die mitgliedstaatlichen Wohlfahrtsstaatssysteme strukturell sehr unterschiedliche
Schwerpunkte setzen und ebenso different ausgestaltet sind. Allerdings wurden gemeinsame Werte identifiziert, die ihren Ausdruck insbesondere in der
solidarischen, güterumverteilenden Ausgestaltung aller EU-Wohlfahrtsstaaten
finden. Die Frage nach der Schaffung von Erwerbsarbeitsplätzen wurde mit
dem Ausbau der öffentlich finanzierten Erwerbsarbeit im sozialen Dienstleis-
tungsbereich beantwortet (vgl. Ferrera et al. 2000; Esping-Andersen et al.
2002; Rodrigues 2002).

In dieser Situation nutzte die Europäische Kommission ihr Initiativrecht,
um in den Prozess der Ausgestaltung des ‚makroökonomischen Dialogs' ein-
zugreifen. Am 1. März 2000 legte sie dem Rat ‚Arbeit und Soziales' ihren
Beitrag zur *Vorbereitung der Sondertagung des Europäischen Rates am 23.
und 24. März 2000 in Lissabon* vor. Das dem Dokument beigefügte Schrei-

ben des Präsidenten der Europäischen Kommission, Roman Prodi, an den Präsidenten des Rates der Europäischen Union, Antonio Guterres, hebt zunächst hervor, dass die Kommission den Europäischen Rat als den maßgeblichen Akteur und Entscheidungsträger im europäischen Integrationsprozess anerkennt (vgl. Rat 2000: 2f.). Die inhaltliche Ausgestaltung des Dokumentes weist dann aber implizit darauf hin, dass die Vorbereitungen des Rates aus der Sicht der Europäischen Kommission unzulänglich sind: Die EU habe bei der weiteren Festlegung ihrer wirtschaftspolitischen Ziele darauf zu achten, dass sie im internationalen Wettbewerb bestehen kann. Der Globalisierung könne nur getrotzt werden, wenn die EU sich zu einer Wissensgesellschaft entwickle. Denn:

„Wie andere Regionen, so muß auch die EU heute einen Paradigmenwechsel bewältigen, zu dem die Globalisierung und die neue wissensbasierte Wirtschaft den Anstoß gegeben haben. Dieser Strukturwandel wirkt sich auf alle Lebensbereiche aus und fordert eine radikale Umgestaltung der europäischen Wirtschaft und Gesellschaft. Die Union muß rasch auf diese Veränderung reagieren [...]. Wir müssen unsere Politik umstellen, um die Vorteile der neuen Wissensgesellschaft nutzen zu können" (ebd.: 5).

Um die wissensbasierte Wirtschaft zu fördern, schlug die Kommission des Weiteren vor, das *soft-law*-Verfahren der Beschäftigungsstrategie (Art. 140 EGV) zu nutzen und im Frühjahr jeden Jahres eine Sondersitzung des Europäischen Rates einzuberufen, die sich der Kontrolle der wirtschaftlichen und sozialen Entwicklung der EU widmet (vgl. ebd.: 29f.).

Ein zweites Dokument der Europäischen Kommission, das den – situationsbedingt doppeldeutigen – Titel ‚Ein Europa schaffen, das alle einbezieht' führt, wurde ebenfalls am 1. März 2000 und parallel als Mitteilung an das Europäische Parlament und den Rat versandt. Darin macht die Europäische Kommission darauf aufmerksam, dass sie das Thema ‚Bekämpfung von Ausgrenzung' in den vergangenen zwölf Monaten mit den Mitgliedstaaten und Organisationen der Zivilgesellschaft umfassend beraten habe (vgl. KOM 2000a); ein Recht, das die Kommission laut Art. 140 EGV innehat. Sie verwies darauf, dass sie die Erwartungen des Europäischen Parlaments, der NGOs, der Sozialpartner und der lokalen Gebietskörperschaften berücksichtigt habe, und ihre Vorschläge durch die informelle Ratstagung der Sozialminister am 11. und 12. Februar 2000 bekräftigt sehe (vgl. ebd.). Damit machte die Europäische Kommission von ihrem Initiativrecht im Rahmen des Verfahrens nach Art. 137 Abs. 2 Abschnitt 3 EGV Gebrauch, um eigene Vorschläge und Absichten zur Ausgestaltung des Politikfeldes ‚Bekämpfung von Ausgrenzung' vorzulegen und wies gleichzeitig darauf hin, dass weder dem Europäischen Rat noch dem Rat der Europäischen Union[70] ein autonomes Handlungsrecht im Politikfeld *laut Vertragsrecht* zusteht.

---

70 Im Europäischen Rat sind die Staats- und Regierungschefs der Mitgliedstaaten sowie der Präsident der Europäischen Kommission vertreten.

Der Rat ‚Arbeit und Soziales‘[71] trat vor dem Lissabonner Gipfel letztmalig am 13. März 2000 zusammen. Zwar nahm der Rat nicht nur, wie üblich, Stellung zur Kommissionsvorlage, sondern legte am 17. März 2000 einen eigenen Beitrag zum Gipfel in Lissabon vor. In seinen Ausführungen griff er aber auf die Anregungen der Europäischen Kommission in modifizierter Form zurück. Er schlug Folgendes vor:

„Es ist realistisch, uns darauf festzulegen, die Europäische Union in den nächsten zehn Jahren zur weltweit dynamischsten und wettbewerbsfähigsten Region zu machen, die auf Innovation und Wissen in der Lage ist, unter quantitativer und qualitativer Verbesserung der Beschäftigungslage und festerem sozialen Zusammenhalt ihr Wirtschaftswachstum zu verstärken. Investitionen in das Humankapital sind somit unabdingbar für ein Europa, das im Jahr 2010 eine dynamischere und in sozialer Hinsicht stärker integrierte Wirtschaft aufweist" (Rat der Europäischen Union 2000a: 2).

So hielten die vorgeschlagenen Schwerpunktsetzungen der Kommission, die auf die Förderung der Wirtschaft im globalen Wettbewerb setzen, Einzug in die bevorstehenden Diskussionen des Europäischen Rates in Lissabon.

Am 23. und 24. März 2000 trat der Europäische Rat in Lissabon zusammen, um eine gemeinsame Strategie zur Stärkung des ‚makroökonomischen Dialogs‘ im europäischen Integrationsprozess mit dem Ziel der langsamen Annäherung der wohlfahrtsstaatlichen Systeme aller Mitgliedstaaten durch eine gemeinsame Strategie und ein mitgliedstaatlich geprägtes *bottom-up*-Verfahren zu beschließen. Der Vorsitzende des Rates ‚Arbeit und Soziales‘ nahm an den Verhandlungen teil und stellte die Ergebnisse des von ihm geleiteten Gremiums vor. Letztendlich verabschiedeten alle Staats- und Regierungschefs das strategische Ziel der EU, das als *Lissabon-Strategie* Furore machte:

„Die Union hat sich heute ein *neues strategisches Ziel* für das kommende Jahrzehnt gesetzt: *das Ziel, die Union zum wettbewerbsfähigsten und dynamischsten wissensbasierten Wirtschaftsraum der Welt zu machen – einem Wirtschaftsraum, der fähig ist, ein dauerhaftes Wirtschaftswachstum mit mehr und besseren Arbeitsplätzen und einem größeren sozialen Zusammenhalt zu erzielen"* (Europäischer Rat 2000: 1; Herv. i. O.).

Ein „geeigneter Policy-mix" wurde nun für „anhaltend gute wirtschaftliche Perspektiven und günstige Wachstumsaussichten" gefordert (ebd.: 2). Dafür sei das „europäische Gesellschaftsmodell zu modernisieren" und „in die Menschen zu investieren", um ihre „soziale Ausgrenzung [im globalen Wettbewerb] zu bekämpfen" (ebd.).[72] Deshalb sei es notwendig, den

---

71 Im Rat der Europäischen Union ist pro Mitgliedstaat eine Person der jeweiligen nationalstaatlichen Ministerialebene vertreten.
72 Auch hier findet wieder ein Spiel mit dem Begriff ‚der Globalisierung‘ statt. Tatsächlich sind es die anderen Regionen der Welt, die vom Wohlstand in der EU ‚träumen‘. Neu ist nur, dass nun auch die Bürgerinnen und Bürger, die den Wohlstand der EU erarbeiten, vom Wohlstand in der EU zunehmend ausgegrenzt werden.

„Übergang zu einer wissensbasierten Wirtschaft und Gesellschaft durch bessere Politiken für die Informationsgesellschaft und für die Bereiche Forschung und Entwicklung sowie durch die Forcierung des Prozesses der Strukturreformen im Hinblick auf Wettbewerbsfähigkeit und Innovation und durch die Vollendung des Binnenmarktes vorzubereiten" (ebd.: 1 f.).

Des Weiteren wurde postuliert, dass der „beste Schutz gegen soziale Ausgrenzung [...] ein Arbeitsplatz" ist (ebd.: 8) und die sozialen Sicherungssysteme zu modernisieren sind, damit „Arbeit sich lohnt" (ebd.: 7). Festzuhalten ist, dass im Lissabon-Prozess – analog zum Vertrag von Amsterdam – soziale Reformen dem Primat der Wirtschaft unterworfen werden. Um die ‚schöne neue Welt' zu erreichen, bedarf es der Entwicklung zur Informations- und Wissensgesellschaft, in der Bildung, Innovation, Technologie, Forschung und Entwicklung sowie ein hohes Beschäftigungsniveau durch eine aktivierende Sozial- und Beschäftigungspolitik sichergestellt werden, um den ‚Bedarf der Wirtschaft' zu decken.

Außerdem verabschiedeten die Verhandlungsführenden in Lissabon die Grundzüge eines neuen Verfahrens zur Umsetzung der Strategie:

„Die Umsetzung dieser Strategie wird mittels der Verbesserung der bestehenden Prozesse erreicht, wobei eine *neue offene Methode der Koordinierung* auf allen Ebenen, gekoppelt an eine stärkere Leitungs- und Koordinierungsfunktion des Europäischen Rates, eingeführt wird, die eine kohärente strategische Leitung und eine effektive Überwachung der Fortschritte gewährleisten soll. Der Europäische Rat wird auf einer jährlich im Frühjahr anzuberaumenden Tagung die entsprechenden Mandate festlegen und Sorge dafür tragen, daß entsprechende Folgemaßnahmen ergriffen werden" (ebd.: 2; Herv. i. O.).

Um die „Herstellung einer größeren Konvergenz in Bezug auf die wichtigsten Ziele der EU leichter verwirklichen" zu können (ebd.: 8), erfuhr das Verfahren noch in Lissabon folgende Präzisierung:

„Der Europäische Rat wird diese Verbesserungen unterstützen, indem er eine herausragende leitende und koordinierende Rolle im Hinblick auf die Sicherung der Gesamtkohärenz und der wirksamen Überwachung der Fortschritte auf dem Weg zu dem neuen strategischen Ziel spielen wird. Der Europäische Rat wird zu diesem Zweck jedes Frühjahr eine Tagung über Wirtschafts- und Sozialfragen abhalten. [...] Diese Verfahrensweise [das neue offene Koordinierungsverfahren], die den Mitgliedstaaten eine Hilfe bei der schrittweisen Entwicklung ihrer eigenen Politiken sein soll, umfaßt folgendes:
– Festlegung von Leitlinien für die Union mit dem jeweils genauen Zeitplan für die Verwirklichung der ihnen gesetzten kurz-, mittel- und langfristigen Ziele;
– gegebenenfalls Festlegung quantitativer und qualitativer Indikatoren und Benchmarks im Vergleich zu den Besten der Welt, die auf die in den einzelnen Mitgliedstaaten und Bereichen bestehenden Bedürfnisse zugeschnitten sind, als Mittel für den Vergleich der Praktiken;
– Umsetzung dieser europäischen Leitlinien in die nationale und regionale Politik durch Entwicklung konkreter Ziele und Erlaß entsprechender Maßnahmen unter Berücksichtigung der nationalen und regionalen Unterschiede;
– regelmäßige Überwachung, Bewertung und gegenseitige Prüfung im Rahmen eines Prozesses, bei dem alle Seiten voneinander lernen.

[...] Im Einklang mit dem Subsidiaritätsprinzip wird nach einem völlig dezentralen Ansatz vorgegangen werden, so daß die Union, die Mitgliedstaaten, die regionalen und lokalen Ebenen sowie die Sozialpartner und die Bürgergesellschaft im Rahmen unterschiedlicher Formen von Partnerschaften aktiv mitwirken. Die Europäische Kommission wird in Zusammenarbeit mit den verschiedenen Anbietern und Nutzern, wie den Sozialpartnern, den Unternehmen und den nichtstaatlichen Organisationen, ein Benchmarking der bewährten Praktiken zur Gestaltung des Wandels erstellen" (ebd.: 8f.).

Deutlich wird, dass hier eine Mischung des vom Europäischen Rat privilegierten *bottom-up*-Verfahrens und des von der Europäischen Kommission gewünschten *top-down*-Verfahrens im Bereich des *soft law* angedacht war und dass nun auch die Bürgergesellschaften der Mitgliedstaaten in den politischen Prozess der Herstellung eines neuen europäischen Sozialmodells inkludiert werden sollen – einen Prozess, dessen Ziele die „Modernisierung des europäischen Gesellschaftsmodells", der „Aufbau eines aktiven Wohlfahrtsstaates" und die Herausbildung einer „wissensbasierten Wirtschaft" sind (ebd.: 6).

Nach dem gekonnten Schachzug der Europäischen Kommission war die Skepsis der Regierungen gegenüber der Europäischen Kommission zwar nicht verflogen, aber u. a. ihre Kompetenz, Vorschläge zu entwickeln, auf die sich alle Staats- und Regierungschefs einigen können, unter Beweis gestellt. Die gemeinschaftliche und kooperative Koordinierung aller mitgliedstaatlichen Politiken im Bereich des Sozialen konnte eingeleitet werden. Auf diese Art rehabilitiert, erhielt die Europäische Kommission den Auftrag, eine ‚europäische Sozialagenda' auszuarbeiten, die als Grundlage für die gemeinsamen Anstrengungen dienen sollte (vgl. ebd.: 8) und, wie das Dokument belegt, den Vorstellungen der Europäischen Kommission konkrete Gestalt gibt (vgl. KOM 2000c).

Nach der ‚Klärung' der *de jure* fixierten Machtverhältnisse auf europäischer Ebene setzten sich die Staats- und Regierungschefs der Mitgliedstaaten, die für den ‚makroökonomischen Dialog' plädiert hatten, nun verstärkt für die Reform des europäischen Vertragwerkes ein. Eine inhaltliche Neujustierung wurde vom Konvent erwartet, der mit der Erarbeitung der Grundrechtscharta betraut war (vgl. Draft Charter 2000a; Europäisches Parlament 2000). Erste Ergebnisse sollten Mitte Mai 2000 vorliegen und auf dem Gipfel im Juni 2000 vom Europäischen Rat gemeinsam mit der Reform der Institutionen der EU debattiert werden. In dieser Situation nutzte der damalige bundesdeutsche Außenminister Joschka Fischer am 12. Mai 2000 einen Auftritt an der Humboldt-Universität zu Berlin, um eine medienwirksame Rede zu halten, die zu einer öffentlichen Debatte in allen Mitgliedstaaten der EU führte. In dieser Rede sprach er sich für einen europäischen Integrationsprozess mit dem Ziel der Herbeiführung einer Europäischen Föderation aus. Gestützt werden sollte diese Föderation durch einen europäischen Verfassungsvertrag, der die Interessen der Bürgerinnen und Bürger ins Zentrum stellt (vgl. Fischer 2000). Seither können Reformen der Institutionen der EU und Revisionen der Vertragsgrundlagen des europäischen Einigungsprozesses, die den Mitgliedstaaten ihre intergouvernementale und nationale Handlungsfähigkeit im Rahmen einer europäischen Föderation zurückgeben, als Voraussetzungen für einen makroökonomischen Kurswechsel betrachtet werden.

Auf europäischer Ebene ging der Machtkampf zwischen Europäischem Rat und Europäischer Kommission um die Kompetenzen im Politikbereich ‚Bekämpfung von Ausgrenzung' weiter. Die Europäische Kommission legte am 16. Juni 2000 einen Vorschlag für einen Beschluss des Europäischen Parlaments und des Rates zur *Auflage eines Aktionsprogramms der Gemeinschaft zur Förderung der Zusammenarbeit zwischen den Mitgliedstaaten bei der Bekämpfung der sozialen Ausgrenzung* vor. Damit sollte ein Fünfjahresprogramm mit einem Budget von 70 Millionen Euro bewilligt werden, das es der Europäischen Kommission u. a. ermöglicht, ihre Netzwerkarbeit mit der Zivilgesellschaft auf europäischer Ebene und in den Mitgliedstaaten zu fördern und auszugestalten (vgl. KOM 2000b). Eine Bearbeitung durch den Rat erfolgte zunächst nicht.

Hingegen befassten sich die Staats- und Regierungschefs der Mitgliedstaaten, die im Institutionengefüge der EU die so genannten ‚Herren der Verträge' sind, am 19. und 20. Juni 2000 im portugiesischen Santa Maria Da Feira mit den ersten Verhandlungsergebnissen des Konventes, der Reform der Institutionen der EU und der Revision der Vertragsgrundlagen des europäischen Einigungsprozesses. Zunächst erhielt der Rat ‚Beschäftigung und Sozialpolitik' Anweisungen vom Europäischen Rat: Er sollte mit Verweis auf Art. 202 EGV die Handlungskompetenzen der Europäischen Kommission einschränken, dem Beschluss von Tampere folgend den ESSA als Unterstützungsgremium des Rates und der Kommission einrichten und mit den gleichen Kompetenzen ausstatten, die der Kommission in allen sozialen Bereichen eingeräumt wurden (vgl. Council Decision 2000). Der Rat setzte den Auftrag am 29. Juni 2000 um (vgl. ABl.EG Nr. L 172 vom 12.7.2000). Der ESSA besteht seither aus zwei Kommissionsmitgliedern und jeweils zwei Ministerialbediensteten eines jeden Mitgliedstaates.[73] Ferner beauftragte der Europäische Rat den Rat ‚Beschäftigung und Sozialpolitik' mit der Festlegung ‚Gemeinsamer Ziele' für die Bekämpfung von Armut und sozialer Ausgrenzung in der EU. Dieser Aufforderung Folge leistend, arbeitete der Rat im Herbst 2000 die so genannten ‚Gemeinsamen Ziele' für die Bekämpfung von Armut und sozialer Ausgrenzung in der EU aus (vgl. Rat der Europäischen Union 2000b: 8). Damit wurde die Leitlinienkompetenz der Kommission untergraben.

---

73 Die Mitglieder des ESSA können durch jeweils eine benannte Vertretung, Expertinnen und Experten sowie durch Sozialpartner unterstützt werden (vgl. Council Decision 2000: 2). Dem Antrag des Europäischen Parlaments, ihm eine Kooperation mit dem ESSA zu ermöglichen, wurde mit der Entscheidung des Rates zur Revision und Erweiterung der Aufgaben des ESSA am 4. Oktober 2004 entsprochen (vgl. Council Decision 2004).

Pünktlich zur Regierungskonferenz in Nizza legte der Konvent die *Charta der Grundrechte der Europäischen Union* vor, die in ihrem Kapitel IV wirtschaftliche und soziale Rechte für jede Bürgerin und jeden Bürger in der EU festschreibt. Mangels einstimmiger Entscheidung des Europäischen Rates konnte die Grundrechtscharta nur proklamiert werden; volle Rechtsgültigkeit erlangte sie nicht. Die Revision des Vertragswerkes führte zur vertragsrechtlichen Legitimierung des ESSA und seiner Kompetenzen. Auch Art. 137 EGV wurde abgewandelt; der Rat erlangte für alle Kompetenzbereiche des Kapitels Sozialvorschriften das Recht, eigenverantwortlich *soft-law*-Maßnahmen zu beschließen.

Auch die ‚Gemeinsamen Ziele' für die Bekämpfung von Armut und sozialer Ausgrenzung in der EU wurden im Dezember 2000 auf dem Gipfel in Nizza vom Europäischen Rat verabschiedet. Damit war der Startschuss für das MOK-Regieren in diesem Politikbereich gefallen, denn die ‚Gemeinsamen Ziele' schreiben fest, dass die MOK zur Anwendung kommen soll (vgl. Rat der Europäischen Union 2000b: 5). Festgesetzt wurde, dass die Mitgliedstaaten offen legen, wie ihre jeweilige nationale Situation im Hinblick auf Armut und soziale Ausgrenzung aussieht und welche Aktionen zu ihrer Bekämpfung für die folgenden zwei Jahre geplant sind. Hierzu sollten sie so genannte ‚National Action Plans on Social Inclusion' (NAPincl) erstellen, die die ‚Gemeinsamen Ziele' berücksichtigen und sich an einer vorgegebenen Gliederung orientieren. Zudem wurde beschlossen, dass der Erstellungsprozess dieser Nationalen Aktionspläne durch den ESSA[74] koordiniert werden und die Endfassungen der NAPincl bis zum Juni 2001 dem ESSA vorliegen sollen.

Um den ‚NAPincl. 2001–2003' anzufertigen, forderte die zuständige Europaabteilung des BMAS zuerst alle anderen relevanten Ministerialbehörden des Bundes und der Länder auf, ihre Beiträge zu leisten. Dadurch, dass die Ministerialbediensteten das Erstellen von NAPs lediglich als nationalen Berichterstattungsprozess nach Brüssel werteten, verlief dieser Prozess eher schleppend. Eine intensive Kooperation mit der Abteilung des Bundesministeriums für Arbeit und Sozialordnung, unter deren Schirmherrschaft die Erstellung des Ersten Armuts- und Reichtumsberichtes erfolgte, fand zunächst nicht statt (vgl. Büchs/Friedrich 2005: 267–277). Deshalb erstellte die zuständige BMAS-Abteilung zu Beginn des Jahres 2001 einen ersten Entwurf, den sie dann an die Bundesländer mit der Bitte um Stellungnahme und Ergänzung übergab. Der daraufhin erarbeitete und im BMAS intern abgesegnete

---

74 Die Mitglieder des ESSA waren in den ersten, für den hier zu betrachtenden Politikprozess entscheidenden Jahren weitgehend mit den Personen identisch, die auf den nationalstaatlichen Ebenen für die Erstellung der NAPincl zuständig waren (Interview vom 4.10.2002). Der ESSA tagt durchschnittlich neunmal jährlich und nimmt auch am horizontalen MOK-Regieren teil, das von der Europäischen Kommission gesteuert wird (vgl. Behning 2004: 132–134).

zweite Entwurf wurde im März 2001 an alle nicht-parlamentarischen Akteure des tradierten bundesdeutschen Verhandlungsnetzwerkes der Armutspolitik mit der Bitte um Stellungnahme und einer Einladung zur Diskussion im dafür neu institutionalisierten NAPincl-Gremium übermittelt. Doch auch die Reaktionen der Verbände und subnationalen Organisationen sowie deren Teil-*nahme* an den Diskussionen im NAPincl-Gremium waren eher zurückhaltend (vgl. ebd.).

Im März 2001 traf sich der Europäische Rat zu seiner *ersten* jährlichen Frühjahrstagung über Wirtschafts- und Sozialfragen in Stockholm. In den Schlussfolgerungen des Europäischen Rates heißt es:

„Der Europäische Rat (Stockholm) konzentriert sich auf die Frage, wie das Europäische Modell modernisiert und das in Lissabon beschlossene strategische Ziel der Union [...] erreicht werden kann. Es bestand uneingeschränktes Einvernehmen darüber, dass sich Wirtschaftsreform und Beschäftigungs- und Sozialpolitik gegenseitig unterstützen. Entscheidungen müssen rasch durchgeführt werden, und in den Bereichen, in denen die Fortschritte zu langsam waren, sind neue Impulse erforderlich. Die offene Koordinierungsmethode wurde als ein wichtiges Instrument hervorgehoben, mit dessen Hilfe sich Fortschritte erzielen lassen, wobei die Grundsätze der Subsidiarität und der Verhältnismäßigkeit gebührend zu berücksichtigen sind" (Europäischer Rat 2001: 1).

Wie das Dokument belegt, wurde die MOK in Stockholm nicht nur für die Bereiche Beschäftigungspolitik und soziale Ausgrenzung bestätigt, sondern – analog zu Art. 137 EGV in der Fassung des Vertrags von Nizza – auch auf alle klassischen sozialpolitischen Felder ausgedehnt: Rente, Gesundheit, Pflegevorsorge, Bildung, Umweltschutz, Migrationspolitik etc. Im Politikbereich ‚Bekämpfung von Ausgrenzung' erging (1.) die Aufforderung des Europäischen Rates an den Rat und das Europäische Parlament, „sich im Laufe des Jahres 2001 über die Vorschläge für ein Programm zur sozialen Eingliederung zu einigen" (ebd.: 8), womit die – langsame – Bearbeitung des Antrags der Europäischen Kommission vom Juni 2000 freigegeben wurde. Und (2.) ersuchte der Europäische Rat den Rat, „die Überwachung der einschlägigen Maßnahmen durch die Festlegung von Indikatoren für die Bekämpfung der sozialen Ausgrenzung bis Ende des Jahres zu verbessern" (ebd.). Den Hintergrund hierzu bildet, dass eine Untergruppe des ESSA, die vornehmlich mit wissenschaftlichen Expertinnen und Experten besetzt war, aber mit Unterstützung der Kommission arbeitete, sich mit der EU-weiten Vereinheitlichung statistischer Erhebungen und der Indikatorenbildung beschäftigte (vgl. Atkinson et al. 2002). Diese beiden Initiativen des Europäischen Rates belegen, dass die Staats- und Regierungschefs der Mitgliedstaaten der Europäischen Kommission unter geänderten Vertragsbedingungen zwar immer noch grundsätzlich misstrauisch, insgesamt nun aber wohlwollender begegneten.

Kurz bevor der erste ‚NAPincl 2001–2003' an das Bundeskabinett weitergeleitet und durch die Bundesregierung am 16. Mai 2001 als Unterrichtung in den Bundestag (vgl. BT-Drucks. 14/6134) und den Bundesrat (vgl. BR-

Drucks. 352/01) eingebracht wurde, legte die Bundesregierung am 8. Mai 2001 dem Bundestag den Ersten Armuts- und Reichtumsbericht vor. Zutage trat, dass der ministerialbürokratisch gesteuerte Erstellungsprozess des Dokumentes genutzt wurde, um die Ziele des MOK-Regierens im europäischen Politikbereich ‚Bekämpfung von Armut und sozialer Ausgrenzung' im nationalstaatlichen Kontext zu generieren und zu etablieren. Dies gilt zum einen für die breite Definition des Politikbereichs, der Sozialhilfe-, Einkommens-, Renten-, Familien-, Bildungs-, Arbeitsmarkt-, Wohnungs-, Gesundheits-, Pflege-, Behinderten- und Migrationspolitik umfasst (Teil A), und zum anderen für die vorgestellten Reformpläne der Bundesregierung, die bereits die Vereinbarungen des Europäischen Rates von Stockholm berücksichtigen (Teil B) (vgl. BT-Drucks. 14/5990). Der Bundestag überwies beide Vorgänge an seinen Ausschuss für Arbeit und Sozialordnung (vgl. BT-Plenarp. 14/179), der im Anschluss an seine Beratungen am 5. Juli 2001 eine positive Beschlussempfehlung vorlegte (vgl. BT-Drucks. 14/6628) und zur Debatte im Bundestag weiterleitete. Eine öffentliche Plenardebatte fand zunächst nicht statt.

Der Bundesrat überstellte den ‚NAPincl 2001–2003' ebenfalls an sein Ausschusswesen, das ihn am 21. Mai 2001 kommentierte. Der in dieser Sache offenbar falsch informierte Bundesrat wies auf die vermeintlich fehlende Gemeinschaftskompetenz im Politikbereich hin und erklärte, er begegne dem „vom Europäischen Rat von Stockholm dem Rat erteilten Auftrag, auf europäischer Ebene Indikatoren zur Bekämpfung der sozialen Ausgrenzung festzulegen, mit großer Skepsis" und befürchte die Überschreitung der Länderkompetenzen in den Bereichen der Bildungs- und Armutspolitik (vgl. BR-Drucks. 352/1/01: 2). Gleichwohl wurde der ‚NAPincl 2001–2003' im Sommer 2001 in unveränderter Form an die Europäische Kommission und die Mitglieder des ESSA übergeben.

Nachdem alle 15 Mitgliedstaaten ihre ‚NAPincl 2001–2003' vorgelegt hatten, wertete die in der Europäischen Kommission für den ESSA zuständige Abteilung alle nationalstaatlichen Dokumente aus und erstellte einen ersten Entwurf eines Syntheseberichts. Dieses Vorgehen war insofern legitim, als der Vertrag von Nizza erstens noch nicht rechtsgültig war und zweitens durch ein irisches Referendum abgelehnt wurde und somit die *soft-law*-Verfahren, die der Amsterdamer Vertrag festlegte, Gültigkeit hatten. Doch die Europäische Kommission beließ es nicht bei einem reinen Synthesebericht, sondern bewertete die einzelstaatlichen Maßnahmen und führte – wie in der Beschäftigungspolitik – ein Benchmarking der nationalstaatlichen Praktiken durch. Dieses Vorgehen und die erneute Überschreitung der vereinbarten Kompetenzen lösten aufseiten der Mitgliedstaaten heftige Reaktionen aus. So verlangten sie u. a., die Kommission solle den Synthesebericht zurücknehmen.[75] Darüber konnten sich die Mitgliedstaaten mit der Forderung durchsetzen, zukünftig einen ‚Gemeinsamen Bericht über die soziale Eingliederung‘ zu erstellen. Seither werden die NAPincl von der Kommission zunächst ausgewertet und zusammengefasst. Das Ergebnis wird daraufhin als Ratsdokument deklariert und muss vor Veröffentlichung vom Europäischen Rat abgesegnet werden.

Trotz dieser Kritik wurde der erste Synthesebericht der Kommission den nationalen Parlamenten vorgelegt, und er erreichte auch die CDU/CSU-Oppositionsfraktion im Deutschen Bundestag. In einer öffentlichen Plenarsitzung am 19. Oktober 2001 wurde neben dem Synthesebericht auch der erste bundesdeutsche NAPincl sowie der erste Armuts- und Reichtumsbericht der Bundesrepublik Deutschland debattiert (vgl. BT-Plenarp. 14/196). Diese Parlamentsdebatte ist Gegenstand der nachstehenden Legitimierungsanalyse und wird an dieser Stelle nicht weiter erörtert.

Auch wenn das Agieren der Europäischen Kommission im Zusammenhang mit dem NAPincl und dem Synthesebericht *de jure* legitimiert war, behandelten der Rat und das Europäische Parlament daraufhin den Antrag der Europäischen Kommission auf die *Einführung eines Aktionsprogramms der Gemeinschaft zur Förderung der Zusammenarbeit der Mitgliedstaaten bei der Bekämpfung der sozialen Ausgrenzung* kritisch. Eine Einigung konnte erst im Vermittlungsausschuss nach Art. 251 Abs. 4 EGV herbeigeführt werden (vgl. Europäische Union 2001). Dabei wurde die Initiativfunktion der Kommission auf die Durchführung des Programms beschränkt; sie erstreckt sich seither ausschließlich auf das horizontale *soft-law*-Regieren auf allen Ebenen der EU (detaillierter Behning 2004: 132ff.). In der Begründung des Beschlusses wird u. a. ausdrücklich darauf hingewiesen, dass auch die Europäische Kommission die *Charta der Grundrechte der Europäischen Union* mitverkündet hat und dass anzuerkennen ist, dass „jeder Mensch einen grundlegenden Anspruch auf ausreichende Zuwendungen und Leistungen hat, um ein menschenwürdiges Leben führen zu können" (ABl.EG Nr. L 10 vom 12.1.2002: 1). Der Beschluss wurde bereits am 18. September 2001 gefasst, trat aber erst nach Verkündung im Amtsblatt der Europäischen Gemeinschaften in Kraft.

Die Erstellung des ‚Gemeinsamen Berichts über die soziale Eingliederung‘ wurde im Spätsommer 2001 durch kontroverse Debatten geprägt. Herausgearbeitet wurde die folgende, noch vage formulierte gemeinsame Problemwahrnehmung:

„In den NAP (Eingliederung) [NAPincl] der Mehrzahl der Mitgliedstaaten ist ein deutlicher Wandel in der Philosophie erkennbar, von der passiven Einkommenshilfe hin zu einer verstärkten aktiven Unterstützung, die den Betroffenen zur Unabhängigkeit verhelfen soll" (Rat der Europäischen Union 2001: 35).

---

75 Das Dokument ist mittlerweile nicht mehr im Internet abrufbar.

So mündeten die Erörterungen auch in der Verabschiedung der Empfehlung, eine zweite NAPincl-Runde einzuläuten. Die zweiten NAPincl sollten im Juli 2003 vorliegen und nun dazu genutzt werden, *auf die gemeinschaftliche Problemwahrnehmung und -definition ausgerichtete, konkrete Reformen der nationalen Sozialsysteme sowie deren Umsetzung im Zeitraum von 2003 bis 2005 zu benennen.* Damit standen die Mitgliedstaaten vor der Herausforderung, bis Juli 2003 konkrete Reformvorhaben zu entwickeln und vorzubereiten.

6.2.3 Die politologisch-institutionalistische Analyse

Nachfolgend gilt es nun, die Problemdefinitionsphase des Politikprozesses zum Hartz-IV-Gesetz unter Berücksichtigung des in *Kapitel 5* dargelegten Untersuchungsdesigns, das auf die drei Forschungsebenen des politologischen Institutionalismus rekurriert, zu analysieren. Die Erhebung der akteursspezifischen Teil*nahme*struktur dient dazu, die ‚Rationalität der sozialen Reproduktion von Lebenswelten' in ihrer Dimension der am politischen Prozess Teil*nehmen*den zu erfassen und zu überprüfen, ob (a) durch das faktische Regieren das Bundesstaatsprinzip sowie die repräsentative Demokratie – hier primär in der Dimension der Kontrolle der zur Herrschaft Legitimierten – als Grundelemente bundesdeutscher Staatlichkeit gewahrt und ob (b) das sozialstaatliche *policy-making* der Bundesrepublik Deutschland im Mehrebenensystem EU ausgestaltet wurde. Die Untersuchung des Wissens im *issue network* ‚beitragsunabhängige Grundsicherung' wird genutzt, um die ‚Rationalität der kulturellen Reproduktion der Lebenswelt' zu erheben und zu prüfen, ob durch das faktische Regieren die sozialen Grundrechte und die soziale Marktwirtschaft als Grundelemente bundesdeutscher Staatlichkeit gewahrt wurden. Die Analyse der öffentlichen Legitimierungen des politischen Handelns wird genutzt, um die ‚Rationalität des kommunikativen Handelns' aus der Perspektive der Sozialisation und der sozialen Integration der Teil*haben*den am politischen Prozess zu evaluieren und zu überprüfen, ob durch das faktische Regieren die repräsentative Demokratie – hier in der Dimension der faktischen Teil*habe*möglichkeiten der Herrschaftsunterworfenen – als Grundelemente bundesdeutscher Staatlichkeit gewahrt wurde.

6.2.3.1 Teilnahme

Um die akteursspezifische Teil*nahme*struktur in der Problemdefinitionsphase des ausgewählten politischen Prozesses zu untersuchen, wird zunächst zwischen den politischen Ebenen, auf denen Akteure teil*nahmen*, heuristisch differenziert. Dieser Analyse wird ein Exkurs vorangestellt, der kurz darlegt, von wem die Übertragung und vertragsrechtliche Ausgestaltung von bundesdeutschen Hoheitsrechten im Bereich des Sozialen an die bzw. in der EU ausgestaltet wurde. Geprüft wird, ob dabei die Grundelemente bundesdeutscher Staatlichkeit gewahrt blieben.

Exkurs zur Abtretung von Hoheitsrechten an die EU

Für die Phase der Abtretung von Hoheitsrechten an die EU ergibt sich folgendes Bild:

– *auf der supranationalen und europäischen Ebene nahmen teil:* der Europäische Rat und der Rat ‚Beschäftigung und Soziales‘, die von konservativen Regierungen dominiert wurden;
– *auf der europäischen und der bundesdeutschen Ebene nahmen teil:* die CDU/CSU-FDP-Bundesregierung, der CDU/CSU-dominierte Bundestag und der SPD-dominierte Bundesrat.

In den Verhandlungen zum Amsterdamer Vertrag vertrat die CDU/CSU-FDP-Regierung die Bundesrepublik Deutschland, sie hatte laut Art. 23 GG aber auch die Positionen des CDU/CSU-dominierten Bundestages und des SPD-dominierten Bundesrates zu berücksichtigen. Wie die oben zitierte Entschließung des Bundestages zum Vertragsgesetz belegt, stimmte das auf europäischer Ebene Vereinbarte mit den Vorstellungen der bundesdeutschen Verhandlungsführung überein. Hingegen interpretierte der SPD-dominierte Bundesrat die Ergebnisse des Amsterdamer Vertrages in seiner oben wiedergegebenen Stellungnahme zum einen falsch und zum anderen als nicht hinreichend. Letzteres kann auf schwierige Verhandlungssituationen auf europäischer Ebene oder auf die unzureichende Vertretung von SPD-Interessen zurückgeführt werden. Doch Ersteres basiert auf Unkenntnis bzw. Fehlinformationen über die inhaltliche Ausrichtung der EU-Politik im Bereich des Sozialen.

Festzuhalten ist, dass sich die großen Volksparteien der Bundesrepublik Deutschland mit der Abtretung von Hoheitsrechten an die EU im Bereich des Sozialen einverstanden erklärten, die Interessen des SPD-dominierten Bundestages auf europäischer Ebene nicht gewahrt wurden oder werden konnten und die Regierung Kohl im Hinblick auf ihre Pflicht, den Bundesrat zu informieren, keine umfassende Sorgfalt walten ließ. Das Bundesstaatsprinzip wurde als Grundelement bundesdeutscher Staatlichkeit bei der Abtretung von Hoheitsrechten an die EU nicht vollständig gewahrt. Wie die vorangestellten Analysen belegen, gilt dasselbe für die Grundelemente soziale Grundrechte, soziale Marktwirtschaft und repräsentative Demokratie, die durch den Vertrag von Amsterdam infrage gestellt wurden.

In der Problemdefinitionsphase des Hartz-IV-Gesetzes ist folgende Teil*nah-me*struktur zu identifizieren:

- *auf der supranationalen und der europäischen Ebene nahmen teil*: der Europäische Rat und der Rat ‚Beschäftigung und Soziales', die von sozial-demokratischen Regierungen dominiert wurden, die Europäische Kommission, zunächst die Interimsgruppe hochrangiger Beamter und dann der ESSA, das Europäische Parlament, durch den WSA die Sozialpartner und durch den AdR die Gebietskörperschaften und Wohlfahrtsverbände;
- *auf der europäischen und der bundesdeutschen Ebene nahmen teil*: die SPD-Bündnis 90/Die Grünen-Bundesregierung, die zuständigen BundesministerInnen und Bundesministerien – insbesondere im ESSA und im Rat;[76]
- *auf der Bundesebene nahmen an der Armuts- und Reichtumsberichter-stattung (Berichtsprozess) teil*: der Bundestag, das Bundeskanzleramt, das BMAS, das Bundesministerium für Finanzen, das Bundesministeri-um für Familie, Senioren, Frauen und Jugend, die SPD-Bundestags-fraktion, die Bundestagsfraktion Bündnis 90/Die Grünen, alle im DV vertretenen Organisationen, Gewerkschaften, Kirchen, zahlreiche NGOs, Selbsthilfegruppen und wissenschaftliche Expertinnen und Experten;
- *auf der Bundesebene nahmen am NAPincl-Prozess teil*: die Europaabtei-lung des Bundesministeriums für Arbeit und Sozialordnung, alle zustän-digen Bundesministerien, alle zuständigen Länderministerien, die Mit-glieder des DV, die Bundesregierung, der Bundestag und der Bundesrat, der ab 7. April 1999 paritätisch mit SPD-dominierten und CDU- bzw. CSU-dominierten Länderregierungen besetzt war.

Die Frage, ob ‚neue' Akteure in das sozialstaatliche *policy-making* der Bun-desrepublik Deutschland inkludiert wurden, ist eindeutig mit Ja zu beantwor-ten. Dies gilt selbstverständlich für alle neu hinzugetretenen Akteure der supranationalen und der europäischen Ebene. Aber auch auf bundesdeutscher Ebene lassen sich neue Akteure finden, die in den Politikprozess inkludiert wurden. Zu nennen sind z. B. Frauenverbände, Wohnungsloseninitiativen und Vertretungen von Alleinerziehenden. Die Formalisierung des Prozesses der Problemdefinition führte zur Angleichungen von Teil*nahme*möglichkeiten der mit dem *issue* ‚beitragsunabhängige soziale Grundsicherung' befassten Interessenvertretungen.

Die Frage, ob ‚alte' Akteure vom sozialstaatlichen *policy-making* in der Bundesrepublik Deutschland exkludiert wurden, ist ebenso eindeutig mit Nein zu beantworten. Alle zuvor im DV mit der Problemdefinition des *issues*

---

76 Wenn man den Konventprozess zur Ausgestaltung der Grundrechtscharta als Teil des Prozesses begreift, nahmen auch bundesdeutsche Parlamentsangehörige teil. Der Konvent-prozess wird im Rahmen der politologisch-institutionalistischen Analyse außer Acht gelas-sen.

‚beitragsunabhängige soziale Grundsicherung' befassten Organisationen wurden sowohl in den Berichtsprozess als auch in den NAPincl-Prozess inkludiert. Festzustellen ist aber, dass die auf Dauer gestellte formalisierte Verhandlungsstruktur des DV aufgebrochen wurde und neue Verhandlungsstrukturen entstanden, die durch eine starke bundesministeriale Steuerung geprägt wurden.

Die Frage, ob die identifizierten Verschiebungen von Machtressourcen *de jure* legitimiert sind, bedarf einer differenzierteren Beantwortung. Außer Frage steht, dass die supranationalen Organisationen als ‚Hüter der Verträge' in der Problemdefinitionsphase *de jure* legitim gehandelt haben. Außer Frage steht auch, dass der Amsterdamer Vertrag die Teil*nahme* an der *soft-law*-Gestaltung mitgliedstaatlicher Politiken im Bereich ‚Bekämpfung von Ausgrenzung' für die Europäische Kommission, den Europäischen Rat, den Rat, das Europäische Parlament, den WSA und den AdR vorsieht. Außer Frage steht ebenso, dass die mitgliedstaatlichen Regierungen das ihnen *de jure* verliehene Recht genutzt haben, um als ‚Herren der Verträge' das europäische Vertragsrecht im politischen Prozess umzugestalten. Zwar verfolgten die mitgliedstaatlichen Akteure auf europäischer Ebene dabei zunächst einen *de jure* nicht legitimierten Weg, wurden dann aber von der Europäischen Kommission am 1. März 2000 ‚auf den Pfad der Tugend' zurückgeholt. Auf der Bundesebene existieren keine rechtlichen Vorgaben für die Ausgestaltung von Problemdefinitionsphasen bundesdeutscher politischer Prozesse. Die gewählte Form des Berichtsprozesses ist im politischen System der Bundesrepublik Deutschland in der dargelegten Form zuvor noch nicht praktiziert worden, aber *de jure* legitim. Berücksichtigt man jedoch den europäischen Hintergrund des nationalstaatlichen Prozesses, so erscheint eine explizite Nicht-Berücksichtigung der Oppositionsparteien des Bundestages und des gesamten Bundesrates problematisch. Dennoch existieren bislang keine Bestimmungen über die Inklusion von Bundesrat und Bundestag in nationale Berichtsprozesse mit europäischer bzw. integrationspolitischer Relevanz. Folglich ist der Beginn der Problemdefinitionsphase des Politikprozesses zum Hartz-IV-Gesetz auf bundesdeutscher Ebene nach Art. 23 GG und dem EUZBLG *de jure* legitim ausgestaltet worden. Außerdem konnte durch die Inklusion gebietskörperschaftlicher Akteure in den Berichtsprozess das Bundesstaatsprinzip als Grundelement bundesdeutscher Staatlichkeit gewahrt werden. Gleiches gilt für den NAPincl-Prozess.

Die Frage, ob die angewendeten Verfahren der kommunikativen Handlungskoordinierung die Kontrolle und damit die Überprüfbarkeit der Rationalitäten des kommunikativen Handelns der zur Herrschaft Bevollmächtigten ermöglichen, bedarf ebenfalls einer komplexeren Antwort. Betrachtet man das Verfahren nach Art. 140 EGV, in dem die nicht demokratisch legitimierte Europäische Kommission auf europäischer Ebene allein regiert und nur für das Instrument der Stellungnahme eine Kontrolle durch den WSA vorgesehen ist, der aber ebenso wenig demokratisch legitimiert ist, so erfüllt dieses Verfahren weder das Kriterium der demokratischen Überprüfbarkeit noch das der Kontrolle der Rationalität des kommunikativen Handelns der zur Herrschaft jedenfalls *de jure* nicht Legitimierten. Das Verfahren nach Art. 137 Abs. 2 Abschnitt 3 EGV, in dem die Europäische Kommission nach Absprache mit dem WSA und dem AdR ebenfalls das Initiativrecht innehat und das Europäische Parlament sich mit dem Europäischen Rat über die Kommissionsvorschläge verständigt und diese dann beschließen, verändern oder ablehnen muss, enthält Überprüfungs- und Kontrollmechanismen. Doch dadurch, dass der gesamte Prozess ohne öffentliche Debatten ausgestaltet wurde, konnte die Kontrolle und Überprüfung des kommunikativen Handelns der Herrschenden durch die Unionsbürgerinnen und -bürger im politischen Prozess nicht gesichert werden. Festzuhalten ist, dass die repräsentative Demokratie als Grundelement bundesdeutscher Staatlichkeit zu Beginn der Problemdefinitionsphase nicht umfassend gewahrt werden konnte.

Der Berichtsprozess, wie er auf bundesdeutscher Ebene stattgefunden hat, führte die zur Herrschaft Bevollmächtigten – das Bundeskanzleramt und einige Bundesministerien als Vertretungen der Bundesregierung sowie die Bundestagsfraktionen der Regierungsparteien – mit den Interessenvertretungen der Bürgerinnen und Bürger und wissenschaftlichen Expertinnen und Experten zusammen.[77] Die Rationalität des kommunikativen Handelns der zur Herrschaft Bevollmächtigten wurde in diesem Prozess nicht nur überprüf- und kontrollierbar, sondern auch *bottom-up* beeinflussbar. Auch die Kontrolle und Überprüfbarkeit des Berichtsprozesses durch alle Bürgerinnen und Bürger wurde durch öffentliche Debatten des Bundestages ermöglicht. Die repräsentative Demokratie als Grundelement bundesdeutscher Staatlichkeit wurde zu Beginn der Problemdefinitionsphase damit nicht nur gewahrt, sondern durch das Einbeziehen partizipativer Elemente sogar erweitert.[78]

Mit dem NAPincl-Prozess begann ein faktisches Regieren, das sich auf alle Ebenen der EU erstreckt. Den Auftakt bildete der Auftrag des Europäischen Rates zur Erarbeitung von ‚gemeinsamen Zielen' für die Erstellung der mitgliedstaatlichen NAPincl an den Rat ‚Beschäftigung und Soziales' und deren anschließende Verabschiedung durch den Europäischen Rat in Nizza. Der bundesdeutsche Erstellungsprozess des ersten NAPincl erfolgte in Anlehnung an das übliche bundesdeutsche Abstimmungsverfahren im Bereich des Sozialen, führte jedoch neue formalisierte Verhandlungsstrukturen auf

---

77 Die ausgewählten Expertinnen und Experten hatten bereits in den 1980er- und 1990er-Jahren für die Europäische Kommission gearbeitet. Deshalb finden sich viele der im Kontext der von der Kommission in Auftrag gegebenen Studien vertretenen Sichtweisen auch hier wieder. So sind etwa im Forschungsteil des Berichts der Lebenslagenansatz und die Identifikation von Problemgruppen dominant.

78 Allerdings bedarf diese strukturelle Aussage der Überprüfung durch Kommunikationsprozessanalysen im Berichtsprozess – eine Untersuchung, die im Rahmen dieser Arbeit nicht geleistet werden kann.

bundesministerialer Ebene ein. Er schloss Bund, Länder, Kommunen und die Mitglieder des DV ein; dass sie von ihrer Teil*nahme*möglichkeit zum Teil keinen Gebrauch machten, kann nicht dem Verfahren angelastet werden. Analog zu Art. 23 GG wurden Bundestag und Bundesrat nach Fertigstellung des bundesdeutschen NAPincl informiert und konnten ihre Stellungnahme zum weiteren Vorgehen abgeben. Dadurch, dass die Länderministerien und die Kommunen in den Erstellungsprozess des NAPincl-Prozesses formal inkludiert waren, kann auch unter Berücksichtigung von Art. 23 GG und EUZBLG kein strukturelles Problem erkannt werden. Die Auswertung aller mitgliedstaatlichen NAPincl erfolgte zunächst im demokratisch nicht legitimierten Verfahren nach Art. 140 EGV, das vom Europäischen Rat sofort gestoppt und in das vorgesehene Verfahren nach Art. 137 und 144 EGV in der Fassung des Vertrags von Nizza überführt wurde, auf den sich der Europäische Rat verständigt hatte; ein zu diesem Zeitpunkt *de jure* nicht legitimiertes Vorgehen. Die Rationalitäten des kommunikativen Handelns waren im gesamten NAPincl-Prozess kontrollier- und überprüfbar. Mit der öffentlichen Debatte des bundesdeutschen NAPincl im Bundestag am 19. Oktober 2001 wurde auch die Teil*habe* die Bürgerinnen und Bürger ermöglicht. Dadurch, dass der NAPincl-Prozess direkt an die nationalstaatlichen Ebenen aller Mitgliedstaaten rückgekoppelt wurde und alle mitgliedstaatlichen Regierungen direkt und gleichberechtigt an der Festlegung von gemeinsamen Vorstellungen teil*nahmen*, kommt dieses Verfahren der Wahrung der repräsentativen Demokratie als Grundelement bundesdeutscher Staatlichkeit im europäischen Integrationsprozess in der strukturellen Dimension der Überprüfbarkeit sehr nahe.

Zusammenfassend ist festzuhalten, dass das Bundesstaatsprinzip zu Beginn der Problemdefinitionsphase des Politikprozesses zum Hartz-IV-Gesetz auf europäischer Ebene nicht umfassend gewahrt werden konnte, aber auf bundesdeutscher Ebene gewahrt wurde. Hingegen ist seit der Einführung des NAPincl-Prozesses eine umfassende Wahrung des Bundesstaatsprinzips strukturell gewährleistet.

Während die repräsentative Demokratie als Grundelement bundesdeutscher Staatlichkeit zu Beginn des Politikprozesses zum Hartz-IV-Gesetz auf europäischer Ebene nicht gewahrt werden konnte, wurde sie auf bundesdeutscher Ebene sogar um partizipative Elemente erweitert. Mit dem Beginn des NAPincl-Prozesses veränderte sich das Bild. Es wurde ein Verfahren angewandt, das das Grundelement der repräsentativen Demokratie im europäischen Integrationsprozess und in der Bundesrepublik Deutschland in der strukturellen Dimension der Überprüfbarkeit weitgehend gewährleistet.

Eindeutig ist, dass die Problemdefinitionsphase des Politikprozesses zum Hartz-IV-Gesetz von Beginn an unter Beteiligung von Akteuren aller Ebenen des Mehrebenensystems EU ausgestaltet wurde. Die Verhandlungen auf der supranationalen und der europäischen Ebene (Ausgestaltung des europäi-

schen Politikbereiches ‚Bekämpfung von Ausgrenzung') und auf bundesdeutscher Ebene (Berichtsprozess) wurden zunächst separat geführt. Doch
seit dem Einsetzen des NAPincl-Prozesses fand die Problemdefinitionsphase
des Hartz-IV-Gesetzes in einem Verfahren statt, das alle Akteure aller Ebenen der EU miteinander verknüpft handeln ließ – das faktische Regieren fand
im Mehrebenensystem EU statt.

6.2.3.2 Wissen

In der Problemdefinitionsphase des Hartz-IV-Gesetzes der Bundesrepublik
Deutschland bestand der *inner circle* des *issue networks* ‚beitragsunabhängige soziale Grundsicherung' im Mehrebenensystem EU aus der Europäischen
Kommission, dem Rat ‚Beschäftigung und Soziales', dem Europäischen Rat,
der Bundesregierung, dem Bundestag und dem Bundesrat. Nachfolgend wird
das Wissen dieses *inner circles* untersucht. Hierbei dienen Schlüsseltexte als
empirische Grundlage, die von den Akteuren in der Problemdefinitionsphase
erstellt wurden. Erhoben werden akteursspezifische Problemwahrnehmung,
Problemlösungsvorstellung und die dahinterliegende politische Vision zur
Finalität des europäischen Integrationsprozesses (vgl. Rat 2000). Das in den
Wissensbeständen enthaltene Wissen zur Ausgestaltung ‚beitragsunabhängi-
ger sozialer Grundsicherungen' wird aus der normativen Perspektive der
Wahrung der sozialen Grundrechte und der sozialen Marktwirtschaft als
Grundelemente bundesdeutscher Staatlichkeit analysiert. Abschließend wird
der Wissensmarkt des *inner circle* des *issue networks* ‚beitragsunabhängige
soziale Grundsicherung' tabellarisch zusammengefasst und kommentiert.

Die Europäische Kommission

Die Europäische Kommission legte mit ihrem Beitrag zur *Vorbereitung der
Sondertagung des Europäischen Rates am 23. und 24. März 2000 in Lissabon* ein Schlüsseldokument vor (vgl. Rat 2000). In diesem Dokument, das die
Vereinigten Staaten von Amerika (USA) durchgängig als normatives Leitbild
beschreibt, heißt es:

„Unterbeschäftigung, Armut und soziale Ausgrenzung verursachen gewaltige Kosten. Die
Kommission schätzt die unzureichende Nutzung vorhandener Arbeitskräfte und die zusätzlichen Kosten dieser Vergeudung in der Wirtschaft (Krankheit, Kriminalität und damit
verbundene Kosten) auf jährlich ein- bis zweitausend Milliarden € (12–20% des BIP). Das
sind Krebsgeschwüre im Herzen der europäischen Gesellschaft – eine Verschwendung von
Ressourcen, die förmlich auf eine produktivere Verwendung warten. Die größte Herausforderung besteht darin, von der Bekämpfung der sozialen Ausgrenzung zu einer Politik
überzugehen, welche die soziale Integration in das Zentrum aller politischen Entscheidungen rückt" (ebd.: 11).

Die Europäische Kommission nimmt die soziale Absicherung von Lebens-
risiken als Mittel zur Bekämpfung von Ausgrenzung als Problem wahr. Der
Schutz vor Armut wird als ein Kostenfaktor und als Vergeudung von Ressourcen der Wirtschaft betrachtet. Als Problemlösungsvorstellung bietet sie an, die
Unterbeschäftigung zu bekämpfen und das unzureichend genutzte Humankapital in die Produktionsprozesse zu integrieren. Des Weiteren heißt es:

„Nach Ansicht der Europäischen Kommission kann die Arbeitslosigkeit entscheidend
abgebaut werden, wenn es uns gelingt, nicht nur die vorgenannten Herausforderungen zu
meistern, sondern auch die wirtschaftlichen Reformen und die gesamtwirtschaftliche Stabilität als vorrangige Aufgabe zu verwirklichen. In Lissabon muß die Union die *Rückkehr
zur Vollbeschäftigung zum Kernpunkt ihrer Wirtschafts- und Sozialpolitik* machen" (ebd.:
26; Herv. i. O.).

Das Ziel der Vollbeschäftigung wird als Maßstab gesetzt. Erreicht werden
soll dieses Ziel durch wirtschaftspolitische Reformen und eine Sozialpolitik,
deren Grundannahme die Vollbeschäftigung ist. Eine ‚beitragsunabhängige
soziale Grundsicherung' ist in dieser Problemlösungsvorstellung kontraproduktiv und dementsprechend nicht vorgesehen. Im Zentrum steht die Förderung der Wirtschaft durch eine „maßvolle Lohnentwicklung" (ebd.: 14).

Als integrationspolitische Vision dient die europäische Wissensgesellschaft, die „Integration statt Ausgrenzung" fördert (ebd.: 28):

„Viele Faktoren tragen zur sozialen Ausgrenzung bei. Wichtigste Ursachen jedoch sind
Arbeitslosigkeit, geringe Kenntnisse und Fertigkeiten, unzureichende allgemeine und
berufliche Bildung, fehlender Zugang zum Wissen und fehlende Chancen. Die neue Wissensgesellschaft bietet die bisher aussichtsreichsten Möglichkeiten zur Überwindung der
sozialen Ausgrenzung, setzt jedoch aktivere, modernere und nachhaltigere Sozialschutzsysteme voraus, die Anreize zur Suche nach einem Arbeitsplatz bieten, langfristig die
Renten unserer ‚alternden' Bevölkerung sichern und stabile Rahmenbedingungen für den
Übergang zur Wissensgesellschaft schaffen müssen" (ebd.).

Das Humankapital ‚Europas' – von der EU ist im Dokument nur am Anfang
die Rede, die Grenzen der EU bleiben unbestimmt – soll zu einem technisch
versierten Arbeitskräftepool ausgebildet werden, in den von sozialstaatlicher
Seite zu investieren ist. Er soll der Wirtschaft mit seinem Wissen aktiv zur
Verfügung stehen. Dadurch können die Renten der alternden Bevölkerung
gesichert werden. Für die jüngeren Generationen bedarf es eines modernisierten Sozialschutzsystems, das technologische Bildung und die Chancengleichheit von Männern und Frauen auf dem Arbeitsmarkt fördert sowie Anreize zur Arbeitsaufnahme für beide Geschlechter setzt (vgl. ebd.: 12ff.).

Klar und deutlich tritt zutage, dass die Europäische Kommission sich für
eine *liberale Marktwirtschaft* einsetzt, in der es *zwei soziale Grundrechte*
geben soll: das Recht auf *Chancengleichheit der Geschlechter* am Arbeitsmarkt und das Recht auf Zugang zu *technologischer Bildung*. ‚Soziale
Grundsicherungen' jeglicher Art stellen ein ‚Krebsgeschwür' dar, das die
Wirtschaft belastet. Als integrationspolitische Vision dient ein europäischer

Wirtschaftsraum mit einem aktiven und technologisch versierten Arbeitskräfte-pool, der mit dem Begriff *Wissensgesellschaft* erfasst wird.

Der Rat ‚Beschäftigung und Soziales'

Der von sozialdemokratischen Regierungen dominierte Rat legte dem Euro-päischen Rat im November 2000 die ‚Gemeinsamen Ziele' für die ersten NAPincl in schriftlicher Form vor (vgl. Rat der Europäischen Union 2000b). Der Rat argumentiert:

„Auf den Tagungen des Europäischen Rates in Lissabon und in Feira sind die Mitgliedstaa-ten der Europäischen Union einen entscheidenden Schritt vorangekommen, indem sie die Bekämpfung der sozialen Ausgrenzung und der Armut zu einem zentralen Element der Modernisierung des europäischen Sozialmodells erklärten. Die Staats- und Regierungs-chefs waren sich darin einig, dass etwas unternommen werden muss, um die Beseitigung der Armut entscheidend voranzubringen" (ebd.: 2).

Im Zentrum der Problemwahrnehmung des Rates stehen soziale Ausgrenzun-gen und die Armut in der EU. Als Problemlösung wird die integrationspoliti-sche Vision der gemeinsamen Modernisierung des europäischen Sozialmo-dells privilegiert; die Existenz eines europäischen Sozialmodells wird unterstellt. Ziel der Modernisierungsbestrebungen ist die Bekämpfung von sozialer Ausgrenzung und die Beseitigung von Armut. Um dieses Ziel zu erreichen, wird „die Förderung der sozialen Integration" und die „Vollbe-schäftigung in Europa" angestrebt (ebd.). Denn:

„Der beste Schutz gegen soziale Ausgrenzung ist ein Arbeitsplatz. Um einen guten Ar-beitsplatz zu erhalten, muss die Beschäftigungsfähigkeit insbesondere durch die Aneig-nung von Fähigkeiten und durch lebenslange Weiterbildung gefördert werden. [...] Die Sozialschutzsysteme spielen ebenfalls eine strategische Rolle. In diesem Zusammenhang sind die nationalen Systeme der Sozialfürsorge und zur Gewährleistung ausreichender Einkünfte wichtige sozialpolitische Instrumente. Im Rahmen eines aktiven Sozialstaates müssen moderne Sozialschutzsysteme gefördert werden, die den Zugang zur Beschäfti-gung erleichtern. Die Altersversorgung und der Zugang zur medizinischen Versorgung spielen ebenfalls eine wichtige Rolle bei der Bekämpfung der sozialen Ausgrenzung" (ebd.: 3).

Der Rat ‚Beschäftigung und Soziales' sieht die Herstellung von Vollbeschäf-tigung als bestes Mittel zur sozialen Integration und zur Armutsbekämpfung an. Doch hebt er gleichzeitig hervor – und hier unterscheidet er sich essentiell von der Position der Europäischen Kommission –, dass die Systeme zur Ge-währleistung ausreichender Einkünfte und die Systeme der Sozialfürsorge wichtige sozialpolitische Instrumente sind. Sie sind die Prämissen für die gemeinsame Modernisierung der Sozialschutzsysteme der EU, wobei ge-währleistet werden soll, dass die Förderung des Zugangs zu guter Beschäfti-gung für beide Geschlechter und die Beschäftigungsfähigkeit durch Bil-dungspolitik sichergestellt werden (vgl. ebd.: 7). Deshalb ist die

„Förderung des Zugangs aller zu Ressourcen, Rechten, Gütern und Dienstleistungen [bei der] Organisation der Sozialschutzsysteme [zu beachten], so dass sie insbesondere dazu beitragen, dass

c) – gewährleistet ist, dass jedem die für ein menschenwürdiges Dasein notwendigen Mittel zur Verfügung stehen
   – Hindernisse bei der Aufnahme einer Beschäftigung überwunden werden und sichergestellt ist, dass die Beschäftigungsfähigkeit gefördert wird
d) Maßnahmen mit dem Ziel, jedem Zugang zu einer ordentlichen, die Gesundheit nicht beeinträchtigenden Wohnung und der für ein normales Leben in dieser Wohnung nach örtlichen Gegebenheiten erforderlichen Grundversorgung (Strom, Wasser, Heizung ...) zu gewähren
e) Maßnahmen mit dem Ziel, jedem – auch im Pflegefall – Zugang zu der notwendigen medizinischen Versorgung zu gewähren
f) Bereitstellung von Leistungen, Diensten oder begleitenden Maßnahmen für die Betroffenen, die ihnen tatsächlichen Zugang zu Ausbildung, Justiz und anderen öffentlichen und privaten Diensten wie Kultur, Sport und Freizeitbeschäftigung ermöglichen" (ebd.: 8).

Aus der Sicht des Rates soll allen Unionsbürgerinnen und -bürgern das Recht auf Mittel für ein menschenwürdiges Dasein, eine Wohnung, Pflege, Gesundheit, Bildung, Kultur und Freizeitgestaltung zustehen. Er privilegiert eine umfassende ‚beitragsunabhängige soziale Grundsicherung‘, die als Basissicherung bei der gemeinsamen Modernisierung der Sozialschutzsysteme von allen mitgliedstaatlichen Wohlfahrtsstaatssystemen der EU zu gewährleisten ist.

Der sozialdemokratisch dominierte Rat setzt sich für eine unionsweit zu etablierende *soziale Marktwirtschaft* ein, in der *umfassende soziale Grundrechte* für alle Unionsbürgerinnen und -bürger sichergestellt sind. Alle mitgliedstaatlichen Wohlfahrtsstaatssysteme sollen umfassende ‚*beitragsunabhängige soziale Grundsicherungen*‘ bereitstellen sowie für eine Vollbeschäftigung mit guten Arbeitsplätzen sorgen, die beide Geschlechter am Arbeitsmarkt gleichstellt. Diese integrationspolitische Vision wird vom Rat als *modernisiertes europäisches Sozialmodell* erfasst.

Der Europäische Rat

Der von sozialdemokratischen Regierungen dominierte Europäische Rat überprüfte auf seiner ersten Märzsitzung in Stockholm die Vereinbarungen von Lissabon und legte mit seinen *Schlussfolgerungen des Vorsitzes des Europäischen Rates von Stockholm* im März 2001 eine überarbeitete und erweiterte Version der Lissabon-Strategie vor (vgl. Europäischer Rat 2001). In den Schlussfolgerungen des Europäischen Rates heißt es:

„Der Europäische Rat (Stockholm) konzentrierte sich auf die Frage, wie das Europäische Modell modernisiert und das in Lissabon beschlossene Ziel der Union für die nächsten zehn Jahre [...] erreicht werden kann. Es bestand uneingeschränktes Einvernehmen darüber, dass sich Wirtschaftsreform und Beschäftigungs- und Sozialpolitik gegenseitig unterstützen. [...] Der Europäische Rat (Stockholm)

- befasste sich mit der demographischen Herausforderung einer alternden Bevölkerung, in der sich der Anteil der Personen im erwerbsfähigen Alter immer mehr verringert;
- erörterte die Fragen der Schaffung von mehr und besseren Arbeitsplätzen, der Beschleunigung der Wirtschaftsreformen, der Modernisierung des europäischen Sozialmodells und der Nutzung neuer Technologien;
- formulierte strategische Vorgaben für die Grundzüge der Wirtschaftspolitik im Hinblick auf ein nachhaltiges Wachstum und die Schaffung stabiler makroökonomischer Bedingungen; [...]

Das internationale wirtschaftliche Umfeld ist in letzter Zeit ungünstiger geworden. Die fundamentalen Wirtschaftsdaten in der Union sind jedoch weiterhin solide. [...] Die Union kann sich deshalb in erhöhtem Maße auf ihre eigenen Stärken verlassen. Eine entschlossene Umsetzung der Reformen und ein ausgewogener makroökonomischer Policy-Mix dürften es ermöglichen, mittelfristig weiterhin ein durchschnittliches Wachstum von rund 3 % zu erzielen. [...]

Die Anzahl der Rentner wird rasch zunehmen, während der Anteil der Bevölkerung im erwerbsfähigen Alter ab 2010 zurückgehen wird. Hieraus wird sich eine erhebliche Belastung für die sozialen Sicherungssysteme, insbesondere die Rentenversicherung, das Gesundheitswesen und die Altenpflege, ergeben. Die Union und die Mitgliedstaaten werden jetzt handeln, indem sie neue Konzepte für die nachstehend aufgeführten Politikbereiche ausarbeiten. Der demographischen Herausforderung kann in den kommenden zehn Jahren begegnet werden, indem die Beschäftigungsquoten gesteigert, die öffentliche Verschuldung verringert und die sozialen Sicherungssysteme, einschließlich der Rentenversicherung, angepasst werden" (ebd.: 1f.).

Indem der Europäische Rat zum einen bekräftigt, dass Wirtschafts-, Beschäftigungs- und Sozialpolitik sich gegenseitig unterstützen, zum anderen hervorhebt, dass die Union sich aufgrund der weltwirtschaftlichen Entwicklungen auf ihre eigenen Stärken besinnen kann, und weiterhin betont, dass ein ausgewogener makroökonomischer Policy-Mix einem Wirtschaftswachstum nicht im Wege steht, macht er uneingeschränkt darauf aufmerksam, dass seine integrationspolitische Vision des europäischen Sozialmodells – dessen Existenz der Europäische Rat ebenfalls voraussetzt – die soziale Absicherung der Unionsbürgerinnen und -bürger im Prozess der gemeinsamen Modernisierung der sozialen Sicherungssysteme der EU nicht infrage stellt.

Die in Stockholm dominierende Problemwahrnehmung betont die demografische Herausforderung, die alle Wohlfahrtsstaaten der EU zu bewältigen haben. Als Problemlösung wird die gemeinsame Bewältigung gesehen. Angestrebt werden koordinierte Reformen in den Politikfeldern Rente, Gesundheit und Pflege sowie die Schaffung von mehr und besseren Arbeitsplätzen, die zu einer Anhebung der Beschäftigungsquoten führen sollen. Dementsprechend wurde die Problemlösungsvorstellung im Bereich der Bekämpfung von Armut angepasst:

„Die Bekämpfung der sozialen Ausgrenzung ist für die Union von größter Bedeutung. Die Erwerbstätigkeit von Frauen und Männern ist beste Schutz vor Armut und sozialer Ausgrenzung. Erwerbsunfähige haben jedoch Anspruch auf einen wirksamen sozialen Schutz und sollten eine aktive Rolle in der Gesellschaft spielen können. Eine aktive Arbeitsmarktpolitik fördert die soziale Eingliederung, die die Verwirklichung sozialer Ziele mit Nachhaltigkeit der öffentlichen Haushalte verbindet. Die Mitgliedstaaten sollten der Durchführung von nationalen Aktionsplänen zur Bekämpfung von Armut und sozialer Ausgrenzung Priorität einräumen, um auf der Grundlage der in Nizza festgelegten gemeinsamen Ziele, die anhand von gemeinsam bestimmten Indikatoren beurteilt werden, Fortschritte zu erzielen" (ebd.: 8).

Ausschließlich Erwerbsunfähige sollen einen Anspruch auf ‚beitragsunabhängige soziale Grundsicherungen' haben und vor gesellschaftlicher Ausgrenzung bewahrt werden. Arbeitsfähige Frauen und Männer sollen sich durch Erwerbsarbeit vor Armut schützen. Die soziale Absicherung von Erwerbsfähigen soll durch eine aktive Arbeitsmarktpolitik sichergestellt werden. Vor diesem Hintergrund sollen die vom Rat festgelegten ‚Gemeinsamen Ziele' zur Bekämpfung von Ausgrenzung in den Mitgliedstaaten für Reformüberlegungen genutzt werden, die in den NAPincl darzulegen sind.

Damit legte sich der Europäische Rat darauf fest, dass seine integrationspolitische Vision des *modernisierten europäischen Sozialmodells* Renten, Pflege und Gesundheitsschutz für alle Unionsbürgerinnen und -bürger sowie *‚beitragsunabhängige soziale Grundsicherungen' für Erwerbsunfähige* gewährleisten wird. Hingegen sollen für alle erwerbsfähigen Frauen und Männer mehr und bessere Arbeitsplätze geschaffen werden; sie sollen durch Erwerbsarbeit selbstständig für ihre soziale Absicherung sorgen. Damit wurde eine *soziale Marktwirtschaft* privilegiert, die *soziale Grundrechte gewährleistet* und Erwerbsarbeitsplätze für alle Erwerbsfähigen schaffen will.

Die Bundesregierung

Mit dem ersten NAPincl der Bundesrepublik Deutschland, der den Titel *Nationaler Aktionsplan zur Bekämpfung von Armut und sozialer Ausgrenzung 2001 bis 2003* trägt, legte die Bundesregierung im Mai 2001 ein Schlüsseldokument vor (vgl. BT-Drucks. 14/6134). Die Bundesregierung hebt hervor:

„Eine der wichtigsten Ursachen für Armut und soziale Ausgrenzung ist längerfristige Arbeitslosigkeit. Arbeit führt zu wirtschaftlicher Unabhängigkeit und erleichtert die Teilnahme am gesellschaftlichen Leben. Gesellschaftliche Anerkennung und das persönliche Selbstwertgefühl sind in unserer Gesellschaft abhängig von der Integration in das Arbeitsleben. Auch die Leistungen der großen sozialen Sicherungssysteme knüpfen an die Erwerbstätigkeit an. Deswegen birgt längerfristige Ausgrenzung vom Arbeitsmarkt u. a. auch die Gefahr, im Alter von Armut betroffen zu sein" (ebd.: 4).

Längerfristige Arbeitslosigkeit ist aus der Sicht der Bundesregierung die grundlegende Ursache von Armut und sozialer Ausgrenzung in der Bundesrepublik Deutschland. Die Problemlösungsvorstellungen der Bundesregierung sehen wie folgt aus:

„Die Überwindung der Arbeitslosigkeit ist das wichtigste politische Ziel der Bundesregierung und das effektivste Mittel zur sozialen Eingliederung. [...] Die Entwicklung der vergangenen Jahre hat allerdings gezeigt, dass viele Betroffene auch bei einer Verbesserung der allgemeinen wirtschaftlichen und beschäftigungspolitischen Lage nicht ohne weiteres in den Arbeitsmarkt integriert werden" (ebd.: 4f.).

Als Problemlösung dient der Abbau von Arbeitslosigkeit. In Anlehnung an die Vereinbarungen auf europäischer Ebene privilegiert die Bundesregierung folgende Problemlösungsstrategie:

„Deswegen hat die Bundesregierung trotz rückläufiger Arbeitslosenzahlen die Maßnahmen der aktiven Arbeitsmarktpolitik auf einem hohen Niveau gehalten. Sie hat ein besonderes Programm zum Abbau der Jugendarbeitslosigkeit aufgelegt, das Sonderprogramm zur Bekämpfung der Langzeitarbeitslosigkeit über das Jahr 2001 verlängert und eine Qualifizierungsoffensive gestartet. [...]
Im Rahmen einer präventiven Politik hat die Qualifizierung der Betroffenen einen besonderen Stellenwert. Arbeitslosigkeit, Armut und Sozialhilfebezug stehen häufig in einem direkten Zusammenhang mit einem schlechten schulischen und beruflichen Qualifikationsniveau. Die Entwicklung der Wissensgesellschaft bietet enorme Chancen, gleichzeitig kann sie aber auch das Problem mangelnder Qualifikation weiter verschärfen. Die Anforderungen an das Qualifikationsniveau der Arbeitnehmerinnen und Arbeitnehmer steigen, die bereits heute Benachteiligten drohen auch zu den Verlierern der Wissensgesellschaft zu werden. Daher müssen die Systeme der Bildung, Ausbildung und Weiterbildung die Voraussetzungen dafür schaffen, dass das Risiko sozialer Ausgrenzung minimiert wird.
Längerfristige Arbeitslosigkeit und Defizite in der beruflichen und allgemeinen Bildung sind aber nicht die einzigen Gründe, die das Risiko sozialer Ausgrenzung erhöhen. So sind z. B. auch Alleinerziehende und Familien mit mehreren Kindern vergleichsweise häufig von relativer Einkommensarmut betroffen und von Leistungen der Sozialhilfe abhängig. Deshalb strebt die Bundesregierung die verstärkte Erwerbstätigkeit von Frauen an. Dies entspricht den Bedürfnissen einer immer größeren Zahl von Frauen und kann auch dazu beitragen, das Armutsrisiko von Familien und Alleinerziehenden zu verringern. Eine höhere Erwerbstätigkeit von Frauen ist auch ein wichtiges Element für die Verwirklichung der tatsächlichen Gleichstellung von Männern und Frauen. Aufgrund der Probleme, denen Frauen infolge tradierter Rollenmuster bei der Aufnahme oder Fortsetzung einer Beschäftigung noch immer häufig gegenüber stehen, sind hierzu vor allem die Voraussetzungen für die Vereinbarkeit von Erwerbsarbeit und Kindererziehung weiter zu verbessern" (ebd.: 5).

Die Bundesregierung identifiziert Jugendliche, Langzeitarbeitslose, Frauen sowie gering Qualifizierte, insbesondere solche mit Kindern, als Problemgruppen, deren Integration in den Arbeitsmarkt zu fördern ist. Für alle gilt, dass ihre Qualifizierung für die *Wissensgesellschaft* durch verstärkte Ausbildungs- und Bildungsangebote sicherzustellen ist. Um auch Mütter in den Arbeitsmarkt zu integrieren, bedarf es der zusätzlichen Förderung der Vereinbarkeit von Erwerbsarbeit und Kindererziehung.
Und weiter heißt es:

„Neben den bereits genannten Problemgruppen [...] gibt es auch Menschen, deren berufliche Eingliederung wegen einer Vielzahl persönlicher Probleme kaum möglich erscheint. Auch solchen Menschen muss durch die Bereitstellung individueller Hilfen und sozialer Dienste geholfen werden, ein selbstständiges und in die Gemeinschaft integriertes Leben zu führen" (ebd.: 5).

Beruflich nicht Eingliederungsfähige stellen aus der Sicht der Bundesregierung eine Problemgruppe dar, für die andere Bedingungen gelten. Die soziale Integration und die Unterstützung dieser Gruppe werden nicht infrage gestellt.

Doch gleichzeitig weist die Bundesregierung eindringlich darauf hin, dass in der Bundesrepublik Deutschland folgende Verfassungsgrundsätze zu wahren sind:

„Aus dem in der Verfassung verankerten Schutz der Menschenwürde und dem Sozialstaatsprinzip ergibt sich aber auch die Verpflichtung des Staates, Personen, deren Einkommen trotz aller Bemühungen nicht für ein menschenwürdiges Dasein ausreichen, angemessen zu versorgen. Das schließt die Möglichkeit der gesellschaftlichen Teilhabe mit ein. [...] Diese Politik wird in Deutschland auf allen staatlichen Ebenen von Bund, Ländern und Gemeinden verfolgt. Die Länder und Kommunen haben im deutschen Sozialschutzsystem eine tragende Rolle" (ebd.: 4).

In den Aussagen zur ‚beitragsunabhängigen sozialen Grundsicherung' hebt der NAPincl zwei Maßnahmen hervor, die er aber unterschiedlichen politischen Gruppierungen zuschreibt. Die Bundesregierung vereinbarte folgendes Ziel als zu ergreifende Initiative:

„Im Koalitionsvertrag der Bundesregierung ist festgelegt, dass die Bekämpfung der Armut ein Politikschwerpunkt ist und dazu ein Konzept für eine bedarfsorientierte soziale Grundsicherung zu entwickeln ist, das schrittweise eingeführt werden soll" (ebd.: 14).

Mit Verweis auf die Anliegen der Länder und Kommunen wird aber auch auf folgendes Ziel als zu ergreifende Initiative hingewiesen:

„Mit der Verbesserung der Zusammenarbeit zwischen Arbeitsämtern und Sozialämtern sollen die beruflichen Eingliederungschancen von Sozialhilfe- und Arbeitslosenhilfeempfängern erhöht werden. Auch die Versorgung von bedürftigen Arbeitslosenhilfeempfängern und -empfängerinnen mit Leistungen des Sozialamtes kann dabei ggf. vereinfacht werden" (ebd.).

Betrachtet man die dargelegten Positionen insgesamt und reflektiert sie vor dem Hintergrund des bislang Erörterten, so zeigt sich, dass die Bundesregierung zu Beginn der Legislaturperiode als Mittel zur Bekämpfung von Armut eine bedarfsorientierte Grundsicherung privilegierte. Ihre Position als Vermittlerin zwischen allen Interessen und das im europäischen Integrationsprozess verfassungsrechtlich zu wahrende Bundesstaatsprinzip veranlasste sie aber (a) auch zur Aufnahme der CDU/CSU-Position – Zusammenlegung von Sozial- und Arbeitslosenhilfe – und (b) zur Berücksichtigung der auf europäischer Ebene erfolgten Vereinbarungen. Gleichzeitig weist die Bundesregierung in ihrem Bericht für die Partner im europäischen Koordinierungsprozess auf den potenziellen Konflikt mit der bundesdeutschen Verfassung im Bereich der sozialen Grundrechte hin.

Das Konglomerat der bundesdeutschen Positionen im NAPincl, das als Position der Bundesregierung in Erscheinung tritt, steht klar und deutlich für die *Aufrechterhaltung der bundesdeutschen sozialen Grundrechte und der sozialen Marktwirtschaft* als Grundelemente bundesdeutscher Staatlichkeit. Im Bereich der ‚beitragsunabhängigen sozialen Grundsicherung' favorisiert die Bundesregierung die Einführung einer *bedarfsorientierten sozialen Grundsicherung*. Obwohl der bundesdeutsche NAPincl für den europäischen Koordinierungsprozess der gemeinsamen Modernisierung der Sozialschutzsysteme in der EU verfasst wurde, enthält er *keinen expliziten Hinweis auf eine integrationspolitische Vision*. Allerdings greift er den Begriff der *Wissensgesellschaft* auf.

Der Bundestag

Im Deutschen Bundestag befasste sich der rot-grün dominierte Ausschuss für Arbeit und Sozialordnung mit dem ersten Armuts- und Reichtumsbericht und dem bundesdeutschen NAPincl. Er legte seine Beschlussempfehlung und seinen Bericht am 5. Juli 2001 vor (vgl. BT-Drucks. 14/6628). Im Dokument heißt es:

„Soziale Ausgrenzung ist auch in einem wohlhabenden Land wie Deutschland anzutreffen. Eine genaue Analyse der sozialen Wirklichkeit in Deutschland ist notwendig, um Armut zielgenauer entgegenwirken und gesellschaftliche Reformmaßnahmen zur Stärkung sozialer Gerechtigkeit und gleicher Chancen für die Menschen ergreifen zu können. […] Festgestellt wird, dass die Gründe für die überwiegende Zahl der Lebenslagen in Armut Arbeitslosigkeit und Niedrigeinkommen sind. Weiter kommt der Bericht zu dem Ergebnis, dass der oftmals geforderte Niedriglohnsektor bereits existiert und in Deutschland bis 1998 ein Bereich von Armut in Arbeit (‚working poor') entstanden ist. Die Überschuldung von sieben Prozent der Haushalte im Jahr 1999, der Bezug von Sozialhilfe durch 2,88 Millionen Menschen (Stand: 1998), das bis 1998 zunehmende Armutsrisiko von Familien und der Anstieg der Arbeitslosenquote der Ungelernten auf 24 Prozent im Jahr 1998 sind überwiegend auf Arbeitslosigkeit und Niedrigeinkommen zurückzuführen" (ebd.: 1ff.).

Dass in der reichen Bundesrepublik Deutschland Armut und soziale Ausgrenzung existieren, wird von den sozialpolitisch Zuständigen im Bundestag als Problem identifiziert. Sie streben soziale Gerechtigkeit und Chancengleichheit als Problemlösung an. Doch nicht nur Arbeitslosigkeit, sondern auch Niedrigeinkommen werden als Ursachen für Lebenslagen in Armut betrachtet. Auch deshalb lehnt der Bundestag eine weitergehende Förderung eines Niedriglohnsektors ab.

Auf den bundesdeutschen NAPincl reagierte der Bundestag mit folgendem Kommentar:

„Der Europäische Rat hat auf seiner Sitzung vom 7. bis 9. Dezember 2000 in Nizza die vom Rat festgelegten Ziele für die Bekämpfung der Armut und der sozialen Ausgrenzung gebilligt und die Mitgliedstaaten aufgefordert, ihre Prioritäten im Rahmen dieser Ziele festzulegen und bis Juni 2001 einen nationalen Aktionsplan für einen Zeitraum von zwei Jahren vorzulegen und Indikatoren und Modalitäten für das weitere Vorgehen festzulegen, die eine Bewertung der Fortschritte ermöglichen. […] Am 16. Mai 2001 hat das Bundeskabinett den ersten Nationalen Aktionsplan zur Bekämpfung von Armut und sozialer Ausgrenzung verabschiedet. Dieser Plan zeigt auf, welche Maßnahmen in Deutschland in den nächsten zwei Jahren ergriffen werden, um die gemeinsamen Ziele der Europäischen Union zur Förderung der sozialen Eingliederung zu erreichen. Er orientiert sich dabei an den Ergebnissen des Armuts- und Reichtumsberichtes und folgt dem Leitbild des aktivierenden und gleichzeitig versorgenden Sozialstaates" (ebd.: 1 ff.).

Der Deutsche Bundestag nahm das Regieren auf europäischer Ebene und das Regieren im europäischen Mehrebenensystem zur Kenntnis, resümierte es und betrachtete die gesamteuropäischen Anstrengungen als nationale Reformen fördernd, die auf das Leitbild des ‚aktivierenden und versorgenden Sozialstaates' ausgerichtet sind. Eine gesamteuropäische, integrationspolitische Vision ist im Dokument des Bundestages nicht zu finden.

Der Deutsche Bundestag hegt keinen Zweifel: *Soziale Grundrechte, die soziale Marktwirtschaft und ‚beitragsunabhängige soziale Grundsicherungen'* stehen für die Mitglieder des Ausschusses für Arbeit und Sozialordnung als unhinterfragte Größen fest. Als Vision dient der *aktivierende und versorgende Sozialstaat*, der *mehr soziale Gerechtigkeit und Chancengleichheit* in der Bundesrepublik Deutschland herstellt.

Der Bundesrat

Der paritätisch mit SPD-dominierten und CDU- bzw. CSU-dominierten Länderregierungen besetzte Bundesrat gab mit seiner *Empfehlung zur Vorlage des Nationalen Aktionsplans zur Bekämpfung von Armut und sozialer Ausgrenzung gemäß §§ 3 und 5 EUZBLG* am 21. Mai 2001 eine Stellungnahme ab (vgl. BR-Drucks. 352/1/01). Hauptanliegen des Bundesrates ist es, darauf hinzuweisen, dass

„die Aufstellung eines Nationalen Aktionsplanes den Eindruck einer politischen Einheitlichkeit erweckt, die sowohl wegen erheblicher Divergenzen bei den regionalen Problemlagen als auch wegen unterschiedlicher politischer Sichtweisen und Schwerpunktsetzungen [in der Bundesrepublik Deutschland] nicht gegeben ist. […] Zudem kann die Darstellung der Bildungspolitik der Länder im Nationalen Aktionsplan nur informellen Charakter haben. Die Gemeinschaft hat im Bereich der Bildungspolitik nur sehr eingeschränkte Zuständigkeiten (Artikel 149, 150 EGV); die Bildungspolitik ist auch kein Teil der Sozialpolitik, sondern ein eigenständiger Politikbereich mit eigenen Zielvorstellungen, wenngleich die Auswirkungen auf die Sozialpolitik unbestritten sind. […] Der Bundesrat begrüßt eine Weiterentwicklung der Europäischen Sozialpolitik innerhalb des Kompetenzrahmens des EG-Vertrages. Im Bereich der Bekämpfung sozialer Ausgrenzung sind daher Maßnahmen zur Förderung der Zusammenarbeit der Mitgliedstaaten nach Artikel 137 EG-Vertrag möglich und sinnvoll. Im Unterschied zu der vertraglich verankerten Beschäftigungspolitik mit Leitlinien, Nationalen Aktionsplänen und Empfehlungen sieht der EG-Vertrag bisher keine entsprechende Kompetenz für ein ähnliches Tätigwerden der Gemeinschaft bei der sozialen Eingliederung vor. Gleichwohl kann davon ausgegangen werden, dass mit Vorlage eines Nationalen Aktionsplans zur Bekämpfung von Armut und sozialer Ausgrenzung der Einstieg in einen vergleichbaren Prozess stattfindet. Der Bundesrat lehnt einen solchen Prozess auf Grund der fehlenden Gemeinschaftskompetenz ab und bekräftigt, dass die Methode der offenen Koordinierung über einen unbestritten sinnvollen Erfahrungsaustausch nicht zu Vorgaben in Bereichen führen darf, in denen entsprechende Kompetenzen nach dem EG-Vertrag fehlen" (ebd.: 2).

Der Beginn des NAPincl-Prozesses wird vom Bundesrat klar und deutlich als Einstieg in eine europäische Vergemeinschaftung von Politikbereichen erkannt. Doch die integrationspolitische Vision des Bundesrates wird primär durch die Wahrung der Autonomie und der Länderkompetenzen im Bereich des Sozialen und der Bildungspolitik geprägt. Während die Koordinierungspolitik im Bereich Beschäftigung bestätigt wird, werden Bildungspolitik und Sozialpolitik als Kompetenzbereiche verstanden, in denen zwar ein Erfahrungsaustausch befürwortet, aber eine tiefergehende Gemeinschaftspolitik mittels der MOK mit Verweis auf die vertragsrechtlichen Grundlagen abgelehnt wird. Auch wenn diese Wahrnehmung überwiegend als Fehlinterpretation des Gemeinschaftsrechts zu werten ist, so tritt doch deutlich zutage, dass der Bundesrat an der nationalen und regionalen Ausgestaltung von Armuts- und Bildungspolitik festhalten will.

Entsprechend gestaltete er seine Problemwahrnehmung aus:

„Im Übrigen hält der Bundesrat das jetzige Verfahren nicht für zielführend: Schutz vor sozialer Ausgrenzung wird in erster Linie durch einen Arbeitsplatz vermittelt. Beschäftigungspolitik ist ein entscheidender Beitrag zur Bekämpfung sozialer Ausgrenzung, wenn hiermit auch nicht alle Betroffenen erreicht werden können. Es bedeutet ein überflüssiges Mehr an Bürokratie und angesichts der unterschiedlichen Geltungszeiträume auch an Abstimmungserfordernissen, dass sich die Aktionspläne zur Beschäftigung und zur sozialen Ausgrenzung erheblich überschneiden, zumal auch die Förderung der sozialen Integration Bestandteil der beschäftigungspolitischen Leitlinien und damit des Nationalen Beschäftigungspolitischen Aktionsplans 2001 ist" (ebd.: 3).

Armut und soziale Ausgrenzung stellen sich als Probleme der Beschäftigungspolitik dar, die überwiegend durch Beschäftigungspolitik gelöst werden können. Diese Problemwahrnehmung und -lösungsvorstellung verhindert die Thematisierung sozialer Grundrechte und die des *issues* ‚beitragsunabhängige soziale Grundsicherung'; sie treten zugunsten von Kompetenzwahrungsbedürfnissen in den Hintergrund. Nähere Vorstellungen zur Ausgestaltung der Marktwirtschaft können nicht eindeutig abgeleitet werden; eine Interpretation in Richtung liberale oder soziale Marktwirtschaft ist möglich und hängt in der vorgebrachten Konstruktion von den regionalen Ausgestaltungsvorstellungen zur Sozial- und Bildungspolitik ab.

Festzuhalten ist, dass der Deutsche Bundesrat die Politikbereiche soziale Grundrechte, soziale Marktwirtschaft und ‚beitragsunabhängige soziale Grundsicherung' bzw. *Armutspolitik nationalstaatlich* ausgestaltet wissen will, um die *Länderkompetenzen* zu *wahren*.

Die akteursspezifischen Analysen haben verdeutlicht, dass im *inner circle* des *issue networks* ‚beitragsunabhängige soziale Grundsicherung' in der Problemdefinitionsphase des Politikprozesses zum Hartz-IV-Gesetz ein relativ homogener Wissensmarkt zu identifizieren ist. Ausnahmen stellen die Europäische Kommission und die bundesdeutschen Länder dar. Die Positionen der Europäischen Kommission sind denjenigen der dominant sozialdemokratischen Akteure diametral entgegengesetzt. Die Positionen der bundesdeutschen Länder sind nur in puncto Wahrung ihrer Kompetenzen klar bestimmbar (vgl. Tabelle 1). Welche Akteure sich im Verlauf des fokussierten Politikprozesses mit ihrem Wissen Geltung verschaffen konnten, wird in *Kapitel 7* durch einen Vergleich der phasenspezifischen Wissensmärkte analysiert.

An dieser Stelle ist zu unterstreichen, dass der gesamte akteursspezifische Wissensmarkt der Problemdefinitionsphase den Zweck der gemeinschaftlichen Koordinierungspolitik im Bereich ‚Bekämpfung von Armut und sozialer Ausgrenzung' *nicht benennt*. Vielmehr wird die beabsichtigte konvergente Entwicklung der europäischen Sozialstaatssysteme durch die Verwendung des Begriffs *‚europäisches Sozialmodell' implizit als bereits existent vorausgesetzt*. Das eigentliche Ziel des MOK-Regierens – die Vermeidung des gegenseitigen Unterbietungswettbewerbs der Wirtschafts-, Erwerbs- und Sozialsysteme der EU, für die eine Vereinheitlichung der Wohlfahrtsstaatssysteme der EU notwendig ist – wird *nicht* thematisiert. Dadurch erscheint die gemeinschaftliche Koordinierungspolitik lediglich als Modernisierung der mitgliedstaatlichen Wohlfahrtsstaatssysteme in Richtung Wissensgesellschaft. Dadurch wird – im Einklang mit dem Wissen der Europäischen Kommission – weiterhin eine nationalstaatlich konkurrierende Ausgestaltung gefördert, die nun durch verstärkte beschäftigungspolitische Aktivierungs- und Bildungspolitik geprägt wird sowie die Chancengleichheit von Frauen und Männern am Arbeitsmarkt sicherstellen soll. Ähnliches gilt auch für die vom Europäischen Rat und dem Rat beabsichtigte gemeinsame Koordinierung der Politiken in den Bereichen Rente, Gesundheit und Pflege sowie bei der Bekämpfung von Ausgrenzung. Das MOK-Regieren wird in den sozialen Politikfeldern nicht als gemeinschaftliche Konvergenzpolitik thematisiert, sondern als gemeinsame Bewältigung der ‚demografischen Herausforderung'.

Tabelle 1: Der Wissensmarkt der Problemdefinitionsphase

Akteure \ Wissen	„beitragsunabhängige soziale Grundsicherung'	soziale Grundrechte	privilegiertes Wirtschaftsmodell	integrationspolitische Vision
Europäische Kommission	keine	ausschließlich: • technologische Bildung • Chancengleichheit der Geschlechter am Arbeitsmarkt	liberale Marktwirtschaft	europäischer Wirtschaftsraum mit technologisch versiertem Arbeitskräftepool = Wissensgesellschaft
sozialdemokratisch dominierter Rat	für alle Unionsbürgerinnen und -bürger (Hilfe zum Lebensunterhalt, Wohnung, Pflege, Gesundheit, Bildung, Kultur und Freizeitgestaltung)	Wahrung aller bundesdeutschen sozialen Grundrechte	soziale Marktwirtschaft	modernisiertes europäisches Sozialmodell
sozialdemokratisch dominierter Europäischer Rat	*für Erwerbsfähige:* guter Arbeitsplatz *für Erwerbsunfähige:* staatliche Unterstützung	Wahrung aller bundesdeutschen sozialen Grundrechte	soziale Marktwirtschaft	modernisiertes europäisches Sozialmodell
rot-grüne Bundesregierung	bedarfsorientierte soziale Grundsicherung	Wahrung aller bundesdeutschen sozialen Grundrechte	soziale Marktwirtschaft	(nicht näher definierte) Wissensgesellschaft
rot-grün dominierter Bundestag	nicht hinterfragt	nicht hinterfragt	nicht hinterfragt	aktivierender und vorsorgender Sozialstaat
paritätisch mit SPD-dominierten und CDU- bzw. CSU-dominierten Länderregierungen besetzter Bundesrat	Länderkompetenz	unbestimmt	unbestimmt	Wahrung der Länderkompetenzen

6.2.3.3 Legitimierungen

Wie nun die parteipolitischen Akteure der Bundesrepublik Deutschland das sozialpolitische Regieren im Mehrebenensystem EU in der Problemdefinitionsphase des Hartz-IV-Gesetzes öffentlich thematisieren und das sozialpolitische Handeln begründen, steht im Vordergrund der nachfolgenden Legitimierungsanalysen. Geprüft wird, ob die Begründungen der gewählten Volksvertretungen die Teil*habe* der Bürgerinnen und Bürger der Bundesrepublik Deutschland am faktischen Regieren im europäischen Mehrebenensystem ermöglichen. Dadurch wird evaluierbar, ob (a) die repräsentative Demokratie als Grundelement bundesdeutscher Staatlichkeit in ihrer Dimension der faktischen Teil*habe*möglichkeit der Herrschaftsunterworfenen gewahrt, (b) die Zurechenbarkeit von sozialpolitischen Entscheidungen gewährleistet und (c) eine Sozialisation in die sozialpolitische Lebenswelt ,Europäische Union' sichergestellt wurde. Ergänzend werden die Problemlösungsvorstellungen der bundesdeutschen Parteien im *issue network* ,beitragsunabhängige soziale Grundsicherung' der Problemdefinitionsphase erhoben, um sie in der Gesamtanalyse berücksichtigen zu können. Als empirische Basis dient das Stenographische Protokoll der öffentlichen Debatte des Deutschen Bundestages vom 19. Oktober 2001,[79] in der der erste Armuts- und Reichtumsbericht und der erste NAPincl der Bundesrepublik Deutschland gemeinsam zur Diskussion standen (vgl. BT-Plenarp. 14/196).[80] Abschließend wird der Legitimierungsmarkt der Problemdefinitionsphase tabellarisch dargestellt und zusammenfassend interpretiert.

Die Sozialdemokratische Partei Deutschlands (Konrad Gilges)

Der Sprecher der SPD thematisierte in der öffentlichen Bundestagsdebatte ausschließlich den Armuts- und Reichtumsbericht. Er hebt hervor:

„In den 80er- und 90er-Jahren haben die Kirchen, die Gewerkschaften, die Wohlfahrtsverbände, die nationale Armutskonferenz, Wissenschaftler und viele andere einen Armuts- und Reichtumsbericht für die Bundesrepublik Deutschland gefordert. Auch die SPD-Fraktion [...]. Wir haben dieses Anliegen umgesetzt: Der Armuts- und Reichtumsbericht liegt heute vor" (ebd.: 19149).

Der Redner der SPD-Fraktion führt den Bericht auf nationalstaatliche Interventionen zurück und rechnet den Erstellungsprozess dem Engagement seiner Bundestagsfraktion, „Wissenschaftlern und Verbänden" (ebd.: 19150) und,

---

79 Diese Parlamentsdebatte war die *einzige* öffentliche Debatte im Kontext des Regierens im Mehrebenensystem EU in der Problemdefinitionsphase.

80 Neben den zu analysierenden personenbezogenen Sprechakten nahmen zwei weitere parteipolitische Sprecher an der Debatte teil. Ihre Beiträge wurden nicht in die nachfolgende Analyse einbezogen.

wie das nachstehende Zitat belegt, der Bundestagsfraktion Bündnis 90/ Die Grünen zu. Er argumentiert wie folgt:

„Ich finde es gut, dass die Bundesregierung und auch die Koalitionsfraktionen davon abgekommen sind, dass man die Armutsgrenze am Einkommen festmacht, und stattdessen einen Lebenslagenansatz zugrunde legen. Diesen Ansatz halte ich für viel zweckmäßiger und sinnvoller als das Einkommen" (ebd.: 19151).

Eine Begründung für den Wechsel zum Lebenslagensatz liefert der Sprecher nicht. Doch dass der Lebenslagenansatz neue Schlussfolgerungen erlaubt, verdeutlicht der SPD-Bundestagsabgeordnete durch seine weiteren Ausführungen:

„Nun zur Frage, warum jemand in die Armutsspirale hineinkommt. Der Bericht zeigt erstens auf, dass der Hauptgrund – es betrifft 50 Prozent der Fälle – nach wie vor die Arbeitslosigkeit ist. Aus *Langzeitarbeitslosigkeit* entwickeln sich die Armutsprobleme. Deshalb ist es die Hauptaufgabe dieses Parlaments, dafür zu sorgen, dass die Arbeitslosigkeit zurückgeht. [...] Zweitens sagt der Bericht etwas zum Niedriglohn aus. Es muss festgestellt werden, dass wir in der Bundesrepublik Deutschland schon einen *Niedriglohnsektor* haben. Niemand, der bei voller Erwerbstätigkeit nur 1 600 DM netto im Monat verdient, kann in diesem Lande leben. Wer fordert, dass man diese 1 600 DM netto noch reduziert, der verlangt zugleich, dass im Niedriglohnsektor mit ergänzender Sozialhilfe gearbeitet wird. Deswegen sollten wir diese Forderung weglassen. [...] Wir brauchen keine Niedriglohnbereiche, sondern die Menschen brauchen Einkommen, die auskömmlich sind und von denen man eine Familie ernähren kann. [...] Drittens sind *allein erziehende Frauen mit Kindern* nach wie vor eine der Hauptgruppen, die von der Armutsspirale betroffen sind. Unsere Aufgabe ist es, auch dagegen etwas zu tun" (ebd.; Herv. i. O.).

So begründet der Repräsentant, dass die zukünftige Armutspolitik der Bundesregierung Problemgruppen – Langzeitarbeitslose, Geringverdienende und allein erziehende Frauen mit Kindern – stärker in den Arbeitsmarkt integrieren, die Bekämpfung von Arbeitslosigkeit und die Lohnpolitik fördern will. Den Sinn und Zweck des Armuts- und Reichtumsberichts beschreibt der SPD-Sprecher wie folgt:

„Ich hoffe, dass wir damit die Voraussetzungen geschaffen haben, um in einer Demokratie über Ungleichheit reden zu können, sodass mehr Gleichheit für die in ihr lebenden Bürger hergestellt werden kann" (ebd.: 19152).

Damit fasst der Sprecher abschließend zusammen, dass in der Armutspolitik der SPD ein Paradigmenwechsel von der monetären Umverteilungspolitik zur sozialen Gleichheitspolitik vollzogen wurde.

Mit seinem Sprechakt benennt der SPD-Redner ausschließlich den Berichtsprozess sowie seine beabsichtigte nationalstaatliche Verwendung. Damit wird den Bürgerinnen und Bürgern ermöglicht, Hintergründe über den nationalen Erstellungsprozess des Berichts sowie seine Ergebnisse zu erfahren. Suggeriert wird, dass der Berichtsprozess lediglich im nationalstaatlichen Kontext Verwendung findet. Eine faktische Teil*habe* der Bürgerinnen und Bürger am Regieren im Mehrebenensystem EU kann durch den Sprechakt des Repräsentanten der SPD nicht sichergestellt werden. Die Zurechen-barkeit von sozialpolitischen Entscheidungen ist ausschließlich für den Be-richtsprozess gewährleistet. Die Rede leistet keinen Beitrag zur Sozialisation in die sozialpolitische Lebenswelt ‚Europäische Union'.

Die Christlich Demokratische Union/Christlich-Soziale Union (Peter Weiß)

Andere Akzente setzt der Sprecher der CDU/CSU-Fraktion. Er hebt aus-schließlich auf den NAPincl-Prozess ab. Mit Bezug auf die Ergebnisse des Benchmarkings aller mitgliedstaatlichen NAPincl, welches die Europäische Kommission im Rahmen von Art. 140 EGV durchführte, hebt der Vertreter der CDU/CSU hervor:

„Das Negativzeugnis über Ihr konkretes sozialpolitisches Handeln muss Ihnen gar nicht die Opposition ausstellen; es wurde Ihnen vielmehr kürzlich schon von der Europäischen Union ausgestellt. […] Wir beraten heute nicht nur den Armuts- und Reichtumsbericht […], sondern wir beraten auch den so genannten *Nationalen Aktionsplan* zur Bekämpfung von Armut und sozialer Ausgrenzung, den alle EU-Mitgliedstaaten vorzulegen haben […] und in dem sie darzulegen haben, was sie konkret tun. Diesbezüglich bescheinigt die EU-Kommission den Niederlanden, Dänemark und Frankreich gute strategische Ansätze; Deutschland dagegen befindet sich im unteren Drittel. In der Arbeitsmarktpolitik und bei der Armutsbekämpfung schneidet Deutschland besonders schlecht ab. – So das Urteil der EU-Kommission" (ebd.; Herv. i. O.).

Durch den Sprechakt des CDU/CSU-Repräsentanten wird zum einen verdeut-licht, dass innerhalb der Europäischen Union bereits konkrete Politikge-staltungsvorstellungen entwickelt wurden. Des Weiteren ist dem Sprecher zufolge der strategische Ansatz zur Armutsbekämpfung der Bundesrepublik Deutschland von der Europäischen Kommission für unzureichend erklärt worden. Die Verantwortung für die bundesdeutschen Politikgestaltungsvor-stellungen wird ausschließlich der rot-grünen Bundesregierung zugeschrieben.

Als Alternative werden die Politikgestaltungsvorstellungen der CDU/CSU-Fraktion angeboten:

„Was zu tun ist, um Armut und Ausgrenzung wirklich zu bekämpfen, liegt eigentlich auf der Hand: Arbeit muss sich für jeden wieder lohnen. Arbeit ist der beste Schutz gegen Verarmung und soziale Ausgrenzung. […] Jedem *arbeitsfähigen Sozialhilfeempfänger* muss daher eine Tätigkeit angeboten werden. Wer als Sozialhilfeempfänger eine Arbeit annimmt – sei sie im gemeinnützigen Bereich, sei sie im Niedriglohnbereich oder nur auf Teilzeitbasis –, für den muss sich das finanziell lohnen. […] Deshalb bedarf es eines bun-desweiten, flächendeckenden Systems von Anreizen zur Arbeitsaufnahme im Niedriglohn-bereich – je nach Bedarf in Form von Kombilöhnen, Einstiegsgeldern oder degressiv ge-staffelten Zuschüssen zu den Sozialversicherungsbeiträgen. […] Wir werden seitens der CDU/CSU-Bundestagsfraktion in den kommenden Wochen einen Antrag zur Zusammen-legung von Arbeitslosenhilfe und Sozialhilfe einbringen, der auf die Aktivierung der Be-schäftigungspotentiale im Niedriglohnbereich abzielt. Unser Angebot an Sie ist: Machen Sie dabei mit! […] Der zweite wesentliche Punkt ist: Kinder dürfen kein Sozialhilferisiko mehr sein. […] [M]it der Einführung eines *einheitlichen Familiengeldes* wird die Familienförderung wirkungsvoller [...] Menschen aus der Sozialhilfe herauszuholen und Eigenverantwortung zu ermöglichen gibt Eltern und Kindern eine neue Lebensperspektive" (ebd.: 19153f.; Herv. i. O.).

Um Armut und soziale Ausgrenzung zu bekämpfen, will die CDU/CSU-Fraktion dafür sorgen, dass ‚Arbeit sich wieder lohnt'. Arbeitsfähige Sozialhilfeempfänger sollen in einem staatlich zu fördernden Niedriglohnsektor beschäftigt und die Arbeitslosen- und Sozialhilfe zusammengelegt werden. Um Kinderarmut zu vermeiden, soll allen Familien in der Bundesrepublik Deutschland ein vom Einkommen unabhängiges Familiengeld zustehen.

In seinem Sprechakt thematisiert der Redner der CDU/CSU-Fraktion ausschließlich den NAPincl und den – später von den Staats- und Regierungschefs der EU gestoppten – Vergleich der mitgliedstaatlichen Politikansätze durch die Europäische Kommission. Die vorausgegangenen europäischen und nationalstaatlichen Verhandlungen werden nicht benannt. Damit wird den Bürgerinnen und Bürgern *nicht* ermöglicht, Hintergründe über die gesamteuropäische Dimension des NAPincl-Prozesses und den nationalen Erstellungsprozess des bundesdeutschen NAPincl zu erfassen. Suggeriert wird, dass der NAPincl-Prozess lediglich im nationalstaatlichen Kontext ausgestaltet wurde und nur die rot-grüne Bundesregierung an der Erstellung des bundesdeutschen NAPs beteiligt war. Eine faktische Teil*habe* der Bürgerinnen und Bürger am Regieren im Mehrebenensystem EU kann durch den Sprechakt des Repräsentanten der CDU/CSU-Fraktion nur unzureichend gewährleistet werden. Außerdem wird die Zurechenbarkeit von sozialpolitischen Entscheidungen verfälscht; die Beteiligung der Länder und Verbände an der Ausgestaltung des bundesdeutschen NAPincl wird negiert. Dennoch gelingt es dem Sprecher der CDU/CSU-Fraktion, für die Bürgerinnen und Bürger einen Bezug zur sozialpolitischen Lebenswelt ‚Europäische Union' herzustellen; von einem Beitrag zur Sozialisation in diese Lebenswelt ist dieser Bezug jedoch weit entfernt. Gefördert wird ein Konkurrenzdenken mit den anderen EU-Mitgliedstaaten.

Das Bündnis 90/Die Grünen (Ekin Deligöz)

Die Sprecherin der Fraktion Bündnis 90/Die Grünen reflektiert den Berichtsprozess und zieht daraus Schlüsse für die zukünftige Armuts- und Reichtumsberichterstattung:

„Der Erste Armuts- und Reichtumsbericht dieser Regierung hat für die künftige Planung unserer Politik verschiedene Fragen beantwortet. [...] Diesen Berichtsprozess haben kritische Wissenschaftler und Verbände begleitet, damit wir schon jetzt ein möglichst transparentes System haben [...]. Daraus leiten wir jetzt Folgeprojekte ab. Dazu gehört, dass dieser Bericht regelmäßig jeweils zur Hälfte der Legislaturperiode fortgesetzt wird, damit wir einen Vergleich anstellen können" (ebd.: 19154).

Die Rednerin schreibt die Verantwortung für den Bericht der rot-grünen Bundesregierung zu, die von Wissenschaftlern und Verbänden im Erstellungsprozess begleitet wurde. Eine turnusmäßige Berichterstattung soll zukünftig der Überprüfung der Wirkung nationaler Politikgestaltung dienen und Vergleiche des Regierungshandelns ermöglichen.

Des Weiteren hebt die Sprecherin auf *einen* inhaltlichen Teilbereich des Berichts ab:

„Der *Lebensstandard von Familien*, das heißt von Partnern mit Kindern, liegt 30 Prozent niedriger als bei kinderlosen Partnerschaften. Ein Grund dafür ist die schlechte Vereinbarkeit von Beruf und Familie, von Beruf und Kindererziehung. Das haben wir nicht unserem Weltbild und unseren Einstellungen zu verdanken, sondern dem konservativen Weltbild, zu dem es gehört, dass Frauen, die Kinder kriegen, zu Hause bleiben und möglichst nicht am Arbeitsmarkt teilhaben. […] Eine überzeugende Politik zur Bekämpfung von Armut muss gleichzeitig an verschiedenen Stellen ansetzen. Dazu gehört – das ist ganz wichtig – die Kinderbetreuung in diesem Land. Wenn wir unser Kinderbetreuungssystem – ich spreche insbesondere Bayern an, das das Recht auf einen Kindergartenplatz nach wie vor aus dieser Angelegenheit heraushält – in Deutschland mit dem vergleichen, was in den Nachbarländern wie zum Beispiel in Frankreich gemacht wird, dann muss man feststellen, dass Deutschland noch ein Entwicklungsland ist. […] Wir haben ganz bewusst das *Recht auf Teilzeitarbeit* eingeführt, damit Eltern die Wahl bleibt, zeitweise bei ihren Kindern zu bleiben und Zeit für die Familie zu haben und trotzdem an der Berufswelt teilzunehmen, um nicht in die Spirale der Arbeitslosigkeit hineinzufallen. […] Deshalb schlägt meine Fraktion die *Kindergrundsicherung* vor[,] als ein Modell, als eine konkrete bedarfsorientierte Maßnahme zur Bekämpfung von Kinderarmut in diesem Land. Dieses Konzept setzt zielorientiert an, holt Familien aus der Sozialhilfe heraus, ist unbürokratisch und schafft Anreize zur Arbeitsaufnahme" (ebd.: 19155; Herv. i. O.).

Wir erfahren, dass grüne Arbeitsmarkt- und Familienpolitik beide Geschlechter in den Blick nimmt. Damit macht die Sprecherin der Fraktion Bündnis 90/ Die Grünen unmissverständlich klar, dass ihre Fraktion erwerbsfähige Frauen und Männer – egal ob sie Kinder haben oder nicht – als Erwerbstätige wahrnimmt. Für Eltern soll das Recht auf Teilzeitarbeit und eine Kindergrundsicherung gelten. Sie sollen dafür Sorge tragen, dass Eltern erwerbstätig sein können und Kinder kein Armutsrisiko darstellen.

Der Sprechakt der grünen Rednerin ermöglicht den Bürgerinnen und Bürgern, Hintergründe über den nationalen Erstellungsprozess des Berichtsprozess sowie seine beabsichtigte nationalstaatliche Verwendung und Fortführung zu erfahren. Zwar verweist die Sprecherin auf einen Vergleich mit den europäischen Nachbarstaaten und stellt Deutschland als familienpolitisches Entwicklungsland dar, doch fehlt in diesem Zusammenhang ein Verweis auf das europäische MOK-Regieren; eine faktische Teil*habe* der Bürgerinnen und Bürger am Regieren im Mehrebenensystem EU kann durch den Sprechakt der Repräsentantin nicht sichergestellt werden. Die Zurechenbarkeit von sozialpolitischen Entscheidungen ist ausschließlich für den Berichtsprozess gewährleistet. Eine Sozialisation in die sozialpolitische Lebenswelt ‚Europäische Union' erfolgte in Form eines Konkurrenzdenkens mit den anderen Mitgliedstaaten der EU.

Die Freie Demokratische Partei (Dr. Heinrich Kolb)

Der Sprecher der FDP-Fraktion nimmt auf den Inhalt des Berichts und den des NAPincl Bezug, um die Politik der Bundesregierung zu kritisieren:

„Der Armuts- und Reichtumsbericht ist eine Sammlung bekannter Daten mit eingeschränktem Neuigkeitswert. […] Wenn die Aussage in Ihrem Bericht, mangelnde Bildung und vor allem Arbeitslosigkeit seien Hauptrisiken für die Entstehung von Armut, zutrifft, dann – das können wir vielleicht als gemeinsame Position festhalten – ist ein Arbeitsplatz die beste Versicherung gegen Armut. […] Ein Ergebnis Ihrer verfehlten Politik ist nämlich, dass viele Unternehmen in Deutschland derzeit per saldo *Arbeitsplätze* abbauen, das heißt, viele Menschen werden neu mit dem Armutsrisiko konfrontiert. […] Deswegen ist Ihr Aktionsplan vom Mai ebenso wie Ihr Bundeshaushalt, der vom gleichen Monat datiert, heute nur noch Makulatur. Sie kurieren an Symptomen, befassen sich aber nicht grundlegend mit den Herausforderungen" (ebd.: 19156f.; Herv. i. O.).

Nach der pauschalen Kritik an beiden Dokumenten, die der FDP-Sprecher der Bundesregierung zuschreibt, nutzt er sodann seine Redezeit, um

„in der Kürze der Zeit einen neuen *nationalen Aktionsplan zur Bekämpfung von Armut* [zu] entwerfen. Sie brauchen da ja offensichtlich etwas Nachhilfe. Erstens. Investieren Sie in *Bildung*, schaffen Sie zukunftsträchtige Bildungsgänge. […] Zweitens. Entfesseln Sie den deutschen *Arbeitsmarkt*. Die vom Bundeskanzler geforderte Zurückhaltung der Gewerkschaften bei Lohnforderungen, die ich unter dem Gesichtspunkt der Schaffung neuer Arbeitsplätze ausdrücklich begrüße, bringt keinen Nutzen, wenn Sie im Gegenzug den Arbeitsmarkt weiter regulieren. Drittens. Motivieren Sie die Unternehmen zur *Schaffung neuer Arbeitsplätze*. Nur die Unternehmen können bestandsfeste, sich auf Dauer selbst tragende Arbeitsplätze schaffen. Wenn Sie aber die Unternehmen abschrecken bzw. verschrecken, wie Sie es mit ihrer Politik die letzten drei Jahre getan haben, […] werden Sie in diesem Land keine neuen Arbeitsplätze schaffen und damit Armut nicht wirksam bekämpfen. […] Viertens […]: Durchforsten Sie unser Sozialsystem. […] Wir müssen die Bedürftigen vor den Findigen schützen. […] Entlasten Sie die Wirtschaft von Steuerlasten und Bürokratie, führen Sie eine wirkliche *Steuerreform* durch, die auch die Unternehmer, nicht nur die Unternehmen entlastet, deregulieren Sie den deutschen Arbeitsmarkt. Nehmen Sie sich einfach ein Beispiel an unseren europäischen Nachbarn […], ein Blick nach Holland reicht vollkommen aus" (ebd.: 19157f.; Herv. i. O.).

Deutlich tritt hervor, dass die FDP-Fraktion sich für einen deregulierten Arbeitsmarkt, eine zukunftsträchtige Bildungspolitik, den Abbau von Sozialleistungen sowie für Steuererleichterungen für Unternehmer einsetzen will.

Der Sprecher der FDP-Fraktion kritisiert nur die Inhalte des Armutsberichts und des bundesdeutschen NAPincl. Auf die vorausgegangenen europäischen und nationalstaatlichen Verhandlungen geht auch er nicht ein. Damit wird den Bürgerinnen und Bürgern *nicht* ermöglicht, Hintergründe über die gesamteuropäische Dimension des NAPincl-Prozesses sowie die nationalen Erstellungsprozesse des bundesdeutschen NAPincl und des Armutsberichts zu erfassen. Suggeriert wird, dass beide Dokumente ausschließlich von der rot-grünen Bundesregierung ausgestaltet wurden. Dennoch verweist der FDP-Sprecher auf die Niederlande als europäisches Vorbild. Trotzdem kann eine faktische Teil*habe* der Bürgerinnen und Bürger am Regieren im Mehrebenensystem EU durch den Sprechakt des Repräsentanten der FDP-Fraktion nicht gewährleistet werden. Zudem verfälscht der Sprecher die Zurechenbarkeit von sozialpolitischen Entscheidungen. Eine Sozialisation in die sozialpolitische Lebenswelt ‚Europäische Union' leistete dieser Sprechakt in einer Art des Konkurrenzdenkens mit einem anderen EU-Mitgliedstaat.

Die Partei des Demokratischen Sozialismus (Dr. Gregor Gysi)

Der Sprecher der PDS-Fraktion wendet sich in seiner Rede ausschließlich dem Entstehungsprozess sowie den Inhalten des Armuts- und Reichtumsberichts zu:

„Zunächst ist es zweifellos zu begrüßen, dass die Bundesregierung erstmalig einen Armuts- und Reichtumsbericht vorgelegt hat. Eine gemeinsame Forderung von SPD, Bündnis 90/Die Grünen und PDS aus der vergangenen Legislaturperiode ist damit erfüllt worden. Die andere Seite des Hauses hatte diese Forderung permanent abgelehnt" (ebd.: 19158).

Damit weist der PDS-Sprecher darauf hin, dass nicht nur die Regierungsparteien, sondern auch seine Fraktion den Bericht eingefordert und seine Entstehung unterstützt haben und demgegenüber die CDU/CSU-FDP-Regierung unter der Leitung von Helmut Kohl einen solchen Bericht ablehnte. Des Weiteren wendet sich der PDS-Redner folgenden Inhalten des Berichts zu:

„Erstens. Ich sage Ihnen, was diesbezüglich in unserer Gesellschaft das größte Problem ist: Es sind die Kinder, die in Armut leben. Inzwischen leben über acht Prozent der Kinder von Sozialhilfe. [...] Zweitens. Man muss hervorheben, dass Armut in unserer Gesellschaft zu einem sehr großen Teil unter Frauen verbreitet ist. Das gilt sowohl für Rentnerinnen, die im Schnitt wesentlich niedrigere Bezüge haben als Rentner. Das hängt natürlich mit dem Arbeitsmarkt und ihrer Berufsentwicklung in den Jahrzehnten zuvor zusammen. [...] Das hängt dann wieder mit der sehr schlechten Ausstattung in Kindertagesstätten und auch mit dem Mangel an Ganztagsschulen und ähnlichen Bedingungen zusammen, sodass sie von vornherein viel schlechtere Chancen auf dem Arbeitsmarkt haben. Selbst wenn sie eine Chance haben, können sie sie ganz häufig gar nicht wahrnehmen, weil sie ihre Kinder nicht oder nur zu sehr hohen Kosten, die sie nicht bestreiten können, unterbringen können. Hier muss sich grundlegend etwas ändern. [...] Deshalb fordern wir erneut, über eine *Grundsicherung* – gerade auch für Kinder in einer solchen Situation – nachzudenken. Übrigens, ich höre häufig von der FDP, aber auch von der CDU/CSU die Forderung nach der Schaffung eines Niedriglohnsektors. [...] Es besteht doch längst ein ausgebreiteter *Niedriglohnsektor.* Es ist doch eine Erfindung, wenn man sagt, dass man ihn erst einführen müsste. [...] Was mir in diesem Bericht fast völlig fehlt, sind Daten bezüglich des *Reichtums.* [...] Während die Lohneinkommen 1960 zu gut 6 Prozent durch direkte Steuern belastet wurden, sind es heute rund 20 Prozent. [...] Aber die Belastung der Gewinn- und Kapitaleinkommen stellt sich genau umgekehrt dar: 1960 waren es 20 Prozent, heute sind es im Durchschnitt

5 Prozent. Man muss sich einmal überlegen: Das alles ist mit dem Versprechen geschehen, dass das frei werdende Geld in Arbeitsplätze umgemünzt wird. Nichts davon ist passiert. […] Im Übrigen hat der Reichtum im Land ebenso wie die Armut zugenommen. Das hängt nämlich miteinander zusammen. […] Lassen Sie uns andere Prioritäten setzen und in dieser Gesellschaft Armut wirksam bekämpfen. Das ist eine Voraussetzung dafür, dass es auch Normalverdienern besser geht, die zurzeit ebenfalls immer ärmer werden" (ebd.: 19158f.; Herv. i. O.).

Der Sprecher der PDS verdeutlicht, dass seine Fraktion für Verteilungsgerechtigkeit, eine Grundsicherungspolitik für Kinder, Frauenerwerbstätigkeit und öffentliche Ganztagsbetreuungsangebote für Kinder eintritt. Zudem weist er darauf hin, dass ein Niedriglohnsektor bereits existent ist und nicht befördert, sondern bekämpft werden muss.

In seinem Sprechakt benennt der Redner der PDS-Fraktion ausschließlich den Armuts- und Reichtumsbericht. Die vorausgegangenen europäischen und nationalstaatlichen Verhandlungen werden nur im Hinblick auf den Ursprung des Berichts thematisiert. Eine faktische *Teilhabe* der Bürgerinnen und Bürger am Regieren im Mehrebenensystem EU kann durch den Sprechakt des Repräsentanten der PDS-Fraktion nicht gewährleistet werden. Außerdem wird die Zurechenbarkeit von sozialpolitischen Entscheidungen verfälscht; die inhaltliche Ausgestaltung des Berichts wird ausschließlich der rot-grünen Bundesregierung zugeschrieben. Eine Sozialisation der Bürgerinnen und Bürger in die faktische sozialpolitische Lebenswelt 'Europäische Union' wurde nicht gewährleistet.

Das Bundesministerium für Arbeit und Sozialordnung (Ulrike Mascher)

Daraufhin ergreift als Vertreterin des BMAS die Parlamentarische Staatssekretärin Ulrike Maschner das Wort, die der SPD angehört. Sie wendet sich sowohl dem Berichtsprozess, den Prozessen auf europäischer Ebene wie auch dem NAPincl-Prozess zu und erörtert primär deren Hintergründe und Funktionen sowie die geplanten Weiterentwicklungen, für die sie das Votum des Bundestages einfordert:

„Wir sollten versuchen, die heutige Debatte zu nutzen, um über eine regelmäßige Armuts- und Reichtumsberichterstattung in der Bundesrepublik zu diskutieren. […] Die Berichterstattung, der sich diese Bundesregierung – anders als die alte Bundesregierung – nicht verweigert, ist für uns die Grundlage für eine zielgenaue Sozialpolitik, die genau diejenigen besser stellt, die das nötig haben. […] Deswegen begrüßen wir den Antrag der Koalitionsfraktionen, der heute zur Beschlussfassung vorliegt und der die Bundesregierung verpflichtet, zukünftig regelmäßig in der Mitte jeder Wahlperiode einen Armuts- und Reichtumsbericht vorzulegen. Für den nationalen Aktionsplan gegen Armut und soziale Ausgrenzung wurde auf europäischer Ebene bereits ein zweijähriger Berichtsturnus festgelegt. […] Bei der Beratung des Berichts haben wir eine große Unterstützung durch Fachleute, die Wissenschaft, Verbände, Institutionen, aber auch durch Länder und Kommunen erfahren. Wir werden diese Berichte in bewährter Weise mit Vertretern von Wohlfahrtsverbänden, Kirchen, Tarifvertragsparteien und Wissenschaftlerinnen und Wissenschaftler sowie mit Betroffenen und deren Selbsthilfegruppen, die sich zum Beispiel in der nationalen Armutskonferenz organisiert haben, diskutieren und beraten. Wir haben sofort nach der Vorlage des Berichts eine Bestandsaufnahme durchgeführt, um die Bereiche, zu denen der Bericht noch nichts aussagt, feststellen zu können und die Voraussetzungen für einen zweiten Bericht zu schaffen. Wir werden die Grundlagen des Berichts und die wissenschaftlichen Gutachten jetzt veröffentlichen, damit die Kontinuität und Transparenz des Beratungsprozesses weiterhin gewährleistet ist. [...] Die Erstellung des Armuts- und Reichtumsberichts spielt für die Bundesregierung, die auf sozialen Ausgleich, Vorbeugung und Nachhaltigkeit setzt, eine ganz wichtige Rolle. Sie soll die empirische Grundlage [...] liefern, damit wir Orientierungsgrößen für politische Planungs- und Entscheidungsprozesse haben. Wir brauchen Datengrundlagen, die auch die Vergleichbarkeit gewährleisten, weil wir eine Wirkungskontrolle institutionalisieren wollen. Auf diese Weise können wir sehen, wie bestimmte politische Maßnahmen wirken. [...] Aus der Armuts- und Reichtumsberichterstattung sollen konkrete Handlungskonzepte abgeleitet werden. [...] Mit der Vorlage des Nationalen Aktionsplans ‚Soziale Integration' im Juni 2001 hat die Bundesregierung den Beschluss der Staats- und Regierungschefs der Europäischen Union umgesetzt, wonach die Zusammenarbeit auf dem Gebiet der *Bekämpfung der sozialen Ausgrenzung* zu intensivieren ist. Dazu sind auf dem Gipfel von Nizza im Dezember 2000 gemeinsame Ziele formuliert worden. Die nationalen Aktionspläne liefern neben einer Analyse der Situation in den Mitgliedstaaten die Bündelung der Strategien und Maßnahmen, die die Mitgliedstaaten in den nächsten zwei Jahren in ihrer nationalen Politik umsetzen wollen. Die offene Koordinierung – ein europäisches Instrument – bei der Bekämpfung von Armut und sozialer Ausgrenzung bietet eine gute Grundlage für die Diskussion auf der europäischen Ebene. Sie stärkt die Politik zur Förderung des sozialen Zusammenhalts in der EU. Gleichzeitig erhält auch die nationale Politik wichtige Impulse. Gleichwohl brauchen wir genügend Flexibilität für die regional und lokal unterschiedlichen Strategien zur Bekämpfung von Armut und sozialer Ausgrenzung. Wichtig ist, dass sich die Bewertung der nationalen Aktionspläne an nachvollziehbaren Kriterien orientiert und dass ein realistisches Bild der sozialen Situation und der Reformen in den Mitgliedstaaten gezeichnet wird. Das heißt konkret, dass auch der bereits erreichte Stand von sozialer Integration und von Armutsvermeidung zu beachten ist. Es sind aber auch die Rahmenbedingungen zu berücksichtigen, unter denen zum Beispiel in der Bundesrepublik der nationale Aktionsplan erstellt wird. Wesentliche Beiträge zur Bekämpfung sozialer Ausgrenzung und Armut leisten in Deutschland die Städte und Gemeinden, aber auch die Bundesländer, und die scheinen hier nicht ausreichend aufzutauchen. Das muss auf europäischer Ebene noch verbessert werden, damit in Staaten, die, wie die Bundesrepublik Deutschland, föderal konstruiert sind und in denen die Städte und Gemeinden Wesentliches zur Armutsbekämpfung leisten, nichts unter den Tisch fällt, weil sonst ein völlig verzerrtes Bild dessen entsteht, was zur Armutsbekämpfung geleistet wird. Wenn das nicht erreicht wird, dann besteht die Gefahr, dass die offene Koordinierung nicht die Akzeptanz europäischer Sozialpolitik erhöht und das Lernen voneinander nicht gefördert wird" (ebd.: 19159ff.; Herv. i. O.).

Mit ihrer Rede verdeutlicht die Staatssekretärin des BMAS, dass der Erstellungsprozess sowohl des Armuts- und Reichtumsberichts wie auch des NAPincl im Kontext europäischer Sozialpolitik steht und bundesdeutsche Sozialpolitik seit Dezember 2000 mittels des MOK-Regierens im europäischen Mehrebenensystem ausgestaltet wird. Sie gibt die Entstehungsgeschichte und den Entwicklungsstand des MOK-Regierens am Ende der Problemdefinitionsphase in kompakter Form wieder und spricht das geplante weitere Vorgehen an, wobei sie auch bestehende Verfahrensdefizite identifiziert.

Außerdem benennt sie bereits in die Wege geleitete sowie zukünftige Maßnahmen zur Bekämpfung von Armut und sozialer Ausgrenzung in der Bundesrepublik Deutschland:

„Wir wollen auch bei der *Hilfe zur Arbeit* die Erfahrungen, die wir in Modellprojekten zur Zusammenarbeit von Arbeits- und Sozialämtern seit Mitte dieses Jahres gewinnen, nutzen, um eine große Sozialhilfereform aus einem Guss zu machen, durch die den Menschen tatsächlich geholfen wird, aus der Sozialhilfe herauszukommen, und zwar mit Hilfe zur Arbeit und einer besseren, zielgenaueren Orientierung der Sozialhilfe. [...] [W]ir haben die materielle Lage der Familien verbessert. Wir haben die Basis für die Alterseinkommen auch für die künftigen Generationen durch das Altersvermögensgesetz erweitert. Wir verstärken die Ausbildungs- und Beschäftigungschancen für Jugendliche und junge Erwachsene. Wir haben die Chancengleichheit von behinderten Menschen gefördert. Auf der Grundlage des vorliegenden Berichts, mit den Vorarbeiten für den nächsten Bericht und dem Nationalen Aktionsplan werden wir im Interesse der Betroffenen diese Politik der aktiven Armutsbekämpfung und der Bekämpfung der Ausgrenzung bestimmter Gruppen in unserem Land weiter vorantreiben" (ebd.: 19161f.; Herv. i. O.).

Neben den verabschiedeten Reformen im Bereich der Familien- und Rentenpolitik erwähnt die BMAS-Sprecherin eine ‚aktive Armutsbekämpfung' und eine große Sozialhilfereform, die die Zusammenarbeit der Arbeits- und Sozialämter verbessern soll, als politische Projekte der rot-grünen Bundesregierung.

Mit ihrem Sprechakt stellt die Vertreterin des BMAS die faktischen Teil*habe*möglichkeiten der Bürgerinnen und Bürger am Regieren im Mehrebenensystem EU im Bereich der Sozialpolitik in umfassender Weise sicher. Auch eine realitätsgerechte Zuschreibung von sozialpolitischen Entscheidungen erfolgte. Eine Sozialisation der Bürgerinnen und Bürger in die sozialpolitische Lebenswelt ‚Europäische Union' fand statt.

Zusammenfassung: Der Legitimierungsmarkt

Die Erhebung des Legitimierungsmarktes der Problemdefinitionsphase des Politikprozesses zum Hartz-IV-Gesetz der Bundesrepublik Deutschland hat gezeigt, dass die Abgeordneten aller Fraktionen des Deutschen Bundestags den Bürgerinnen und Bürgern das faktische Regieren im Mehrebenensystem EU nur bruchstückhaft und/oder nicht realitätsgerecht vermitteln konnten. Auch die Zuschreibungspraxen der parteipolitischen Akteure verstellen den Blick auf die faktischen Verantwortlichkeiten für die Ausgestaltung von Politik oder geben sie, wie im Falle des CDU/CSU-Sprechers, verfälscht wieder. Umfassende Teil*habe*möglichkeiten der Bürgerinnen und Bürger an der Ausgestaltung des politischen Prozesses konnten sie nicht sicherstellen. Festzustellen ist, dass die repräsentative Demokratie als Grundelement bundesdeutscher Staatlichkeit in ihrer Dimension der faktischen Teil*habe*möglichkeit der Herrschaftsunterworfenen durch die gewählten Volksvertretenden aus-schließlich für die Politikgestaltung auf Bundesebene gewahrt werden konnte. Lediglich der Debattenbeitrag der Parlamentarischen Staatssekretärin des BMAS trug dafür Sorge, dass eine realitätsgerechte Schilderung der Zusam-menhänge des sozialpolitischen Regierens im Mehrebenensystem EU sicher-gestellt, eine Zurechenbarkeit der Verantwortlichkeiten möglich und der Öffentlichkeit zugänglich wurde. Damit kann in der Problemdefinitionsphase ein öffentlicher Sprechakt im Deutschen Bundestag identifiziert werden, der die Sozialisation von Bürgerinnen und Bürger in die sozialpolitische Le-benswelt ‚Europäische Union' gewährleisten kann. Entsprechend ist festzu-stellen, dass die Problemdefinitionsphase des Hartz-IV-Gesetzes aus der Sicht des bundesdeutschen Verfassungsrechts (Art. 20 Abs. 1 u. 2 GG und Art. 23 Abs. 1 GG) *formal legitim* ausgestaltet wurde: *Die repräsentative Demokratie* konnte *als Grundelement bundesdeutscher Staatlichkeit im euro-päischen Integrationsprozess in der Dimension der Teil*habe *des Volkes for-mal gewahrt* werden.

Dennoch wurde die Sozialisation aller Bürgerinnen und Bürger durch drei unterschiedliche Legitimierungstypen geprägt, die wie folgt klassifiziert werden können:

(1.) Der *nationalstaatliche Legitimierungstyp*: Er begründet ausschließlich die Rationalitäten der bundesdeutschen Politikgestaltung.

(2.) Der *konkurrierende Legitimierungstyp*: Er begründet die Rationalitäten des kommunikativen Handeln in Abgrenzung und Konkurrenz zu ande-ren (europäischen) Staaten.

(3.) Der *kooperierende Legitimierungstyp*: Er begründet seine Rationalitäten mit dem sozialpolitischen MOK-Regieren.

Auf dem Legitimierungsmarkt der Politikformulierungsphase dominierte der konkurrierende Legitimierungstyp, dem die Sprechakte der Abgeordneten aus den Fraktionen der CDU/CSU, der FDP sowie von Bündnis 90/Die Grünen zugerechnet werden können. Für den nationalstaatlichen Legitimierungstyp stehen hingegen die Reden der Sprecher von SPD und PDS. Der kooperative Legitimierungstyp ist ausschließlich in der Stellungnahme der Staatssekretä-rin aus dem BMAS repräsentiert.

Tabelle 2: Der Legitimierungsmarkt der Problemdefinitionsphase

Legitimierung / Akteure	faktische Teilhabemöglichkeit	Zuschreibung des sozialpolitischen Handelns	Sozialisation in die sozialpolitische Lebenswelt 'Europäische Union'	(abgeleitete) Problemlösungsvorstellungen
SPD	• Berichtsprozess	→ SPD-Fraktion, Fraktion Bündnis 90/DIE GRÜNEN, Wissenschaftler und Verbände	keine	• Abbau von Arbeitslosigkeit • Förderung der Lohnpolitik • *keine* Förderung eines Niedriglohnsektors • Integration von Problemgruppen in den Arbeitsmarkt
CDU/CSU	• NAPincl-Prozess	→ Bundesregierung, EU, Europäische Kommission, andere Mitgliedstaaten	Konkurrenz mit den anderen Mitgliedstaaten der EU	• Zusammenlegung von Arbeitslosen- und Sozialhilfe • Beschäftigung von erwerbsfähigen Sozialhilfeempfängern im staatlich zu fördernden Niedriglohnsektor • Familiengeld für alle
Bündnis 90/Die Grünen	• Berichtsprozess	→ Bundesregierung, Wissenschaftlerinnen u. Wissenschaftler, Verbände	Konkurrenz mit den anderen Mitgliedstaaten der EU	• Berufstätigkeit beider Elternteile • Recht von Eltern auf Teilzeitarbeit • Kindergrundsicherung
FDP	• Bericht • NAPincl	→ Bundesregierung → Bundesregierung	Konkurrenz mit einem anderen Mitgliedstaat der EU	• Deregulierung des Arbeitsmarktes • Investition in zukunftsträchtige Bildungsgänge • Steuerreform zur Entlastung von Unternehmen • Reform des Sozialsystems

Legitimierung / Akteure	faktische Teilhabemöglichkeit	Zuschreibung des sozialpolitischen Handelns	Sozialisation in die sozialpolitische Lebenswelt 'Europäische Union'	(abgeleitete) Problemlösungsvorstellungen
PDS	• Ursprung des Berichts • Bericht	→ SPD-Fraktion, Fraktion Bündnis 90/DIE GRÜNEN, PDS-Fraktion → Bundesregierung	keine	• Umverteilung von Reich zu Arm • Grundsicherung für Kinder • Kinderbetreuung und Ganztagsschulen • keine Förderung des Niedriglohnsektors
BMAS (SPD)	• Berichtsprozess • Verhandlungen und Vereinbarungen auf europäischer Ebene • NAPincl-Prozess	→ Bundesregierung, Länder, Kommunen, Interessengruppen, Kirchen, Betroffene, Wohlfahrtsverbände, Tarifvertragsparteien, Selbsthilfeinitiativen, Wissenschaftlerinnen u. Wissenschaftler → Staats- und Regierungschefs aller Mitgliedstaaten der EU, alle Mitgliedstaaten der EU → Bundesregierung, Länder, Kommunen, Städte und Gemeinden, alle Mitgliedstaaten der EU	realitätsgerecht	*strategischer Ansatz:* • europäische Sozialpolitik mittels MOK • aktive Armutspolitik • sozialer Ausgleich, Vorbeugung von Armut und nachhaltige Armutsbekämpfung • Evaluation von Politik *beabsichtigte Reform:* • gr. Sozialhilfereform: 'Hilfe zur Arbeit' und verstärkte Zusammenarbeit zwischen Arbeits- und Sozialämtern *umgesetzte Reformen:* • div. familienpolitische Reformen • Rentenreform • Ausbildungsförderung für Jugendliche u. junge Erwachsene

6.2.4 Die Produktion von Gesellschaft

Die faktischen Interpretationen des gültigen Rechts im ausgewählten politischen Prozess des sozialstaatlichen *policy-makings* führten in der Problemdefinitionsphase zu ausgeprägten Veränderungen von Machtressourcen. Im Vergleich zur *hard-law*-Politik hat das MOK-Regieren auf der supranationalen und der europäischen Ebene zur Entmachtung der Europäischen Kommission, des Europäischen Parlamentes, des WSA und des AdR beigetragen. Im Vergleich zum *soft-law*-Regieren in der Beschäftigungspolitik ging das MOK-Regieren in der Problemdefinitionsphase mit einer sukzessiven Entmachtung der Europäischen Kommission einher. Gleichzeitig wurde eine neue Organisation geschaffen, die primär mit mitgliedstaatlichen Ministerialbediensteten besetzt ist: der ESSA, in dem auch die Europäische Kommission zwei Sitze innehat. Das Initiativrecht der Europäischen Kommission wurde auf das horizontale MOK-Regieren eingegrenzt. Das vertikale MOK-Regieren blieb dem ESSA, dem Rat und dem Europäischen Rat vorbehalten. Hervorzuheben ist, dass der zu beobachtende Machtkampf zwischen Europäischer Kommission und Europäischem Rat primär auf divergierende politische Ausgestaltungsvorstellungen in den Wirtschafts-, Beschäftigungs- und Sozialpolitiken zurückzuführen ist.

Auch auf den verschiedenen innerstaatlichen Ebenen der Bundesrepublik Deutschland wurden die tradierten informellen Verhandlungsstrukturen aufgebrochen. Etabliert wurden formalisierte Verhandlungsstrukturen, die die bundesministeriale Ebene steuerte: der Prozess zur Erstellung des Armuts- und Reichtumsberichts und der Prozess zur Erarbeitung des bundesdeutschen NAPincl. In diese Prozesse wurden nicht nur alle ‚alten' problemdefinierenden Akteure inkludiert, sondern auch neue, zuvor nicht beteiligte Akteure wie z. B. Frauen-, Wohnungslosen- und Ein-Eltern-Initiativen. Dennoch war eine Gruppe ausgeschlossen: die gewählten Volksvertretenden. Eine Ausnahme stellen die Bundestagsfraktionen der Regierungsparteien dar. Sie konnten am Berichtsprozess teilnehmen. Außerdem standen der CDU/CSU-Fraktion über die von ihrer Partei geführten Länderregierungen Informationen über den Prozess der bundesdeutschen NAPincl-Erstellung sowie informelle Kontakte zur Europäischen Kommission zur Verfügung. Aber auch denjenigen, die am Berichtsprozess und am Erstellungsprozess des bundesdeutschen NAPincl teil*nahmen*, standen keine detaillierten Informationen über die europäische Dimension ihres Handelns zur Verfügung; zumindest weisen die jeweiligen Dokumente nur inhaltliche Überscheidungen, aber keine expliziten Verweise auf. Die Bundestagsfraktionen der FDP und der PDS wurden vom Berichtsprozess und dem bundesdeutschen NAPincl-Erstellungsprozess vollständig exkludiert. Diese Sachverhalte können wiederum erklären, warum die Abgeordneten im Deutschen Bundestag ihrer Verpflichtung der kommunikativen Vermittlung des sozialpolitischen Handelns immer nur für die Prozesse bzw.

Informationen nachkommen konnten, die ihnen vertraut waren – an denen sie selbst teil*nehmen* konnten. Aus dieser Perspektive verwundert es nicht, dass nur die Parlamentarische Staatssekretärin des BMAS eine umfassende und realitätsgerechte Vermittlung des faktischen Regierens im Mehrebenensystem EU leisten konnte; sie hatte Zugriff auf alle relevanten Informationen.

Betrachtet man die Ergebnisse der Rekonstruktion und Analyse der Problemdefinitionsphase des Hartz-IV-Gesetzes unter dem Blickwinkel eines europäischen Gesellschaftsbildungsprozesses in der Bundesrepublik Deutschland, so muss festgestellt werden, dass im Bereich des Sozialen folgende Mitglieder der bundesdeutschen Gesellschaft zumindest eine Chance hatten, eine europäische Solidarität im Bereich des Sozialen auszubilden: die Bundesregierung, die zuständigen Ministerialbediensteten, die Länderministerien und die bundesdeutschen Mitglieder des Europäischen Parlaments. Die gewählten Volksvertretenden innerhalb der bundesdeutschen Parlamente und das Volk der Bundesrepublik Deutschland erhielten keine ausreichenden Chancen, um eine solche Solidarität zu entwickeln. Entsprechend ist festzuhalten, dass die Problemdefinitionsphase des Hartz-IV-Gesetzes in ihrer europäischen Dimension weitgehend ohne die bundesdeutsche Gesellschaft stattfand; ein Umstand, der weder europäische Identitäten noch einen europäischen Gesellschaftsbildungsprozess fördert und die Ausbildung von politischen und sozialen Solidaritäten in der EU verhindert. Befördert wurde primär ein bundesdeutsches Konkurrenzdenken mit den anderen Mitgliedstaaten der EU.

6.3 Die Phase der Agenda-Gestaltung

Der Beginn der Agenda-Gestaltungsphase des Hartz-IV-Gesetzes lässt sich auf September 2001 und ihr Ende auf Juli 2003 datieren. Bis zum 31. Januar 2003 war die Rechtslage in Bezug auf die *de jure* legitimierte Politikgestaltung des *issue networks* ,beitragsunabhängige soziale Grundsicherung' im Mehrebenensystem EU gegenüber der Problemdefinitionsphase unverändert. Am 26. Februar 2001 war der Vertrag von Nizza von allen Staats- und Regierungschefs unterzeichnet worden. Er sollte ursprünglich noch 2001 in Kraft treten. Das scheiterte jedoch zunächst an der Haltung der irischen Bevölkerung, die am 7. Juni 2001 aus Furcht um ihre außen- und sicherheitspolitische Neutralität die Ratifizierung des Vertrags mehrheitlich ablehnte. Nach der Annahme einer irischen neutralitätssichernden Erklärung durch den Europäischen Rat stimmten die Iren aber schließlich doch für die Ratifizierung, so dass der Vertrag von Nizza am 1. Februar 2003 in Kraft treten konnte. Seit diesem Zeitpunkt stellt er die Grundlage für ein *de jure* legitimiertes Regieren des *issue networks* ,beitragsunabhängige soziale Grundsicherung' im Mehrebenensystem EU dar.

6.3.1 Das geltende Recht

6.3.1.1 Das geltende Recht der Europäischen Gemeinschaft

Der Vertrag von Nizza änderte u. a. den Titel XI EGV und das in ihm enthaltene Kapitel 1 *Sozialvorschriften* ab. Die unter 6.2.1.1 erörterten Art. 136 u. 140 EGV wurden unverändert beibehalten. Art. 137 EGV hingegen wurde abgewandelt und beinhaltet nun auch für das im Fokus stehende Politikfeld ‚Bekämpfung von Ausgrenzung' relevante Vorgaben. Außerdem wurde der bisherige Art. 144 EGV gestrichen und durch einen neuen Art. 144 EGV ersetzt, der sich auf den ESSA bezieht. Hervorzuheben ist, dass der Vertrag von Nizza kaum eine inhaltliche Neujustierung von Zielvorstellungen für das politische Handeln in der Union in Bezug auf die Armutspolitik bereitstellt – was bei einer Integration der *Charta der Grundrechte der Europäischen Union* in die Verträge anders ausgesehen hätte –, sondern vornehmlich den Bereich der Kompetenzen und der anzuwendenden Verfahren zur Politikgestaltung betrifft.

So lauten die Absätze 1, 2 und 4 des Art. 137 EGV nun wie folgt:

(1) Zur Verwirklichung der Ziele des Art. 136 unterstützt und ergänzt die Gemeinschaft die Tätigkeit der Mitgliedstaaten auf folgenden Gebieten:
   a) Verbesserung insbesondere der Arbeitsumwelt zum Schutz der Gesundheit und der Sicherheit der Arbeitnehmer,
   b) Arbeitsbedingungen,
   c) Soziale Sicherheit und sozialer Schutz der Arbeitnehmer,
   d) Schutz der Arbeitnehmer bei Beendigung des Arbeitsvertrags,
   e) Unterrichtung und Anhörung der Arbeitnehmer,
   f) Vertretung und kollektive Wahrnehmung der Arbeitnehmer- und Arbeitgeberinteressen, einschließlich der Mitbestimmung, vorbehaltlich des Absatzes 5,
   g) Beschäftigungsbedingungen der Staatsangehörigen dritter Länder, die sich rechtmäßig im Gebiet der Gemeinschaft aufhalten,
   h) Berufliche Eingliederung der aus dem Arbeitsmarkt ausgegrenzten Personen, unbeschadet des Artikels 150,
   i) Chancengleichheit von Männern und Frauen auf dem Arbeitsmarkt und Gleichstellung am Arbeitsplatz,
   j) Bekämpfung der sozialen Ausgrenzung,
   k) Modernisierung der Systeme des sozialen Schutzes, unbeschadet des Buchstabens c.
(2) Zu diesem Zweck kann der Rat
   a) unter Ausschluss jeglicher Harmonisierung der Rechts- und Verwaltungsvorschriften der Mitgliedstaaten Maßnahmen annehmen, die dazu bestimmt sind, die Zusammenarbeit zwischen den Mitgliedstaaten durch Initiativen zu fördern, die der Verbesserung des Wissensbestandes, die Entwicklung des Austausches von Informationen und bewährten Verfahren, die Förderung innovativer Ansätze und die Bewertung von Erfahrungen zum Ziel haben;
   b) in den in Absatz 1 Buchstaben a bis i genannten Bereichen unter Berücksichtigung der in den einzelnen Mitgliedstaaten bestehenden Bedingungen und technischen Regelungen durch Richtlinien Mindestvorschriften erlassen, die schrittweise anzuwenden sind. Diese Richtlinien sollen keine verwaltungsmäßigen, finanziellen

oder rechtlichen Auflagen vorschreiben, die der Gründung und Entwicklung von kleinen und mittleren Unternehmen entgegenstehen.

Der Rat beschließt gemäß dem Verfahren des Art. 251 nach Anhörung des Wirtschafts- und Sozialausschusses sowie des Ausschusses der Regionen, außer in den in Absatz 1 Buchstaben c, d, f und g genanten Bereichen, in denen er einstimmig auf Vorschlag der Kommission nach Anhörung des Europäischen Parlaments und der genannten Ausschüsse beschließt. Der Rat kann einstimmig auf Vorschlag der Kommission nach Anhörung des Europäischen Parlaments beschließen, dass das Verfahren des Artikels 251 auf Absatz 1 Buchstaben d, f und g angewandt wird.

(4) Die aufgrund dieses Artikels erlassenen Bestimmungen
  – berühren nicht die anerkannte Befugnis der Mitgliedstaaten, die Grundprinzipien ihres Systems der sozialen Sicherheit festzulegen, und dürfen das finanzielle Gleichgewicht dieser Systeme nicht erheblich beeinträchtigen;
  – hindern die Mitgliedstaaten nicht daran, strengere Schutzmaßnahmen beizubehalten oder zu treffen, die mit diesem Vertrag vereinbar sind.

In Absatz 1 werden alle Politikfelder aufgeführt, die laut Vertrag von Nizza in den Kompetenzbereich der Gemeinschaft fallen. Die in den Buchstaben h, j und k genannten Kompetenzbereiche sind für die Erhebung der *de jure* festgelegten Verfahren der Politikgestaltung im *issue network* ,beitragsunabhängige soziale Grundsicherung' im Mehrebenensystem EU relevant. Abs. 2 Buchstabe b beschränkt die Kompetenz der Gemeinschaft, im fokussierten Politikfeld Richtlinien (*hard law*) mit unionsweiten Mindestvorschriften, ausschließlich auf den Bereich der ,beruflichen Eingliederung der aus dem Arbeitsmarkt ausgegrenzten Personen' (Abs. 1 Buchstabe h). Um europäisches *hard law* in diesem Kompetenzbereich zu generieren, ist gemäß dem – durch den Vertrag von Nizza nicht modifizierten – Art. 251 EGV zu verfahren.

Doch gilt das Verfahren nach Art. 251 EGV, wie Art. 137 Abs. 2 Buchstabe a EGV hervorhebt, nicht mehr für *soft-law*-Maßnahmen im Politikbereich ,Bekämpfung von Ausgrenzung'. Vielmehr erstreckt sich der Geltungsbereich von Art. 137 Abs. 2 Buchstabe a EGV auf den *gesamten* sozialen Kompetenzbereich der Gemeinschaft und schreibt fest, dass der Rat legitimiert ist, *soft-law*-Maßnahmen anzunehmen. Kontrollorgane oder Kontrollmechanismen sind nicht vorgesehen.

Allerdings schließt Art. 137 Abs. 2 Buchstabe a EGV eine Harmonisierung der Rechts- und Verwaltungsvorschriften der Mitgliedstaaten durch die vom Rat angenommenen *soft-law*-Maßnahmen aus. Auch dürfen *soft-law*-Maßnahmen des Rates, wie aus Art. 137 Abs. 4 EGV hervorgeht, die Befugnisse der Mitgliedstaaten zur Festlegung von Grundprinzipien ihrer sozialen Sicherungssysteme nicht tangieren und das finanzielle Gleichgewicht dieser Systeme nicht in erheblicher Form beeinträchtigen. Damit ist der Politikgestaltungsspielraum des Rates bei *soft-law*-Maßnahmen relativ gering. Das gilt aber nicht für *soft-law*-Maßnahmen, die von der Kommission im Rahmen des Art. 140 EGV durchführt oder vorgelegt werden. Sie haben sich explizit und *ohne* direkte Einschränkung vornehmlich an den Zielen des Art. 136 EGV zu

orientieren, zu denen die Angleichung der Rechts- und Verwaltungsvorschriften gehört.
Art. 144 EGV bildet die Rechtsgrundlage für die Arbeit des ESSA. Er
lautet:

Der Rat setzt nach Anhörung des Europäischen Parlaments einen Ausschuss für Sozialschutz mit beratender Aufgabe ein, um die Zusammenarbeit im Bereich des sozialen
Schutzes zwischen den Mitgliedstaaten und mit der Kommission zu fördern. Der Ausschuss hat folgende Aufgaben:
– Er verfolgt die soziale Lage und die Entwicklung der Politiken im Bereich des sozialen
  Schutzes in den Mitgliedstaaten und der Gemeinschaft;
– er fördert den Austausch von Informationen, Erfahrungen und bewährten Verfahren
  zwischen den Mitgliedstaaten und mit der Kommission;
– unbeschadet des Artikels 207 arbeitet er auf Ersuchen des Rates oder der Kommission
  oder von sich aus in seinem Zuständigkeitsbereich Berichte aus, gibt Stellungnahmen
  ab oder wird auf andere Weise tätig.
Bei der Erfüllung seines Auftrags stellt der Ausschuss geeignete Kontakte zu den Sozialpartnern her.
Jeder Mitgliedstaat und die Kommission ernennen zwei Mitglieder des Ausschusses.

Damit wird der ESSA *de jure* zur zentralen Instanz für die Kooperation und
Koordination zwischen Kommission und Rat im Bereich des Sozialen erklärt.
Er hat den Weisungen des Rates und der Kommission zu folgen, darf aber
auch autonom agieren. Auch der ESSA ist berechtigt, *soft-law*-Maßnahmen
durchzuführen, zu verabschieden und vorzulegen. Er hat dieselben Rechte
wie die Kommission im Rahmen des Art. 140 EGV – allerdings mit einer
Ausnahme: Die Vertreterinnen und Vertreter der Mitgliedstaaten im ESSA
sind im Bereich des Sozialen – im Gegensatz zu den Vertreterinnen und Vertretern der Kommission – *nicht* in allen Mitgliedstaaten zur aktiven Teil*nahme* an politischen Gestaltungsprozessen legitimiert. Auffällig ist, dass zwei
Regelungen vage bleiben: Erstens sind die Kontakte des ESSA mit den Sozialpartnern nicht näher definiert und zweitens – sieht man von der Anzahl und
der Herkunft seiner Mitglieder ab – bleibt seine Zusammensetzung ungeklärt.
Der Verweis auf Art. 207 EGV, der sich auf die Ständigen Vertreter der Mitgliedstaaten bezieht, die die administrative Arbeit des Rates vorbereiten,
deutet lediglich darauf hin, dass Ministerialbedienstete als Mitglieder des
ESSA vorgesehen sind.

6.3.1.2 Das geltende Recht der Bundesrepublik Deutschland

Im Untersuchungszeitraum der Agenda-Gestaltungsphase wurde keine der
für den ausgewählten Politikbereich einschlägigen Rechtsnormen geändert.

6.3.2 Das faktische Regieren

Am 20. September 2001, also zwei Tage nachdem das Europäische Parlament und der Rat ‚Beschäftigung und Soziales' die Kompetenzen der Europäischen Kommission auf das horizontale MOK-Regieren eingegrenzt hatten, fällte der EuGH das bereits erwähnte Urteil in der Rechtssache Grzelcyk.[81] Es legt *de jure* fest, dass alle Mitgliedstaaten der EU ihre sozialen Leistungen nicht mehr von der Staatsangehörigkeit abhängig machen dürfen. Seither sind sämtliche Mitgliedstaaten verpflichtet, beitragsabhängige wie beitragsunabhängige Sozialleistungen nach landesüblichen Bedingungen an alle Unionsbürgerinnen und -bürger auszuzahlen, die ihren Wohnsitz in dem jeweiligen Land nehmen. D.h., dass beispielsweise bundesdeutsche Staatsangehörige, die in Schweden leben, dieselben wohlfahrtsstaatlichen Leistungen vom dortigen Staat erhalten können, die schwedischen Staatsangehörigen zustehen. Damit sah sich das *issue network* ‚beitragsunabhängige soziale Grundsicherungen' zu Beginn der Agenda-Gestaltungsphase mit neuen Herausforderungen konfrontiert, die der Modernisierung der Sozialschutzsysteme der damaligen EU-15 eine neue und andere Dynamik verliehen.

Denn angesichts dessen, dass die Verhandlungen zur Erweiterung der EU auf 27 Mitgliedstaaten zu diesem Zeitpunkt bereits sehr weit fortgeschritten waren und der Mai 2004 als Termin für den Beitritt von zehn Staaten zur EU feststand, bedeutete das EuGH-Urteil auch, dass Bürgerinnen und Bürgern insbesondere der neuen mittel- und osteuropäischen Mitgliedstaaten, die ihren Wohnsitz in den ‚alten' EU-15 nehmen, ab Mai 2004 dort Anspruch auf alle Sozialleistungen nach landesüblichen Gepflogenheiten geltend machen können. Die Beitrittverhandlungen wurden seither zum einen von Debatten darüber geprägt, ob die Freizügigkeit der Arbeitnehmenden aus diesen Ländern im Rahmen von Übergangsregelungen eingeschränkt werden sollte, um die Inanspruchnahme der Sozialsysteme der EU-15 zu vermeiden bzw. zumindest zu verzögern. Zum anderen wurde auch das Aufenthaltsbestimmungsrecht der mittel- und osteuropäischen Staatsangehörigen problematisiert. Insbesondere die Bundesrepublik Deutschland und Österreich setzten sich für Übergangsbestimmungen ein (vgl. Sozialistische Zeitung vom 29.3.2001: 7).

Die weitreichenden Konsequenzen des EuGH-Urteils führten außerdem abermals zu einer Intensivierung der Diskussion um die Notwendigkeit einer Reform der EU-Institutionen und -Entscheidungsprozesse. U. a. wurde beschlossen, dass noch vor der EU-Osterweiterung in den Bereichen der Wirtschafts-, Beschäftigungs- und Sozialpolitiken Bedingungen geschaffen werden sollten, die ein kooperatives Agieren aller Mitgliedstaaten gewährleisten und einen gegenseitigen Unterbietungswettbewerb innerhalb der EU verhin-

---

81   Vgl. Rs. C-184/99, Slg. 2001, I-6193.

dern. Die Debatten mündeten in der Einberufung eines Konvents zur Erarbeitung einer EU-Verfassung, der strukturell ähnlich zusammengesetzt war wie der EU-Grundrechtscharta-Konvent. Der Verfassungskonvent tagte ab Dezember 2001. Er sollte seine Ergebnisse im Juni 2003 vorlegen (detailliert vgl. z. B. Hurrelmann 2005).

Auf bundesdeutscher Ebene reagierten die Regierungschefs der bundesdeutschen Länder, die für die Gewährung und Finanzierung der bundesdeutschen ‚beitragsunabhängigen sozialen Grundsicherung' – damals noch in Form der so genannten Sozialhilfe – verantwortlich zeichneten, zunächst mit der Veranstaltung einer Konferenz am 24. und 26. Oktober 2001. Sie kamen überein, „Verhandlungen mit dem Bund über die Modernisierung der bundesstaatlichen Ordnung aufzunehmen" (Deutscher Bundestag Bundesrat Öffentlichkeitsarbeit 2005: 15). Anlässlich eines vorbereitenden Treffens noch im Dezember 2001 wurde ein Fahrplan festgelegt:

„In ihrer Besprechung am 20. Dezember 2001 betonten die Regierungschefs von Bund und Ländern die Notwendigkeit einer Überprüfung des Verhältnisses zwischen Bund und Ländern im Hinblick auf die Zweckmäßigkeit und Effizienz der Aufgabenerfüllung und die Zuordnung der politischen Verantwortlichkeit. Die Verhandlungen über die möglichen Reformschritte sollten alsbald mit dem Ziel aufgenommen werden, sie bis Ende 2003 abzuschließen. Die gesetzliche Umsetzung der Reform sollte bis Ende 2004 abgeschlossen sein. Dazu wurden ein Lenkungsausschuss ‚Föderalismusreform' und die Arbeitsgruppen ‚Finanzen' und ‚Innerstaatliche Kompetenzordnung' eingesetzt" (ebd.: 15).

Damit erreichte die Debatte über die Notwendigkeit einer bundesdeutschen Föderalismusreform die zweite Phase. War es zuvor der Bund, der im Kontext des europäischen Integrationsprozesses eine Neuregelung der Interessenvertretung auf europäischer Ebene einforderte, waren es nun die Bundesländer, die auf eine Reform der bundesstaatlichen Kompetenz- und Finanzordnung drängten; sie waren insbesondere daran interessiert, die Kosten für den zu erwartenden Anstieg der bundesdeutschen Sozialhilfeleistungen umzuverteilen.

Auch die Kooperationen der EU-15 im Bereich des Sozialen intensivierten sich nach dem EuGH-Urteil. Ebenfalls noch im Dezember 2001 beschloss der Rat ‚Beschäftigung und Sozialpolitik' die beschleunigte Einleitung der zweiten NAPincl-Runde (vgl. Rat der Europäischen Union 2001). Der Rat legte fest, dass der Prozess der Ausgestaltung von nationalen Reformideen und -plänen im ersten Halbjahr 2002 durch ein so genanntes gegenseitiges Lernen der Mitgliedstaaten begleitet und durch die Europäische Kommission gefördert werden sollte. Die zweite Hälfte des Jahres 2002 sollte genutzt werden, um im ESSA die Ergebnisse der nationalen Prozesse zu reflektieren und bis Ende 2002 *Schlussfolgerungen* für die zweite NAPincl-Runde zu *formulieren* (vgl. Rat der Europäischen Union 2001: 14). Damit schlug der Rat dem Europäischen Rat das *soft-law*-Verfahren vor, wie es gem. Art. 137 u. 144 EGV in der Fassung des Vertrages von Nizza vorgesehen ist. Allerdings war der Vertrag von Nizza zu diesem Zeitpunkt noch nicht in Kraft; weshalb der Amsterdamer Vertrag fortgalt. Demnach war das *de jure* zulässige Verfahren dasjenige nach Art. 140 EGV, das der Europäischen Kommission die zentrale Machtposition beim *soft-law*-Regieren im Bereich des Sozialen einräumt.

Am 12. Januar 2002 trat das *Aktionsprogramm der Gemeinschaft zur Förderung der Zusammenarbeit der Mitgliedstaaten bei der Bekämpfung von Ausgrenzung* in Kraft, das die Europäische Kommission – unabhängig von der Wirksamkeit des Vertrags von Amsterdam – auf *europäischer Ebene* zum horizontalen MOK-Regieren im Politikbereich ‚Bekämpfung von Ausgrenzung' ermächtigt. Die Kommission reagierte prompt und nutzte schon drei Tage später ihr ‚horizontales' Initiativrecht, um in einem Arbeitsdokument die Erfolge der Lissabon-Strategie zu resümieren und weitere Ausgestaltungsvorstellungen vorzustellen (vgl. KOM 2002). Darin führt die Kommission aus, dass in allen Politikbereichen der Lissabon-Strategie, in denen sie bereits ein Initiativrecht besitzt, wie z. B. der Wirtschafts-, Informations-, Technologie-, Bildungs-, Umwelt- und der Beschäftigungspolitik, weitreichende Erfolge verbucht werden konnten, dass im Bereich der Sozialpolitik hingegen kaum Erfolgsmeldungen zu verzeichnen waren (vgl. ebd.: 25ff.). Das Dokument wurde allen Mitgliedstaaten zur Vorbereitung des zweiten Frühjahrsgipfels des Europäischen Rates in Barcelona im März 2002 übermittelt.

Kurz vor diesem Märzgipfel tagte der Rat ‚Beschäftigung und Soziales'. Er hob u. a. hervor, er sehe

„das Erfordernis einer Stärkung des Gleichgewichts, der Kohärenz, der *Koordinierung und der Synchronisierung zwischen der sozialen und der wirtschaftlichen Dimension* im Rahmen der Lissabonner Strategie mittels der in beiden Bereichen jeweils eingesetzten Instrumente" (Europäischer Rat 2002: 44; Herv. i. O.).

Des Weiteren erklärte der Rat erneut die Vollbeschäftigung zum wesentlichen Ziel jeder Wirtschafts- und Sozialpolitik und empfahl dem Europäischen Rat im Bereich der ‚bedarfsorientierten sozialen Grundsicherungspolitik' folgenden Beschluss:

„Er [der Rat] weist erneut darauf hin, dass es gemäß den Schlussfolgerungen des Europäischen Rates von Nizza einer Verstärkung der sozialen Integration und der *Bekämpfung der sozialen Ausgrenzung* bedarf, wobei seines Erachtens trotz des multidisziplinären Charakters dieses Phänomens das beste Integrationsmittel eine Arbeitsstelle ist, weshalb eine Zusammenarbeit von Arbeits- und Sozialämtern von entscheidender Bedeutung für eine Verbesserung der Beschäftigungsfähigkeit der sozial Ausgegrenzten ist. Eine Beschäftigung ist der Arbeitslosigkeit immer vorzuziehen, sie muss aber gewisse Mindestvoraussetzungen erfüllen und Chancen auf einen beruflichen Aufstieg bieten" (ebd.: 46; Herv. i. O.).

Der Rat legte dem Europäischen Rat diese Empfehlung gemeinsam mit weiteren Empfehlungen zur Förderung des aktiven Alterns, zur Etablierung des MOK-Regierens im Bereich der Rentenpolitik und zur Koordinierung der

Gesundheits- und Pflegepolitiken aller Mitgliedstaaten der EU im Vorfeld der Barcelona-Tagung im März 2002 vor.

Noch vor dem Märzgipfel trafen sich die Staats- und Regierungschefs sowie die Außen- und die Finanzminister mit ihren Amtskollegen aus den dreizehn Bewerberländern, um die Lissabonner Strategie und ihre Umsetzung zu erörtern. Sie hielten fest:

„Der Europäische Rat sieht die Lissabonner Strategie als einen Anreiz für die Bewerberländer, grundlegende wirtschaftliche, soziale und umweltpolitische Ziele aufzustellen und umzusetzen, sowie als einen Prozess beiderseitigen Lernens" (ebd.: 2).

Seither stellen auch die Beitrittskandidaten der EU Nationale Aktionspläne auf und nehmen am MOK-Regieren teil. Weitere Vorgespräche des Europäischen Rates mit dem Präsidenten des Europäischen Parlaments führten zu der Schlussfolgerung, dass im Rahmen der Lissabon-Strategie eine neue „Partnerschaft für politischen Dialog und pragmatische Veränderungen" zu begrüßen sind (ebd.).

Angesichts des EuGH-Urteils und der bevorstehenden Ost-Erweiterung wichen die hehren demokratiepolitischen Ziele des MOK-Regierens zusehends einem politischen Pragmatismus. Der Handlungsdruck wuchs, um die hochentwickelten Sozialschutzsysteme der bisherigen Mitgliedstaaten bis Mai 2004 auf die EU-Erweiterung vorzubereiten. Entsprechend kam der Europäische Rat im März 2002 zu folgender Einschätzung:

„Der Europäische Rat hat auf der Grundlage des Frühjahrsberichts der Kommission die Fortschritte geprüft, die in den ersten beiden Jahren der Umsetzung der Lissabonner Strategie erzielt wurden. Er stellt fest, dass es wichtige Erfolge gab, die Fortschritte aber in einigen Bereichen zu langsam waren. Er hat dabei die Beiträge der einzelnen Fachräte berücksichtigt. Das Ziel ist es nun, die Strategie zu vereinfachen und zu konsolidieren, um eine effektivere Umsetzung der bereits gefassten und der heutigen Beschlüsse zu gewährleisten" (ebd.).

Zu den gefassten Beschlüssen des Europäischen Rates zählte auch der folgende:

„Die Steuer- und Leistungssysteme sollten dahin gehend angepasst werden, dass Arbeit lohnt und Arbeitssuche gefördert wird. Bestimmte Aspekte sollten von den Mitgliedstaaten weiter überprüft werden, so z.B. die Auflagengebundenheit der Leistungen, die Anspruchsberechtigung, die Leistungsdauer, die Lohnersatzquote, die Existenz von Lohnergänzungsleistungen, die Gewährung von Steuererleichterungen, die Verwaltungssysteme und die Managementeffizienz" (ebd.: 11).[82]

In der Bundesrepublik Deutschland reagierte man im Politikbereich ‚beitragsunabhängige soziale Grundsicherung' folgendermaßen: Das Bundeskanzler-

---

82 Somit muss sowohl die institutionelle Reorganisation der Bundesanstalt für Arbeit wie auch die ihrer Statistik, die zu Beginn des Jahres 2002 eingeläutet wurde (vgl. z.B. Frankfurter Allgemeine Zeitung vom 28.2.2002: 1), als Restrukturierung im Rahmen des europäischen Integrationsprozesses verstanden werden.

amt entwickelte ein Papier mit dem Titel ‚Arbeitslosenhilfe/Sozialhilfe‘. Dessen Inhalt wurde erstmals von Florian Gerster, den Bundeskanzler Gerhard Schröder kurz zuvor zum designierten Präsidenten der Bundesanstalt für Arbeit ernannt hatte,[83] in Positionen testender Manier publik gemacht: Die Sozial- und die Arbeitslosenhilfe sollten auf dem Niveau der Sozialhilfe zusammengelegt werden (vgl. Handelsblatt vom 4.3.2002: 3). Während der Vorschlag bei Bundesarbeitsminister Walter Riester, dem Vorsitzenden der SPD-Arbeitsgemeinschaft für Arbeitnehmerfragen, Ottmar Schreiner, und den Gewerkschaften auf vehemente Ablehnung stieß, zeigten sich die Oppositionsparteien des Bundestages einer solchen von ihnen schon lange geforderten Initiative gegenüber außerordentlich zugeneigt und bezeichneten die Gegner als reformunwillig (vgl. ebd.).

Daraufhin setzte die Bundesregierung im Jahr der Bundestagswahl die Kommission ‚Moderne Dienstleistungen am Arbeitsmarkt‘ ein. Eine ihrer Aufgaben bestand darin, das hier im Fokus stehende Reformvorhaben administrativ vorzubereiten (vgl. Bericht der Hartz-Kommission 2002: 16). Kurz danach wurden die relevanten Mitarbeiter aus den SPD-geführten Arbeits- und Sozialministerien des Bundes und der Länder zu einem Geheimtreffen in die Bremer Landesvertretung in Berlin geladen, um ihnen das zwanzigseitige Papier des Bundeskanzleramtes mit seinen Eckpunkten zur Verschmelzung von Arbeitslosen- und Sozialhilfe vorzustellen; dabei wurde ihnen vermittelt, es bestehe dringender Reformbedarf, weshalb die notwendigen Schritte noch im Jahr des Bundestagswahlkampfs 2002 in die Wege zu leiten seien. Das Vorhaben sei als zentrale Aufgabe der darauffolgenden Legislaturperiode zu betrachten (vgl. Der Spiegel vom 30.3.2002: 88).

Zum Vorsitzenden der Kommission ‚Moderne Dienstleistungen am Arbeitsmarkt‘ wurde ein Vertrauter Gerhard Schröders ernannt: Peter Hartz. In die nach ihm benannte Hartz-Kommission wurden 14 weitere Personen berufen: ein Landesminister, ein Vertreter der kommunalen Ebene, ein Vertreter der Landesarbeitsämter, ein Vertreter des Mittelstandes, vier Vorstandsmitglieder größerer Unternehmen, zwei Vertreter der Gewerkschaften, drei Vertreter von Unternehmensberatungen und zwei Wissenschaftler. Außerdem erhielt die Hartz-Kommission eine Geschäftstelle, die aus 15 Bediensteten des BMAS und der Bundesanstalt für Arbeit (BA) bestand. Die Geschäftstelle bereitete die Sitzungen der Hartz-Kommission vor und stellte Informationsmaterial zur Verfügung (vgl. Schmid 2003, zit. n. Weimar 2004: 170–171).

Wie Weimar (2004) detailliert darlegt, repräsentierte die Hartz-Kommission und ihre ministeriell geführte Geschäftstelle in ihrer Zusammensetzung

---

83 Zu fragen ist, ob der Statistikskandal der Bundesanstalt für Arbeit, der zum Rücktritt ihres damaligen Präsidenten Bernhard Jagoda führte, vor dem Hintergrund der nationalen Durchsetzung der auf europäischer Ebene eingegangenen Verpflichtungen der Bundesregierung neu zu bewerten ist.

u. a. die korporatistischen Akteure des tradierten Verhandlungsnetzwerkes der Arbeitslosenpolitik in der Bundesrepublik Deutschland.[84] In ihrer Analyse des Policy-Netzwerkes der Hartz-Kommission weist Weimar nach, dass neben der Bundesregierung als Auftraggeberin auch die Bundestagsabgeordneten aller Parteien, die Landesregierungen und die Kommunen sowie zusätzliche Vertreter der Arbeitgeberverbände, der Gewerkschaften, der BA und diverser Arbeitsloseninitiativen an den Sitzungen der Hartz-Kommission teilnahmen. Zudem erhebt sie, dass die eingebrachten Vorschläge Eingang in den am 16. August 2002 vorgelegten Bericht der Hartz-Kommission fanden, der in einer dominant kooperativen Interaktion entstand (vgl. Weimar 2004: 169–183). Damit gelang es der Hartz-Kommission, die bundesdeutsche Organisationsreform der Arbeitslosen- und Sozialhilfeverwaltungen sowie die administrativen Eckdaten der geplanten nationalen Reformen der sozialen Absicherung von Erwerbsunfähigen durch die neue Sozialhilfe und von erwerbsfähigen Arbeitslosen durch das Arbeitslosengeld I und II nahezu im europäischen Zeitplan zu entwickeln und vorzubereiten (vgl. Bericht der Hartz-Kommission 2002: 27).

Bemerkenswert ist allerdings, dass Weimar zwar eine Expansion des tradierten, bundesdeutschen Verhandlungsnetzwerkes der Arbeitslosenpolitik – wenn auch nur am Rande – benennt (vgl. ebd.: 173 u. 182), aber nicht einzuordnen vermag. So konstatiert sie, dass insbesondere die Beamten des BMAS in den Sitzungen der Hartz-Kommission „immer wieder auf die Verpflichtungen hin[wiesen], die Deutschland in der EU eingegangen sei" (ebd.: 173). Auch macht sie darauf aufmerksam, dass Peter Hartz der EU-Kommissarin für Beschäftigung und soziale Angelegenheiten Bericht erstattete, die bundesdeutschen Reformvorhaben mit ihr koordinierte und ihre inhaltlichen Vorschläge in die von ihm geleitete Kommission einbrachte (ebd.); ein Verfahren, das nach Art. 140 EGV legitimiert ist. Desgleichen erwähnt Weimar, dass die Arbeit der Hartz-Kommission durch die Bertelsmann Stiftung unterstützt wurde, die für die Kommissionsmitglieder „Benchmarking-Reisen ins europäische Ausland" (ebd.: 182) organisierte. Diese Reisen führten sie in diejenigen Länder, in denen die soziale Absicherung und die Verwaltung von Erwerbslosigkeit im europäischen Vergleich als ,best practices' identifiziert worden waren (vgl. ebd.: 54; vgl. auch Bericht der Hartz-Kommission 2002). Die Inkorporation der Ergebnisse des parallel von der Europäischen Kommission gesteuerten horizontalen MOK-Regierens, das die Identifikation und Koordination von mitgliedstaatlichen ,best practices' vornahm, könnte damit sichergestellt worden sein.

Noch während die Hartz-Kommission tagte, legte das Land Hessen, das mit Roland Koch von einem CDU-Ministerpräsidenten regiert wurde, am 21. Mai 2002 dem Bundesrat seinen *Entwurf eines Gesetzes zum optimalen*

---

84   Vgl. z. B. Streeck (1994); Czada (2005).

Fördern und Fordern in Vermittlungsagenturen (OFFENSIV-Gesetz) vor (vgl. BT-Drucks. 443/02). Der Entwurf wurde im Bundesrat von einer Vertreterin Hessens vorgestellt, am 31. Mai 2002 ohne Debatte verabschiedet und anschließend an die Bundesregierung übermittelt. Damit machte der Bundesrat von Art. 76 Abs. 1 GG Gebrauch. So verdeutlichte und dokumentierte er seine Position, die von der Bundesregierung auf europäischer Ebene, insbesondere in den Verhandlungen auf den Treffen des Europäischen Rates und des Rates im Juni 2002, zu berücksichtigen waren; sie lag noch vor den Vorschlägen der Hartz-Kommission vor. Der Gesetzentwurf des Bundesrates wurde gemeinsam mit einer Stellungnahme der Bundesregierung am 16. Juli 2002 an den Bundespräsidenten weitergeleitet. Die Bundesregierung lehnte den Gesetzentwurf ab, da er „die Möglichkeit vor[sieht], mit den Regelungen für die Zumutbarkeit von Arbeit, für Sperrfristen und für Leistungskürzungen regional zu experimentieren" (BT-Drucks. 14/9802: 15). Trotz ihrer ablehnenden Haltung war die Bundesregierung laut Art. 23 GG verpflichtet, die Politikgestaltungsvorstellungen des CDU/CSU-dominierten Bundesrates auf europäischer Ebene zu vertreten.

Alle mitgliedstaatlichen Reformen und Pläne im Politikbereich Bekämpfung von Armut und sozialer Ausgrenzung standen am 17. und 18. Oktober 2002 auf einer ‚europäischen Rundtisch-Konferenz' in Aarhus zur Diskussion (vgl. Rat der Europäischen Union 2002: 2). Zu einer Veranstaltung dieser Art werden alle politischen und privaten Akteure der supranationalen und europäischen Ebene einmal im Jahr eingeladen, um ihre Beteiligung am MOK-Regieren zu gewährleisten.[85] Auch der ESSA nahm teil. Der Rat ‚Beschäftigung, Sozialpolitik, Gesundheit und Verbraucherschutz' hatte den ESSA im Juli 2002 gebeten, neue ‚Gemeinsame Ziele' für die zweite NA-Pincl-Runde zu erarbeiten, und die Ergebnisse der Konferenz sollten in diesen Prozess mit einfließen (vgl. ebd.).

Noch bevor der ESSA seine Beratungen abgeschlossen hatte, nutzte der Bundesrat abermals Art. 76 Abs. 1 GG und legte das hessische OFFENSIV-Gesetz als *Entwurf eines Gesetzes zum Fördern und Fordern arbeitsfähiger Sozialhilfeempfänger und Arbeitslosenhilfebezieher (Fördern-und-Fordern-Gesetz)* am 29. Oktober 2002 vor (vgl. BR-Drucks. 804/02). Dieses Mal reichte der CSU-regierte Freistaat Bayern den Gesetzentwurf ein. Das weitere Prozedere verlief wie zuvor beim hessischen Gesetzeswurf und führte zur Debatte beider Bundesratsgesetzentwürfe im Rahmen der ersten Hartzgesetzgebungsprozesse im Herbst 2002. Dadurch fanden beide Bundesratsvorschläge im Bundestag und der Öffentlichkeit wenig Beachtung. Dennoch mussten die deutschen Vertreter im ESSA und im Rat die Positionen des Bundesrates bei den Verhandlungen mit den anderen Mitgliedstaaten berücksichtigen. Der Rat legte dem Europäischen Rat die ‚Gemeinsamen Ziele' für die zweite

---

85 Die Organisation und Vorbereitung dieser Konferenzen obliegt der Europäischen Kommission (vgl. Behning 2004: 133).

NAPincl-Runde im November 2002 zur Annahme vor (vgl. Rat der Europäischen Union 2002). Darin wurden die Mitgliedstaaten aufgefordert, bis Juli 2003 ihre ‚NAPincl 2003–2005' zu erstellen. Dadurch, dass der Bundesrat die Gesetzentwürfe vorgelegt hatte und damit aktiv geworden war, musste seine Position im Rahmen des zweiten bundesdeutschen NAPincl berücksichtigt werden. Die ‚Gemeinsamen Ziele' wurden vom Europäischen Rat auf seiner Tagung im Dezember 2002 in Kopenhagen angenommen, in dessen Mittelpunkt allerdings der Abschluss der Verhandlungen mit den zehn neuen Beitrittskandidaten stand.

Am 1. Februar 2003 trat der Vertrag von Nizza in Kraft. Seither sind das faktische gemeinschaftliche Handeln mittels des sozialpolitischen MOK-Regierens sowie die gemeinschaftliche Modernisierung der Systeme des sozialen Schutzes vertragsrechtlich legitimiert. Das Länder-Argument der Kompetenzüberschreitung des Bundes auf europäischer Ebene wurde durch europäisches Recht vollständig entkräftet. Eine öffentliche Diskussion wurde möglich und aufgrund der Tatsache, dass in der Regel der Bundesrat Gesetzesvorhaben im Bereich des Sozialen zustimmen muss, unumgänglich. Um Bundestag, Bundesrat und die Bürgerinnen und Bürger medienwirksam zu informieren, griff Bundeskanzler Gerhard Schröder zum Mittel der Regierungserklärung. Am 14. März 2003 stellte er die ‚Agenda 2010' im Deutschen Bundestag vor, die – wie es im zweiten bundesdeutschen NAPincl heißt – ein entscheidender Ansatz der Bundesregierung zur Erreichung der Ziele der Lissabon-Strategie ist (vgl. BT-Drucks. 15/1420: 3). Damit eröffnete er eine Bundestagsdebatte über die geplanten Reformvorhaben, die zugleich die Positionen der Parteien in Bundestag und Bundesrat öffentlich machte und die Frage nach der Unterstützung der Reformagenda klärte.

In seiner Rede ließ Schröder anklingen, dass die Regierungsvorhaben insbesondere mit Frankreichs Staatspräsident Jacques Chirac und dem britischen Premierminister Tony Blair entwickelt und mit den Partnern in Europa abgestimmt worden sind (vgl. BT-Plenarp. 15/32: 2481). Zudem benutzte er den Ausdruck ‚Fördern und Fordern' und bezog sich somit auf das von Bayern eingebrachte ‚Fördern-und-Fordern-Gesetz' als Grundkonzeption der Arbeitsmarktpolitik (vgl. BR-Drucks. 804/02), was als Kooperationssignal an die Opposition im Sinne des Art. 23 GG interpretiert werden kann. Außerdem kündigte er den Hartz-IV-Gesetzentwurf der Bundesregierung an und deklarierte ihn als Teil der *Agenda 2010*. In der anschließenden Debatte sicherten die Fraktionen des Bundestages ihre Unterstützung zu. Mit Hinweis auf ihre Bundesratsmehrheit – die seit dem 16. Mai 2002 kontinuierlich anwuchs – machten die Oppositionsparteien des Bundestages ihre Unterstützungszusage allerdings davon abhängig, dass weiter gehende Kürzungsmaßnahmen als die von der Regierung geplanten beschlossen werden (vgl. BT-Plenarp. 15/32: 2493–2545).

Mit der Gewissheit, die geplanten Sozialstaatsreformen in der Bundesrepublik Deutschland durchsetzen zu können, nahm Bundeskanzler Schröder daraufhin an der dritten Sitzung des Europäischen Rates zur Koordinierung der Ziele der Lissabon-Strategie teil, die vom 20. bis 21. März 2003 in Brüssel stattfand. Auf dieser Sitzung stand die Straffung der Koordinierungspolitiken in den Wirtschafts-, Beschäftigungs- und Sozialpolitiken im Vordergrund (vgl. Europäischer Rat 2003). Wesentliches Anliegen des Europäischen Rates war es, nachdem der Vertrag von Nizza in Kraft getreten war, nun auch in den Wirtschafts- und Beschäftigungspolitiken Handlungskompetenzen zurückzugewinnen. Entsprechend wurde die Europäische Kommission beauftragt, ein Konzept zu entwickeln, das die drei politikfeldspezifischen *soft-law*-Politiken aufeinander abstimmt und die soziale Dimension der Lissabon-Strategie stärkt (vgl. KOM 2003a). Die *Agenda 2010* diente als bundesdeutsche Verhandlungsgrundlage und wurde als Vorlage für die gestraffte Koordinierungspolitik genutzt. Außerdem legten die Staats- und Regierungschefs der Mitgliedstaaten u. a. Folgendes fest:

„Die Mitgliedstaaten müssen die Steuer- und Sozialleistungssysteme substanziell reformieren, größere Anreize für die Aufnahme einer Beschäftigung und die Teilnahme am Arbeitsmarkt schaffen und geschlechtsspezifische Unterschiede auf dem Arbeitsmarkt verringern" (Europäischer Rat 2003: 3).

Hinsichtlich der nationalen Reformen im Bereich der ‚beitragunabhängigen sozialen Grundsicherungspolitik' verpflichteten sich die Mitgliedstaaten erneut, bei der Ausgestaltung ihrer Reformpolitiken „die Bedeutung des Austausches bewährter Praktiken im Bereich soziale Eingliederung" zu beachten (ebd.: 23).

Für die Erstellung des bundesdeutschen ‚NAPincl-2003–2005' zeichnete das Bundesministerium für Gesundheit und Soziale Sicherung (BMGS) unter Bundesministerin Ulla Schmidt verantwortlich.[86] Der ESSA entwickelte unter Beteiligung von BMGS-Bediensteten ein Gliederungskonzept für die ‚NAPincl 2003–2005' sämtlicher Mitgliedstaaten (vgl. Ausschuss für Sozialschutz 2002). Die für den bundesdeutschen ‚NAPincl-2003–2005' zuständige BMGS-Abteilung erfuhr ihrerseits Unterstützung durch einen neuen interministeriellen Ausschuss auf Bundesebene, den so genannten ‚Ressortkreis'. Seine Aufgabe war u. a. die politikfeldübergreifende Koordinierungen aller Reformprojekte im Rahmen der nationalen Umsetzung der Lissabon-Strategie. Außerdem lieferten ein seit Oktober 2002 in den Prozess inkludiertes subnationales Gremium, die Konferenz der Obersten Landessozialbehörden, sowie die Bürokratien der Landesministerien Informationen und Material (vgl. Büchs/Friedrich

---

86 Das von Walter Riester geführte Bundesministerium für Arbeit und Sozialordnung wurde nach der Bundestagswahl 2002 aufgelöst. Das Ressort ‚Arbeit' wurde dem neu konzipierten Bundesministerium für Wirtschaft und Arbeit unter dem Minister Wolfgang Clement zugeordnet und das Ressort ‚Sozialordnung' in das von Ulla Schmidt geleitete Bundesministerium für Gesundheit und Soziale Sicherung integriert.

2005: 269–270). Ein Entwurf des bundesdeutschen ‚NAPincl 2003–2005'
wurde vom BMGS sämtlichen tradierten Akteure der Armutspolitik mit der
Aufforderung zur Stellungnahme und Beratung im NAPincl-Gremium zugeleitet. Im Vergleich zum Entstehungsprozess des ersten NAPincl war das
Interesse am zweiten Aktionsplan ausgeprägter. Auch einige Angehörige des
Bundestages nahmen am NAPIncl-Prozess teil (vgl. Büchs/Friedrich 2005:
268–273).

Parallel führten die bundesdeutschen Länder und der Bund intensive Debatten zur Föderalismusreform.

„Am 27. März 2003 verabschiedeten die Regierungschefs der Länder ihre *Leitlinien für die
Verhandlungen mit dem Bund über die Modernisierung der bundesstaatlichen Ordnung.*
Unter dem 31. März 2003 beschlossen die deutschen Landesparlamente auf ihrem Föde-
ralismuskonvent die ‚Lübecker Erklärung der deutschen Landesparlamente' mit dem Titel
‚*Bekenntnis zum Föderalismus und zur Subsidiarität – Landesparlamente stärken!* '. Die
Position der Bundesregierung ist in einem Papier vom 9. April niedergelegt (*Modernisie-
rung der bundesstaatlichen Ordnung – Position des Bundes)*" (Deutscher Bundestag Bundesrat Öffentlichkeitsarbeit 2005: 15; Herv. i. O.).

Während der Bund für eine Zentralisierung von Kompetenzen, Finanz- und
Verwaltungsstrukturen eintrat, befürworteten die Bundesländer eine Neuglie-
derung des Finanzausgleichs zwischen Bund und Ländern sowie die Stärkung
der Länderkompetenzen. Daraufhin schlug der Vorsitzende der SPD-
Bundestagsfraktion, Franz Müntefering, „am 18. Juni 2003 im Namen seiner
Fraktion vor, im Herbst 2003 des Jahres eine umfassende Debatte zur Modernisierung der bundesstaatlichen Ordnung zusammen mit dem Bundesrat
zu führen sowie das Verfahren zur Einrichtung einer Verfassungskommission
zu klären" (ebd.).

Für die bundesdeutschen Debatten von Bedeutung war auch der vom eu-
ropäischen Verfassungskonvent erarbeitete Entwurf einer Verfassung für die
Europäischen Union (*Vertrag über eine Verfassung für Europa – VVE*). Der
Entwurf, der eindeutig föderale Grundzüge trägt, wurde dem Europäischen
Rat im Juni 2003 vorgelegt. Als neues Rechtsinstrument dient laut VVE das
Rahmengesetz, das auch in allen Politikbereichen der Lissabon-Strategie
Anwendung finden soll. Teil II des VVE bildet die unveränderte Grund-
rechtcharta. Im Bereich des Sozialen führt der VVE eine geteilte Zuständig-
keit zwischen der Union und den Mitgliedstaaten ein (vgl. Art. I-3 und I-14
VVE) und Art. 137 EGV wird als Art. III-210 VVE in die Verfassung über-
nommen. Letztgenannter VVE-Artikel weist auf ein modifiziertes MOK-
Verfahren hin, das zur Verabschiedung von Gesetzen oder Rahmengesetzen –
also *hard laws* – auf europäischer Ebene genutzt werden soll. Somit legitimiert der europäische Verfassungsvertrag nicht nur das sozialpolitische
MOK-Regieren und grenzt die Kompetenzen der Europäischen Kommission

abermals ein,[87] sondern überführt das MOK-Regieren vom Modus des *soft law* in den Modus des *hard law*. Festzuhalten ist, dass mit dem Inkrafttreten der EU-Verfassung alle Mitgliedstaaten durch europäisches Gesetz und/oder Rahmengesetz, das durch das MOK-Regieren erzeugt werden kann, zur Umsetzung von unionsweit gültigem Sozialrecht und entsprechenden Mindeststandards verpflichtet werden können – Rechtsinstrumente, die allen Mitgliedstaaten im Bereich des Sozialen Sicherheit bieten und einen gegenseitigen Unterbietungswettbewerb innerhalb der EU verhindern können.

Die Europäische Kommission reagierte mit ihrer Mitteilung *Stärkung der sozialen Dimension der Lissabonner Strategie: Straffung der offenen Koordinierung im Bereich Sozialschutz*, die sie am 12. Juni 2003 – kurz vor dem Gipfel des Europäischen Rates im Juni 2003 – veröffentlichte (vgl. KOM 2003a). Mit diesem Dokument wird ein Fahrplan für den Zeitraum von 2003 bis 2008 aufgestellt, der die gemeinsamen Reformanstrengungen aller Mitgliedstaaten der EU sowie der Beitrittsländer dezidiert festlegt (vgl. ebd.: 20ff.). Er erstreckt sich über die Wirtschafts-, die Beschäftigungs- und die Sozialpolitiken. In der Sozialpolitik umfasst er Koordinierungen in den Bereichen soziale Eingliederung, Renten und Gesundheitswesen (vgl. ebd.: 2ff.). Hervorzuheben ist, dass die Europäische Kommission den ihr übertragenen Auftrag zur Erstellung eines Fahrplans zur Straffung aller genannten Koordinierungspolitiken nutzte, um das MOK-Regieren erneut zu modifizieren. Im Dokument heißt es: „Sowohl im Rahmen des Prozesses im Rentenbereich als auch im Rahmen des Prozesses im Bereich soziale Eingliederung fällt der Kommission eine Initiativrolle zu" (ebd.: 13). Nachdem in mehreren Mitgliedstaaten ein Regierungswechsel von sozialdemokratischen hin zu konservativen Regierungen stattgefunden hatte, stellten konservative Staats- und Regierungschefs am Ende der Agenda-Gestaltungsphase die Mehrheit im Europäischen Rat. Der Vorschlag der Europäischen Kommission passierte den Europäischen Rat und ermöglichte der Europäischen Kommission erneut, das MOK-Regieren – mit Ausnahme des Bereichs Gesundheitswesen – zu gestalten (vgl. z. B. KOM 2003b).

Kurz vor der Überstellung des zweiten bundesdeutschen NAPincl an den Bundestag und den Bundesrat lud Franz Müntefering die Vorsitzenden der im Bundestag vertretenen Fraktionen am 8. Juli 2003 zu einem Treffen ein (Deutscher Bundestag Bundesrat Öffentlichkeitsarbeit 2005: 16).

„Er [Franz Müntefering] wies darauf hin, dass viele Entscheidungswege sich im föderalen System der Bundesrepublik Deutschland als zu lang und zu kompliziert erwiesen hätten. Die Verantwortlichkeiten auf den einzelnen Ebenen seien nicht immer transparent oder sinnvoll zugeordnet. Nach der Übereinkunft der Vorsitzenden der Bundestagsfraktionen erklärten auch die Landesregierungen ihr Einverständnis mit der Einrichtung einer gemeinsamen Kommission von Bundestag und Bundesrat zur Modernisierung der bundesdeutschen Ordnung" (ebd.).

---

87 Vgl. insbesondere die Erklärung zu Art. III-213 VVE (im Vertrag von Nizza: Art. 140 EGV).

Am 10. Juli 2003 wurde der bundesdeutsche ‚NAPincl 2003–2005' durch die Bundesregierung an den Bundestag (vgl. BT-Drucks. 15/1420: 15–16) und den Bundesrat weitergeleitet (vgl. BR-Drucks. 478/03). Der Beratungsspielraum bis zum Abgabetermin am 31. Juli 2003 wurde in der Agenda-Gestaltungsphase des Hartz-IV-Gesetzes weder vom Bundestag noch vom Bundesrat genutzt. Eine Bearbeitung durch die Bundesrats- und Bundestagsgremien erfolgte erst, nachdem der Bundesrat am 14. Oktober 2003 und der Bundestag am 16. Oktober 2003 die Einsetzung der gemeinsamen Kommission zur Modernisierung der bundesstaatlichen Ordnung beschlossen hatten (ebd.: 17).[88]

6.3.3 Die politologisch-institutionalistische Analyse

Die Rationalitäten des kommunikativen Handelns der Akteure der Agenda-Gestaltungsphase des Politikprozesses zum Hartz-IV-Gesetz werden im Folgenden nach dem unter 6.2.2 vorgestellten Analyseraster untersucht.

6.3.3.1 Teilnahme

In der Agenda-Gestaltungsphase lässt sich folgende Teilnahmestruktur feststellen:

– *Auf der supranationalen und der europäischen Ebene nahmen teil:* der Europäische Rat und der Rat, die Europäische Kommission, der ESSA, der EuGH, die Außen- und Finanzminister der EU-15, die EU-Beitrittsländer sowie im Rahmen der Rundtisch-Konferenz das Europäische Parlament, die europäischen Organisationen der Sozialpartner und verschiedener NGOs.

– *Auf der europäischen und der bundesdeutschen Ebene nahmen teil:* die rot-grüne Bundesregierung, der/die zuständige Bundesminister(in) und sein/ihr Bundesministerium, der Außenminister und der Finanzminister, die Europäische Kommission und – auf europäischer Ebene indirekt – der Bundesrat.[89]

---

88 Der Bundestag behandelte den zweiten NAPincl erst am 17. Oktober 2003, in derselben Plenarsitzung, in der das Hartz-IV-Gesetz vom Bundestag verabschiedet wurde. Erst danach wurde der NAPincl an den Ausschuss für Gesundheit und Soziale Sicherung überwiesen (vgl. BT-Plenarp. 15/67). Dieser legte am 4. Mai 2004 eine positive Beschlussempfehlung vor (vgl. BT-Drucks. 15/3041), die dann am 2. Juni 2005 im Bundestag debattiert wurde (vgl. BT-Plenarp. 15/178). Der Bundesrat reagierte am 15. September 2003 zunächst mit einer Stellungnahme seiner Ausschüsse (vgl. BR-Drucks. 478/1/03), die er dann am 26. September 2003 ohne Debatte verabschiedete (vgl. BR-Plenarp. 791).

89 Wird der Konvent zur Ausgestaltung der EU-Verfassung als Teil des Prozess aufgefasst, nahmen auch bundesdeutsche Parlamentsangehörige teil. Der Verfassungskonvent wird im

– *Auf Bundesebene nahmen an der Hartz-Kommission (Hartz-Prozess) teil*: Peter Hartz (als Vorsitzender), ein Landesminister, ein Vertreter der kommunalen Ebene, ein Vertreter der Landesarbeitsämter, ein Vertreter des Mittelstandes, vier Vorstandsmitglieder größerer Unternehmen, zwei Vertreter der Gewerkschaften, drei Vertreter von Unternehmensberatungen und zwei Wissenschaftler, 15 Bedienstete des BMAS und der BA sowie in beratender Funktion die Bundesregierung, Bundestagsabgeordnete aller Parteien, die Landesregierungen, die Kommunen, die Bertelsmann Stiftung, die Europäische Kommission sowie zusätzliche Vertreter der Arbeitgeberverbände, der Gewerkschaften, der BA und diverser Arbeitsloseninitiativen.

– *Auf Bundesebene nahmen am NAPincl-Prozess teil:* das BMAS, der Ressortkreis, die Konferenz der Obersten Landessozialbehörden, die zuständigen Länderministerien, die Mitglieder des DV, einige Bundestagsabgeordnete, die Bundesregierung, der Bundestag und der Bundesrat, den ab dem 16. Mai 2002 CDU- bzw. CSU-Regierungen dominierten.

Vergleicht man die Agenda-Gestaltungsphase des Hartz-IV-Gesetzes mit der von tradierten Gesetzgebungsprozessen in der Bundesrepublik Deutschland, so ist festzustellen, dass auch in dieser Phase ‚neue' Akteure am sozialstaatlichen *policy-making* teil*nahmen*. Hervorzuheben ist, dass sich – im Vergleich zur Problemdefinitionsphase – der Kreis der auf der supranationalen und der europäischen Ebene Teil*nehmen*den veränderte. Als ‚neue' Akteure traten der EuGH und die EU-Beitrittsländer sowie die Außen- und Finanzminister der alten EU-15 hinzu. Auf der bundesdeutschen Ebene wechselte der Kreis der Teilnehmenden zunächst vom tradierten bundesdeutschen *policy*-Netzwerk der Armutspolitik zu dem der Arbeitslosenpolitik. Ein auf Zeit bestelltes Gremium, die Hartz-Kommission, stellte einen neuen Akteur dar. Indem die Hartz-Kommission alle politischen und gesellschaftlichen Akteure der Arbeitslosenpolitik anhörte und ihre Verhandlungen in einer dominant kooperativen Interaktion ausgestaltete, diente ihre Arbeit zugleich der formalisierten und zielgerichteten Agenda-Gestaltung, die auch die Positionen von Arbeitsloseninitiativen berücksichtigte. Außerdem konnten Kooperationen mit der Bertelsmann Stiftung und der Europäischen Kommission gewährleisten, dass die besten Praktiken der anderen Mitgliedstaaten in das *policy-making* der Bundesrepublik Deutschland Eingang fanden.

Durch den Wechsel zur Arbeitslosenpolitik kann zu Beginn der Agenda-Gestaltungsphase eine explizite Exklusion von ‚alten' Akteuren, die traditionell mit dem *issue* ‚beitragsunabhängige soziale Grundsicherung' befasst sind, vom sozialstaatlichen *policy-making* in der Bundesrepublik Deutschland festgestellt werden. Während das BMAS bzw. das BMGS, die parlamen-

---

Rahmen der politologisch-institutionalistischen Analyse jedoch ebenso außer Acht gelassen wie die Entstehungsgeschichte der Föderalismuskommission.

tarischen Akteure, die Länder(-ministerien), die Kommunen und die Sozial-partner von der Hartz-Kommission gehört wurden, galt dies nicht für die Wohlfahrtsverbände; sie wurden erst wieder im NAPincl-Prozess einbezo-gen. Auch für die Agenda-Gestaltungsphase gilt, dass die auf Dauer gestell-ten formalisierten Verhandlungsstrukturen mit Bund und Ländern, den Par-lamenten, den Sozialpartnern und dem DV als Beteiligten aufgebrochen wurden und neue Verhandlungsstrukturen entstanden, die durch eine starke bundesministeriale Steuerung geprägt waren.

Geht man der Frage nach, ob die identifizierten Verschiebungen von Machtressourcen *de jure* zulässig waren, so ist zu konstatieren, dass alle Ak-teure, die auf der supranationalen und der europäischen Ebene handelten, in der gesamten Agenda-Gestaltungsphase auf der Basis des Vertrages von Nizza agierten; dieser trat aber erst am Ende des Untersuchungszeitraums in Kraft. Dennoch ist das Handeln der Europäischen Kommission und das des EuGH durchweg als legitim zu betrachten. Das Handeln der Europäischen Kommission hielt sich im Rahmen der Vorgaben des Art. 140 EGV und auch die Rechtsauslegung des EuGH basierte auf dem gültigen Vertragsrecht. Beide supranationalen Organisationen nahmen *de jure* legitimiert am Politik-prozess teil.

Für die Ausgestaltung von Agenda-Gestaltungsphasen existieren in der Bundesrepublik Deutschland *keine* spezifischen rechtlichen Vorgaben. Eine Agenda-Gestaltung in der Form, wie sie im Prozess der Entstehung des Hartz-IV-Gesetzes praktiziert wurde, hat es zuvor im politischen System der Bundesrepublik Deutschland noch nicht gegeben. Die Einberufung der Hartz-Kommission durch die Bundesregierung kann aber *de jure* als genauso legi-tim gelten wie der Prozess zur Erstellung des zweiten NAPincl. An beiden Prozessen waren Repräsentanten der Länder und der gebietskörperschaftli-chen Akteure beteiligt. Zusätzlich wurden Vertreter der Länder und der Kommunen angehört. Das Bundesstaatsprinzip konnte als Grundelement bundesdeutscher Staatlichkeit gewahrt werden.

In der Agenda-Gestaltungsphase fand ein faktisches Regieren statt, das die Kontrolle von Rationalitäten des kommunikativen Handelns der Herr-schenden weitgehend entparlamentarisierte. Die Europäische Kommission, der ESSA, der Rat und der Europäische Rat handelten auf europäischer Ebe-ne aufeinander bezogen und kontrollierten sich gegenseitig, doch kann ihre Interaktion eher als Arbeitsteilung innerhalb der Gruppe der zur Herrschaft Bevollmächtigten betrachtet werden. Wurden sie in der Problemdefinitions-phase noch vom Europäischen Parlament, dem WSA und dem AdR kontrol-liert, so beschränkte sich die Kontrollmöglichkeit dieser Akteure in der A-genda-Gestaltungsphase auf die im Herbst 2002 abgehaltene Rundtisch-Konferenz. Auch eine Kontrolle der auf europäischer Ebene und bundesdeut-scher Ebene Handelnden durch den Bundestag und den Bundesrat gestaltete sich – sogar für die Fraktionen der Regierungsparteien – auf der bundesdeutschen Ebene schwierig. Durch die Delegation der Neuregulierung des *issues* ‚beitragsunabhängige soziale Grundsicherung' an die Hartz-Kommission wurde die Kontrolle des Handelns der Bundesregierung durch die Parlamente weitgehend unmöglich. Dennoch nutzte der Bundesrat die Möglichkeiten, die ihm nach Art. 76 Abs. 1 GG *de jure* zustanden. Dadurch konnten die CDU und die CSU ihre Positionen gegenüber der Bundesregierung verdeutlichen und fixieren, eine öffentliche Debatte löste das Handeln der Bundesländer dennoch nicht aus. Erst die Regierungserklärung von Bundeskanzler Schröder und die daran anschließende Debatte zur Agenda 2010 ließen die Rationalitäten der kommunikativ Handelnden im fokussierten *issue network* im März 2003 parlamentarisch kontrollierbar werden. Hingegen veränderte sich der formalisierte NAPincl-Erstellungsprozess im Vergleich zur Problemdefinitionsphase nicht. Auffällig ist jedoch, dass weder der Bundesrat noch der Bundestag in der Agenda-Gestaltungsphase von ihrem Recht zur Stellungnahme und zur öffentlichen Debatte Gebrauch machten und damit den Bürgerinnen und Bürgern die Teil*habe* am politischen Gestaltungsprozess verwehrten. Dennoch ist zu konstatieren, dass das mehrere *up-and-down*-Schleifen durchlaufende vertikale MOK-Regieren in der Agenda-Gestaltungsphase durch seine kontinuierliche Rückbindung an die nationalstaatlichen Ebenen der Bundesrepublik Deutschland geprägt wurde.

Zusammenfassend ist festzuhalten, dass das Bundesstaatsprinzip als Grundelement bundesdeutscher Staatlichkeit in der Agenda-Gestaltungsphase umfassend gewahrt wurde. Anders verhält es sich mit der Kontrolle des kommunikativen Handelns der Herrschenden. Die repräsentative Demokratie wurde als Grundelement bundesdeutscher Staatlichkeit in ihrer strukturellen Dimension der Überprüfbarkeit der Rationalitäten des kommunikativen Handelns der Herrschenden durch die Herrschaftsunterworfenen dadurch geschwächt, dass die Politikgestaltung an die Hartz-Kommission delegiert wurde. Eindeutig ist, dass die Agenda-Gestaltungsphase des Politikprozesses zum Hartz-IV-Gesetz in einer Interaktion aller Akteure aller Ebenen der EU sowie der EU-Beitrittsländer stattfand und die Politikgestaltung auf den bundesdeutschen Ebenen dem europäischen Zeitplan angepasst wurde; in der Agenda-Gestaltungsphase fand das faktische Regieren durchweg im Mehrebenensystem EU statt.

6.3.3.2 Wissen

Im Mehrebenensystem EU gehörten in der Agenda-Gestaltungsphase des Hartz-IV-Gesetzes der Bundesrepublik Deutschland zum *inner circle* des *issue networks* ‚beitragsunabhängige soziale Grundsicherung': der Rat, der Europäische Rat, die Hartz-Kommission, der ESSA, der Bundesrat und die Bundesregierung. Das Wissen dieses *inner circles* wird nachfolgend dargestellt.

Der sozialdemokratisch dominierte Rat legte dem Europäischen Rat am 12. Dezember 2001 den ersten *Gemeinsamen Bericht über die soziale Eingliederung* vor (vgl. Rat der Europäischen Union 2001). Das Dokument wertet die erste NAPincl-Runde aus, an der sich alle Mitgliedstaaten beteiligten, und betont, dass das

„Gesamtbild, das sich aus den 15 NAP (Eingliederung) ergibt, bestätigt, dass die Bekämpfung von Armut und sozialer Ausgrenzung nach wie vor zu den großen Herausforderungen für die Europäische Union zählt. Wenn die Mitgliedstaaten ihr Ziel erreichen und Gesellschaften ohne Ausgrenzung schaffen wollen, müssen erhebliche Verbesserungen bei der Verteilung der gesellschaftlichen Ressourcen und Möglichkeiten erfolgen, um die soziale Integration und Beteiligung aller Menschen und deren Zugang zu ihren Grundrechten sicherzustellen. Der Umfang dieser Herausforderung variiert jedoch erheblich, nicht nur von Mitgliedstaat zu Mitgliedstaat, sondern auch innerhalb der einzelnen Mitgliedstaaten" (ebd.: 12).

Der Rat ‚Beschäftigung und Soziales' nimmt die unzulängliche Verteilung von gesellschaftlichen Ressourcen und die nicht hinlängliche Gewährleistung von Grundrechten in den Mitgliedstaaten der EU als Problem wahr. Als Problemlösung wird eine Verteilung der gesellschaftlichen Ressourcen und Möglichkeiten betrachtet, die alle in die mitgliedstaatlichen Gesellschaften sozial integriert und an ihnen beteiligt. Damit spricht sich der Rat eindeutig für die Beibehaltung der mitgliedstaatlichen Hoheitsgewalten im Bereich des Sozialen aus, deklariert das Problem aber zugleich als gemeinschaftliche Aufgabe.

Der ‚Gemeinsame Bericht' identifiziert des Weiteren „acht große Herausforderungen" (ebd.), die in allen NAPincl der Mitgliedstaaten angesprochen werden:

„Dies sind die Schaffung eines integrativen Arbeitsmarkts und Förderung der Beschäftigung als Recht und Möglichkeit für alle Bürger; ausreichendes Einkommen und ausreichende Ressourcen für ein menschenwürdiges Leben; Beseitigung von Nachteilen auf der Ebene der Bildung; Erhalt der Solidarität innerhalb der Familien und Schutz der Rechte von Kindern; Gewährleistung guter Wohnmöglichkeiten für alle; gleicher Zugang zu Qualitätsdienstleistungen (Gesundheit, Verkehr, Sozialwesen, Pflege, Kultur, Freizeiteinrichtungen; Rechtsdienste); Verbesserung von Dienstleistungen; und die Sanierung von mehrfach benachteiligten Gebieten" (ebd.).

Der Rat tritt für einen umfassenden und qualitativen Grundrechtsschutz ein, der für alle Unionsbürgerinnen und -bürger zu gewährleisten ist. Um das gemeinsame Ziel der Herstellung von sozial integrierten Gesellschaften in den EU-Mitgliedstaaten zu erreichen, werden vom Rat drei allgemeine und komplementäre Ansätze genannt, die von allen Mitgliedstaaten als politikfeldübergreifende Maßnahmen betrachtet werden.

„Der erste Ansatz betrifft die Verbesserung der Angemessenheit, des Zugangs und der Erschwinglichkeit von allgemeinen Politiken und Maßnahmen, um eine verbesserte Abdeckung, Inanspruchnahme und Wirksamkeit zu erreichen (Förderung universeller Maßnahmen). Der zweite Ansatz betrifft spezifische Nachteile, die durch angemessene Politiken überwunden werden können (d.h. Förderung der Chancengleichheit). Der dritte Ansatz soll Nachteile ausgleichen, die nur teilweise (oder überhaupt nicht) überwunden werden können (d.h. Gewährleistung von Solidarität)" (ebd.: 9).

Schon diese Textpassage verdeutlicht, dass der Rat ‚Beschäftigung und Soziales' an einer Definition der EU-weit gültigen Politikentwicklung interessiert ist; sie wird als Verbesserung der verteilungsgerechten und wirksamen Armutspolitik bestimmt, die eine solidarische Umverteilung und Chancengleichheit in den mitgliedstaatlichen Gesellschaften fördert.

Gleichzeitig hebt der Rat hervor:

„Alle Mitgliedstaaten sind sich darin einig, dass die Förderung der Teilnahme am Erwerbsleben ein wichtiges Instrument ist, um Armut und soziale Ausgrenzung zu vermeiden oder zu lindern. Das Recht auf Arbeit zählt zu den Grundrechten und ist ein Schlüsselelement der Staatsbürgerschaft. [...] Viele Mitgliedstaaten heben den zentralen Stellenwert der Arbeit hervor, betonen dabei aber gleichzeitig, dass der Zugang zur Beschäftigung nicht ohne Rücksicht auf andere Grundrechte gefördert werden, sondern diese ergänzen sollte. Der Zugang zur Beschäftigung sollte daher nicht auf Kosten des Rechts auf ein ausreichendes Mindesteinkommen, des Rechts auf uneingeschränkte Teilhabe an der Familie, der Gemeinschaft und am sozialen Leben oder des Rechts auf Gesundheit erfolgen. Der uneingeschränkte Zugang zu einer langfristigen und qualifizierten Beschäftigung für alle arbeitsfähigen Frauen und Männer ist als Ergebnis eines komplexen Übergangsprozesses in den Arbeitsmarkt zu betrachten" (ebd.: 33).

Folgt man den Äußerungen des Rates, so stimmen die Mitgliedstaaten darin überein, dass in der EU ein Recht auf einen Erwerbsarbeitsplatz als Grundrecht für beide Geschlechter gelten soll. Unabhängig davon sollen andere soziale Grundrechte, wie z. B. ein ausreichendes Mindesteinkommen und das Recht auf Gesundheit, durch die Teilnahme am Erwerbsleben nicht gefährdet werden. Außerdem führt der Rat aus:

„In den NAP (Eingliederung) der Mehrzahl der Mitgliedstaaten ist ein deutlicher Wandel in der Philosophie erkennbar, von der passiven Einkommenshilfe hin zu einer verstärkten aktiven Unterstützung, die den Betroffenen zur Unabhängigkeit verhelfen soll. [...] Der Zusammenhang zwischen Arbeitsmarktlage und anderen Elementen der Ausgrenzung ist bekannt, und viele Mitgliedstaaten wollen die Zusammenarbeit zwischen den Arbeits- und Sozialämtern verbessern, um besser auf die individuellen Bedürfnisse eingehen zu können [...]. Die Konzentration auf die Beschäftigungsfähigkeit hat die Entwicklung von Hilfsangeboten ermöglicht, die besser auf die individuellen Bedürfnisse zugeschnitten sind" (ebd.: 35).
„In allen Mitgliedstaaten hat man erkannt, dass die Schaffung von Arbeitsplätzen für Personen, die derzeit vom Arbeitsmarkt ausgeschlossen sind, durch Maßnahmen ergänzt werden muss, die ein angemessenes Einkommen für diese Arbeit sicherstellen. Es darf aber keine negativen Anreizwirkungen geben, die Personen davon abhalten, ihren Lebensunterhalt durch Arbeit statt durch Sozialhilfe zu sichern. Während sich kein Mitgliedstaat für die Reduzierung des Niveaus der wohlfahrtsstaatlichen Leistungen als generelles Mittel um Personen in Arbeit zu bringen ausspricht, sind trotzdem alle Mitgliedstaaten bestrebt, die langfristige Abhängigkeit zu reduzieren oder wenn möglich zu vermeiden und die Mobili-

sierung der Hilfeempfänger zu fördern, damit die Sozialhilfe ein Sprungbrett in die Beschäftigung ist und kein Hindernis für die Aufnahme einer Beschäftigung darstellt" (ebd.: 43).

Demnach erkennen alle Mitgliedstaaten an, dass ihre sozialstaatlichen ‚beitragsunabhängige soziale Grundsicherungen' *nicht gekürzt* werden sollen und dennoch sichergestellt werden muss, dass die Motivation zur Erwerbsarbeitsaufnahme gewährleistet wird, und dass Menschen, die auf die Inanspruchnahme von ‚beitragsunabhängigen sozialen Grundsicherungen' angewiesen sind, bei der Arbeitssuche und der Arbeitsaufnahme aktiv unterstützt werden sollen.

Festzuhalten ist, dass sich der Rat für eine soziale Marktwirtschaft und umfassende soziale Grundrechte für alle Unionsbürgerinnen und -bürger einsetzt; dazu gehört auch das Recht auf einen Erwerbsarbeitsplatz. Auch die mitgliedstaatlichen ‚beitragsunabhängigen sozialen Grundsicherungen' sollen beibehalten werden; eine Kürzung oder die Einschränkung auf bestimmte Personengruppen werden abgelehnt. Allerdings wird es befürwortet, Bezieherinnen und Bezieher der Grundsicherung durch Maßnahmen zu fördern, die sie aktiv zur Aufnahme einer Erwerbsarbeit befähigen und sie unterstützen. Als integrationspolitische Vision dienen sozialintegrierte mitgliedstaatliche Gesellschaften mit einem hohen Maß an Verteilungsgerechtigkeit und Chancengleichheit. Obwohl der Rat explizit auf die mitgliedstaatliche Organisation von Sozial- und Beschäftigungspolitiken abhebt, arbeitet er kontinuierlich gemeinsame Problemlösungsvorstellungen, politische Maßnahmen und Ansätze heraus, die von allen oder zumindest den meisten Mitgliedstaaten geteilt und als gemeinsame Strategie dargestellt werden.

Der Europäische Rat

Auf seiner Frühjahrstagung 2002 überprüfte der sozialdemokratisch dominierte Europäische Rat erneut die Ziele der Lissabon-Strategie und legte seine Einschätzung in den *Schlussfolgerungen des Vorsitzes des Europäischen Rates von Barcelona* dar (vgl. Europäischer Rat 2002). In diesem Dokument konkretisiert der Europäische Rat unter dem Titel „Stärkung des sozialen Zusammenhalts" (ebd.: 8) erstmals seine Vorstellungen vom *europäischen Sozialmodell*:

„Das europäische Sozialmodell stützt sich auf gute Wirtschaftsleistungen, ein hohes Sozialschutzniveau, einen hohen Bildungs- und Ausbildungsstand und sozialen Dialog. Ein aktiver Sozialstaat sollte Arbeitsanreize bieten, da Beschäftigung die beste Garantie gegen soziale Ausgrenzung ist. [...] Die Frühjahrstagung des Europäischen Rates muss die Gelegenheit für eine gründliche Überprüfung der Fortschritte bei der Verwirklichung der Zielsetzungen sein. Diese Überprüfung sollte weitere Impulse geben und erforderlichenfalls zu geeigneten Initiativen führen. Die Lissabonner Ziele können nur erreicht werden, wenn ausgewogene Bemühungen sowohl im wirtschaftlichen als auch im sozialen Bereich unternommen werden" (ebd.: 8).

Die gewählte Formulierung *das* europäische Sozialmodell' deutet darauf hin, dass der Europäische Rat von *einem (gemeinsamen) europäischen Sozialmodell* ausgeht. Direkt im Anschluss wird zudem der Terminus ,ein aktiver Sozialstaat' verwendet. Ein Hinweis auf die Mitgliedstaaten wird in diesem Kontext nicht gegeben, doch auch nicht ausgeschlossen. Die integrationspolitische Vision eines europäischen Sozialmodells benennt die Verortung von Kompetenzen und die Finalitätsvorstellungen des europäischen Integrationsprojektes mit dem Begriff ,aktiver Sozialstaat' nur indirekt, definiert aber Ausgestaltungskriterien: gute Wirtschaftsleistungen, ein hohes Niveau beim Sozialschutz sowie bei Bildung und Ausbildung und den sozialen Dialog.[90] Die Ausgewogenheit von wirtschaftlichen und sozialen Politiken steht im Zentrum des europäischen Sozialmodells, das den sozialen Zusammenhang in der EU stärken soll. Um die Ziele der Lissabon-Strategie zu erreichen – zu denen die Konvergenz der mitgliedstaatlichen Wohlfahrtsstaaten zählt –, werden weitere Impulse und Initiativen für notwendig erachtet. Festgestellt werden kann, dass der Europäische Rat die unterschiedlich stark ausgeprägten gemeinschaftlichen Politiken im Bereich der Wirtschafts- und der Sozialpolitik als Problem wahrnimmt. Als Problemlösungen dienen ausgewogene Bemühungen in *beiden* Politikbereichen.

In seinen Schlussfolgerungen hebt der Europäische Rat dennoch hervor, dass es ihm vordringlich um die Verwirklichung eines gemeinsamen Wirtschaftsraumes und erst danach um weitere, langfristige Ziele der Union geht:

„Der Europäische Rat hat drei umfassende Bereiche ermittelt, in denen besondere Impulse erforderlich sind, weil sie eine Schlüsselrolle für die Verwirklichung eines echten gemeinsamen Wirtschaftsraums und die Verfolgung der langfristigen Ziele der Union spielen. Unter den derzeitigen Umständen hält der Europäische Rat diese für geeignet, auch einen wichtigen Beitrag zum Wirtschaftsaufschwung zu leisten. […] [1.] Aktive Vollbeschäftigungspolitik: mehr und bessere Arbeitsplätze. […] [2.] Wirtschaftliche Verflechtung in Europa. […] [3.] Wettbewerbsfähige, wissensbasierte Wirtschaft" (ebd.: 9ff.).

Mit ,derzeitigen Umständen', die in Zusammenhang mit einem ,Wirtschaftsaufschwung' benannt werden, kann der Europäische Rat zu Beginn des Jahres 2002 – also kurz nach dem Zusammenbruch der Finanzmärkte im Jahr 2001 – nur auf die Osterweiterung der EU abgehoben haben. Darauf deuten auch die im Anschluss genannten Initiativen hin, zu denen auch die Förderung der Mobilität der Arbeitnehmenden in der EU – insbesondere die der alten EU-15 in Richtung Osten – gehört.

Zudem betont der Europäische Rat:

„Vollbeschäftigung in der Europäischen Union ist das Kernstück der Lissabonner Strategie und das Hauptziel der Wirtschafts- und Sozialpolitik; hierfür müssen mehr und bessere Arbeitsplätze geschaffen werden" (ebd.: 10).

---

90 Der Begriff ,sozialer Dialog' steht im ,EU-Jargon' für eine tripartistisch-korporatistische Politikgestaltung.

Um mehr und bessere Arbeitsplätze zu schaffen, hält der Europäische Rat im Bereich der ‚Bekämpfung von Ausgrenzung' insbesondere folgende Maßnahmen für sinnvoll:

„In diesem Zusammenhang müssen unbedingt Hindernisse für die Aufnahme einer Beschäftigung beseitigt und aktive beschäftigungspolitische Maßnahmen gefördert werden, wobei der präventive Ansatz sowie die individuelle Betreuung von Arbeitslosen beizubehalten sind, damit diese nicht zu Langzeitarbeitslosen werden und ihre Beschäftigungsfähigkeit erhöht wird. [...] Er weist erneut daraufhin, dass es gemäß den Schlußfolgerungen des Europäischen Rates von Nizza einer Verstärkung der sozialen Integration und der *Bekämpfung der sozialen Ausgrenzung* bedarf, wobei seines Erachtens trotz des multidisziplinären Charakters dieses Phänomens das beste Integrationsmittel eine Arbeitsstelle ist, weshalb eine Zusammenarbeit von Arbeits- und Sozialämtern von entscheidender Bedeutung für eine Verbesserung der Beschäftigungsfähigkeit der sozial Ausgegrenzten ist. Eine Beschäftigung ist der Arbeitslosigkeit immer vorzuziehen, sie muss aber gewisse Mindestvoraussetzungen erfüllen und Chancen auf einen beruflichen Aufstieg bieten" (ebd.: 46; Herv. i. O.).

Auffällig ist, dass der Europäische Rat in seinen Schlussfolgerungen eine ‚beitragsunabhängige soziale Grundsicherung' nicht mehr thematisiert. Die ‚Bekämpfung von sozialer Ausgrenzung' wird als Thema der Beschäftigungspolitik behandelt. Die Aktivierung von Beschäftigungsfähigen, ihre Betreuung und Unterstützung bilden den einzigen Bezugsrahmen.

Damit stellte der Europäische Rat in der Agenda-Gestaltungsphase entscheidende Weichen. Er proklamierte und definierte ‚*das europäische Sozialmodell'* als *integrationspolitische Vision, das gute Wirtschaftsleistungen, ein hohes Sozialschutzniveau, einen hohen Ausbildungs- und Bildungsstand, den sozialen Dialog und Vollbeschäftigung* gewährleisten soll. Klare Positionierungen zur Gewährleistung von sozialen Grundrechten, zur privilegierten Wirtschaftsform und zum *issue* ‚beitragsunabhängige soziale Grundsicherung' fehlen jedoch vollständig.

Die Hartz-Kommission

Die Hartz-Kommission legte mit ihrem Abschlussbericht *Moderne Dienstleistungen am Arbeitsmarkt. Vorschläge der Kommission zum Abbau der Arbeitslosigkeit und zur Umstrukturierung der Bundesanstalt für Arbeit* am 16. August 2002 ein Schlüsseldokument vor (vgl. Bericht der Hartz-Kommission 2002). Dort heißt es:

„Die Arbeit am Bericht war eine persönliche Herausforderung, das seit vielen Jahren wuchernde gesellschaftliche Übel der Arbeitslosigkeit jenseits der festgefahrenen Diskussionsfronten mit innovativen und konsensfähigen Vorschlägen wirksam und nachhaltig anzugehen" (ebd.: 5).

Demnach wurde Arbeitslosigkeit in der Hartz-Kommission als ‚wucherndes gesellschaftliches Übel' betrachtet. Die bundesdeutsche Gesellschaft und die in ihr ‚festgefahrenen Diskussionsfronten' werden für die hohen Arbeitslosenzahlen in der Bundesrepublik Deutschland verantwortlich gemacht. Gleichzeitig rechtfertigt die Hartz-Kommission durch diese Feststellung ihre Existenz und schreibt sich im Weiteren „[p]ersönliche Unabhängigkeit, ein faires, geduldiges und konstruktives Ringen um beste Lösungen [sowie] Mut, neue Wege zu gehen" (ebd.) zu. Die Objektivität und Legitimität ihres Vorgehens belegt sie wie folgt:

„Basis ist eine sorgfältige Analyse der Faktenlage, Auswertung von wissenschaftlichen Gutachten, zahlreiche Besuche von Kommissionsmitgliedern vor Ort, Anhörungen und Diskussionen mit Betroffenen sowie ein Benchmark der jüngsten Reformanstöße in den Nachbarländern. Die Kommission hat den Auftrag so interpretiert, dass sie nicht nur die Effizienz der Organisation und der Prozesse geprüft, sondern den Abbau von 2 Millionen Arbeitslosen in drei Jahren zum Ziel eines Gesamtkonzeptes gemacht hat, bei dem unterschiedliche Module ineinander greifen und gemeinsam Beschäftigungseffekte realisieren. Das Konzept bezieht die positiven Beispiele aus Pilotprojekten mit ein und verbindet marktwirtschaftliche Lösungen mit sozialer Sicherheit. Die Balance von Leistung und Gegenleistung ist ein durchgängiges Prinzip; Arbeit soll sich lohnen, nicht Arbeitslosigkeit" (ebd.).

Damit beschreibt die Hartz-Kommission die wirtschaftspolitische Ausrichtung ihrer Lösungsvorschläge selbst als eine Verbindung von Marktwirtschaft und sozialer Sicherheit und weist gleichzeitig darauf hin, dass nur noch Leistung zu Gegenleistung berechtigt; von Solidarität oder sozialer Umverteilung ist nicht mehr die Rede. Diese Trendwende zur neo-liberalen Marktwirtschaft wird wie folgt begründet:

„Der EU Gipfel in Lissabon 2000 hat den Zusammenhang von Beschäftigungs- und Technologiepolitik aufgegriffen. Die EU strebt an, bis zum Jahr 2010 der wettbewerbsintensivste und dynamischste Wirtschaftsraum der Welt zu werden bei gleichzeitiger Schaffung zusätzlicher und besserer Arbeitsplätze und größerer sozialer Kohäsion. Damit wurde das europäische Sozialmodell mit technologischer Innovation, Liberalisierung der Märkte, Ausbreitung der Informationsgesellschaft und lebenslangem Lernen verbunden. […] Die Kommission ‚Moderne Dienstleistungen am Arbeitsmarkt' hat in ihrem Bericht Vorschläge entwickelt, die im Kontext dieser ausgewählten EU-Leitlinien stehen und die geeignet sind, in die nächste Berichterstattung der Bundesregierung in Hinblick auf die schnelle und effiziente Operationalisierung einzugehen. Gleichzeitig sind die 13 Module ein wichtiger Diskussionsbeitrag zu einer marktwirtschaftlich orientierten europäischen Arbeitsmarktpolitik […]. Im Interesse eines gemeinschaftlichen europäischen Fortschrittes muss das vorliegende Gesamtkonzept der Modernisierung der deutschen Arbeitsmarktpolitik rasch und entschlossen umgesetzt werden. Die Erwartungen unserer Partner, dass die Bundesregierung eine dynamische Entwicklung zum Aufbau von Beschäftigung vorantreibt, sind groß. Die Hoffnungen der Betroffenen, unsere Ressourcen zum Abbau der Arbeitslosigkeit wirksam einzusetzen, dürfen nicht durch Vollzugsdefizite enttäuscht werden. Alle gesellschaftlichen Akteure müssen sich zielorientiert in einer Projektkoalition zusammenfinden und mutig, konstruktiv und nachhaltig an der Realisierung eines der wichtigsten Reformvorhaben arbeiten, das über Attraktivität und Wettbewerbsfähigkeit der sozialen Marktwirtschaft entscheidet" (ebd.: 341ff.).

Geschildert wird ein Konflikt: Während die EU sich in Lissabon für eine liberale Marktwirtschaft entschieden hat, muss man nun in der Bundesrepublik Deutschland unter Beweis stellen, dass auch die soziale Marktwirtschaft attraktiv und wettbewerbsfähig sein kann und in der Lage ist, eine beschäftigungsfördernde Arbeitsmarktpolitik hervorzubringen sowie Arbeitslosigkeit abzubauen. Das Konzept der Hartz-Kommission soll im EU-Kontext als bundesdeutscher Beitrag genutzt und gleichzeitig in der Bundesrepublik schnell und entschlossen umgesetzt werden, um von der sozialen Marktwirtschaft quasi ‚zu retten, was noch zu retten ist'. Damit reagiert die Hartz-Kommission primär auf eine integrationspolitische Vision des ‚europäischen Sozialmodells', wie sie von der Europäischen Kommission vertreten wird – einem Akteur, der Peter Hartz beratend zur Seite stand und den die mitgliedstaatlichen Regierungen im Bereich der Beschäftigungspolitik zu diesem Zeitpunkt noch nicht entmachtet hatten.

Das *issue* ‚beitragsunabhängige soziale Grundsicherung' wird von der Hartz-Kommission explizit thematisiert und folgender Problemlösungsvorschlag unter dem Titel „Zusammenführung von Arbeitslosenhilfe und Sozialhilfe" (ebd.: 27) unterbreitet:

„– Das Nebeneinander zweier Sozialleistungssysteme führt zu erheblichem Verwaltungsaufwand und Intransparenz. Mangelnde Abstimmung und Verantwortlichkeit bei den Eingliederungsbemühungen können das Tempo der Vermittlung in Arbeit beeinträchtigen. Um diese Schnittstellen künftig weitgehend zu vermeiden, wird jeder, der Leistungen bezieht, nur noch von einer einzigen Stelle betreut und erhält eine einzige Leistung. Künftig gibt es drei Leistungen:
– Das Arbeitslosengeld I ist die beitragsfinanzierte originäre Versicherungsleistung. Die Ansprüche entsprechen in Höhe und Dauer im Grundsatz dem bisherigen Regelwerk. Die Verantwortung bleibt bei der (BA-neu). Die Betreuung erfolgt im JobCenter.
– Das Arbeitslosengeld II ist eine steuerfinanzierte bedürftigkeitsabhängige Leistung zur Sicherung des Lebensunterhalts der arbeitslosen erwerbsfähigen Personen im Anschluss an den Bezug von oder bei Nichterfüllung der Anspruchsvoraussetzungen für Arbeitslosengeld I. Die Bezieher von Arbeitslosengeld II sind in die Sozialversicherung einbezogen. Die Anspruchsdauer beim Arbeitslosengeld II ist nicht begrenzt. Die Verantwortung liegt bei der (BA-neu). Die Betreuung erfolgt ebenso im JobCenter.
– Das Sozialgeld entspricht der bisherigen Sozialhilfe für nicht erwerbsfähige Personen. Die Verantwortung bleibt bei den Sozialämtern" (ebd.).

Mit der vorgeschlagenen Verwaltungs- und Organisationsreform ist eine Grundstruktur für die Reform der Sozial- und Arbeitslosenhilfe erarbeitet worden, die die sozialen Grundrechte in der Bundesrepublik Deutschland um eine Dimension erweitert: Erwerbsfähige Arbeitslose sollen auf der Basis einer ‚beitragsunabhängigen sozialen Grundsicherung' in die Sozialversicherungssysteme inkludiert werden.

Summa summarum kann festgestellt werden, dass sich die Hartz-Kommission zwar rhetorisch für eine neo-liberale Marktwirtschaft aussprach, faktisch aber politische Maßnahmen vorschlug, die der *sozialen Marktwirtschaft* mit umfassenden und *erweiterten sozialen Grundrechten* entsprechen.

Sie plädierte für die Einführung einer ‚*beitragsunabhängigen sozialen Grundsicherung' für alle erwerbfähigen und erwerbsunfähigen Arbeitslosen*, wobei erwerbsfähige Arbeitslose in die Sozialversicherungen integriert und bei der Arbeitssuche umfassend zu unterstützen sind. Der Vorschlag der Hartz-Kommission stellt ein Konzept dar, das als *Gegenpol zu liberal-marktwirtschaftlichen Ausrichtungsvorstellungen des europäischen Sozialmodells* fungieren, die Verhandlungsposition der bundesdeutschen Regierung auf europäischer Ebene stärken und den Abbau von bundesdeutscher Arbeitslosigkeit herbeiführen kann.

Der Europäische Sozialschutzausschuss

Am 25. November 2002 legte der ESSA dem Rat ‚Beschäftigung, Sozialpolitik, Gesundheit und Verbraucherschutz' seinen Entwurf *Bekämpfung der Armut und der sozialen Ausgrenzung: Gemeinsame Ziele für die zweite Runde der nationalen Aktionspläne* zur Billigung vor (vgl. Rat der Europäischen Union 2002). Er hebt hervor:

„Der Ausschuss ist der Ansicht, dass die bestehenden gemeinsamen Ziele, die der Europäische Rat auf seiner Tagung in Nizza im Dezember 2000 vereinbart hat, sich als ausgewogen, solide und durchführbar erwiesen haben. Eine grundlegende Änderung dieser Ziele ist daher nicht notwendig. Der Schwerpunkt sollte dieses Mal [in der zweiten NAPincl-Runde] auf die Kontinuität sowie auf die Konsolidierung der erzielten Fortschritte gelegt werden und auf diesem aufbauen mit Blick darauf, die Bemühungen zur Förderung des Prozesses der sozialen Eingliederung, der vom Europäischen Rat auf seiner Tagung in Lissabon im März 2000 eingeleitet wurde, weiter zu verstärken.
Es gibt jedoch drei wesentliche Bereiche, in denen der Ausschuss Änderungen an den gemeinsamen Zielen für notwendig hält, um deren Bedeutung deutlicher herauszustellen.
Es handelt sich dabei um folgende Änderungen:
– In Übereinstimmung mit den Schlussfolgerungen der Tagung des Europäischen Rates in Barcelona ist zu unterstreichen, dass die Mitgliedstaaten in ihren nationalen Aktionsplänen Zielvorgaben für eine entscheidende Verringerung der Anzahl der durch Armut und soziale Ausgrenzung gefährdeten Personen bis 2010 festlegen müssen;
– die Bedeutung der vollständigen Berücksichtigung der Chancengleichheit bei der Entwicklung, der Umsetzung und der Überwachung der nationalen Aktionspläne ist zu betonen;
– es ist deutlicher hervorzuheben, dass einige Frauen und Männer infolge der Zuwanderung in hohem Maße durch Armut und soziale Ausgrenzung gefährdet sind" (ebd.: 2f.).

Als Problem nimmt der ESSA die fehlende Festlegung von konkreten Zielvorgaben und die mangelnde Berücksichtigung der Chancengleichheit sowie der armutsfördernden Aspekte von Zuwanderung wahr. Entsprechend plädiert der ESSA für eine konkrete Überprüfbarkeit der Wirkungen der gemeinsamen Armutsbekämpfung, verlangt nach Maßnahmen zur Förderung der gesellschaftlichen Verteilung von Chancen und mahnt an, dass die Zuwanderung im Rahmen der Armutsbekämpfung als Problem zu betrachten und zu behandeln ist. Des Weiteren deklariert er:

„Der Europäische Rat hat außerdem das Ziel der Vollbeschäftigung in Europa in einer sich herausbildenden neuen Gesellschaft, die Frauen und Männern bessere individuelle Wahlmöglichkeiten bieten, vorgegeben. [...] Wirtschaftliches Wachstum und sozialer Zusammenhalt verstärken sich gegenseitig. Eine Gesellschaft mit stärkerem sozialen Zusammenhalt und geringerer Ausgrenzung ist die Voraussetzung für eine leistungsfähigere Wirtschaft" (ebd.: 4f.).

Indem der ESSA nicht nur auf die EU, sondern auf Europa abhebt, tritt hervor, dass er in der Dimension der erweiterten EU ‚denkt'. Die sich ‚herausbildende neue Gesellschaft', in der Frauen und Männer bessere individuelle Wahlmöglichkeiten haben und in der Vollbeschäftigung hergestellt ist, dient als integrationspolitische Vision. Zudem wird betont, dass nur eine sozial integrierte Gesellschaft mit starkem sozialen Zusammenhalt eine leistungsfähige Wirtschaft hervorbringen kann. Sozialer Zusammenhalt wird als Voraussetzung für wirtschaftliches Wachstum betrachtet.

Um die Herausbildung der neuen Gesellschaft zu fördern, hält der ESSA folgende Modifikationen an den ‚Gemeinsamen Zielen' für notwendig:

„[Die] Förderung des Zugangs zu einer langfristigen und qualifizierten Beschäftigung für alle arbeitsfähigen Frauen und Männer durch
– die Erarbeitung von begleitenden Programmen für die Angehörigen der sozial schwächsten Bevölkerungsgruppen, bis diese eine Beschäftigung gefunden haben; dazu müssen die Möglichkeiten der Bildungspolitik ausgeschöpft werden
– eine Politik, die Vereinbarkeit von Beruf- und Familienleben begünstigt; dazu gehört auch der Bereich der Betreuung von Kindern und Pflegebedürftigen
– die Nutzung der Eingliederungs- und Betreuungsmöglichkeiten im sozialen Sektor [...]
[Die] Vermeidung von Unterbrechungen der beruflichen Laufbahn durch Verbesserung der Beschäftigungsfähigkeit, Verwaltung der Humanressourcen, Organisation des Arbeitsablaufs und lebensbegleitende Weiterbildung [...].
[Die] Organisation der Sozialschutzsysteme, so dass sie insbesondere dazu beitragen, dass
– gewährleistet ist, dass jedem die für ein menschenwürdiges Dasein notwendigen Mittel zur Verfügung stehen
– die Hindernisse bei der Aufnahme einer Beschäftigung überwunden werden und sichergestellt ist, dass die Beschäftigungsaufnahme mit einem höheren Einkommen einhergeht und die Beschäftigungsfähigkeit gefördert wird" (ebd.: 10f.).
„[Z]udem ist auch die Bedeutung anderer Faktoren anzuerkennen wie etwa Wohnung, Bildung, Gesundheit, Information und Kommunikation, Mobilität, Sicherheit und Justiz, Freizeit und Kultur" (ebd.: 5).

Mit dieser weitreichenden Modifizierung der ‚Gemeinsamen Ziele' setzt der ESSA nicht nur auf die Gewährleistung von ‚beitragsunabhängigen sozialen Grundsicherungen' und umfassende soziale Grundrechte, sondern fordert darüber hinaus ein Wirtschafts- und Gesellschaftsmodell ein, das die Gleichstellung der Geschlechter im Öffentlichen und Privaten ermöglicht, den Dienstleistungssektor als Eingliederungsmöglichkeit nutzt und die Angleichung von Bildungs- und Weiterbildungsmöglichkeiten für alle Gesellschaftsmitglieder fördert.

Der ESSA verlangt nach einer *ausgeprägten sozialen Marktwirtschaft* und *starken sozialen Grundrechten*. Die *Gewährleistung von ,beitragsunabhängigen sozialen Grundsicherungen'* steht für ihn in keiner Weise infrage. Vielmehr will er den Umgestaltungsprozess nutzen, um *Chancengleichheit* für alle Gesellschaftsmitglieder herzustellen. Seine integrationspolitische Vision ist *eine neue europäische Gesellschaft*. Diese zieht er einer nationalstaatliche Perspektive eindeutig vor.

Der Bundesrat

Der vom Bundesrat verabschiedete *Entwurf eines Gesetzes zum Fördern und Fordern arbeitsfähiger Sozialhilfeempfänger und Arbeitslosenhilfebezieher (Fördern-und-Fordern-Gesetz)* ging dem Bundestag am 15. Januar 2003 zu (vgl. BT-Drucks. 15/309). In der Gesetzesbegründung geht der CDU/CSU-dominierte Bundesrat von folgender Problemwahrnehmung aus:

„Das bestehende Sozial- und Arbeitslosenhilfesystem verbindet Leistungsbezug und Arbeit nicht nachdrücklich genug und fördert dadurch Abhängigkeit und Arbeitslosigkeit. Hilfeempfänger wollen in der Regel arbeiten und eigenständig sein. Vielfach fehlen jedoch Anreize zur Aufnahme von Arbeit aufgrund des Umfangs der Sozialleistungen, die ohne Gegenleistung zu haben sind. Arbeit und Eigenständigkeit verbinden den Einzelnen und die einzelne Familie mit der Gesellschaft und sind Bindeglied gegenseitiger Verantwortung. Diese Einsicht ist in den vergangenen Jahrzehnten immer mehr durch das bestehende Sozial- und Arbeitslosenhilfesystem zurückgedrängt worden. Soziale Leistungen sollten für jeden Hilfesuchenden, der arbeitsfähig ist, an Beschäftigung sowie Aus- und Weiterbildung gebunden werden" (BT-Drucks. 15/309: 1).

Demnach führen beitragsabhängige wie beitragsunabhängige soziale Grundsicherungen zu Arbeitslosigkeit. Da die Sozialleistungen zu lukrativ sind, lohnt sich die Aufnahme einer Arbeit nicht. Diese Wahrnehmung überführt der Bundesrat in die Forderung nach Eigenständigkeit sowohl der Einzelnen als auch der Familien, die ebenso wie Arbeit die Integration in die Gesellschaft ermöglicht. Entsprechend ist seine Problemlösung auf die Beschäftigung und Aus- und Weiterbildung jedes arbeitsfähigen Hilfeempfängers ausgerichtet.

Des Weiteren schlägt der Bundesrat folgende Ausrichtung des Sozial- und Arbeitslosenhilferechts vor:

„Der Vorrang von Arbeit, Qualifizierung oder qualifizierender Beschäftigung vor dem Bezug von Sozialleistungen ohne Gegenleistung wird besser und weit reichender als bisher im Gesetz verankert. Insgesamt sollen Leistung und Gegenleistung stärker verknüpft werden. Über eine sinnvolle Verbindung von Arbeitsanreizen, insbesondere die Ermöglichung von Kombilöhnen, und Sanktionen wird die Bereitschaft arbeitsfähiger Hilfeempfänger verstärkt, eigene Anstrengungen zu ihrer Eingliederung in das Arbeitsleben einzusetzen. [...] Die Sanktionsregelungen bei nicht ausreichenden Arbeitsbemühungen des Hilfeempfängers werden durch Neuregelung der Beweislast konsequenter ausgestaltet und führen zu Verbesserungen im Gesetzesvollzug. [...] [A]uch niedrig entlohnte Tätigkeiten auf dem ersten Arbeitsmarkt aufzunehmen, [soll] gesetzlich verankert [werden]. Im Falle festgestellter Arbeitsunwilligkeit erhält der Träger der Sozialhilfe künftig die Möglichkeit, die Hilfe dauerhaft zu kürzen bzw. völlig zu versagen, bis der Hilfesuchende seinen Verpflichtungen nachkommt" (ebd.: 1f.).

Der Bezug von beitragsabhängigen und ‚beitragsunabhängigen sozialen Grundsicherungen' soll nach Ansicht des Bundesrates an Gegenleistungen der Beziehenden geknüpft werden. Um die Arbeitsaufnahme für die Hilfebeziehenden attraktiv zu gestalten, soll der Staat – so die Logik – den Arbeitgebern einen Zuschuss zum Lohn der einzustellenden Arbeitskraft anbieten. Wer nicht bereit ist, eine Tätigkeit aufzunehmen, muss nicht nur mit Kürzungen, sondern sogar mit einer kompletten Streichung der Sozial- oder Arbeitslosenhilfe rechnen. Berücksichtigt man Art. 1 GG und Art. 12 Abs. 2 u. 3 GG, so muss festgestellt werden, dass die Politikgestaltungsvorschläge des CDU/CSU-dominierten Bundesrates verfassungswidrig sind. Weder darf einem Menschen, der in der Bundesrepublik Deutschland lebt, dass Existenzminimum verwehrt werden (Art. 1 GG), noch darf eine Person, die in der Bundesrepublik Deutschland lebt, zur Arbeit zwangsverpflichtet werden; eine Ausnahme stellt lediglich die für alle gleiche allgemeine Dienstleistungspflicht dar. Zudem führt die sozialstaatliche Bereitstellung von Kombilöhnen, die Arbeitgebern die Subventionierung von Arbeitskräften auf Dauer zusichert, das Sozialstaatsprinzip der Bundesrepublik Deutschland *ad absurdum*.

Das Wissen des CDU/CSU-dominierten Bundesrates *verletzt die bundesdeutschen sozialen Grundrechte* und plädiert für eine *sozial-liberale Marktwirtschaft*, die den Sozialstaat nutzen will, um die Wirtschaft zu fördern und von Arbeitslosen hingegen unter Androhung von Sanktionen zu fordern. Das *issue* ‚beitragunabhängige soziale Grundsicherung' soll durch diese wirtschaftspolitischen Vorstellungen ausgestaltet werden. Geprägt wird das Wissen des Bundesrates durch eine starke nationalstaatliche Perspektive. Eine europäisch-integrationspolitische Vision kann nicht identifiziert werden.

Die Bundesregierung

In der Agenda-Gestaltungsphase legte die rot-grüne Bundesregierung den *Nationalen Aktionsplan für Deutschland zur Bekämpfung von Armut und sozialer Ausgrenzung 2003 bis 2005. Strategien zur Stärkung der sozialen Integration* am 10. Juli 2003 vor (vgl. BT-Drucks. 15/1420). Die Bundesregierung geht darin von folgender Problemwahrnehmung aus:

„Deutschland steht vor der zentralen Herausforderung, Beschäftigungs- und Erwerbschancen insgesamt zu verbessern und die anhaltend hohe Arbeitslosigkeit nachhaltig zu senken. Vor allem länger andauernde Arbeitslosigkeit ist eine wesentliche Ursache für Armut und soziale Ausgrenzung. Damit verbunden sind häufig fehlende oder unzureichende schulische und berufliche Bildungsabschlüsse, die mangelnde Vereinbarkeit von Familie und Beruf sowie eingeschränkte Teilhabechancen durch gesundheitliche Beeinträchtigungen oder nationale Herkunft" (ebd.: 3).

Arbeitslosigkeit, mangelnde Ausbildungs- und Bildungschancen, die Unvereinbarkeit von Familie und Beruf, gesundheitliche Einschränkungen und mangelnde Integration von Menschen mit Migrationshintergrund stellen für die Bundesregierung Probleme dar, die sozialstaatlich bewältigt werden müssen. Entsprechend formuliert sie folgende Problemlösungsvorstellungen:

„Teilhabe am wirtschaftlichen und gesellschaftlichen Geschehen und Chancengleichheit zu ermöglichen, die Vermeidung und Bekämpfung von sozialer Ausgrenzung sind Ziele einer präventiven und auf Nachhaltigkeit angelegten Sozialpolitik. Dabei ist die soziale Balance zu sichern und immer wieder neu auszutarieren. Dieser strategische Ansatz prägt auch die Reform-‚Agenda 2010' der Bundesregierung und ist eingebettet in eine Politik, die Wachstum und Beschäftigung fördert. Ihr Ziel ist die gezielte und verstärkte Aktivierung der Potenziale des Einzelnen, um gesellschaftliche und wirtschaftliche Teilhabe zu ermöglichen und materielle Abhängigkeiten von staatlichen Leistungen abzubauen. Ein tragfähiges und gerechtes Steuer- und Abgabensystem sowie die eingeleitete Konsolidierung der Staatsfinanzen sind hierfür eine wichtige Basis und die Voraussetzung für die Sicherung des Sozialstaates. Deutschland verfügt über ein gut ausgebautes System der sozialen Sicherung. Die Herausforderung liegt darin, das hohe soziale Schutzniveau angesichts der gesellschaftlichen und demographischen Veränderungen weiterzuentwickeln. Orientierung hierfür bleibt das Solidarprinzip und der gleichberechtigte Zugang aller Bürgerinnen und Bürger zu Leistungen und Rechten" (ebd.).

Mit diesem Statement verdeutlichte die rot-grüne Bundesregierung unmissverständlich, dass die bundesdeutsche Politikgestaltung im Bereich ‚Bekämpfung von Armut und sozialer Ausgrenzung' an Verteilungsgerechtigkeit, Chancengleichheit und dem Solidarprinzip orientiert sein wird und allen Bürgerinnen und Bürgern wirtschaftliche und gesellschaftliche Teilhaberechte zusichert; die soziale Marktwirtschaft und die sozialen Grundrechte stehen nicht zur Disposition.

Der zweite bundesdeutsche NAPincl stellt die Agenda 2010 als strategischen Problemlösungsansatz der Bundesregierung vor und spezifiziert ihn wie folgt:

„Leitbild dieser Politik ist ein aktivierender und gleichzeitig vorsorgender Sozialstaat, der einem Auseinanderdriften der Gesellschaft in Arm und Reich entgegenwirkt und den sozialen Zusammenhalt stärkt. Dieses politische Leitbild der Erneuerung und Gerechtigkeit kommt auch in der ‚Agenda 2010' der Bundesregierung zum Ausdruck, die den Fokus auf die Förderung von Teilhabemöglichkeiten des Einzelnen vor allem durch bessere Bildung und durch den Zugang zu Erwerbstätigkeit richtet. Dem Ansatz einer nachhaltigen Armutsbekämpfungsstrategie lassen sich vier politische Leitziele zuordnen, die sich aus dem in der Verfassung verankerten Schutz der Menschenwürde und dem Sozialstaatsprinzip ergeben. [...] *Leitziel 1: Soziale Balance sichern – Verwirklichungschancen* [...][;] *Leitziel 2: Teilhabe der Menschen organisieren – Armut und soziale Ausgrenzung verhindern* [...][;] *Leitziel 3: Eigenverantwortung stärken und vorhandene Potenziale aktivieren* [...][;] *Leitziel 4: Soziale Sicherung armutsfest machen*" (ebd.: 12f.; Herv. i. O.).

Eindeutig ist, dass der zweite bundesdeutsche NAPincl *keine* europäisch-integrationspolitische Vision offeriert. Vielmehr legt er ein umfassendes strategisches Konzept zur Erneuerung des bundesdeutschen Sozialstaates dar, das einen aktivierenden und vorsorgenden Sozialstaat erzeugen will, der Verteilungsgerechtigkeit und Chancengleichheit gewährleistet.

Im Rahmen des Leitziels ‚Soziale Sicherung armutsfest machen' verweist die Bundesregierung dann auch auf das *issue* ‚beitragsunabhängige soziale Grundsicherung'. Dort heißt es:

„In Deutschland werden die sozialen Sicherungssysteme auf neue Anforderungen ausgerichtet. Ziel ist es, einerseits ein angemessenes soziales Schutzniveau beizubehalten, vorhandene Zugangshürden und eventuelle Schutzlücken zu identifizieren und Möglichkeiten zu ihrer Beseitigung aufzuzeigen, wie dies etwa mit der Einführung einer bedarfsorientierten Grundsicherung realisiert wird" (ebd.: 13).

Mit Verweis auf die Umsetzung der Vorschläge der Hartz-Kommission stellt der NAPincl sodann auch das Hartz-IV-Gesetz wie folgt vor:

„Die in einem vierten Gesetz für moderne Dienstleistungen am Arbeitsmarkt beabsichtigte Zusammenführung von Arbeitslosenhilfe und Sozialhilfe für Erwerbsfähige soll die schnellere Vermittlung in Arbeit vor allem von Langzeitarbeitslosen nach dem Prinzip ‚Fördern und Fordern' verbessern. Die Kompetenzen zur Bekämpfung von Langzeitarbeitslosigkeit sollen im Rahmen des Gesetzes in einer Hand gebündelt werden. Mit der Reform werden folgende Ziele verfolgt: [...]
– einheitliche Geldleistungen zur Bestreitung des Lebensunterhaltes für Arbeitslosenhilfebezieher und arbeitslose erwerbsfähige Sozialhilfeempfänger; [...]
– bedarfsorientierte und bedürftigkeitsgeprüfte Leistungen; [...]
– sozialversicherungsrechtlicher Schutz für die Leistungsempfänger" (ebd.: 15f.).

Die Einführung des Hartz-IV-Gesetzes wird als umfassende bedarfsorientierte soziale Grundsicherung für alle Erwerbsfähigen dargestellt.

Die Bundesregierung setzte sich für eine *soziale Marktwirtschaft* mit umfassenden *sozialen Grundrechten* ein. Zudem kündigt sie das *Hartz-IV-Gesetz als bedarfsorientierte soziale Grundsicherung* und bundesdeutsche Sozialstaatsreform an. Einen expliziten Hinweis auf eine integrationspolitische Vision stellte die Bundesregierung nicht vor. Vielmehr dienen ihr die ‚Agenda 2010' und die Vision eines *aktivierenden und vorsorgenden Sozialstaates* als Erneuerungsstrategie für den bundesdeutschen Sozialstaat.

Zusammenfassung: Der Wissensmarkt

Die Erhebung des *inner-circle*-Wissens im *issue network* ‚beitragsunabhängige soziale Grundsicherung' in der Agenda-Gestaltungsphase des Politikprozesses zum Hartz-IV-Gesetz verdeutlicht, dass sich die akteursspezifischen integrationspolitischen Visionen auf europäischer Ebene langsam konkretisieren (vgl. Tabelle 3). Gingen die Akteure in der Problemdefinitionsphase noch implizit davon aus, dass ein europäisches Sozialmodell existent ist, so lassen sich in der Agenda-Gestaltungsphase divergierende integrationspolitische Visionen identifizieren, die das europäische Sozialmodell als neues gemeinschaftliches Sozialmodell, als zu Definierendes oder auch in

Herausbildung befindliches Gesellschaftsmodell begreifen. In diesem Aushandlungsprozess über die Ausgestaltung des europäischen Sozialmodells tritt die Mehrzahl der Akteure für eine Ausrichtung des neuen europäischen Sozial- bzw. Gesellschaftsmodells ein, das sich der sozialen Marktwirtschaft und sozialen Grundrechten verschreibt; der Europäische Rat legte sich nicht eindeutig fest.

Auch die inhaltlichen Ausgestaltungsvorstellungen nehmen zusehends eine einheitliche Form an. Identifiziert werden kann, dass sich alle Akteure für Vollbeschäftigung, Wirtschaftswachstum, hohe Ausbildungs- und Bildungsstandards, ein hohes Sozialschutzniveau und eine aktivierende Beschäftigungspolitik für beide Geschlechter einsetzen. Mit Ausnahme des Europäischen Rates sind sich alle sozialpolitischen Akteure darüber einig, dass das europäische Sozialmodell Verteilungsgerechtigkeit, Chancengleichheit und eine gerechte Umverteilung von Erwerbs- und Familienarbeit zwischen den Geschlechtern gewährleisten soll.

Betrachtet man jedoch die bundesdeutsche Ebene, so stellt sich das Bild anders dar. Hier stehen die Positionen der rot-grünen Bundesregierung und der Hartz-Kommission den Positionen des CDU/CSU-dominierten Bundesrates diametral gegenüber. Außerdem stehen die Positionen des Bundesrates im Widerspruch zu zwei Grundelementen bundesdeutscher Staatlichkeit: den sozialen Grundrechten und der sozialen Marktwirtschaft. Ein Konflikt deutet sich auch im Bereich der integrationspolitischen Visionen an. Während die rot-grüne Bundesregierung für eine Kooperation mit allen Mitgliedstaaten der EU eintritt, diese fördert und praktiziert, hält der CDU/CSU-dominierte Bundesrat an einer rein nationalstaatlichen Ausgestaltung von Wirtschafts- und Sozialpolitiken fest.

Ferner ist festzuhalten, dass innerhalb der Bundesrepublik Deutschland das MOK-Regieren auch in der Agenda-Gestaltungsphase nur sehr zögerlich als solches dokumentiert wird. Es tritt primär als Erneuerung des bundesdeutschen Sozialstaates und als ‚Agenda 2010‘ in Erscheinung, die den anderen Mitgliedstaaten der EU verdeutlichen soll, dass ein sozial-marktwirtschaftlicher Weg möglich ist. Ob die parteipolitischen Akteure der Bundesrepublik Deutschland das sozialpolitische Regieren im Mehrebenensystem EU in der Agenda-Gestaltungsphase des Hartz-IV-Gesetzes im Rahmen von Parlamentsdebatten öffentlich thematisierten, gilt es nun zu untersuchen.

Tabelle 3: *Der Wissensmarkt der Agenda-Gestaltungsphase*

Wissen / Akteure	‚beitragsunabhängige soziale Grundsicherung‘	soziale Grundrechte	privilegiertes Wirtschaftsmodell	integrationspolitische Vision
sozialdemokratisch dominierter Rat	für alle Unionsbürgerinnen und -bürger	Wahrung der bundesdeutschen sozialen Grundrechte *plus* Recht auf Erwerbsarbeitsplatz	soziale Marktwirtschaft	sozial integrierte mitgliedstaatliche Gesellschaften mit einem hohem Maß an Verteilungsgerechtigkeit und Chancengleichheit
sozialdemokratisch dominierter Europäischer Rat	unbestimmt	unbestimmt *aber* Recht auf Erwerbsarbeitsplatz	unbestimmt	*das europäische Sozialmodell* = gute Wirtschaftsleistungen, hohes Sozialschutzniveau, hoher Ausbildungs- und Bildungsstand und sozialer Dialog
Hartz-Kommission	*für Erwerbsfähige:* Arbeitslosengeld II *plus* Inklusion in die Sozialversicherungen *für Erwerbsunfähige:* Sozialgeld	Wahrung der bundesdeutschen sozialen Grundrechte	soziale Marktwirtschaft	ausschließlich in Negation: zu verhindernde Ausrichtung des europäischen Sozialmodells auf eine liberale Marktwirtschaft
ESSA	für alle in der neuen europäischen Gesellschaft Lebenden	Wahrung der bundesdeutschen sozialen Grundrechte	soziale Marktwirtschaft	neue europäische Gesellschaft mit starkem sozialen Zusammenhalt, Vollbeschäftigung und Chancengleichheit für alle männlichen und weiblichen sowie bildungsnahen und bildungsfernen Mitglieder

Wissen \ Akteure		soziale Grundrechte	privilegiertes Wirtschaftsmodell	integrationspolitische Vision
CDU/CSU-dominierter Bundesrat	‚beitragsunabhängige soziale Grundsicherung' *für Erwerbsfähige:* Verpflichtung zur Arbeit oder Aus- und Weiterbildung; bei Arbeitsverweigerung Sanktionen; Kombilohn	*Verletzung der* bundesdeutschen sozialen Grundrechte (Art. 1 u. 12 GG)	sozial-liberale Marktwirtschaft	nationalstaatliche Perspektive
rot-grüne Bundesregierung	bedarfsorientierte soziale Grundsicherung = Hartz IV	Wahrung der bundesdeutschen sozialen Grundrechte	soziale Marktwirtschaft	aktivierender und vorsorgender Sozialstaat der Verteilungsgerechtigkeit und Chancengleichheit gewährleistet

165

6.3.3.3 Legitimierungen

Festzustellen ist, dass die gesamte Agenda-Gestaltungsphase des Politikprozesses zum Hartz-IV-Gesetz zwar vielfach durch mediale Inszenierungen – wie z. B. die Verkündung der Ergebnisse der Hartz-Kommission im Dom zu Berlin – begleitet wurde, aber fast vollständig ohne direkte parlamentarische Debatten mit einer Rationalitäten kontrollierenden Opposition stattfand. Eine Ausnahme stellen die Regierungserklärung von Bundeskanzler Gerhard Schröder sowie die daran anschließende Debatte des Deutschen Bundestages am 14. März 2003 dar. Unter dem Titel ‚Mut zum Frieden und zur Veränderung' stellte der Bundeskanzler die *Agenda 2010* vor, auf die daraufhin alle Fraktionsvorsitzenden der im Bundestag vertretenen Parteien sowie der Ministerpräsident Bayerns reagierten.[91]

Bundeskanzler Gerhard Schröder (SPD)

In seiner Regierungserklärung begründet Bundeskanzler Schröder die durchgeführten und geplanten innerstaatlichen Reformen im Bereich der Wirtschafts-, Beschäftigungs- und Sozialpolitiken wie folgt:

„Wir werden sowohl unsere Verantwortung als auch unsere mitgestaltende Rolle in einer multipolaren Weltordnung des Friedens und des Rechts nur dann umfassend wahrnehmen können, wenn wir das auf der Basis eines starken und geeinten Europas tun. Es geht um die Rolle Europas in der internationalen Politik. Aber es geht auch um die Unabhängigkeit unserer Entscheidungen in der Welt von morgen. Beides – auch das ist Gegenstand dieser Debatte – werden wir nur erhalten können, wenn wir wirtschafts- und sozialpolitisch beweglicher und solidarischer werden, und zwar in Deutschland als dem größten Land in Europa, was die Wirtschaftskraft angeht, und damit natürlich auch in Europa. [...] Diesen Zusammenhang zwischen unseren wirtschaftlichen und damit auch sozialen Möglichkeiten einerseits und unserer eigenen Rolle in Europa und *Europas Rolle in der Welt* andererseits darf man nicht aus den Augen verlieren; denn er ist für uns und unsere Gesellschaft genauso wichtig wie für unsere Partner in Europa. Dieses Europa ist eben mehr als die Summe seiner Institutionen und mehr als ein gemeinsamer Binnenmarkt. Deutschland hat dazu unter allen Bundesregierungen entscheidend beigetragen. Europa ist eine Idee, der wir uns verpflichtet fühlen, eine Idee des geeinten Kontinents, der Krieg und Nationalismus überwunden hat oder dabei ist, sie zu überwinden. Heute kann und muß Europa Frieden und Stabilität, Gerechtigkeit und wirtschaftliche Kraft sowie Entwicklungschancen exportieren. Auch dafür müssen wir uns fit machen. [...] Deutschland leistet hierzu – das dürfen wir ruhig selbstbewusst, ja sogar stolz sagen – einen entscheidenden Beitrag, politisch wie finanziell. Wir finanzieren die Europäische Union zu einem Viertel. Wir zahlen jedes Jahr rund 7 Milliarden Euro mehr in die europäischen Kassen ein, als wir zurückbekommen. Das macht uns mit Abstand zum größten Nettozahler der Gemeinschaft. Wir akzeptieren das nicht nur, weil diesem Europa die Überzeugung zugrunde liegt, dass Kooperation besser ist als Konfrontation – ich denke, darüber sind wir uns in diesem Hohen Haus einig

---

91 Es nahmen sieben weitere parteipolitische Sprecher an der Debatte teil. Ihre Sprechakte bleiben in der nachfolgenden Analyse außer Betracht.

–, sondern auch, weil unser europäisches Sozialmodell, das auf Teilhabe beruht statt auf ungezügelter Herrschaft des Marktes, nur gemeinsam gegen die Stürme der Globalisierung wetterfest gemacht werden kann. [...] Um unserer deutschen Verantwortung in und für Europa gerecht zu werden, müssen wir zum Wandel im Innern bereit sein. Entweder wir modernisieren, und zwar als soziale Marktwirtschaft, oder wir werden modernisiert, und zwar von den ungebremsten Kräften des Marktes, die das Soziale beiseite drängen würden. [...] Daraus ergibt sich nur eine Konsequenz: Der Umbau des Sozialstaates und seine Erneuerung sind unabweisbar geworden. Dabei geht es nicht darum, ihm den Todesstoß zu geben, sondern ausschließlich darum, die Substanz des Sozialstaates zu erhalten. Deshalb brauchen wir durchgreifende Veränderungen" (BT-Plenarp. 15/32: 2480f.; Herv. i. O.).

Um in der Welt und in Europa für Frieden sorgen zu können, bedarf es aus der Perspektive des Sprechers eines starken Europas. Damit bundesdeutsche Akteure weiterhin eine führende Rolle in Europa und dementsprechend auch bei der Wahrung des Friedens in der Welt spielen können, sind Kooperationen mit den Partnern in Europa notwendig. Die bundesdeutsche Führungsrolle in der Europäischen Union kann aber nur beibehalten werden, wenn die Bundesrepublik Deutschland ihre Wirtschaftskraft aufrechterhält. Um dieses Ziel zu erreichen, sind Beweglichkeit und Solidarität in der Wirtschafts- und Sozialpolitik notwendig – und zwar in Deutschland *und* in Europa. Um die soziale Marktwirtschaft in und für Europa zu erhalten, bedarf es eines innerstaatlichen Umbaus des Sozialstaates. Ein gemeinsames europäisches Handeln und die EU sind notwendig, um den ‚Stürmen der Globalisierung' zu trotzen und die Substanz des bundesdeutschen Sozialstaates zu wahren.

Bundeskanzler Schröder hebt auf die wirtschafts- und sozialpolitischen Kooperationen mit den Partnern in Europa ab und verdeutlicht, dass ein gemeinsames und kooperatives Agieren in diesen Bereichen bereits existiert und Deutschland einen entscheidenden politischen und finanziellen Beitrag zur Ausgestaltung des europäischen Sozialmodells im Rahmen der EU leistet. Durch diese Darstellungsform gelingt es ihm, die Zuschreibung des faktischen sozialpolitischen Handelns realitätsgerecht wiederzugeben; mit der Wortwahl ‚Europa' sind alle EU-Mitgliedstaaten und die Beitrittskandidatenländer inkludiert. Die politische Verantwortung wird eindeutig und realitätsgerecht der EU und der Führungsrolle der Bundesrepublik Deutschland in der EU zugeschrieben. Anzumerken ist allerdings, dass die Zuschreibungspraxen in diesem Sprechakt zwar allgemeinverständlich, aber wenig präzise ausgestaltet sind.

Die innerstaatlichen Reformanstrengungen in den Wirtschafts- und Sozialpolitiken und die Notwendigkeit der *Agenda 2010* werden vom Sprecher im direkten Anschluss wie folgt begründet:

„Hierzu hat die Regierung in den vergangenen Jahren vieles auf den Weg gebracht. [...] Wir [...] haben die kapitalgedeckte private Vorsorge, die die zweite Säule der Rentenversicherung darstellt, auf den Weg gebracht. [...] Diese private Vorsorge als zweite Säule unter das Dach der Altersversorgung und Alterssicherung zu stellen, das haben viele große Länder in Europa noch vor sich. [...] Wir haben eine mehrstufige Steuerreform beschlossen, die Bürger und Unternehmen um insgesamt 56 Milliarden Euro entlastet. [...] Wir haben die Gesellschaft modernisiert: in der Energiepolitik, im Familienbereich und beim Staatsangehörigkeitsrecht ebenso wie durch eine moderne Zuwanderungsregelung, der Sie sich nicht verschließen dürfen, wenn Sie ernsthaft für Reformen in diesem Land eintreten wollen. [...] Wir haben unsere Investitionen in Forschung verstärkt und damit begonnen, die Bedingungen für schulische und vorschulische Bildung zu verbessern. Es gilt aber einzuräumen: Wir haben feststellen müssen, dass diese Schritte nicht ausreichen. Vor allem reicht auch die Geschwindigkeit, mit der wir unsere Strukturen den veränderten Bedingungen anpassen, nicht aus. Das ist der Grund, warum wir bei den Veränderungen weitergehen müssen. Unsere *Agenda 2010* enthält weitreichende Strukturreformen. [...] Diese werden Deutschland bis zum Ende des Jahrzehnts bei Wohlstand und Arbeit wieder an die Spitze bringen. [...] Dadurch werden die Gerechtigkeit zwischen den Generationen gesichert und die Fundamente unserer Gemeinschaft gestärkt" (ebd.: 2481; Herv. i. O.).

Damit stellt der Bundeskanzler die bereits durchgeführten Reformen als Teil des Modernisierungsprozesses in Europa dar und verdeutlicht gleichzeitig, dass das Tempo der Reformen nun nicht mehr ausreicht. Hierfür liefert er aber keine Begründung, sondern geht direkt zur Vorstellung der *Agenda 2010* über. Ein Bezug zur Osterweiterung der EU wird nicht hergestellt.

Im weiteren Verlauf der Regierungserklärung stellt der Sprecher Schritt für Schritt alle innerstaatlichen Reformvorhaben dar, die bis zum Jahr 2010 zu bewältigen sind. Sie reichen von der Haushaltskonsolidierung über Reformen des Steuerwesens, der Gemeindefinanzen, des Arbeits- und Sozialrechts, des Handwerksrechts, des Ausbildungssystems, der Rentenversicherung, des Gesundheitswesens, des Bildungswesens bis hin zu einer aktivierenden Beschäftigungspolitik, einer Senkung der Lohnnebenkosten, der Förderung des Mittelstandes, Investitionen in Forschung und Entwicklung sowie Ganztagsbetreuungsangeboten für Kinder. Im Konglomerat der vorgestellten Reformvorhaben befinden sich auch die Begründungen und inhaltlichen Ausgestaltungen zur Arbeitsmarktpolitik, die sich auf das *issue* ,beitragsunabhängige soziale Grundsicherung' beziehen. Der Sprecher argumentiert wie folgt:

„Aber es muss auch klar sein: Obwohl wir bei der gesetzlichen Umsetzung der Hartz-Vorschläge zügig gearbeitet haben, wird es durchaus eine Zeit dauern, bis die entsprechenden Reformen auf dem Arbeitsmarkt greifen. [...] [W]ir können es nicht dabei belassen, die Bedingungen für die Wirtschaft und die Arbeitsmärkte zu verbessern. Wir müssen auch über das System unserer Hilfen nachdenken und uns fragen: Sind die sozialen Hilfen wirklich Hilfen für die, die sie brauchen? [...] Ich akzeptiere nicht, dass Menschen, die arbeiten wollen und können, zum Sozialamt gehen müssen, während andere, die dem Arbeitsmarkt womöglich gar nicht zur Verfügung stehen, Arbeitslosenhilfe beziehen. [...] Ich akzeptiere auch nicht, dass Menschen, die gleichermaßen bereit sind zu arbeiten, Hilfen in unterschiedlicher Höhe bekommen. Ich denke, das kann keine erfolgreiche Integration sein. Wir brauchen deshalb Zuständigkeiten und Leistungen aus einer Hand. Damit steigern wir die Chancen derer, die arbeiten können und wollen. Das ist der Grund, warum wir die Arbeitslosen- und Sozialhilfe zusammenlegen werden, und zwar einheitlich auf einer Höhe – auch das gilt es auszusprechen –, die in der Regel dem Niveau der Sozialhilfe entsprechen wird" (BT-Plenarp. 15/32: 2484–2485).

Das Reformprojekt Hartz IV wurde vorgestellt und mit der Gleichbehandlung aller Arbeitsuchenden begründet. Zum Abschluss der Regierungserklärung appelliert der Sprecher:

„Wir haben die Pflicht, den *nachfolgenden Generationen* die Chancen auf ein gutes Leben in einer friedlichen und gerechten Welt nicht durch Unbeweglichkeit zu verbauen. Das ist der Grund dafür, dass wir den Mut zu Veränderungen brauchen. […] Unser Land muss wieder zu einem Zentrum der Zuversicht in Europa werden – unseretwegen, aber auch Europas wegen. […] Nicht alle Probleme, vor denen wir heute stehen, sind erst gestern entstanden. Nicht alle Lösungen, über die wir heute diskutieren, können schon morgen wirken. Aber ich bin entschlossen, nicht mehr zuzulassen, dass Probleme auf die lange Bank geschoben werden, weil sie kaum überwindbar erscheinen. […] Meine Damen und Herren, ich will nicht hinnehmen, dass Lösungen an Einzelinteressen scheitern, weil die Kraft zur Gemeinsamkeit nicht vorhanden ist. […] Wir Deutsche können stolz sein auf die Kraft unserer Wirtschaft, auf die Leistungen unserer Menschen, auf die Stärke unserer Nation wie auch auf die sozialen Traditionen unseres Landes. […] Wir haben alles, um eine gute Zukunft für unsere Kinder zu schaffen. Wenn alle mitmachen und alle zusammenstehen, dann werden wir dieses Ziel erreichen" (ebd.: 2493; Herv. i. O.).

Abermals begründet der Redner, dass das von ihm vorgestellte Projekt für die bundesdeutsche und die europäische Ordnung von zentraler Bedeutung ist und nur so auch den nachfolgenden Generationen ein Leben in Frieden und Gerechtigkeit ermöglicht werden kann. Gleichzeitig fordert er die gesamte Republik auf, gemeinsam für Deutschland, Europa und die Zukunft der Kinder zu handeln.

Mit seiner Regierungserklärung liefert Bundeskanzler Schröder die Erklärung und die Hintergründe für die bereits vollzogenen sowie die geplanten wirtschafts- und sozialpolitischen Reformschritte in der Bundesrepublik Deutschland. Er bettet seine Darstellungen durchweg in den europäischen und weltpolitischen Kontext ein. Der Sprechakt ermöglichte es den Bürgerinnen und Bürgern, am Regieren im Mehrebenensystem EU teilzu*haben*. Auch die Zurechenbarkeit von politischen Entscheidungen wurde realitätsgerecht wiedergegeben. Eine Sozialisation in die sozialpolitische Lebenswelt ‚Europäische Union' fand statt, wobei diese auf ‚Europa' ausgedehnt wurde. Der Terminus ‚Europa' gewährleistete zwar eine realitätsgerechte Zuschreibung, verhinderte aber letztendlich die öffentliche Thematisierung der Osterweiterung als Grund für den bestehenden Handlungsdruck sowie das implizite Verständnis der EU-27+. Damit wurde der Blick auf die Dimensionen der erforderlichen Solidaritäten in der EU verstellt.

Die Christlich Demokratische Union/Christlich-Soziale Union
(Dr. Angela Merkel)

Im direkten Anschluss ergreift die Fraktionsvorsitzende der CDU/CSU im Deutschen Bundestag Dr. Angela Merkel das Wort. Sie kommentiert die Rede Schröders:

„Der große Wurf für die Bundesrepublik Deutschland war das mit Sicherheit nicht. [...] Wenn es noch eines Beweises bedurft hätte, dass Ihre Politik, Herr Bundeskanzler, nicht aus dem Verwalten des Augenblicks herauskommt, aus dem Hetzen von Ereignis zu Ereignis, dann war es das Theater um diese Debatte. [...] Es ist mir auch heute nicht ganz klar geworden, wer eigentlich aus der Krise herausgeführt werden soll: [...] Sie, Herr Bundeskanzler, oder das Land, die Bundesrepublik Deutschland. [...] [N]ur wenige Meter von hier entfernt, im Bundesrat, hätten Sie heute zeigen können, dass es Ihnen mit einer Debatte, die wirklich zum Fortschritt für Deutschland führt, ernst ist. Sie hätten das *Steuervergünstigungsabbaugesetz* zurückziehen und sagen sollen, dass Steuererhöhungen in einer solchen Situation Gift für die Wirtschaft sind. Das wäre ein Zeichen gewesen. [...] Sie haben dieses Gesetz nicht zurückgezogen. Deshalb sage ich Ihnen voraus, dass wir es tun werden, weil uns Deutschland am Herzen liegt. Wir werden mit unserer Mehrheit im Bundesrat dafür sorgen, dass dieses zentrale Vorhaben Ihrer Regierung, das kontraproduktiv ist, nicht durchkommt; denn wir wollen, dass Ihre Politik in Deutschland nicht länger betrieben wird und dass unser Land mit oder ohne Sie endlich wieder nach vorne kommt, Herr Bundeskanzler. [...] Mir ist nicht ganz klar geworden, ob Sie sich der Dimension der *Krise*, in der wir uns befinden, wirklich bewusst sind. [...] Die Krise, in der wir uns befinden – ich glaube, wenn wir es nüchtern beschreiben, müssen wir es so nennen –, ist eine Krise der inneren Verfasstheit dieser Bundesrepublik Deutschland. [...] Sie ist insbesondere eine Krise der Wirtschafts- und Sozialpolitik, zugleich aber auch eine Krise der historischen Ausrichtung unserer Sicherheits- und Außenpolitik. [...] Wir müssen es uns noch einmal vergegenwärtigen: Technologie, Digitalisierung und die Informationsgesellschaft haben die Welt dramatisch verändert, [...] sie haben zu einer Beschleunigung der Globalisierung geführt [...]. Schauen Sie sich einmal an, wie in den verschiedenen Ländern der Welt auf diese *Veränderungen* reagiert wird. [...] Irland ist vom Armenhaus Europas zu einem der prosperierendsten Länder geworden. [...] Die USA halten sich seit Jahrzehnten in einem überdurchschnittlichen Aufschwungprozess. [...] China, Hongkong und Taiwan – das alles sind Länder, die die Chancen der Globalisierung nutzen. Wie steht es um Deutschland? In Deutschland – das ist unsere Situation – ist die Zeit scheinbar stehen geblieben. [...] Das ist das Problem, über das wir heute zu debattieren haben. [...] Ich will, dass Deutschland [...] bis zum Jahre 2010 [...] wieder an der Spitze Europas steht, [...] und zwar nicht als Selbstzweck, sondern weil es um die Menschen in diesem Land geht. Wir wollen an die Spitze Europas! [...] Ich sage ganz konkret: Ich will erreichen, dass Deutschland bis 2010 seinen Bürgern so viel Arbeit verschaffen kann, wie es die Niederländer, die Briten und die Dänen heute schaffen. Das sind keine außereuropäischen, sondern europäische Beispiele. Ich will, dass wir für Bildung und Forschung so viel ausgeben, wie es die Finnen schon heute tun. Das bringt uns wieder an die Spitze Europas" (ebd.: 2493ff.; Herv. i. O.).

Der Sprechakt von Dr. Angela Merkel verdeutlicht, dass die CDU/CSU-Fraktion des Deutschen Bundestags nationalstaatlich ‚denkt' und handeln will. Europäische Nachbarländer sowie außereuropäische Wirtschaftsnationen werden zum einen als Konkurrenten und zum anderen als beispielhaft und zu überbietende dargestellt. Ihre Rede zeigt, dass ihr Fokus auf die Bundesrepublik Deutschland und die Schaffung von Arbeitsplätzen ausgerichtet ist. Gleichzeitig verdeutlicht die Sprecherin, dass die Parteien der Regierungsopposition ihre Mehrheit im Bundesrat nutzen werden, um nur die Politikgestaltungsvorschläge passieren zu lassen, die ihren Problemlösungsvorstellungen entsprechen. Diesbezüglich macht die Rednerin auch darauf aufmerksam, dass die Bundesrepublik Deutschland sich aus ihrer Perspektive in einer ‚Krise der inneren Verfasstheit' befindet. Was sie darunter versteht, erläutert sie wie folgt:

„Uns alle in diesem Haus eint, dass wir nicht wissen, wie die Welt im Jahre 2010 aussieht. Wir wissen aber, dass der Erfolg nur mit einer freiheitlichen, leistungsorientierten und gerechten Wirtschaftsordnung zu schaffen ist. Herr Bundeskanzler, das Wort ‚Freiheit' ist pikanterweise in Ihrer ganzen Rede nicht ein einziges Mal vorgekommen. [...] Ich weiß, dass wir dafür eine nationale Kraftanstrengung brauchen. Bei allem, was aus unserer Sicht in die richtige Richtung weist [...], sagen war [sic], dass wir mitmachen. Wir bieten ihnen eine nationale Kraftanstrengung an. [...] Uns geht es um Deutschland und nicht um Klamauk! [...] Um die vor uns liegenden Herausforderungen meistern zu können, brauchen wir ein Verständnis dessen, was passiert ist. Der Zusammenbruch des Kalten Krieges ist kein Zufall. Er ist der Sieg der Freiheit über die Diktatur gewesen. Er ist der Sieg der Informationsgesellschaft und der ökonomischen Überlegenheit des Westens über die sozialistischen Modelle gewesen. Das alles führt zu einer grundlegenden Veränderung der Welt. Diese Veränderung wird nach meiner festen Überzeugung unsere gesamte Wirtschaftsordnung auf eine neue Ebene heben. Ich bezeichne diese Ebene als bedeutend, weil wir, von der sozialen Marktwirtschaft kommend [...], sagen müssen: Wir brauen eine ‚neue soziale Marktwirtschaft' im 21. Jahrhundert. [...] Wir brauchen keine Anarchie auf Kommando, sondern Gründergeist in Freiheit, Selbstständigkeit und Kreativität für diese Bundesrepublik" (ebd.: 2495f.; Herv. i. O.).

Der Sprechakt hebt hervor, dass die Opposition ihr Einverständnis zu bundesdeutschen Reformen von der Ausrichtung der Politikgestaltung auf eine ‚neue soziale Marktwirtschaft' abhängig machen will. Dieses Wirtschaftsmodell soll durch die normativen Werte der Freiheit, der Leistungsorientierung und der Gerechtigkeit geprägt werden. Diesem Problemlösungsvorschlag liegt eine Problemwahrnehmung zugrunde, die nach der Auflösung des Ost-West-Konfliktes die in der Bundesrepublik Deutschland verfassungsrechtlich zu wahrende tradierte soziale Marktwirtschaft als Wirtschaftsordnung in der neuen Weltordnung infrage stellt.

Wie sich die ‚neue soziale Marktwirtschaft' in der politischen Praxis darstellt, kann am Beispiel der Politikgestaltungsvorstellungen zum *issue* ‚beitragsunabhängige soziale Grundsicherung' verdeutlicht werden und bleibt an dieser Stelle unkommentiert:

„Wir brauchen konsequente *Leistungsanreize.* Wer in diesem Land arbeitet, muss mehr haben, als wenn er nicht arbeitet. Wer mehr leistet, muss mehr haben, als wenn er weniger leistet. [...] Deshalb, Herr Bundeskanzler, sind wir mit der Zusammenlegung von *Arbeitslosen- und Sozialhilfe* einverstanden. Sie haben sich etwas verklausuliert ausgedrückt, als Sie sagten, dass dies ‚in der Regel' auf dem Niveau der Sozialhilfe erfolgen solle. Wir sagen: Es soll auf dem Sozialhilfeniveau erfolgen. Wir sagen des Weiteren, dass diejenigen, die eine bestimmte Arbeit, die ihnen angeboten wird, nicht annehmen, die Sozialhilfe um 25 Prozent gekürzt werden soll. Wir müssen zusätzlich in die Lage kommen, dass jedem, der arbeitsfähig ist, ein Angebot gemacht werden muss, und sei es eine gemeinnützige Tätigkeit, damit wir von der Sozialhilfe wegkommen und jeder die Chance erhält, eine zumutbare Arbeit anzunehmen" (ebd.: 2498f.; Herv. i. O.).

Der Sprechakt der CDU/CSU-Fraktionsvorsitzenden endet mit einem Ausblick auf die bundesdeutsche Außenpolitik:

„Zurück zur Außenpolitik. Ich sage in aller Ernsthaftigkeit: Das 21. Jahrhundert und die neue Situation Deutschlands nach der Wiedervereinigung fordern von der Außenpolitik, eine klare Orientierung und feste Koordinaten zu geben. […] Deutsche Außenpolitik sollte deutschen Interessen gelten. […] Zu unseren Interessen gehören für mich zwei Säulen. Die eine Säule ist ein *gutes Verhältnis zu unseren europäischen Nachbarn*. […] Dazu gehört eine politische Union in Europa. Deutschland muss der Motor dieser politischen Union sein. […] Neben der europäischen gehört die *transatlantische Säule* dazu" (ebd.: 2502f.: Herv. i. O.).

Dieser Textpassage zufolge spricht sich die CDU/CSU-Fraktion im Deutschen Bundestag zwar für eine politische Union aus, die soziale Dimension des europäischen Integrationsprozesses wird aber nicht thematisiert. Die westeuropäischen EU-Mitgliedstaaten und die osteuropäischen Beitrittsländer werden lediglich als Nachbarn betrachtet; EU-Politik wird mit Außenpolitik gleichgesetzt. Ein Verständnis des wirtschafts-, beschäftigungs- und sozialpolitischen MOK-Regierens im europäischen Mehrebenensystem fehlt vollständig.

Entsprechend ist festzuhalten, dass die Sprecherin der CDU/CSU-Fraktion im Deutschen Bundestag lediglich auf die innerstaatlichen Reformen der Bundesrepublik Deutschland Bezug nimmt. Durch diesen Sprechakt wird suggeriert, dass die Ausgestaltung bundesdeutscher Wirtschafts-, Beschäftigungs- und Sozialpolitiken ausschließlich im nationalstaatlichen Kontext gesteuert werden kann und die Bundesregierung keine hinreichenden Konzepte vorlegt; Hintergrundinformationen über die gesamteuropäische Dimension der Politikgestaltung im Mehrebenensystem EU werden nicht vermittelt. Zwar werden andere EU-Mitgliedstaaten als gute Beispiele zitiert, letztlich wird aber ein Bild des wirtschaftspolitischen Konkurrierens mit den anderen Mitgliedstaaten der EU sowie anderen Wirtschaftsnationen gezeichnet. Eine realitätsgerechte Vermittlung des faktischen Regierens im Mehrebenensystem EU und dementsprechend eine faktische Teil*habe* der Bürgerinnen und Bürger an ebendiesem kann dieser Sprechakt nicht gewährleisten. Auch die Zurechenbarkeit von politischen Entscheidungen wird dadurch verfälscht. Eine Sozialisation in die sozialpolitische Lebenswelt ‚Europäische Union' leistet dieser Sprechakt nicht. Erzeugt wird ein Konkurrenzdenken mit den anderen Mitgliedstaaten der EU.

Die Sozialdemokratische Partei Deutschlands (Franz Müntefering)

Nach Merkels Rede hat der Vorsitzende der SPD-Fraktion im Deutschen Bundestag das Wort. Er erklärt:

„Mutig und vorausschauend war auch das, was der Bundeskanzler heute im Deutschen Bundestag […] für die Politik im Inneren des Landes verdeutlicht hat. Herr Bundeskanzler, Sie haben die volle Unterstützung der SPD-Bundestagsfraktion für diese Politik. […]

Deutschland hat Struktur- und Konjunkturprobleme – andere Länder übrigens auch; aber das ist kein Trost. Anstrengung ist gefordert. Wohlstand ist in Deutschland auf den Trümmern von 1945 gewachsen. Wir haben uns in Deutschland an Wohlstand gewöhnt, daran, dass er wächst, und haben nicht immer realisiert, dass er nicht selbstverständlich ist, dass er stets immer wieder neu und unter anderen Bedingungen gesichert und weiterentwickelt werden muss, dass Wohlstand Voraussetzungen hat. Wenn wir uns in Deutschland anstrengen, dann brauchen wir keine Angst zu haben. Wenn sich jeder und jede anstrengen, brauchen wir keine Sorgen zu haben, was die Zukunft angeht. Das Potenzial für eine gute Zukunft in Deutschland, dafür, in Wohlstand und sozialer Sicherheit zu leben, ist gegeben. [...] Richtig, die Regierung muss sich anstrengen. Aber auch die Parteien, der Bundestag, der Bundesrat und viele andere im Land müssen sich anstrengen. Wir sind dazu bereit. Auch die Opposition muss sich im Übrigen anstrengen. Ein bisschen weniger Besserwisserei, Herr Merz, und ein bisschen weniger Selbstgerechtigkeit, Frau Merkel, was die Opposition angeht, wären schon gut. [...] Blockieren allein, Herr Wulff und Herr Stoiber, reicht nicht. [...] Es sind zu wenige, die bereit sind, die Ärmel hochzukrempeln und die Dinge voranzubringen. Lassen Sie uns das miteinander machen! [...] Da sind auch Sie von der Opposition gefragt. Das geht nicht ohne Sie. Wir brauchen Sie dabei – nicht unseretwegen, sondern für das Land. Es wird eine große Herausforderung an die gesamte Opposition sein, wie sie sich dieser Aufgabe stellt. Die Opposition gehört zur Demokratie. Sie muss ihren Teil dazu beitragen, dass die Dinge gelingen können.

Die Strukturprobleme und Fragen – vielleicht auch die Strukturkrise –, die wir haben, sind übrigens nicht neu. Die Folgen der Globalisierung, der Europäisierung und der demographischen Entwicklungen waren schon in den 90er-Jahren erkennbar. Wir haben in Deutschland in den 90er-Jahren – ich meine das nicht nur parteipolitisch – die Zeit verschlafen. [...] Wir haben nicht hinreichend begriffen, dass außenpolitisch und innenpolitisch viel zu tun gewesen wäre. Wir haben uns in Deutschland mit Helmut Kohl an der Spitze darauf verlassen, dass der liebe Gott sozusagen von alleine die Landschaften blühen lässt. Es ist nicht so. Wir müssen unseren Teil dazu beitragen. Da ist innenpolitisch und außenpolitisch einiges nachzuholen.

([...] Volker Kauder [CDU/CSU]: Das ist ja Unsinn! Wir haben Europa vorangebracht! Der Euro ist nicht von allein gekommen!)

– Herr Kauder, es ist schlimmer: Sie haben nicht nur die Dinge, die hätten getan werden müssen, verschlafen, sondern haben die deutsche Einheit im Wesentlichen auf der Grundlage unserer *sozialen Sicherungssysteme* finanziert. [...] Jetzt schimpfen Sie, dass diese Sicherungssysteme nicht funktionieren. Sie waren hauptschuldig daran, dass dieser Bereich explodiert ist. [...] Der Kanzler hat Ihnen die Zahlen genannt: Anstieg der Lohnnebenkosten von 32 auf 43 Prozent. Es waren doch Sie, die das zugelassen und dafür gesorgt haben, dass Kosten hineingerechnet worden sind, die eigentlich nicht hineingehört hätten. [...] Wir haben uns außenpolitisch neu justiert. Diese Neujustierung [...] ist uns zwar nicht leicht gefallen, aber wir sind stolz, dass wir während unserer Regierungszeit [...] diese Neujustierung vorgenommen haben. Die Bereitschaft, dass Deutschland als souveränes Land in Europa Rechte und Pflichten mit allen Konsequenzen übernimmt, [...] geht auf die Erfolgspolitik von Schröder und Fischer zurück und nicht auf Ihre Politik. [...] Wir stehen nun vor der schweren Aufgabe – das ist die Hauptaufgabe in dieser Legislaturperiode; ihre Erledigung wird allerdings länger als vier Jahre dauern –, den Wohlstand dauerhaft zu sichern und den Sozialstaat in seiner Substanz zu garantieren. [...]

Dafür brauchen wir die Zusammenarbeit und die Zustimmung des Bundesrates. Bei allem Streit muss es im Interesse des Landes möglich sein – darauf setzen wir –, dass das gelingt. Die Koalition und diejenigen aus der CDU/CSU, die mit sozialer Marktwirtschaft noch etwas anfangen können, können zusammenarbeiten und gemeinsam vernünftige Gesetze machen (ebd.: 2505ff.; Herv. i. O.).

Nachdem er erklärt hat, dass seine Fraktion die Politik des Bundeskanzlers uneingeschränkt unterstützt, und er die Oppositionsparteien aufgefordert hat, die anstehenden Reformprozesse konstruktiv mitzugestalten, wendet sich der Sprecher der Begründung der sozialstaatlichen Reformpolitik zu. Er nimmt die Globalisierung, die Europäisierung und die demografische Entwicklung als Probleme wahr, denen schon in den 1990er-Jahren mit Strukturreformen hätte begegnet werden müssen; auch die in diesen Zeitraum fallende Finanzierung der Wiedervereinigung Deutschlands durch die Erhöhung der bundesdeutschen Lohnnebenkosten wird thematisiert. Er macht darauf aufmerksam, dass schon damals ein innen- und auch außenpolitisches Handeln notwendig gewesen wäre. Darauf reagiert ein Vertreter der CDU/CSU mit einem Zwischenruf, der sich auf die EU-Politik bezieht. Der Sprecher der SPD kontert mit einem innenpolitischen Argument und wendet sich daraufhin wieder der Beschreibung der neuen Positionierung seiner Partei im Bereich der Außenpolitik zu. Lässt man die rhetorischen Windungen beiseite, so sagt er, „dass Deutschland als souveränes Land in Europa Rechte und Pflichten mit allen Konsequenzen übernimmt, [...] den Wohlstand dauerhaft zu sichern und den Sozialstaat in seiner Substanz zu garantieren" (ebd.: 2507). Damit verweist der Sprecher zwar – zumindest indirekt – auf den verwobenen innereuropäischen Zusammenhang, begreift Europapolitik aber gleichzeitig als Außenpolitik; die EU benennt er mit keinem Wort.

Des Weiteren spricht sich der Bundestagsfraktionsvorsitzende der SPD für den Erhalt der sozialen Marktwirtschaft aus. Doch obwohl er diverse sozialpolitische Reformprojekte in seiner Rede thematisiert, spart er das *issue* ‚beitragsunabhängige soziale Grundsicherung' aus.

Der Sprecher beschreibt das MOK-Regieren im Mehrebenensystem EU als innen- und außenpolitische Neujustierung seiner Partei, die weitreichende innerstaatliche Strukturreformen im Bereich der Wirtschafts- und Sozialpolitik erfordern. Das ‚außenpolitische Handeln' schreibt er insbesondere Bundeskanzler Schröder und Außenminister Fischer zu, stellt es aber auch in den Kontext ‚Europas'. Hintergrundinformationen über die gesamteuropäische Dimension der innerstaatlichen Politikgestaltung liefert der Sprecher nicht. Eine realitätsgerechte Vermittlung des faktischen Regierens im Mehrebenensystem EU leistet der Sprechakt ebenso wenig; die Teil*habe* der Bürgerinnen und Bürger am gesamteuropäischen Prozess wird nur oberflächlich gewährleistet. Die Zurechenbarkeit von politischen Entscheidung wird verwischt; ausschließlich die Führungspersonen und die Partei des Sprechers werden als Entscheidungsträger benannt. Eine Sozialisation in die sozialpolitische Lebenswelt ‚Europäische Union' kann dieser Sprechakt nur auf äußerst oberflächlichem Niveau und auf indirekte und verschlüsselte Weise gewährleisten.

Die Freie Demokratische Partei (Dr. Guido Westerwelle)

Der Sprecher der FDP-Bundestagsfraktion bezieht sich in seiner Rede fast ausschließlich auf die Regierungserklärung des Bundeskanzlers. Er argumentiert:

„Für Sie ist zum Beispiel soziale Gerechtigkeit ausschließlich eine Kategorie des Staates. Wir setzen dagegen auf die *Bürgergesellschaft*. [...] – mehr für den Staat, weniger für den Bürger – [dazu] haben Sie sich mit Ihrem Konjunkturprogramm bekannt. Wir sind der Meinung, dass es umgekehrt besser ist, und sagen deshalb: Gebt den Bürgern mehr Freiheit, mehr Mittel und mehr Möglichkeiten, dann geht es auch dem Staat besser! Das ist der fundamentale Unterschied zwischen Regierung und Opposition. [...] Das, was für einen Neuanfang in diesem Land notwendig wäre, lässt sich mit der Überschrift ‚Marktwirtschaftliche Erneuerung' zusammenfassen. Es geht um eine *Erneuerung der sozialen Marktwirtschaft*, zu der Sie sich hätten bekennen müssen. [...] Eine Regierungserklärung, die Deutschland eine neue Perspektive geben soll, sich aber nicht an das Thema *Staatsausgaben* – sprich: Subventionsabbau, Privatisierungspolitik – herantraut, die vor der Flexibilisierung des Arbeitsmarktes ins Unverbindliche flüchtet, die auch noch das ganze Thema Bürokratieabbau ausspart, eine solche Regierungserklärung ist nicht geeignet, dieses Land voranzubringen. So wird das nichts. [...] Nein, wir werden auch künftig das unterstützen, was in die richtige Richtung geht. Erneuerung der sozialen Marktwirtschaft ja, aber mehr bürokratische Staatswirtschaft nein. [...] [D]ieser Politik können wir keine Zustimmung geben, weil sie das Land eher zurückführt, als es nach vorne bringt. Sie sind auf dem alten Weg. Sie haben sich nicht an das erinnert, was Sie 1999 gemeinsam mit Tony Blair aufgeschrieben haben. Das hätten Sie hier sagen sollen. Darauf hätten wir vielleicht gesagt: Das kommt zwar ein paar Jahre zu spät, aber wenigstens gehen Sie jetzt in die richtige Richtung" (ebd.: 2511ff.; Herv. i. O.).

Mit Ausnahme der letzten Textpassage, die sich auf das Schröder-Blair-Papier zum ‚Dritten Weg' bezieht, nimmt der Sprechakt keinen Bezug auf die gesamteuropäische Dimension des sozialpolitischen Regierens. Auch eine Problemanalyse fehlt in dem Sprechakt. Dennoch wird die ‚alte' soziale Marktwirtschaft als Problem wahrgenommen und eine Erneuerung der sozialen Marktwirtschaft, die ausschließlich auf den Wert der Freiheit auszurichten ist, gefordert. Diesen Schwerpunkten entsprechend, wird auch die Regierungserklärung des Bundeskanzlers kritisiert. Eigenständige Gegenentwürfe bietet der Sprecher nicht an. Er verlangt den Abbau von staatlichen Interventionen sowie von Bürokratie, die Einleitung von Privatisierungen und die Selbstorganisation der Bürgergesellschaft. Nur eine Politik, die diesen Werten und Orientierungen entspricht, will die FDP-Bundestagsfraktion unterstützen. Das *issue* ‚beitragsunabhängige soziale Grundsicherung' wird nicht thematisiert.

Hinsichtlich des MOK-Regierens im Mehrebenensystem EU erbringt der FDP-Abgeordnete keine Vermittlungsleistung. Dennoch erwähnt er das Schröder-Blair-Papier. Dadurch, dass sich der gesamte Sprechakt ausschließlich auf dieses Papier und die Regierungserklärung des Bundeskanzlers bezieht, vollzieht der FDP-Sprecher eine realitätsgerechte Zuschreibung des sozialpolitischen Handelns. Eine Sozialisation in die sozialpolitische Lebenswelt ‚Europäische Union' kann der Sprechakt jedoch nicht gewährleisten.

Das Bündnis 90/Die Grünen (Katrin Dagmar Göring-Eckhardt)

Die Fraktionsvorsitzende von Bündnis 90/Die Grünen schließt an den Sprecher der FDP an und erläutert:

„Herr Westerwelle, Sie sprechen von der *Bürgergesellschaft*. Bei Ihnen bedeutet Bürgergesellschaft, dass jede und jeder auf sich gestellt ist. Bei uns bedeutet Bürgergesellschaft soziale Gerechtigkeit für alle. Das meinen wir, wenn wir von Bürgergesellschaft reden, und nicht, dass jeder seines Glückes Schmied sein soll. […] Die rot-grüne Koalition hat sich mit der Regierungserklärung des Bundeskanzlers eindrucksvoll auf der innenpolitischen Bühne zurückgemeldet. […] Der Kanzler hat hier die Agenda 2010 vorgelegt. Auch wenn die wirtschafts-, sozial- und weltpolitischen Bedingungen extrem schwierig sind: Wir müssen die wirtschafts- und sozialpolitische Blockade überwinden, die uns nicht erst seit vier oder fünf Jahren, sondern schon seit mindestens zwei Jahrzehnten lähmt. Darum geht es mit Blick auf das Gemeinwohl und damit wir die Veränderungen, die notwendig sind, sozial gerecht gestalten können, und damit wir unserer Verantwortung für die heutige sowie die kommenden Generationen gerecht werden. […]
Ich will daran erinnern, was wir in unserer ersten Regierungslegislaturperiode getan haben […] und will nur die wichtigsten Punkte nennen: […] Haushaltskonsolidierung eingeleitet, eine wirklich mutige Steuerreform auf den Weg gebracht, den ersten wesentlichen Reformschritt in der Rentenversicherung durchgeführt, die Arbeitskosten durch die Ökosteuer gesenkt und damit zugleich zum Klimaschutz beigetragen.
Diese Instrumente reichen aber nicht mehr aus. Die veränderte Situation führt dazu – das müssen auch Sie langsam zur Kenntnis nehmen, meine Damen und Herren von der Opposition –, dass wir nicht mehr automatisch auf Wachstum setzen können und dass wir uns nicht mehr darauf verlassen können, dass es jährlich Wachstum gibt. Deshalb brauchen wir ein Gesamtkonzept, wie es der Bundeskanzler heute vorgeschlagen hat. […]
Zusätzlich hat die weltwirtschaftliche Situation Druck erzeugt. Aber die eigentlichen Probleme liegen tiefer. Es geht um die demographische Entwicklung, die die Finanzgrundlagen der Sozialkassen sprengt. Es geht um die hohen Lohnzusatzkosten, die durch die falsche Finanzierung der deutschen Einheit und durch einen Reformstau in den Sozialsystemen zustande gekommen sind. Das führt dazu, dass nicht genügend Arbeitsplätze entstehen, und das wiederum engt unsere Handlungsmöglichkeiten ein, genauso wie die hohe Verschuldung unsere Handlungsmöglichkeiten massiv einengt. Wir brauchen den Mut zu Veränderung. […] Denn nur so können wir das bewahren, was Deutschland in sozialer Hinsicht ausmacht. […] Es geht darum, den Sozialstaat auf die radikal veränderten Bedingungen einzustellen. […] Ich kann nur empfehlen: Machen Sie mit, damit es mit Deutschland endlich wieder aufwärts geht!" (ebd.: 2515ff.; Herv.i.O.).

Die Sprecherin der Grünen thematisiert eine ‚veränderte Situation', die nicht automatisch ein jährliches Wachstum erzeugt, spezifiziert deren Hintergründe aber nicht. Ferner macht sie die weltwirtschaftliche Situation, die falsche Finanzierung der deutschen Einheit und die demografische Entwicklung für den bundesdeutschen Reformbedarf in der Wirtschafts- und Sozialpolitik verantwortlich. Auch sie erklärt sich mit dem von Schröder vorgestellten Gesamtkonzept der Reform des bundesdeutschen Sozialstaates einverstanden und fordert die Oppositionsparteien ebenfalls zur Unterstützung auf. Neben der Erörterung des bislang von der rot-grünen Koalition Erreichten, geht sie im weiteren, hier nicht wiedergegebenen Verlauf ihres Beitrags auf einzelne Aspekte der Reformvorhaben ein und legt ihre Positionen dar. Dabei kommt sie auch auf das *issue* ‚beitragsunabhängige soziale Grundsicherung' zu sprechen:

> „Weil die Frage der Arbeitskosten so zentral ist, ist auch die *Zusammenlegung von Arbeitslosen- und Sozialhilfe* richtig. 70 Prozent der Menschen, die heute Arbeitslosenhilfe bekommen, erhalten weniger als den Sozialhilfesatz. Deswegen ist es richtig, was der Bundeskanzler vorgeschlagen hat: dass diese Zusammenlegung vom Niveau her auf der Höhe der Sozialhilfe stattfindet. Natürlich müssen diejenigen, Frau Merkel, die Kinder haben, mehr bekommen. Das war von vornherein klar und das war mit ‚grundsätzlich' gemeint. An dieser Stelle wird es darum gehen, zu neuen Angeboten zu kommen. Wenn wir Arbeitslosen- und Sozialhilfe zu einem Arbeitslosengeld II zusammenlegen, muss das aber auf der anderen Seite heißen, dass jeder und jede ein Angebot erhält. Es muss jedem ermöglicht werden, Arbeit, Leiharbeit, eine Weiterbildung oder eine öffentliche Beschäftigung zu bekommen" (ebd.: 2518; Herv. i. O.).

Der Sprechakt der Grünen-Vertreterin erörtert das mit dem Hartz-IV-Gesetz verbundene Reformvorhaben im Vergleich mit allen anderen Sprechakten der Regierungskoalitionsparteien am dezidiertesten.

Dennoch muss festgestellt werden, dass der Sprechakt der Vertreterin der Grünen weder das sozialpolitische Regieren im Mehrebenensystem EU anspricht, noch die gesamteuropäischen Hintergründe der bundesdeutschen Reformvorhaben thematisiert. Eine Teil*habe* der Bürgerinnen und Bürger am MOK-Regieren wird durch ihren Sprechakt nicht möglich. Dadurch verschwimmen auch die Verantwortlichkeiten für das von Bundeskanzler Schröder vorgestellte Gesamtkonzept; es wird ausschließlich der rot-grünen Koalition zugeschrieben; auf seine Genese geht die Sprecherin nicht ein. Eine Sozialisation in die sozialpolitische Lebenswelt ‚Europäische Union' kann auch dieser Sprechakt nicht leisten.

Der Ministerpräsident des Freistaates Bayern (Dr. Edmund Stoiber)

Als Vertreter des Bundesrates liefert der Ministerpräsident des Freistaates Bayern (CSU), Dr. Edmund Stoiber, einen Redebeitrag. Er identifiziert zunächst die Problemlage, auf die seines Erachtens zu reagieren ist, vergleicht die Politik der Bundesrepublik Deutschland mit der anderer europäischer Staaten und bietet letztendlich die Zusammenarbeit mit der Bundesregierung an. Er führt aus:

> „Die Erfahrung der letzten Monate zeigt doch eindeutig: Partner mit Einfluss auf die Vereinigten Staaten [...] kann nur ein einiges *Europa* sein. Herr Bundeskanzler, Sie haben heute – ich zitiere – ein starkes, geeintes Europa und einen geeinten Kontinent, der Nationalismen überwindet, angemahnt. [...] Herr Bundeskanzler, nicht nur außenpolitisch steht Deutschland in gewisser Weise vor einem Scherbenhaufen. Auch innenpolitisch wissen die

Menschen in Deutschland nicht mehr, wie es weitergehen soll. […] Deutschland ist leider ein Sanierungsfall. Sie haben heute eingeräumt, dass die Lohnzusatzkosten, die Steuern und die Staatsausgaben zu hoch sind. […] In der Analyse kommen Sie langsam in der bitteren Realität an, die Ihre Politik letztendlich mit verschuldet hat. […] Vor dieser ehrlichen Analyse haben Sie sich bis zu den Wahlen gedrückt. […] Ursache für den Abstieg ist, dass Deutschland an Wettbewerbsfähigkeit verliert. Der Anteil Deutschlands am Welthandel ist im letzten Jahrzehnt von 11 Prozent auf 8 Prozent zurückgegangen. Das zeigt: Auch wenn der Export nominal gewachsen ist, verlieren wir Anteile. Deswegen müssen wir hier darüber reden. […] Deswegen müssen wir uns mit der Frage auseinandersetzen, auf welchem Gebiet wir verloren haben. Über 4 Millionen Arbeitsplätze in Deutschland waren in den letzten Jahren im globalen Wettbewerb nicht mehr wettbewerbsfähig. […] Ursache für den Abstieg ist, dass Deutschland den Sprung von der Nationalökonomie in die Global-ökonomie noch nicht geschafft hat. Diesen alles entscheidenden Sprung werden Sie mit den Strukturkonservativen in der SPD und den Gewerkschaften niemals schaffen. […] In Ihrer heutigen Rede hätten Sie etwas mehr über den deutschen Tellerrand schauen müssen. Andere Länder haben längst ihre Hausaufgaben gemacht. Finnland und Norwegen haben in den vergangenen Jahren ihre Staatsquote um 10 Prozent gesenkt. […] Schweden, ein Land mit einer ähnlichen Sozialstaatstradition wie Deutschland, hat durch zahlreiche mutige Strukturreformen die Arbeitslosenquote von 8 auf 5 Prozent gesenkt. […] In diesen Ländern gibt es wieder mehr Wachstum, Wohlstand und Arbeitsplätze. […] Herr Müntefering, Sie haben vor einigen Wochen festgestellt: Es macht doch nichts, wenn die anderen Länder ein etwas höheres Wachstum haben; dann holen sie im Grunde genommen nur auf. Sie müssen aber auch feststellen, dass die anderen Länder nicht nur aufholen, sondern dass uns die Engländer, Franzosen, Iren und Holländer überholt haben. Sie überholen uns nicht nur, sondern sie haben auch ein höheres *Wirtschaftswachstum*. Das ist die Realität, mit der man sich auseinander setzen muss. […] Die Finnen, Norweger und Schweden sind nicht besser als die Deutschen, aber sie werden offensichtlich besser regiert. Die Folge von Arbeitslosigkeit und Wachstumsschwäche ist ein akuter Notstand in den öffentlichen Kassen. Den deutschen Ländern brechen die Steuereinnahmen weg. […] Es gibt leider große Unternehmen in Deutschland […], die interne Anweisungen haben, keine Erweiterungsinvestitionen mehr in Deutschland zu tätigen. Die *Verlagerung von Arbeitsplätzen* findet zuhauf statt. […]
Deutschland – da stimme ich Ihnen zu – hat Substanz. Deutschland hat kreative und engagierte Menschen. Wir können Deutschland wieder zu einem starken, sozial sicheren und zukunftsfähigen Land machen, wenn wir bereit sind, Einschnitte in unsere großartigen sozialen Sicherungssysteme nicht mehr nur als sozialen Kahlschlag zu diffamieren, und wenn wir in diesem Haus und darüber hinaus über Einschnitte diskutieren können, damit der soziale Wohlstand in unserem Land morgen und übermorgen erhalten bleibt und unsere Kinder nicht das Schicksal unserer Eltern haben. […] Deswegen, meine sehr verehrten Damen und Herren, reichen wir die Hand, um einiges mitzumachen. Aber Unsinn werden wir nicht mitmachen" (ebd.: 2521ff.; Herv. i. O.).

Der Sprechakt des Bundesrats-Vertreters bezieht sich ausschließlich auf zukünftige Reformmaßnahmen. Er spricht sich zwar für ein starkes ‚Europa' aus, doch nutzt er den Vergleich mit den europäischen Nachbarländern, um auf den innereuropäischen Wettbewerb hinzuweisen. Sein Plädoyer verlangt nach einer nicht näher definierten Globalökonomie, die Arbeitsplätze in Deutschland schafft.

Auch in Bezug auf das *issue* ‚beitragsunabhängige soziale Grundsicherung' bezieht er eine klare Position:

„Auch wenn es unpopulär ist: Der Abstand zwischen Mindestlohn und Sozialhilfe muss dringend vergrößert werden. Genauso wie die Sachverständigen schlage ich vor, die Sozialhilfe für Arbeitsfähige generell um ein Viertel zu senken. Das ist schon heute möglich, wenn einem arbeitsfähigen Sozialhilfeempfänger nachgewiesen wird, dass er eine Arbeit, die ihm angeboten wird, nicht annimmt. Aber wir müssen meines Erachtens ein Stück weitergehen. Wer arbeitet, der muss mehr in der Tasche haben als jemand, der nicht arbeitet. Das muss ein fester Grundsatz sein" (ebd.: 2527).

Festzuhalten ist, dass der Sprechakt des Bundesratsvertreters indirekt auf das europäische Benchmarking im Bereich der Wirtschafts- und der Beschäftigungspolitik Bezug nimmt. Dennoch thematisiert er das MOK-Regieren im Mehrebenensystem EU nicht; eine Teil*habe* der Bürgerinnen und Bürger am gesamteuropäischen Regieren stellt der Sprecher des Bundesrates nicht sicher. Eine Zuschreibung von Verantwortlichkeiten nimmt er nur im Rahmen einer Gesamtanalyse und in pauschaler Form vor; sein Augenmerk ist primär auf zukünftige bundesdeutsche Reformpolitik ausgerichtet, zu der er den Regierungsparteien ‚die Hand reicht'. Eine Sozialisation in die sozialpolitische Lebenswelt ‚Europäische Union' leistet dieser Sprechakt nicht. Er vermittelt, dass die Bundesrepublik Deutschland in Konkurrenz mit den anderen Mitgliedstaaten der EU steht.

Zusammenfassung: Der Legitimierungsmarkt

Die Legitimierungsanalysen der Agenda-Gestaltungsphase des Politikprozesses zum Hartz-IV-Gesetz der Bundesrepublik Deutschland verdeutlichen, dass die gewählten Volksvertretenden des Deutschen Bundestages und des Bundesrates den Bürgerinnen und Bürgern das faktische Regieren im Mehrebenensystem EU nur äußerst indirekt oder gar nicht vermitteln.

Der Vertreter der SPD tut sich extrem schwer, das faktische Regieren zu benennen und flüchtet in eine Zweiteilung des Regierens in Innen- und Außenpolitik; den Kontext des politischen Handeln verdeutlicht er auf sehr verschlüsselte Weise. Obwohl ihm alle Fakten zur Verfügung standen – so viel belegt sein Sprechakt –, beschränkt sich seine Zuschreibungspraxis der politischen Verantwortung auf bundesdeutsche Akteure. Die Sprecherin der Grünen erörtert die Hintergründe des faktischen Regierens, indem sie ihre Darstellungen auf die nationalstaatliche Ebene des MOK-Regierens beschränkt und verbucht die durchgeführten und geplanten Reformen als Erfolge der rotgrünen Koalition. Anders verhalten sich die Fraktionsvorsitzende der CDU/CSU und der Bundesrats-Vertreter, der der CSU angehört. Beide stellen die europäischen Koordinierungspolitiken im Bereich der Wirtschafts- und Beschäftigungspolitik indirekt dar, indem sie auf das Benchmarking mit anderen europäischen Mitgliedstaaten verweisen. Sie treten für eine ausschließlich nationalstaatliche Politik ein, die sich dem Konkurrenzkampf mit den europäischen Nachbarn stellen will, und verlangen – genau wie der FDP-Sprecher – nach einer Neudefinition der sozialen Marktwirtschaft in der Bundesrepublik Deutschland. Das gemeinsame Regieren aller Mitgliedstaaten in der EU im Bereich der Wirtschafts-, Beschäftigungs- und Sozialpolitik wird nicht thematisiert. Nur der Sprecher der FDP stellt mit der Erwähnung des Schröder-Blair-Papiers einen direkten Bezug zum MOK-Regieren her, erläutert die Hintergründe aber ebenso wenig. Eine realitätsgerechte Zuschreibung von politischen Verantwortlichkeiten leisten sie nicht. Weder die gewählten Volksvertretenden des Deutschen Bundestages noch der des Deutschen Bundesrates haben den Bürgerinnen und Bürgern ihre Teilhaberechte an der integrationspolitischen Dimension der Ausgestaltung des politischen Prozesses gewährt.

Dennoch gab es auf dem Legitimierungsmarkt der Agenda-Gestaltungsphase einen Sprechakt, der den Bürgerinnen und Bürgern die Teil*habe* am faktischen Regieren im Mehrebenensystem EU weitgehend erlaubte (vgl. Tabelle 4). Bundeskanzler Gerhard Schröder erörterte die Zusammenhänge allgemeinverständlich sowie realitätsgerecht und sorgte für eine ebensolche Zuschreibung der politischen Verantwortlichkeiten. Hervorzuheben ist außerdem, dass Gerhard Schröder eine Sozialisation in die Lebenswelt ‚Europa' propagierte. So konnte er die Osterweiterung der EU berücksichtigen, ohne sie direkt anzusprechen, und die Dimensionen der von ihm eingeforderten europäischen Solidarität im Unklaren lassen. Dennoch ist festzuhalten, dass die Agenda-Gestaltungsphase des im Fokus stehenden Politikprozesses *formal legitim* ausgestaltet wurde: *Die repräsentative Demokratie* konnte *als Grundelement bundesdeutscher Staatlichkeit im europäischen Integrationsprozess in der Dimension der Teil*habe *des Volkes formal gewahrt werden.*

Auf dem Legitimierungsmarkt der Agenda-Gestaltungsphase sind die gleichen Legitimierungstypen zu finden, die schon in der Problemdefinitionsphase erhoben werden konnten. Die Sozialisation der Bürgerinnen und Bürger erfolgte durch

(1.) den *nationalstaatlichen Legitimierungstyp*, dem die Sprechakte der Vertreter von SPD und FDP sowie der Grünen-Vertreterin zugerechnet werden können,

(2.) den *konkurrierenden Legitimierungstyp*, den die Redebeiträge der Fraktionssprecherin der CDU/CSU und des Bundesrats-Vertreters von CSU repräsentieren, und

(3.) den *kooperierenden Legitimierungstyp*, für den die Regierungserklärung von Bundeskanzler Schröder steht.

Auf dem Legitimierungsmarkt dominierte der nationalstaatliche Legitimierungstyp.

Tabelle 4: Der Legitimierungsmarkt der Agenda-Gestaltungsphase

Legitimierung / Akteure	faktische Teilhabemöglichkeit	Zuschreibung des sozialpolitischen Handelns	Sozialisation in die sozialpolitische Lebenswelt 'Europäische Union'	(abgeleitete) Problemlösungsvorstellungen
Bundeskanzler Gerhard Schröder (SPD)	• solidarische Kooperationen in der Wirtschafts- und Sozialpolitik in Europa • politische Ausgestaltung des europäischen Sozialmodells in der EU • bisherige innerstaatliche Reformen als Teil des europäischen Modernisierungsprozesses • höheres Tempo bei innerstaatlichen Reformen; deshalb: Agenda 2010	→ alle Partner in Europa → EU mit einer starken bundesdeutschen Beteiligung → Bundesregierung und Partner in Europa → Bundesregierung und Partner in Europa	realitätsgerecht *aber* ohne die direkte Begründung 'Osterweiterung'	• Frieden in Europa und der Welt • Solidarität in Europa europäisches Sozialmodell • Erhalt der sozialen Marktwirtschaft • Substanz des Sozialstaates retten • durchgreifende innerstaatliche Reformen im Bereich der Wirtschafts- und Sozialpolitik • Zusammenlegung von Arbeitslosen- und Sozialhilfe i. d. R. auf dem Niveau der Sozialhilfe
CDU/CSU	• Sozialstaatsreformen in der Bundesrepublik Deutschland unter der Regierung Schröder	→ Bundesregierung	Konkurrenz mit den anderen Mitgliedstaaten in der EU	• 'neue soziale Marktwirtschaft' mit den Werten Freiheit, Leistungsorientierung und Gerechtigkeit • entsprechende Restrukturierungen des bundesdeutschen Sozialstaates • Zusammenlegung von Arbeitslosen- und Sozialhilfe auf dem Niveau der Sozialhilfe sowie Beschäftigungsmaßnahmen für Sozialhilfe-

Legitimierung / Akteure	faktische Teilhabemöglichkeit	Zuschreibung des sozialpolitischen Handelns	Sozialisation in die sozialpolitische Lebenswelt ‚Europäische Union'	(abgeleitete) Problemlösungsvorstellungen
				beziehende im gemeinwohl-orientierten Bereich
SPD	• innen- und außenpolitische Neujustierung in den Bereichen Wirtschaft und Soziales • anstehende innerstaatliche Reformen	→ Schröder, Fischer, SPD → Bundesregierung, Bundestag und Bundesrat	auf oberflächlichem Niveau realitätsgerecht *aber* äußerst indirekt und verschlüsselt	• Deutschland als souveränes Land in Europa mit allen Rechten und Pflichten • soziale Marktwirtschaft • Wohlstand und soziale Sicherheit dauerhaft erhalten
FDP	• Schröder-Blair-Papier • Regierungserklärung	→ Schröder und Blair → Bundeskanzler	keine	• Erneuerung der sozialen Marktwirtschaft; Wert: Freiheit • Abbau von Subventionen und Bürokratie, Privatisierungen, Selbstorganisation der Bürgergesellschaft
Bündnis 90/ Die Grünen	• sozialpolitische Reformen von 1998–2002 • Gesamtkonzept der Sozialstaatsreform: Agenda 2010	→ rot-grüne Koalition → rot-grüne Koalition	keine	• Bürgergesellschaft = soziale Gerechtigkeit • umfassende Sozialstaatsreformen • Zusammenlegung von Arbeitslosen- und Sozialhilfe *plus* Beschäftigungsangebote
Ministerpräsident Dr. Edmund Stoiber (CSU)	• zukünftige Reformen im Bereich der Wirtschaft und des Sozialen	→ Bundesregierung und Bundesrat	Konkurrenz mit den anderen Mitgliedstaaten in der EU	• von der Nationalökonomie zur Globalökonomie • Kürzung der Sozialhilfe für Arbeitsfähige um ein Viertel

6.3.4 Die Produktion von Gesellschaft

In der gesamten Agenda-Gestaltungsphase des sozialstaatlichen *policy-makings* zum Hartz-IV-Gesetz führten die faktischen Interpretationen des geltenden Rechts zu einer Anwendung der Regelungen des Vertrags von Nizza, der erst am 1. Februar 2003 in Kraft trat. Nach dem Inkrafttreten des Vertrags von Nizza steuerte der Europäische Rat die Koordinierungspolitiken im Bereich der Wirtschafts- und Beschäftigungspolitiken ebenfalls in Richtung MOK-Regieren. Im Vergleich zur Problemdefinitionsphase ließen sich im Bereich ‚Bekämpfung von Ausgrenzung' auf europäischer Ebene keine Veränderungen von Machtressourcen beobachten; die Neuverteilung von Kompetenzen, die in der Problemdefinitionsphase vollzogen wurde, manifestierte sich faktisch. Dennoch nutzte ein supranationaler Akteur seine *de jure* legitimierte Machtposition, der zuvor weder an den *soft-law*-Koordinierungspolitiken noch am MOK-Regieren beteiligt war: der EuGH. Sein, zu Beginn der Agenda-Gestaltungsphase gefälltes Urteil führte zur Beschleunigung und Vereinfachung des MOK-Regierens, was jedoch weniger auf der europäischen Ebene als auf den nationalen Ebenen – zumindest im Fall der Bundesrepublik Deutschland – zu einer Veränderung von Teil*nahme*strukturen führte.

Die tradierten informellen Verhandlungsstrukturen, durch die auch Agenda-Gestaltungsphasen im bundesdeutschen System gekennzeichnet sind, wurden erneut aufgebrochen und durch Prozesse ersetzt, die von bundesministerialer Ebene gesteuert werden konnten: dem Hartz-Prozess und dem Prozess zur Erstellung des zweiten bundesdeutschen NAPincl. In diese Prozesse wurden – mit Ausnahme der Wohlfahrtsverbände, die nicht am Hartz-Prozess teil*nahmen* – alle Akteure der tradierten Netzwerke der Arbeitslosen- und der Armutspolitik inkludiert. Auch den Abgeordneten des Deutschen Bundestages und den Landesregierungen stand der Zugang zu beiden Prozessen offen. Allerdings waren es nicht mehr sie, die – wie traditionell üblich – in Kooperation mit privaten Akteuren den politischen Prozess bestimmten. Festzustellen ist, dass zwar beide nationalstaatlichen Prozesse durch Akteure unterstützt wurden, die auch auf europäischer Ebene handelten, aber dennoch der Zusammenhang zwischen gesamteuropäischer und bundesdeutscher Politikgestaltung nicht klar erkennbar wurde.[92] Detaillierte Informationen über die europäische Dimension des kommunikativen Handelns liefern auch die im Rahmen beider Prozesse entstandenen Dokumente nicht. Dieser Umstand kann erklären, warum ausschließlich Bundeskanzler Schröder eine weitgehend realitätsgerechte Vermittlung des sozialpolitischen Handelns im Mehrebenensystem EU im Deutschen Bundestag gelang. Wie das zögerliche Agie-

---

92 Dies belegen auch diverse Interviews, die mit Teil*nehmen*den am politischen Prozess geführt wurden. Die Hintergrundinformationen der Interviewten flossen in die Darstellungen der Prozessabläufe dieser Arbeit ein. Eine darüber hinausgehende qualitative Auswertung wurde letztendlich verworfen.

ren des SPD-Bundestagsfraktionsvorsitzenden verdeutlicht, ist es sogar für einen Akteur, dem alle Hintergrundinformationen zur Verfügung stehen, der aber selbst nicht auf europäischer Ebene an der Politikgestaltung teil*nimmt*, Hemmschwellen zu überwinden bzw. eine Identität zu entwickeln, die Europapolitik nicht als Außenpolitik wahrnimmt.

Wie die Ergebnisse der Rekonstruktion und Analyse der Agenda-Gestaltungsphase des Hartz-IV-Gesetzes belegen, war eine ausschließliche Teil-*nahme* der Volksvertretenden des bundesdeutschen Volkes auf der nationalstaatlichen Ebene nicht ausreichend, um die realitätsgerechte Überprüfung der Rationalitäten des kommunikativen Handelns der zur Herrschaft Bevollmächtigten zu gewährleisten, und befähigte die Volksvertretenden nicht zu dessen Vermittlung. Ausschließlich die Person, die auch auf der europäischen Ebene des Mehrebenensystems EU am politischen Prozess teil*nahm*, war zur Vermittlungsleistung imstande. Entsprechend ist festzuhalten, dass auch die Agenda-Gestaltungsphase des Hartz-IV-Gesetzes in ihrer europäischen Dimension weitgehend ohne die bundesdeutsche Gesellschaft stattfand und somit weder europäische Identitäten noch ein europäischer Gesellschaftsbildungsprozess gefördert wurden. Die Ausbildung von politischen und sozialen Solidaritäten in der EU wurde verhindert und durch die Parteivorsitzenden der CDU und der CSU sogar in ein Konkurrenzdenken mit den anderen europäischen Mitgliedstaaten überführt.

6.4 Die Phase der Politikformulierung

Die Politikformulierungsphase des Hartz-IV-Gesetzes setzte im August 2003 ein und endete im Dezember 2003 mit der Verabschiedung des Hartz-IV-Gesetzes.

6.4.1 Das geltende Recht

In diesem Zeitraum ist keine der normativen Grundlagen für die *de jure* legitimierte Politikgestaltung des *issue networks* ‚beitragsunabhängige soziale Grundsicherung' im Mehrebenensystem EU geändert worden.

6.4.2 Das faktische Regieren

Nachdem die bundesdeutschen Ministerialbürokratien den *Entwurf eines Vierten Gesetzes für moderne Dienstleistungen am Arbeitsmarkt* unter Berücksichtigung der Gesetzesentwürfe des Landes Hessen und des Freistaates

Bayern erarbeitet hatten, stimmte ihm das rot-grüne Bundeskabinett am 13. August 2003 zu (vgl. Bundesregierung 2003: 1). Der Gesetzentwurf der Bundesregierung wurde daraufhin am 15. August 2003 dem Bundesrat zugeleitet (vgl. BR-Drucks. 558/03) und am 5. September 2003 von den Bundestagsfraktionen SPD und Bündnis 90/Die Grünen in den Deutschen Bundestag eingebracht (vgl. BT-Drucks. 15/1516). Parallel dazu legte die CDU/CSU-Fraktion am 8. September 2003 dem Deutschen Bundestag ihren *Entwurf eines Gesetzes zur Sicherung der Existenzgrundlagen (Existenzgrundlagengesetz – EGG)* (vgl. BT-Drucks. 15/1523) zusammen mit dem *Entwurf eines Gesetzes zur Änderung des Grundgesetzes (Einfügung eines Art. 106b)* (vgl. BT-Drucks. 15/1527) vor. Diese beiden Gesetzentwürfe der CDU/CSU-Fraktion wurden am 11. September 2003 auch als Gesetzesanträge der Länder Hessen, Baden-Württemberg, Bayern und Sachsen von Roland Koch, dem Ministerpräsidenten des Landes Hessen, in den Bundesrat eingebracht (vgl. BR-Drucks. 654/03).

Der Bundestag überwies die drei in Rede stehenden Gesetzentwürfe am 11. September 2003 nach intensiver Debatte an den Bundestagsausschuss ‚Wirtschaft und Arbeit' (vgl. BT-Plenarp. 15/60: 5102–5140), in dem insbesondere der Arbeitnehmerflügel der SPD das Existenzgrundlagengesetz ablehnte und weitgehende Veränderungen am Gesetzentwurf der Bundesregierung einforderte (vgl. BT-Drucks. 15/1728). Der Bundesrat behandelte den Regierungsentwurf unter der Federführung des Bundesratsausschusses für ‚Arbeit und Sozialpolitik'. Die zweite Kammer des bundesdeutschen politischen Systems beriet über den Gesetzentwurf der Bundesregierung und empfahl dessen Ablehnung (vgl. BR-Drucks. 558/1/03). Indessen hebt die Empfehlung des Bundesratsausschusses den alternativen Entwurf des Existenzgrundlagengesetzes hervor (vgl. BR-Drucks. 558/1/03: 4). Dieser Gesetzentwurf wurde am 26. September 2003 im Bundesrat in einer Plenardebatte beraten (vgl. BR-Plenarp. 791). Flankiert wurde die Empfehlung des Bundesratsausschusses außerdem durch einen von Edmund Stoiber eingebrachten Antrag des Freistaates Bayern (vgl. BR-Drucks. 558/2/03) und einen Antrag der FDP-Bundestagsfraktion (vgl. BT-Drucks. 15/1576). Beide Anträge verlangten nach tiefgreifenderen Einschnitten und beschäftigungspolitischen Regulierungen als der Gesetzentwurf der CDU/CSU-Fraktion.

Ungeachtet der Kritik brachte die Bundesregierung den *Entwurf des Vierten Gesetzes für moderne Dienstleistungen am Arbeitsmarkt* am 1. Oktober 2003 unverändert in den Deutschen Bundestag zur ersten Beratung ein (vgl. BT-Drucks. 15/1638). Der Bundestag überwies das Gesetz am 15. Oktober 2003 in interfraktioneller Übereinstimmung ohne Debatte abermals an die zuständigen Bundestagsausschüsse (vgl. BT-Plenarp. 15/65: 5539). Der federführende Ausschuss für ‚Wirtschaft und Arbeit' führte am 8. Oktober 2003 eine öffentliche Anhörung zum Gesetzentwurf der Bundesregierung durch (vgl. BT-Protokoll 15/34). Am 15. Oktober 2003 beschloss er mit den Stimmen der Koalitionsfraktionen die Empfehlung an den Bundestag, dem Regierungsentwurf zuzustimmen, die beiden Gesetzentwürfe der CDU/CSU sowie den Antrag der FDP-Fraktion hingegen abzulehnen (vgl. BT-Drucks. 15/1728). Alle im Bundestagsausschuss Vertretenen waren sich über „die Zusammenlegung von Sozial- und Arbeitslosenhilfe [einig]. Gestritten wurde über die den einzelnen Gesetzesentwürfen zugrunde liegenden Konzepte" (BT-Drucks. 15/1749: 19). Daraufhin fand die zweite und dritte Beratung des Hartz-IV-Gesetzes zwei Tage später, am 17. Oktober 2003, im Bundestag statt und führte schließlich zu dessen Verabschiedung durch den Deutschen Bundestag (vgl. BT-Plenarp. 15/67).

In der Folge wurde der Gesetzesbeschluss des Deutschen Bundestages dem Bundesrat und seinen Ausschüssen zugeleitet (vgl. BR-Drucks. 731/03). Der federführende Bundesratsausschuss empfahl dem Bundesrat am 28. Oktober 2003 „die Einberufung des Vermittlungsausschusses mit dem Ziel [...], das Gesetz grundlegend zu überarbeiten" (BR-Drucks. 731/1/03: 1). Dieser Empfehlung folgte der Bundesrat am 7. November 2003 und rief den Vermittlungsausschuss an (vgl. BR-Plenarp. 793: 412). Unter der Leitung des Bremer Bürgermeisters Henning Scherf (SPD) einigten sich die Verhandlungspartner im Vermittlungsausschuss am 16. Dezember 2003 auf eine Beschlussempfehlung (vgl. BT-Drucks. 15/2259). Diese änderte den Gesetzentwurf der Bundesregierung insbesondere im Bereich der Trägerschaft der Verwaltung von Arbeitsvermittlungen, was Kompetenzspielräume für Bund und Länder schuf. Des Weiteren wurden die Zuverdienstmöglichkeiten für Arbeitslosengeld-II-Beziehende modifiziert. Bundesrat und Bundestag stimmten am 19. Dezember 2003 nach öffentlicher Debatte den Kompromissvorschlägen zu (vgl. BT-Plenarp. 15/84: 7389) – obwohl die Fragen der Zuständigkeit der Trägerschaft und die Finanzierung der Zusammenlegung von Arbeitslosen- und Sozialhilfe durch den Vermittlungsausschuss nicht abschließend geklärt werden konnten (vgl. BT-Drucks. 15/2264). Gerade diese Themen wurden erst im Folgejahr zwischen Bund- und Ländern – u. a. im Zusammenhang mit der Föderalismusreform – ausgehandelt. Dennoch gelang es, das Hartz-IV-Gesetz vor der EU-Osterweiterung am 1. Mai 2004 und weitgehend im Fahrplan der gestrafften Koordinierungspolitik der EU zu verabschieden. Es trat am 1. Januar 2005 in Kraft.

6.4.3 Die politologisch-institutionalistische Analyse

Nachfolgend gilt es, die Politikformulierungsphase des Politikprozesses zum Hartz-IV-Gesetz dem Analyseraster zu unterziehen, das auch der Untersuchung der vorangegangenen Politikprozessphasen zugrunde gelegt wurde.

6.4.3.1 Teilnahme

In der Politikformulierungsphase ist eine Teil*nahme*struktur zu erheben, die ausschließlich Akteure einschloss, die *den bundesdeutschen Ebenen* zugerechnet werden können: die Bundesregierung, der Bundestag, der Bundesrat sowie im Rahmen der öffentlichen Anhörung durch den Bundestagsausschuss ‚Wirtschaft und Arbeit' Vertreter des DGB, der Bundesvereinigung der Deutschen Arbeitgeberverbände, der BA, der Bundesvereinigung der Kommunalen Spitzenverbände, der Kreise und Gemeinden, des Verbandes Deutscher Rentenversicherungsträger, des Deutschen Beamtenbundes, des Deutschen Frauenrates, des Gesamtverbandes der Deutschen Versicherungswirtschaft, der Arbeitsgemeinschaft der Spitzenverbände der Krankenkassen, der Bundesarbeitsgemeinschaft der Freien Wohlfahrtspflege e.V., Mitglieder von Forschungsinstituten, diverse Wissenschaftler und Experten (vgl. BT-Protokoll 15/64: 512f.; BT-Drucks. 15/1749: 14)[93] sowie zahlreiche weitere Verbände, die Stellungnahmen abgaben (vgl. Ausschussdrucksache 15 (9) 707).

Festzustellen ist, dass in der Politikformulierungsphase des Hartz-IV-Gesetzes weder ‚neue' Akteure in das tradierte Akteursnetzwerk des bereichsspezifischen sozialstaatlichen *policy-makings* der Bundesrepublik Deutschland inkludiert, noch ‚alte' Akteure exkludiert wurden. Allerdings wurden die Netzwerke der Arbeitslosen- und der Armutspolitik zusammengeführt. Zudem entsprachen die angewandten Verfahren der kommunikativen Handlungskoordinierung dem *de jure* festgelegten bundesdeutschen Verfahrensrecht und ermöglichten die Kontrolle und Überprüfbarkeit der Rationalitäten des kommunikativen Handelns der zur Herrschaft Bevollmächtigten. Das Bundesstaatsprinzip und die repräsentative Demokratie wurden als Grundelemente bundesdeutscher Staatlichkeit in keiner Weise infrage gestellt. Ebenso eindeutig ist, dass die Politikformulierungsphase des Politikprozesses zum Hartz-IV-Gesetz ausschließlich durch nationalstaatliche Akteure ausgestaltet wurde; das faktische Regieren fand in der Bundesrepublik Deutschland statt.

Dennoch belegt auch das bundesdeutsche Regieren die faktische Ausgestaltung des nationalen sozialstaatlichen *policy-makings* im Mehrebenensystem EU. Beispielhaft seien hier die Beteiligung des Bundestagsausschusses für Angelegenheiten der Europäischen Union an den Beratungen des Ausschusses für Wirtschaft und Arbeit (vgl. BT-Drucks. 15/1749: 3) sowie entsprechende Hinweise in der Begründung des Gesetzentwurfes der Bundesregierung genannt (vgl. BT-Drucks. 15/1516: 44).

---

93   Eine Zusammenfassung der Positionen der Teil*nehmen*den an der Anhörung des Ausschusses ‚Wirtschaft und Arbeit' findet sich in BT-Drucks. 15/1749: 14ff.

6.4.3.2 Wissen

In der Politikformulierungsphase des Hartz-IV-Gesetzes gehörten folgende Akteure zum *inner circle* des *issue networks* ‚beitragsunabhängige soziale Grundsicherung': die rot-grüne Bundesregierung mit den Bundestagsfraktionen der SPD und Bündnis 90/Die Grünen auf der einen sowie die CDU/CSU-Bundestagsfraktion mit den CDU- bzw. CSU-dominierten Ländern Hessen, Baden-Württemberg, Bayern und Sachsen auf der anderen Seite. Ihr Wissen ist nun zu erheben.

Die Bundesregierung sowie die Bundestagsfraktionen SPD und Bündnis 90/Die Grünen

In der Politikformulierungsphase legten die Bundestagsfraktionen von SPD und Bündnis 90/Die Grünen am 5. September 2003 den *Entwurf eines Vierten Gesetzes für moderne Dienstleistungen am Arbeitsmarkt* vor, der zuvor vom rot-grünen Bundeskabinett verabschiedet worden war (vgl. BT-Drucks. 15/1516). In diesem Schlüsseldokument heißt es:

„Wegen der konjunkturellen Krise, aber auch wegen struktureller Defizite am Arbeitsmarkt ist die Entwicklung bei der Arbeitslosigkeit gegenwärtig nicht zufriedenstellend. Die Bundesregierung hat deshalb im Jahr 2002 die Kommission Moderne Dienstleistungen am Arbeitsmarkt mit dem Auftrag eingesetzt, Vorschläge zur Herstellung einer neuen Ordnung auf dem Arbeitsmarkt zu erarbeiten. Die von der Kommission vorgelegten Vorschläge sind aus der Sicht der Bundesregierung geeignet, den Abbau der Arbeitslosigkeit nachhaltig zu beschleunigen. Dieser Auffassung schließen sich die Fraktionen SPD und BÜNDNIS 90/DIEGRÜNEN an. […]
Die Kommission Moderne Dienstleistungen am Arbeitsmarkt hat dargelegt, dass das gegenwärtige Nebeneinander zweier staatlicher Fürsorgesysteme – der Arbeitslosenhilfe und der Sozialhilfe für Erwerbsfähige – ineffizient, intransparent und wenig bürgerfreundlich ist. […]
Der erste Armuts- und Reichtumsbericht der Bundesregierung kommt u. a. zu dem Ergebnis, dass insbesondere Familien von Armut bedroht sein können. Die Bundesregierung hat sich deshalb zum Ziel gesetzt, alle Anstrengungen zu unternehmen, um Armut von Kindern zu mindern. Diesem Ziel schließen sich die Fraktionen SPD und BÜNDNIS 90/DIE GRÜNEN an. Allein rd. 1000000 Kinder sind im heutigen Sozialhilfebezug und werden mit ihren Familien in Zukunft i. d. R. Anspruch auf das neue ‚Arbeitslosengeld II' haben. Zusätzlich zu diesen werden nach der geplanten Zusammenführung von Arbeitslosenhilfe und Sozialhilfe weitere Kinder und deren Familien aus der Arbeitslosenhilfe in das Arbeitslosengeld II wechseln. Es soll jedoch verhindert werden, dass Familien allein wegen der Unterhaltsbelastung für Kinder auf Arbeitslosengeld II angewiesen sind. Ergänzend hierzu ist ein Arbeitsanreiz durch eine gezielte Förderung einkommensschwacher Familien erforderlich.
Mit der Einführung der Grundsicherung für Arbeitssuchende würde sich die Zahl der anspruchsberechtigten Wohngeldbezieher voraussichtlich […] erhöhen. Damit einhergehend würden die Verwaltungskosten für das Wohngeld […] steigen" (ebd.: 1 f.).

Als verantwortlich für die anhaltend hohe Arbeitslosigkeit identifizieren die rot-grünen Verhandlungspartner die Konjunkturkrise sowie nicht näher definierte strukturelle Defizite am Arbeitsmarkt. Sie werden dementsprechend als Problem wahrgenommen. Konkretere Ursachen werden nicht benannt und eine europäisch-integrationspolitische Vision weder explizit noch implizit herangezogen. Als von dieser Problemwahrnehmung abgeleitete Lösungen werden tiefgreifende Änderungsvorschläge angeboten: die Zusammenlegung von Arbeitslosen- und Sozialhilfe, die finanzielle Unterstützung von einkommensschwachen Familien mit Kindern und die Neuregulierung von Wohngeld im Kontext des Arbeitslosengeldes II. Diese Vorhaben verdeutlichen zugleich, dass die identifizierten Probleme aus Sicht der SPD und der Grünen von Dauer sein werden.

Demgemäß werden folgende gesetzlich zu regelnde Maßnahmen vorgeschlagen:

„[Die] Zusammenführung von Arbeitslosenhilfe und Sozialhilfe für erwerbsfähige Hilfebedürftige zu einer Grundsicherung für Arbeitssuchende und intensivere Unterstützung der Hilfebedürftigen bei der Eingliederung in Arbeit. [...] Soweit die Eingliederung nicht möglich ist, wird der Lebensunterhalt der erwerbsfähigen Hilfebedürftigen und der mit ihnen in einer Bedarfsgemeinschaft lebenden Personen durch pauschalisierte bedarfsgedeckte Leistungen und die Einbeziehung in die Sozialversicherungssysteme gesichert. [...]
Die Grundsicherung für Arbeitssuchende soll von der Bundesagentur für Arbeit im Auftrag des Bundes erbracht und aus Steuermitteln des Bundes finanziert werden.
Die Beauftragung der Bundesagentur für Arbeit soll bundesweit die gleichmäßige Anwendung des Rechts für vergleichbare Sachverhalte gewährleisten [...]. Die Übernahme der Finanzverantwortung durch den Bund soll nach geltendem Recht mögliche Lastenverschiebungen zwischen Bund und Kommunen verhindern und die Kommunen finanziell entlasten.
[...] Einführung einer dem Arbeitslosengeld II vorgelagerten einkommensabhängigen Leistung, die zusammen mit dem Kindergeld und dem auf Kinder entfallenden Wohngeldanteil den durchschnittlichen Bedarf von Kindern an Arbeitslosengeld II bzw. Sozialgeld abdeckt. Die neue Leistung ist auf das Arbeitslosengeld II abgestimmt und verstärkt dessen Arbeitsanreize.
[...] Zur Reduzierung des Verwaltungsaufwandes soll bestimmt werden, dass Transferleistungsempfänger kein Wohngeld erhalten. Ihre Unterkunftskosten sollen ausschließlich auf der Grundlage des jeweiligen Leistungsgesetzes abgedeckt werden" (ebd.: 1 f.).

Damit legten SPD und Bündnis 90/Die Grünen dar, dass sie in der Bundesrepublik Deutschland eine einheitliche, vom Bund durch Steuermittel zu finanzierende bedarfsdeckende Grundsicherung für Arbeitslose befürworten, die alle erwerbsfähigen Arbeitslosen gleichstellt und ihnen ihre Existenzsicherung, eine Wohnung sowie ihre Versorgung bei Krankheit, Pflegedürftigkeit und im Alter gewährleisten soll. Zudem sind für Kinder von Arbeitslosengeld-II-Empfängern zusätzliche Mittel veranschlagt.

Außerdem verknüpften SPD und Bündnis 90/die Grünen die Leistungsvergabe an die Bereitschaft zur Aufnahme einer regulären Erwerbsarbeit. In diesem Zusammenhang heißt es:

„Die zentrale Zielsetzung besteht darin, die Eingliederungschancen der Leistungsempfän-gerinnen und Leistungsempfänger in *ungeförderte Beschäftigung* zu verbessern, insbeson-dere durch besonders intensive Beratung und Betreuung und Einbeziehung in die Maß-nahmen der aktiven Arbeitsmarktpolitik, die anders als die kommunalen Aktivitäten überörtlich ausgerichtet ist. [...] Eine grundlegende Änderung der individuellen Lebensla-gen kann grundsätzlich nur durch die *Aufnahme einer Erwerbsarbeit erfolgen, aus deren Entgelt sich der Lebensunterhalt bestreiten läßt.* [...]
Der erste Armuts- und Reichtumsbericht der Bundesregierung hat gezeigt, dass vor allem allein Erziehende und große Familien von Armut bedroht sind. [...] Die mit der Umset-zung der Hartz-Vorschläge und dem *Ausbau der Tagesbetreuung* verbundenen verbesser-ten Chancen, eine Erwerbstätigkeit aufzunehmen, sind ein wichtiger Beitrag zur *Verhinde-rung und Beseitigung von Familienarmut.* [...] Durch den Kinderzuschlag soll die Bereitschaft weiter gestärkt werden, *durch Arbeitsaufnahme den Lebensunterhalt selbst zu erwirtschaften*" (ebd.: 41ff.; Herv. UB).

Als Alternative zum sozialstaatlichen Leistungsbezug wird ausdrücklich die Aufnahme einer regulären Erwerbsarbeit betrachtet, deren Entgelt zur Siche-rung des Lebensunterhalts ausreicht. Diese Form der Beschäftigung soll Al-leinerziehenden und Menschen mit großen Familien offen stehen, weshalb Tagesbetreuungsangebote für Kinder zu fördern sind.

Die Rechte und Pflichten des Personenkreises sowie die Zugangsbedin-gungen für die *„Grundsicherung für Arbeitssuchende"* (ebd.: 45; Herv. UB) werden folgendermaßen definiert:

„Erwerbsfähige Hilfebedürftige erhalten Arbeitslosengeld II und die Mitglieder ihrer Be-darfsgemeinschaft Sozialgeld. Beide Leistungsarten sind staatliche Fürsorgeleistungen. Das Arbeitslosengeld II ist eine aktivierende Grundsicherung für Erwerbsfähige, die sich nicht aus eigenen Mitteln und Kräften helfen können. Zu den „eigenen Kräften und Mit-teln" gehört es insbesondere, durch eigene Erwerbstätigkeit Einkommen zu erzielen. Zu-dem ist vorhandenes Einkommen und Vermögen vorrangig einzusetzen, um den eigenen Lebensunterhalt und den der nichterwerbsfähigen Angehörigen zu sichern. [...]
Anspruchsberechtigt sind alle erwerbsfähigen Hilfebedürftigen zwischen 15 und 65 Jahren sowie ihre Angehörigen. ‚Erwerbsfähig' ist [...], wer unter den üblichen Bedingungen des Arbeitsmarktes mindestens drei Stunden täglich erwerbstätig sein kann und darf oder in-nerhalb von sechs Monaten diese Voraussetzungen erfüllen wird. Bei der Bestimmung der Erwerbsfähigkeit ist es unerheblich, ob eine Erwerbstätigkeit vorübergehend unzumutbar ist (z. B. wegen der Erziehung eines Kindes unter drei Jahren). [...]
Die Bedürftigkeitsprüfung orientiert sich hinsichtlich des Vermögens am geltenden Recht der Arbeitslosenhilfe. Hinsichtlich des Einkommens orientiert sich die Bedürftigkeitsprü-fung am geltenden Recht der Sozialhilfe. Die Freibeträge bei der Anrechnung von Ein-kommen aus Erwerbstätigkeit werden gegenüber dem jetzigen Sozialhilferecht und in Abhängigkeit von der Größe der Bedarfsgemeinschaft angehoben, um stärkere Anreize zur Arbeitsaufnahme zu schaffen. Die Leistungen zur Sicherung des Lebensunterhalts entspre-chen in der Regel dem Niveau der Sozialhilfe. [...]
Die Aufnahme einer Erwerbstätigkeit wird finanziell attraktiver ausgestaltet. Hierzu wird ein *zeitlich befristeter Arbeitnehmerzuschuss (Einstiegsgeld)* eingeführt, der als *Ermessens-leistung* ausgestaltet ist. [...] Die Aufnahme einer Erwerbstätigkeit wird nicht nur über Anreize gefördert, sondern auch mit Hilfe von Sanktionen gefordert. Bei Ablehnung einer zumutbaren Erwerbstätigkeit oder Eingliederungsmaßnahme sowie bei fehlender Eigenini-tiative wird die Leistung in einem ersten Schritt in Höhe von 30 von Hundert der Regelleis-

tung für einen Haushaltsvorstand (rd. 90 Euro) gekürzt. [...] Lehnen jugendliche erwerbsfähige Hilfebedürftige bis unter 25 Jahren zumutbare Erwerbstätigkeit oder Eingliederungsmaßnahmen ab oder bemühen sie sich nicht ausreichend um einen Arbeitsplatz, so erhalten sie für die Dauer von drei Monaten eine Geldleistung weder der Grundsicherung für Arbeitssuchende noch aus nachrangigen Sicherungssystemen. [...] Erwerbsfähige Hilfebedürftige werden in der gesetzlichen Krankenversicherung und in der sozialen Pflegeversicherung pflichtversichert [...]. Erwerbsfähige Hilfebedürftige werden in der gesetzlichen Rentenversicherung auf der Basis des Mindestbeitrags pflichtversichert. [...] Das Gesetz berücksichtigt Prinzipien des ‚Gender Mainstreamings'. Sein Ziel ist es, geschlechtsspezifischen Nachteilen entgegenzuwirken. Das Gesetz sieht vor, dass die familienspezifischen Lebensverhältnisse von erwerbsfähigen Hilfsbedürftigen, die Kinder oder pflegebedürftige Angehörige betreuen, zu beachten sind. Hilfebedürftige, die ein eigenes Kind oder ein Kind des Partners bis zur Vollendung des dritten Lebensjahres betreuen, ist eine Arbeit nicht zumutbar. Kindern Arbeitsuchender ist bevorzugt ein Platz in einer Tageseinrichtung zur Verfügung zu stellen" (ebd.: 45ff.).

Dieser rot-grüne Problemlösungsvorschlag zum *issue* ‚beitragsunabhängige soziale Grundsicherung' betrachtet alle Frauen und Männer im Alter zwischen 15 und 65 Jahren als Erwerbsarbeitsfähige, die bei Erwerbsarbeitslosigkeit für sich und ihre Angehörigen einen Anspruch auf die bedarfsorientierte Grundsicherung haben, wenn sie arbeitssuchend sind und die ihnen zur Verfügung stehenden eigenen Mittel aufgebraucht haben. Lehnen sie zumutbare Erwerbsarbeitsangebote ab, so müssen sie mit Kürzungen des Leistungsbezugs rechnen. Ein vollständiger Entzug von Leistungen ist für unter 25-jährige Jugendliche vorgesehen, die Eingliederungsmaßnahmen oder Erwerbsarbeit ablehnen; dadurch, dass sich der Leistungsbezug von Arbeitslosengeld II am Bedürftigkeitsverständnis des Arbeitslosengeldes orientiert, werden im Falle eines Entzugs des Arbeitslosengeldes II die Eltern unterhaltspflichtig. Ferner kann nach Ermessen ein befristeter Lohnzuschuss als Einstiegsgeld gewährt werden, so einem arbeitsuchenden Leistungsberechtigten dadurch die Erwerbsarbeitsaufnahme ermöglicht wird. Neu ist, dass alle arbeitsuchenden Leistungsbeanspruchenden auch in die Rentenversicherung integriert werden, was zuvor nur in der Arbeitslosenhilfe gegeben war. Pflege und Betreuung von Angehörigen und Kindern unter drei Jahren berechtigen zum Leistungsbezug ohne Pflicht zur Arbeitssuche.

Festzuhalten ist, dass die rot-grüne Bundesregierung und die Bundestagsfraktionen von SPD und Bündnis 90/Die Grünen sich für eine *soziale Marktwirtschaft* und umfassende *soziale Grundrechte* einsetzten. Allen erwerbsarbeitsfähigen Erwerbsarbeitsuchenden wird das gleiche Recht auf eine ‚beitragsunabhängige soziale Grundsicherung' in Form von Arbeitslosengeld II gewährt. Eine explizite europäisch-integrationspolitische Vision wird nicht vorgestellt. Implizit wird mit der Regelung des Leistungsentzugs für unter 25-jährige Jugendliche aber auf das EuGH-Urteil vom 20. September 2001 Bezug genommen, das für in Ausbildung befindliche Jugendliche aus anderen Mitgliedstaaten der EU, die nicht arbeitssuchend sind, ein Anrecht auf national übliche Existenzsicherungen festschreibt.

Die CDU/CSU-Bundestagsfraktion und die CDU- bzw. CSU-dominierten Länder Hessen, Baden-Württemberg, Bayern und Sachsen

Die CDU/CSU-Bundestagsfraktion legte am 8. September 2003 den *Entwurf eines Gesetzes zur Sicherung der Existenzgrundlagen (Existenzgrundlagengesetz – EGG)* vor (vgl. BT-Drucks. 15/1523). Dieser Gesetzesentwurf wurde dann auch am 11. September 2003 als Gesetzesantrag der Länder Hessen, Baden-Württemberg, Bayern und Sachsen von Roland Koch, Ministerpräsident des Landes Hessen, in den Bundesrat eingebracht (vgl. BR-Drucks. 654/03). Mit Ausnahme des Erläuterungspunkts „Gleichstellungspolitische Bedeutung", der im Entwurf der Länder fehlt (vgl. BT-15/1523: 3), sind die Dokumente identisch. Der Gesetzentwurf der CDU/CSU-Bundestagsfraktion dient der nachstehenden Analyse als Schlüsseldokument. Dem Dokument liegt folgende Problemwahrnehmung zugrunde:

„Das bestehende Sozial- und Arbeitslosenhilfesystem verbindet Leistungsbezug und Arbeit nicht nachdrücklich genug und fördert dadurch Abhängigkeit und Arbeitslosigkeit. Zunächst fehlen vielfach Anreize zur Aufnahme von Arbeit aufgrund des Umfangs der Sozialleistungen, die ohne Gegenleistung zu haben sind. Sodann bedarf es für den Ausstieg aus der Bedürftigkeit oft auch einer Unterstützung beim Abbau von mittelbaren und unmittelbaren Beschäftigungsbarrieren im sozialen und familiären Umfeld. Schließlich erscheint es auch erforderlich, die Forderungen an die Arbeitsleistung der Erwerbsfähigen klarer zu fassen. Arbeit und Eigenständigkeit verbinden die einzelne Person und die einzelne Familie mit der Gesellschaft und sind Bindeglied gegenseitiger Verantwortung. Diese Einsicht ist in den vergangenen Jahrzehnten immer mehr durch das bestehende Arbeitslosen- und Sozialhilfesystem zurückgedrängt worden" (ebd.: 1).

Die CDU/CSU nimmt die Sozial- und Arbeitslosenhilfe als Systeme wahr, die für Arbeitslosigkeit verantwortlich zu machen sind, da die Sozialleistungen ohne Gegenleistungen gewährt werden. Zudem werden im sozialen und familiären Umfeld nicht näher definierte Beschäftigungsbarrieren identifiziert. Dass Arbeit und Eigenständigkeit Verantwortungen sind, die der Einzelne und Familien in der Gesellschaft zu erbringen haben, ist aus der Sicht der CDU/CSU nicht mehr ausreichend deutlich und durch das bundesdeutsche Sozialleistungssystem zurückgedrängt worden.

Dieser Problemwahrnehmung entsprechend, sieht die CDU/CSU folgende Problemlösung als zielführend an:

„Soziale Leistungen sollten für jede Hilfe suchende Person, die erwerbsfähig ist, an Beschäftigung sowie Aus- und Weiterbildung gebunden werden. Es besteht daher die dringende Notwendigkeit, den Anspruch auf Arbeitslosen- und Sozialhilfe sowie die Betreuungs- und Vermittlungsverfahren entsprechend auszugestalten. Zu diesem Zweck sind die beiden steuerfinanzierten Sozialleistungen, Arbeitslosen- und Sozialhilfe, in einem neuen

Zwölften Buch Sozialgesetzbuch (SGB XII) materiell-rechtlich zusammenzuführen (Artikel 1 EGG).
Ergänzend bedarf der Niedriglohnsektor einer Förderung durch einen Lohnzuschlag für Geringverdienende (Artikel 2 EGG)" (ebd.).

Erwerbsfähige sollen Sozialleistungen erhalten, die automatisch mit Beschäftigung oder Aus- und Weiterbildung verbunden werden; d.h., alle Arbeitslosen werden beschäftigt – was nicht zwangsläufig mit Integration in den Erwerbsarbeitsmarkt gleichzusetzen ist. Zusätzlich bedarf es der Förderung eines Niedriglohnsektors, indem Lohnzuschläge für Geringverdienende bereitgestellt werden; d.h., dass durch die sozialstaatliche Subventionierung von Niedriglöhnen die Arbeitskraft der Erwerbstätigen den Arbeitgebern letztlich günstiger angeboten werden soll. Eine ‚beitragsunabhängige soziale Grundsicherung' ohne Gegenleistung soll es nicht mehr geben; Arbeitssuche berechtigt nicht zum Sozialleistungsbezug.

Um ihre Problemlösungsvorstellungen zu realisieren, offerieren die Parteien CDU und CSU folgenden Vorschlag:

„Unabdingbare Voraussetzung für ein effektives Hilfesystem, *wirksame Arbeitsanreize* und den Abbau von überflüssigen Doppelregelungen sowie von Bürokratie ist die Zusammenführung von Arbeitslosen- und Sozialhilfe auf Sozialhilfeniveau und die Zuweisung aller Vermittlungs-, Beratungs- und Leistungsaufgaben an die kreisfreien Städte und Landkreise (Artikel 1 EGG). Die finanzielle Absicherung der Kommunen wird durch einen parallel eingebrachten Gesetzentwurf zur Änderung des Grundgesetzes gewährleistet. […] Neben den Kreisen und kreisfreien Städten können durch Landesgesetzgebung auch andere kommunale Gebietskörperschaften mit der Wahrung der Aufgaben nach dem Gesetz betraut werden. Dabei kann bestimmt werden, dass Dritte (*Wohlfahrtsverbände, private Unternehmer*) die gesetzlichen Aufgaben *im Wege der Beleihung* wahrnehmen können. […] Der in Artikel 2 EGG eingeführte *Lohnzuschlag für Geringverdienende* stellt sicher, dass der *Ausstieg aus dem Hilfesystem* nachhaltig unterstützt und *zusätzliche Arbeitsplätze im Niedriglohnsektor zur Förderung der wirtschaftlichen Dynamik* geschaffen werden. Die finanziellen Mehraufwendungen, die durch die Verlagerung von Aufgaben auf die Träger der Existenzsicherung zukommen werden, müssen konsequenterweise durch Bundesmittel kompensiert werden, da der Bund von dieser Aufgabe entlastet wird" (ebd.: 1f.; Herv. UB).

Der Gesetzesentwurf der CDU/CSU sieht vor, dass erwerbsfähige Empfänger der Existenzsicherungsleistung, die der Sozialhilfe entspricht, in den Kommunen beschäftigt werden.

Die Begründung für diesen Problemlösungsvorschlag der CDU/CSU-Fraktion im Deutschen Bundestag sowie der CDU- bzw. CSU-dominierten Länder ist die folgende:

„Ziel des Gesetzes ist es, Menschen in Notlagen zu helfen, die Beschäftigungssituation insbesondere für gering qualifizierte Hilfe Suchende zu verbessern und die Arbeitslosigkeit für diesen Personenkreis nachhaltig abzubauen. Dabei kommt der Zusammenführung von Betreuung, Qualifizierung, Vermittlung und Leistungsgewährung für die Hilfe Suchenden in kommunal betriebenen Vermittlungsagenturen zentrale Bedeutung zu. Der Vorrang von Arbeit, Qualifizierung und gemeinnütziger Beschäftigung vor dem Bezug von Geldleistungen soll sicherstellen, dass die Beschäftigungsfähigkeit unabhängig von den aktuellen Beschäftigungchancen erhalten oder erhöht wird" (ebd.: 63).

Hervorzuheben ist, dass die semantischen Bedeutungen der Begriffe ‚Beschäftigung' und ‚Arbeitslosigkeit abbauen' im Vokabular der CDU/CSU nicht mit Erwerbsarbeit und der Schaffung von regulären Erwerbsarbeitsplätzen synonym sind. Wenn von Beschäftigungspolitik die Rede ist, dann ist damit – ähnlich wie bei der Europäischen Kommission – die Förderung der Beschäftigungsfähigkeit von Problemgruppen und gering Qualifizierten gemeint. Die Qualifizierung von Erwerbsfähigen ist nicht mehr durch die Arbeitgeber über Ausbildungs- und Weiterbildungsmaßnahmen zu finanzieren, sondern durch den Sozialstaat.

Des Weiteren konkretisieren die Vertreterinnen und Vertreter der CDU und der CSU ihre Vorstellungen folgendermaßen:

„Durch die deutliche Absenkung oder den Wegfall der öffentlichen Geldleistungen bei der Ablehnung zumutbarer Arbeit durch erwerbsfähige, nicht erwerbstätige Personen und parallele Einführung eines kommunalen Beschäftigungsangebotes werden die Hilfe suchenden Personen im viel stärkeren Maße als bisher aktiviert; gleichzeitig verlieren die öffentlichen Leistungen den Charakter einer faktischen Lohnuntergrenze, die eine marktgerechte Lohnspreizung für gering qualifizierte Arbeit bislang verhindert.
Die in diesem Gesetz vorgesehenen Lohnfreistellungen und Lohnzuschläge sollen insbesondere dazu führen, dass Beschäftigte in gering qualifizierter Arbeit in der Summe aus erzieltem Arbeitseinkommen und staatlicher Unterstützung über ein höheres Haushaltseinkommen verfügen als bei der überkommenen Sozialhilfe" (ebd.).

Die aktivierende Beschäftigungspolitik will die Sozialleistungen der Erwerbsfähigen, die nicht erwerbstätig sind, kürzen, wenn sie eine Beschäftigung ablehnen. Beabsichtigt ist eine Lohnspreizung nach unten. Mit der Wortwahl ‚Lohnfreistellung' wird unmissverständlich klar, dass beschäftigte Existenzsicherungsbeziehende keinen Lohn erhalten. Sie müssen den Leistungsbezug erarbeiten. Insgesamt sollen die gesetzlichen Neuregelungen dazu führen, dass alle Leistungsberechtigten gering qualifizierte Arbeit und den vorgesehenen Lohnzuschlag auf dem regulären Erwerbsarbeitsmarkt annehmen und dadurch der Niedriglohnsektor in der Bundesrepublik Deutschland ausgebaut wird. Dies erscheint den Akteuren realistisch, da dadurch der Anreiz geschaffen wird, durch die Aufnahme einer Beschäftigung und Inanspruchnahme eines Kombilohnes ein höheres Haushaltseinkommen zu erzielen als durch die Sozialhilfe.

In Bezug auf die Gleichstellungspolitik, die nur von der CDU/CSU-Bundestagsfraktion thematisiert wird, wird ausgeführt:

„Von dem Wegfall der Arbeitslosenhilfe sind Frauen anders betroffen als Männer, weil die neue Leistung einer Hilfe zur Existenzsicherung nach SGB XII von den strikteren Einkommens- und Vermögensanrechnungen des Sozialhilferechts ausgeht. [...] Unter den bisher und zukünftig Hilfe Suchenden gibt es überdurchschnittlich viele Frauen, die allein wegen familiärer Aufgaben in der Betreuung von Kindern oder der Pflege von Angehörigen dem Arbeitsmarkt nicht zur Verfügung stehen und bisher keine Unterstützung bei der

Integration in das Erwerbsleben beanspruchen konnten. Das Zwölfte Buch Sozialgesetzbuch baut diese Barrieren ab und stattet jede gesunde Erwerbsfähige mit einer eigenen Eingliederungsvereinbarung aus, bietet ihr Unterstützung bei der Suche nach einem geeigneten Arbeits- und Betreuungsplatz, unterstützt ggf. finanziell bei Betreuungs- und Pflegeproblemen und sorgt für die vorrangige Zuteilung eines Betreuungsplatzes. Insofern verbessert das Gesetz nachhaltig und durchgängig die Wahlfreiheit zwischen Beruf und Familie für Männer und Frauen sowie die Chancengleichheit für beide Geschlechter; die Prinzipien des Gender Mainstreaming werden konsequent angewandt" (ebd.: 3).

Auch die CDU/CSU Fraktion ist sich bewusst, dass vornehmlich Frauen durch die Zusammenlegung von Arbeitslosen- und Sozialhilfe schlechter gestellt werden und vielfach aufgrund von Betreuungs- und Pflegeleistungen auf staatliche Hilfe zurückgreifen. Diese Sorgearbeit wird von der CDU/CSU nicht als legitimer Grund für die Geltendmachung von Sozialleistungsansprüchen akzeptiert. Aus der Sicht der CDU/CSU ist es sinnvoll, wenn Frauen und Männer, die Familienarbeit leisten, einen finanziell zu fördernden Betreuungsplatz in Anspruch nehmen, um selbst am Erwerbsleben teilzunehmen.

Die Vertreterinnen und Vertreter der CDU/CSU sowie die CDU- bzw. CSU-dominierten Länder unterbreiten einen Vorschlag, der den Leistungsbezug des Existenzsicherungsgeldes mit der Aufnahme einer lohnfreien Beschäftigung verbindet. Wird diese Beschäftigung abgelehnt, kann die Sozialleistung gekürzt werden. Die Beschäftigung der Leistungsbeziehenden soll in den Kommunen erfolgen. Wohlfahrtsverbände bieten i. d. R. gemeinnützige Arbeit als reguläre Erwerbsarbeit an; entsprechend ist die Beschäftigung von Sozialleistungsempfängern durch Wohlfahrtsverbände verfassungsrechtlich legitim; sie vernichtet und dequalifiziert jedoch reguläre Erwerbsarbeitsplätze im Bereich der Wohlfahrtspflege. Gleiches gilt für die sozialstaatliche Förderung eines Niedriglohnsektors durch Lohnzuschläge. Die beabsichtigte Dynamik führt zur Förderung der wirtschaftlichen Gewinne von Unternehmerinnen und Unternehmern und wird hier mit dem Begriff der *sozial-liberalen Marktwirtschaft* erfasst. Auch die Qualifizierung, Aus-, Weiter- und Fortbildung von Arbeitskräften soll vom Sozialstaat finanziert werden; Aufgaben, die in der Bundesrepublik Deutschland traditionell durch Unternehmen gefördert werden, die bedarfsgerechte Arbeitskräfteschulung gewährleisten. Der Politikgestaltungsvorschlag der Unionsvertreter *verletzt* das Grundelement bundesdeutscher Staatlichkeit der *sozialen Marktwirtschaft* und plädiert für einen nationalstaatlichen Lösungsansatz. Mithin ist eine europäisch-integrationspolitische Vision im Schlüsseltext nicht erkennbar.

Zusammenfassung: Der Wissensmarkt

Auf dem Wissensmarkt der Politikformulierungsphase herrschte Einigkeit über die Zusammenlegung von Arbeitslosen- und Sozialhilfe auf dem Niveau der Sozialhilfe. Dennoch standen sich die dem *inner circle* zugehörigen Gruppen des *issue networks* ‚beitragsunabhängige soziale Grundsicherung' mit ihren unterschiedlichen Ausgestaltungskonzepten gegenüber (vgl. Tabelle 5). Das am 19. Dezember 2003 verabschiedete Hartz-IV-Gesetz ist weitgehend mit dem Gesetzentwurf der rot-grünen Bundesregierung und der Bundestagsfraktionen SPD und Bündnis 90/Die Grünen identisch. Doch dadurch, dass die Trägerschaft und Finanzierung der Leistungsvergabe nicht abschließend geklärt werden konnte, wurde der CDU/CSU-Bundestagsfraktion und insbesondere den CDU- bzw. CSU-dominierten Bundesländern Hessen, Baden-Württemberg, Bayern und Sachsen nach der Verabschiedung des Hartz-IV-Gesetzes Raum gelassen, um ihre Ausgestaltungsvorstellungen zur Betreuung und Beschäftigung von erwerbsfähigen Arbeitslosen durchsetzen zu können. Die Neuregulierung des beschäftigungspolitischen Einsatzes von erwerbsfähigen Arbeitslosengeld-II-Beziehenden wurde erst nach der Verabschiedung des Hartz-IV-Gesetzes verhandelt.

Tabelle 5: Der Wissensmarkt der Politikformulierungsphase

Akteure \ Wissen	beitragsunabhängige soziale Grundsicherung'	soziale Grundrechte	privilegiertes Wirtschaftsmodell	integrationspolitische Vision
rot-grüne Bundesregierung und Bundestagsfraktionen SPD und Bündnis 90/ Die Grünen	*für Erwerbsfähige:* • bedarfsdeckende Grundsicherung für Arbeitssuchende inklusive der Integration in die Kranken-, Pflege- und Rentenversicherung = Hartz IV; • befristetes Einstiegsgeld (Lohnzuschuss) • Eingliederungsmaßnahmen • Beratung und Betreuung • Sanktionen bei Ablehnung von zumutbarer Arbeit • Anspruch auf bevorzugte Bereitstellung eines Kinderbetreuungsplatzes • Anspruch bei privater Betreuung von Kindern unter 3 Jahren und der Pflege von Angehörigen	Wahrung der bundesdeutschen sozialen Grundrechte	soziale Marktwirtschaft	explizit: keine implizit: Berücksichtigung des EuGH-Urteils

197

198

Wissen / Akteure	‚beitragsunabhängige soziale Grundsicherung'	soziale Grundrechte	privilegiertes Wirtschaftsmodell	integrationspolitische Vision
CDU/CSU Bundestagsfraktion und CDU- bzw. CSU-dominierte Bundesländer Hessen, Baden-Württemberg, Bayern und Sachsen	*für Erwerbsfähige:* • Existenzsicherungsgeld auf dem Niveau der Sozialhilfe inklusive Kranken- und Pflegeversicherung • unbefristeter Lohnzuschuss (Kombilohn) • Ausbau des Niedriglohnsektors • Spreizung der Lohnschere nach unten • öffentlicher Betreuungsplatz für Kinder und Pflegebedürftige außerhalb der Familie	Wahrung der bundesdeutschen sozialen Grundrechte	sozial-liberale Marktwirtschaft	keine

6.4.3.3 Legitimierungen

Während der Politikformulierungsphase des Hartz-IV-Gesetzes fanden am 11. September, 17. Oktober und 19. Dezember 2003 im Bundestag sowie am 26. September, 7. November und 19. Dezember 2003 im Bundesrat öffentliche Debatten über die einschlägigen Gesetzentwürfe statt. Um den Legitimierungsmarkt der Politikformulierungsphase zu erheben, werden zum einen die Rede von Roland Koch, mit der er den Entwurf des Existenzgrundlagengesetzes begründet, und zum anderen die Beiträge der Hauptredner der Fraktionen des Deutschen Bundestages sowie des Bundeskanzlers in der Bundestagsdebatte vom 19. Dezember 2003, in denen sie die Verabschiedung des Hartz-IV-Gesetzes abschließend begründen, als Sprechakte analysiert. Angewandt wird das Analysemuster, das auch auf die Legitimierungsmärkte der vorangegangenen Politikprozessphasen angewendet wurde. An die Stelle der abgeleiteten Problemlösungsvorstellungen tritt die Erhebung weiterer Reformvorstellungen im Bereich der bundesdeutschen Sozialpolitik.

Der Ministerpräsident des Landes Hessen (Roland Koch)

In seiner Rede stellt Ministerpräsident Roland Koch den von ihm eingebrachten Entwurf eines Existenzgrundlagengesetzes dem Bundesrat vor (vgl. BR-Plenarp. 791: 297ff.). Er argumentiert folgendermaßen:

„Das Land Hessen bringt heute mit dem Existenzgrundlagengesetz den Vorschlag in den Bundesrat ein, den Bereich der Arbeitslosen- und Sozialhilfeempfänger, die erwerbsfähig sind, durch Neuordnungen der Zuständigkeiten, durch die Veränderung der Möglichkeiten und durch die grundlegende Veränderung der Finanzierung zu reformieren. Das Ziel dieses Gesetzgebungsvorhabens ist daher mit dem Ziel der Gesetzgebung unter dem Stichwort ,Hartz', insbesondere Hartz IV, inhaltlich eng verbunden, aber in wesentlichen Punkten als Konkurrenz dazu anzusehen. Insofern gibt es keinen Zweifel daran, dass wir in den nächsten Wochen darüber zu diskutieren haben, wie wir diese Fragestellung trotz möglicherweise unterschiedlicher Ausgangsvoraussetzungen in Bundesrat und Bundestag einer Lösung zuführen können. Ich will als Erstes sagen, dass es nach der festen Überzeugung der Hessischen Landesregierung notwendig ist, dass wir am Ende des Prozesses zu einer Lösung kommen. Niemand vertritt die Auffassung – Gott sei Dank; das war nicht immer so –, es sei sinnvoll, dass auf Dauer zwei unterschiedliche Behörden dafür zuständig sein sollen. Niemand vertritt die Auffassung, dass die finanzielle Last zwischen den Kommunen und dem Bund auf eine angemessene Weise aufgeteilt ist. Ich denke, es vertritt auch niemand die Auffassung, dass die Systeme von Anreizen, aber auch von Forderungen oder Verpflichtungen gegenüber denjenigen, die obwohl sie erwerbsfähig sind, versuchen, sich dem Verlangen nach Erwerbstätigkeit zu entziehen, angemessen organisiert sind. Darüber, dass die *derzeitige gesetzliche Regelung nicht befriedigend* ist, besteht inzwischen *Konsens*. Das ist sehr wichtig. Damit haben wir die hohe Verpflichtung, gemeinsam dafür zu sorgen, dass das Problem gelöst werden kann.
Der zweite Punkt ist: Der hessische Gesetzentwurf und die Vorschläge der Bundesregierung unterscheiden sich neben den Organisationsfragen in einem zentralen Punkt. Er beschäftigt sich bei der Sicherung der Existenzgrundlagen ausdrücklich mit der Frage, wie in

Zukunft mit dem Bereich sehr niedriger Lohnzahlungen in Relation zu sozialen Unterstützungsleistungen umgegangen werden soll. Wenn nur die Instrumente geändert werden, mit denen denjenigen begegnet werden kann, die eine Erwerbsarbeit suchen, ihnen aber keine Chance gegeben wird, Beschäftigung nachzuweisen, ist das Ganze ein Nullsummenspiel" (ebd.: 298; Herv. i. O.).

Der Sprechakt thematisiert das Existenzgrundlagengesetz als Gegenentwurf der CDU/CSU zum Hartz-IV-Gesetz. Er lässt keinen Zweifel daran, dass eine bundesstaatliche Lösung notwendig ist und vom Bundesrat unterstützt werden wird, arbeitet die Regulierungsbereiche heraus, über die bereits Konsens besteht, und thematisiert den für ihn zentralen Konfliktpunkt zwischen den Verhandlungsparteien: Wie kann Beschäftigung im Niedriglohnbereich sichergestellt werden?

Der Sprecher fährt mit einer Situationsanalyse fort:

„Wir müssen zugleich *den wirtschaftlich aktiven Raum erweitern*. Die Tatsache, dass die Zahl insbesondere derjenigen mit relativ geringen Qualifikationen, die über die vergangenen 20 Jahre dauerhaft erwerbslos geblieben sind, obwohl sie prinzipiell erwerbsfähig sind, gestiegen ist, ist auch darin begründet, dass die dafür in Deutschland festgelegte Entlohnung nicht mehr nur dem europäischen Wettbewerbspreis entspricht. Dies führt dazu, dass solche Tätigkeiten in Deutschland nicht mehr nachgefragt werden. Gleichzeitig kann bei uns niemand behaupten, wir wollten, dass Menschen in Zukunft wieder von Lohn lebten, der dem europäischen Wettbewerbsmaßstab entspreche, weil das allein nach unseren Sozialhilferegeln nicht möglich ist und deshalb auch nicht erwartet wird" (ebd.; Herv. i. O.).

Um im europäischen Wettbewerb um Erwerbsarbeitsplätze mit niedrigen Qualifikationsanforderungen konkurrenzfähig zu sein, erachtet der Sprecher die sozialstaatliche Förderung eines Niedriglohnsektors für notwendig. Er sieht Erwerbsarbeitsplätze für Geringqualifizierte in Deutschland schwinden, da – so die Logik – die Sozialhilfeleistungen höher ausfallen als die Entlohnung im Niedriglohnsektor. Deshalb argumentiert er weiter:

„Wir in Deutschland haben in den Gesetzen bisher das klare Prinzip entwickelt: Wer arbeitet, hat relativ schwer Zugang zu sozialer Unterstützung; wer soziale Unterstützung genießt, darf eigentlich nicht arbeiten. Dafür ist das schlichte Wort ,*Lohnersatzleistung*' in den Sozialhilfesystemen geprägt worden. Dies ist die entscheidende Bremse dafür, dass Systeme aufkommen können, die Erwerbstätigkeit in Deutschland zu Preisen ermöglichen, die allein nicht auskömmlich sind, weil es immer noch günstiger ist, sie mit Sozialhilfe zu verbinden und zu einem höheren Einkommen zu kommen bei gleichzeitiger Leistung im wirtschaftlich produktiven Bereich, letztlich mit geringeren Zahlungen an Sozialhilfe durch den Staat. Wir glauben, dass wir das Problem lösen können, wenn man aus der Lohnersatzleistung eine *Lohnzusatzleistung* macht [...]. Wir treten den Menschen damit nicht zu nahe; denn ihre existenzielle Situation wird nicht schlechter als zurzeit, sondern besser, obwohl der Staat weniger aufwenden muss als bisher. Dies ist ein zentrales Element der Überlegungen. Ob es eingefügt wird oder nicht, darüber muss debattiert werden. Alle übrigen Elemente definieren sich danach, ob dies funktioniert. [...]
Seit einigen Jahren greifen zunehmend die Kommunen mit eigenen Initiativen ein, um ihre Sozialhilfeverpflichtungen durch Reintegration in Erwerbstätigkeit zu minimieren. Das ist

ein geeigneter wirtschaftlicher Anreiz. [...] Eine der wichtigsten Fragen, über die wir zu diskutieren haben, wird sein, wem diese Aufgabe zu übertragen ist [...]: den Kommunen oder der Bundesanstalt für Arbeit. Wir sprechen uns klar für eine *dezentrale Lösung* aus; [...] Damit wir nicht mit einem staatlichen Regelwerk leben, das nur Zügel, Zwang, Druck und Kontrolle setzt, benötigen wir auf der einen Seite die Lohnzusatzleistung als Instrument zur Ermöglichung von Beschäftigung, auf der anderen Seite müssen wir die finanziellen Rahmenbedingungen organisieren, damit jemand, der sich darauf einlässt, einen *wirtschaftlichen Vorteil* hat. [...] Nach dem derzeitigen System ist ein Sozialhilfeempfänger, der mehr als 148 Euro verdient, nicht besonders klug, wenn er sich an diesem Geschäft beteiligt. Bis zur Vollerwerbstätigkeit mit einem marktgerechten Lohn muss er einen riesigen Sprung machen, damit er sich aus diesem System begibt. Das wird schlimmer, je stärker familienorientiert er ist; denn die sozialen Systeme sprechen immer mehr gegen sein Interesse an Erwerbstätigkeit. Diese irrsinnige Situation bringt Menschen in einen Entscheidungskonflikt. Es ist unsinnig, dass sie für weniger Geld arbeiten sollen. Mag sein, dass die Mitglieder des Bundesrates dies heldenhaft bejahen. Dass die Mehrheit der Gesellschaft das tut, ist, glaube ich, nicht wahrscheinlich. Deshalb muss die Spreizung so gestaltet werden, dass die Betroffenen in der Regel mehr verdienen. Der Gesetzentwurf enthält Vorschläge, wie man die 400-Euro-Regelung übersteigt, dass man bis zu 1 100 Euro immer 50% des Mehrverdienstes jeder Stufe sicher behält und nicht an die Sozialhilfe zurückgibt. Die Transferentzugsrate darf nicht 100% sein wie heute ab 148 Euro. Daraus muss ein Lohn werden, der in unserer Gesellschaft normal ist, damit niemand mehr staatliche Unterstützung beanspruchen kann" (ebd.: 298ff.; Herv. i. O.).

Um die (Re-)Integration von erwerbsfähigen Sozialhilfebeziehenden in den Erwerbsarbeitsmarkt zu gewährleisten – so die Argumentation – bedarf es einer Lohnzusatzleistung für den Niedriglohnsektor. Diese ist dezentral zu organisieren. Da es aus der Perspektive des Sprechers im bestehenden System für Sozialhilfebeziehende, insbesondere für Menschen mit vielen Kindern, irrational ist, eine Erwerbstätigkeit im Niedriglohnsektor anzunehmen, bedarf es einer Neuregelung der Zuverdienstmöglichkeiten für die Leistungsbeziehenden. Niemand soll staatliche Unterstützung beanspruchen müssen, sondern einen Lohn bekommen, der in der Bundesrepublik Deutschland normal ist. Davon ist abzuleiten, dass die Lohnzusatzleistungen vom Staat direkt an die Unternehmen ausgezahlt werden sollen.

Der Sprechakt des Ministerpräsidenten des Landes Hessen vermittelt den Bürgerinnen und Bürgern Hintergründe über das Existenzgrundlagengesetz und grenzt es von den Vorschlägen, die unter Hartz IV firmieren, ab. Er schreibt den von ihm vorgestellten Reformvorschlag ausschließlich seinem Bundesland zu und vermeidet es, eine Urheberschaft für den Hartz-IV-Gesetzentwurf zuzuschreiben. In seinen Ausführungen baut er eine Konkurrenz zu anderen europäischen Staaten auf. Einen Bezug zum sozialpolitischen MOK-Regieren stellt der Sprecher nicht her; eine faktische Teil*habe* der Bürgerinnen und Bürger am Regieren im Mehrebenensystem EU wird durch den Sprechakt nicht gewährleistet. Die Zurechenbarkeit von sozialpolitischen Vorstellungen ist nur für das Existenzgrundlagengesetz gegeben und wird unzureichend wiedergegeben. Eine Sozialisation in die sozialpolitische Lebenswelt ‚Europäische Union' erfolgt ausschließlich in Form der Konkurrenz mit anderen europäischen Wettbewerbsregionen, der die Bundesrepublik Deutschland durch staatliche Lohnsubventionierungen und den Ausbau des Niedriglohnsektors begegnen soll.

Die Sozialdemokratische Partei Deutschlands (Franz Müntefering)

Das Hartz-IV-Gesetz wurde gemeinsam mit anderen Gesetzen verabschiedet. Vor der Verabschiedung des Reformpaketes im Deutschen Bundestag fand eine einstündige öffentliche Debatte im Bundestag statt, die unter dem Motto *Reformen in der Steuer-, Wirtschafts- und Arbeitsmarktpolitik* stand (vgl. BT-Plenarp. 15/84: I).[94] Als Erster erhielt der Fraktionsvorsitzende der SPD, Franz Müntefering, das Wort. Er führt unter anderem aus:

„Wir stimmen heute im Deutschen Bundestag über eine Reihe von Gesetzen ab. Aber es geht um eine Entscheidung: Die *Agenda 2010* beginnt. Damit bekommt die politische Erneuerung unseres Landes Richtung und Tempo. Richtung heißt: Wir sorgen mit diesen Gesetzen dafür, dass die Substanz des Sozialstaates gesichert bleibt und dass der Wohlstand in diesem Land dauerhaft garantiert bleibt. [...] Tempo heißt, dass wir in diesem Jahrzehnt in Deutschland diese Erneuerung hinbekommen können und hinbekommen wollen. Bundeskanzler Schröder hat am 14. März die Initiative ergriffen. Wir haben seitdem miteinander diskutiert und gestritten, formuliert, verworfen und neu formuliert, wir haben in der Öffentlichkeit, in der Partei und in den Fraktionen über den richtigen Weg gestritten, im Bundestag und im Bundesrat, und zum guten Schluss im Vermittlungsausschuss in den letzten Tagen Entscheidungen gefunden. Dass wir heute im Bundestag und im Bundesrat all diesem zustimmen können, ist ein Erfolg für Deutschland und darauf sind wir stolz. [...] Das ist vor allem ein Verdienst des Bundeskanzlers und der Koalition. Wir haben den Mut gehabt, in diesem Frühjahr eine Debatte in diesem Land zu beginnen, von der wir wussten, dass sie schwierig sein würde, weil sie vieles verändert, an was man sich in Deutschland gewöhnt hatte. Alle diejenigen, die sagen: ‚Erst das Land und dann die Partei', können heute nur zustimmen. Was wir jetzt beginnen, ist richtig für das Land und bringt Deutschland voran" (ebd.: 7362; Herv. i. O.).

Der Sprecher der SPD ordnet das Hartz-IV-Gesetz sowie andere Reformen der *Agenda 2010* zu. Er veranschaulicht, dass seit der Verkündung dieses Reformprojekts auf allen Ebenen der Öffentlichkeit darüber diskutiert und gestritten wurde und nun die ersten Bausteine im Bundestag verabschiedet werden. Der Sprecher schreibt die Verantwortung für die Durchsetzung dieses Weges Bundeskanzler Schröder und der rot-grünen Koalition zu. Außerdem betont er, dass nicht im Interesse von Parteien, sondern im Interesse des Landes gehandelt wurde. Er arbeitet heraus:

---

94   In dieser Debatte traten ein weiterer Sprecher und eine weitere Sprecherin auf, deren Beiträge jedoch nicht in die Analyse einbezogen wurden. Auffällig war, dass die vorliegende Debatte im Vergleich zu den Debatten, die im Rahmen der Problemdefinitions- und Agenda-Gestaltungsphase erhoben wurden, sehr viel kürzer ausfiel. Dementsprechend sind die nachfolgenden Redebeiträge und Analysen kompakter ausgestaltet.

„Was ist erreicht? Die Substanz des Sozialstaates ist gesichert, jetzt und auch in die Zukunft hinein, soweit man das heute machen kann. Das gilt für die Alterssicherung und für
den Bereich Gesundheit. Wir wissen, dass bei den veränderten Bedingungen, die es gibt –
Stichwort: demographische Entwicklung –, Neuerungen unvermeidlich sind. [...] Erreicht
ist, dass erwerbsfähige Sozialhilfeempfänger dichter an den Arbeitsmarkt herangeführt
werden. [...] Wir haben uns bei dem, was wir zu entscheiden hatten, am Machbaren orientiert. [...] In unserem Handeln orientieren wir uns an den heutigen Gegebenheiten. Wir
geben nicht mehr Geld aus, als wir haben" (ebd.: 7363).

Klar formuliert der Sprecher der SPD, dass es im ersten Schritt um eine Sub-
stanzsicherung des Sozialstaates ging, und zwar in der Renten-, Gesundheits-
und Sozialhilfepolitik. Als Orientierungsmaßstab gibt er das Finanzierbare an
und benennt die demografische Entwicklung als Grund für den Bedarf an
Erneuerung.

Seine weiteren Reformvorstellungen fasst der Sprecher der SPD in folgende Worte:

„Aber wir geben das Wünschbare nicht auf [...]: Erneuerung und Zusammenhalt. Wünschenswert ist eine Gesellschaft, in der es den Menschen gut geht und in der es Solidarität
und soziale Gerechtigkeit gibt. Beides gehört zusammen. Dafür streiten wir. [...] In den
kommenden Monaten und Jahren werden wir uns intensiver als bisher mit der Frage be-
schäftigen müssen – auch in diesem Zusammenhang werden Entscheidungen zu treffen
sein –, wie der Wohlstand in Deutschland langfristig gesichert werden kann. [...] Wer das
will, muss auch dafür sorgen, dass unter der Überschrift ‚Innovation‘ in den kommenden
Jahren mehr für die Bildung, Forschung und Technologie getan wird. Wir werden den
Wohlstand nicht halten, wenn Deutschland ein Niedriglohnland wird. Der von Herrn Koch
beschriebene Weg, nach tschechischem Vorbild einen Stundenlohn von 3,75 Euro einzu-
führen, ist falsch. [...] Reichtum ist in diesem Land nicht durch niedrige Löhne möglich,
sondern durch höhere Investitionen in das, was die Zukunftsfähigkeit unseres Landes
ausmacht, nämlich die Köpfe und Herzen der jungen Menschen. Insofern sind Investitionen in Forschung und Technologie und neue Unternehmen notwendig. [...] Im Jahr 2004
werden wir diesen Weg weitergehen. Die Frage an Sie wird dann wieder lauten: Sind Sie
bereit, den Weg ein Stück mitzugehen?" (ebd.: 7363f.).

Dem Sprecher der SPD geht es um Solidarität und soziale Gerechtigkeit, die
langfristig durch Erneuerung und Zusammenhalt gewahrt werden sollen. Sie
sichern dadurch auch den Wohlstand in Deutschland, der darüber hinaus
durch Innovationen in den Bereichen Bildung, Forschung und Technologie
langfristig gewährleistet wird.

In seinem Sprechakt nimmt der Vertreter der SPD Bezug auf das Hartz-
IV-Gesetz, indem er es in den direkten Zusammenhang mit der *Agenda 2010*
stellt, die er als Weg zur Erneuerung des bundesdeutschen Sozialstaates beschreibt. Die Reformen dienen in einer ersten Phase zur Bestandsicherung
der sozialen Sicherungssysteme. Dieser Weg ist im Jahr 2004 weiter zu be-
schreiten, um langfristig Wohlstand zu sichern. Handlungsbedarf sieht der
Sprecher in den Bereichen Bildung, Forschung und Technologie. Eine Zuschreibung der politischen Verantwortung erfolgt an den Bundeskanzler und
die rot-grüne Koalition sowie an alle Ebenen der bundesdeutschen Öffent-

lichkeit. Eine Thematisierung des sozialpolitischen MOK-Regierens im Mehrebenensystem EU erfolgt nicht. Den Bürgerinnen und Bürgern wird der Erneuerungsprozess des bundesdeutschen Sozialstaates als nationalstaatlicher Prozess vermittelt, der aufgrund der demografischen Entwicklung notwendig geworden ist. Eine Sozialisation in die sozialpolitische Lebenswelt ‚Europäische Union' erfolgt nicht.

Das Bündnis 90/Die Grünen (Krista Sager)

Demgegenüber stellt die Sprecherin von Bündnis 90/Die Grünen gleich zu Beginn ihrer Rede einen europäischen Bezug her:

„Gut ist, dass die wichtigsten Elemente des Reformpaketes der Koalition in diesem Kompromiss durchgebracht wurden. [...] Gut ist, dass die Verhandlungen nicht gescheitert sind. Das wäre nicht nur für Deutschland, sondern auch für unsere europäischen Nachbarn ein verheerendes Signal gewesen. Gut ist, dass es mit den strukturellen Reformen und mit den konjunkturellen Impulsen in diesem Land vorangeht. Eines ist aber nicht gut: Die Union hat in der Öffentlichkeit den Eindruck vermittelt, das alles sei hauptsächlich auf sie zurückzuführen. Das geht an der Realität weit vorbei. [...] [S]chauen wir einmal, was die *Koalition* eingebracht hat. [...] Die Koalition hat dafür gesorgt, dass mit dem Verschiebebahnhof bei Arbeitslosenhilfe und Sozialhilfe zulasten der Langzeitarbeitslosen Schluss ist. [...] Schauen wir uns noch einmal an, was die Union – zumindest Teile von ihr – vorhatte: [...] Koch und Wulff wollten die strukturellen Reformen am Arbeitsmarkt richtig ausbremsen, weil sie hier das Modell aus Wisconsin [an dem sich das Existenzgrundlagengesetz orientiert] realisieren wollten. [...] Es gibt einen ganz zentralen Punkt, bei dem sich die Union in diesen Verhandlungen am allerwenigsten mit Ruhm bekleckert hat, nämlich bei der Sicherheit für Arbeitnehmerinnen und Arbeitnehmer. Die *Zumutbarkeitsregelung* für Arbeitsangebote ist wirklich ein ganz schmerzhafter Punkt in diesem Kompromiss; das sage ich hier mit aller Deutlichkeit. [...] Der Eindruck bezüglich dessen, was Rot-Grün wollte, den Sie öffentlich erweckt haben, ist falsch. Es ist nicht richtig, dass der rot-grüne Vorschlag bei dieser Frage lasch gewesen ist. Im Gegenteil: Dem gut ausgebildeten Facharbeiter hätten auch wir zugemutet – das wird ihm ja in der Realität auch zugemutet –, erst einmal als Pförtner anzufangen, um wieder in das Berufsleben hineinzukommen. In diesem Punkt bestand keine Differenz. Wir wollten auch nicht, dass jemand einen bestimmten Tariflohn, an den er sich gewöhnt hat, immer weiter bekommen soll. Nein, unsere Ansage lautete: ortsübliches Lohnniveau. [...] Eine Entwicklung hin zu Löhnen, wie sie Krabbenpuler in Marokko erhalten und die Herr Koch angesichts der *Herausforderungen der Globalisierung* immer wieder als Vorbild für Deutschland beschworen hat, kann nicht der richtige Weg für Deutschland sein" (ebd.: 7366f.; Herv. i. O.).

Das zu verabschiedende Reformpaket, zu dem das Hartz-IV-Gesetz zählt, wird von der Sprecherin der Grünen der rot-grünen Koalition zugeschrieben, aber auch als Signal an die europäischen Nachbarn verstanden. Herausgestellt wird auch, dass die Unionsparteien ein anderes Konzept vertreten haben, sich dieses aber nicht durchsetzen konnte. Kritisiert wird die öffentliche Zuschreibungspraxis von politischen Verantwortlichkeiten durch die Union sowie deren Pläne zur Förderung eines Niedriglohnsektors in der Bundesrepublik, die als Antwort auf die Globalisierung verstanden wird. Die Sprecherin der

Grünen setzt ihre Vorstellungen zur Bewältigung der Globalisierungsfolgen dagegen:

„Meine Damen und Herren, die richtige Antwort auf die Globalisierung kann doch nur darin bestehen, dass wir auf Kreativität, Ideenreichtum und die gute Ausbildung der Menschen in diesem Land setzen. Alles andere führt in die Sackgasse. Das werden wir natürlich auch im nächsten Jahr anpacken: Wir müssen große Schritte hin zu einer Strategie für nachhaltige und verantwortbare Innovationen machen. Wir müssen Schwerpunkte in den Bereichen Bildung, Wissenschaft und Forschung setzen. [...] Wir müssen bei den Menschen in diesem Land das Bewusstsein dafür wecken, dass die Förderung der ganz Kleinen und der Kleinen genauso wichtig ist wie Strukturreformen auf dem Arbeitsmarkt. Deswegen sage ich auch: Die Kommunen werden jetzt entlastet. Sie bekommen in den nächsten ein bis zwei Jahren mehr Geld, damit sie wieder handlungsfähig werden. Wir erwarten von den Kommunen aber auch, dass sie Ernst machen mit der Förderung der Kleinen und ganz Kleinen und dass sie dafür sorgen, dass in Zukunft Frauen ihr Potenzial in das Erwerbsleben einbringen können" (ebd.: 7367).

„Herr Stoiber hat heute Morgen sehr richtig festgestellt: In diesen Verhandlungen hat sich eines deutlich gezeigt, nämlich dass die Föderalismusreform wirklich überfällig ist" (ebd.: 7366).

Um der Globalisierung zu begegnen, bedarf es nach Ansicht der Sprecherin von Bündnis 90/Die Grünen weiterer Reformen im Bereich der Bildung, der Wissenschaft und Forschung sowie im Bereich der frühkindlichen Förderung, die zugleich die Frauenerwerbstätigkeitsquoten erhöhen soll. Des Weiteren ist sie der Auffassung, dass eine Föderalismusreform notwendig ist; diese Forderung stellt sie im Zusammenhang mit den o. g. Zurechenbarkeiten von parteipolitischen Entscheidungen auf.

Der Sprechakt der Vertreterin der Grünen ordnet die Ausgestaltung des Hartz-IV-Gesetzes der rot-grünen Koalition zu, wobei sie Kompromisse mit den Unionsparteien einräumt. Die öffentlich nicht mehr nachvollziehbaren Verantwortlichkeiten für die Ausgestaltung von Politik veranlassen sie dazu, auf eine Föderalismusreform zu dringen. Ferner wertet die Sprecherin der Grünen das Reformpakt als wichtiges Signal an die europäischen Nachbarländer. Zudem forderte sie weitere Innovationen in den Bereichen Bildung, Wissenschaft und frühkindliche Erziehung ein, die als Reaktion auf die Globalisierung notwendig sind. Sie spricht das sozialpolitische MOK-Regieren im Mehrebenensystem EU nicht direkt an. Eine Teil*habe* der Bürgerinnen und Bürger an den Hintergründen der bundesdeutschen Politikgestaltung wird nicht sichergestellt. Eine Sozialisation in die sozialpolitische Lebenswelt ‚Europäische Union' findet implizit statt, indem die Bedeutung der Einleitung bundesdeutscher Reformen für die europäischen Nachbarländer erwähnt wird.

Die Freie Demokratische Partei (Dr. Guido Westerwelle)

Im Anschluss ergreift der Sprecher der FDP das Wort. Er leitet mit einer Danksagung ein:

„Wir Freien Demokraten begrüßen das im Vermittlungsausschuss erzielte Ergebnis. [...] Ich möchte zunächst dem Vorsitzenden des Vermittlungsausschusses, Bürgermeister Scherf, danken, dessen Verhandlungsführung – auch das muss an dieser Stelle erwähnt werden – ich als sehr wohltuend empfunden habe. [...] Was wir heute im Bundestag beschließen, kann allenfalls der Anfang eines langen Reformweges sein. Wer glaubt, dass die Reformpolitik mit dem heutigen Tage ein Ende hat, der täuscht sich über die wahre Lage in Deutschland. [...] Ich will vorab eines sagen: Die Regierungsmehrheit von SPD und Grünen kann jetzt jedenfalls nicht mehr behaupten, die Opposition habe nicht konstruktiv mitgewirkt" (ebd.: 7368).

Der Sprecher der FDP weist die zu verabschiedenden Reformen als Ergebnis des Vermittlungsausschusses aus, der von Henning Scherf (SPD) geleitet wurde. Er verdeutlicht das Einverständnis der FDP und hebt die Kooperation der Opposition mit den Regierungsparteien lobend hervor. Diese Kooperation war aus seiner Sicht aufgrund folgender Maßnahmen möglich:

„Jede legale Arbeit wird künftig zumutbar sein, damit langjährige Sozialhilfeempfänger wieder in Arbeit kommen und es nicht zu einem Mindestlohn durch die Hintertür kommt. [...] Deswegen will ich auch an dieser Stelle noch einmal sagen, wie unsere Haltung dazu ist. Es geht nicht darum, eine Lohnspirale nach unten in Gang zu setzen – das Gegenteil ist der Fall. Vielmehr geht es um Folgendes: Millionen Menschen in Deutschland arbeiten untertariflich bezahlt. Von ihnen wird verlangt, dass sie Steuern und Abgaben zahlen. Gleichzeitig werden denen, die von diesen Steuern und Abgaben leben, nämlich langjährige Sozialhilfeempfängern, gesagt: Untertarifliche Arbeit ist euch unzumutbar. Das ist aus unserer Sicht eine Frage der Gerechtigkeit: Jede legale Arbeit ist besser als das Verbleiben in der Sozialhilfe. [...] Das ist unser Ansatz und der geht politisch in die richtige Richtung" (ebd.: 7368f.).

Damit die Einführung einer einheitlichen bedarfsorientierten Grundsicherung nicht als Mindestlohn ‚durch die Hintertür‘ fungiert, ist aus der Sicht der FDP insbesondere die Neuregulierung der Zumutbarkeitskriterien von Arbeit, die Sozialhilfebeziehende annehmen müssen, ein Erfolg. Sie stellt Gerechtigkeit zwischen den Erwerbstätigen im Niedriglohnsektor und den Sozialleistungsbeanspruchenden her. Weitere Reformen im Bereich der Sozialpolitik fordert der FDP-Sprecher nicht ein. Seine Reformvorschläge sind auf eine wirtschafts- und beschäftigungspolitische Deregulierung ausgerichtet (vgl. ebd.).

Der Sprechakt des Vertreters der FDP macht die Kooperation der Oppositionsparteien für die Verabschiedung des Reformpaketes verantwortlich. Explizit bezieht er sich auf die Zumutbarkeitsneuregulierung für erwerbsfähige Sozialhilfeempfänger. Eine Thematisierung der europäischen Hintergründe des sozialpolitischen Handelns in der Bundesrepublik Deutschland nimmt er nicht vor. Auch weitere sozialpolitische Reformen verlangt er nicht. Sein Augenmerk gilt der Deregulierung der wirtschaftlichen Beziehungen in

Deutschland. Eine Sozialisation in die sozialpolitische Lebenswelt ‚Europäische Union' findet durch den Sprechakt nicht statt.

Der Bundeskanzler (Gerhard Schröder)

Auch der Bundeskanzler nahm an der Bundestagsdebatte teil. Er erläutert seine Perspektive folgendermaßen:

„Die Agenda 2010 wird heute beschlossen. Ich bin froh darüber; das wird jeder verstehen. Das ist ein Signal, dass Deutschland sich bewegt. Unser Land nimmt die Herausforderungen, die das 21. Jahrhundert bietet, entschlossen an. Ich habe festgestellt – nicht nur in dieser Debatte, auch vorher schon –, dass diese Agenda 2010 auf einmal viele Väter – und auch Mütter – bekommen hat. Ich habe nichts dagegen. Denn für mich ist nicht wichtig, wer in welcher Verhandlungsrunde was bewegt hat, sondern dass die Agenda 2010 beschlossen wird und Deutschland damit einen Erfolg hat. Das ist das Entscheidende. […] Ich bin denjenigen in der Opposition und unter den Ministerpräsidenten, die mitgeholfen haben, durchaus dafür dankbar und will anerkennen, dass auch sie einen Anteil daran haben, dass es nicht zuletzt auch nach dem Urteil des Auslandes – man sollte sich das einmal genauer anschauen – vorbei sein wird mit dem Gerede über ‚German disease', die ‚deutsche Krankheit also. […] Vielmehr wird anerkannt, dass Deutschland sich bewegt, die Herausforderung annimmt und als Folge dessen schon seit etlicher Zeit der Standort Deutschland für Investitionen aus dem Ausland zunehmend attraktiver wird" (ebd.: 7370).

Bundeskanzler Schröder identifiziert das zu verabschiedende Reformpakt als Umsetzung der *Agenda 2010* und wertet sie als Signal für das Ausland: Deutschland ‚bewegt sich' und die ‚deutsche Krankheit' – womit im Ausland eine Reformunwilligkeit und anhaltend hohe Arbeitslosenzahlen assoziiert werden – gibt es nicht mehr. Deutschland ist nun als Standort für Investitionen aus dem Ausland attraktiv. Diesen Erfolg schreibt er sich zu und bedankt sich bei allen, die dabei unterstützend mitgewirkt haben – auch bei der Opposition und den Ministerpräsidenten. Daraufhin fasst er zusammen:

„Worum ging es und worum geht es immer noch? Es geht um den *Umbau der sozialen Sicherungssysteme* dergestalt, dass sie auch in Zukunft – unter radikal veränderten wirtschaftlichen Bedingungen – funktionieren können. […] Die radikal veränderten ökonomischen Bedingungen haben mit dem zu tun, was sich hinter dem Begriff Globalisierung verbirgt. Bezogen auf die Alterssicherungssysteme, haben sie auch mit einem radikal veränderten Altersaufbau in unserer Gesellschaft zu tun. Deshalb war es erneut notwendig, das Verhältnis zwischen Jung und Alt, das, was man Pakt der Generationen nennen könnte, neu zu justieren. Wir haben das bei der Rente eingeleitet. Wir sind damit nicht am Ende – ein Beispiel dafür, dass der Reformprozess mit dem Beschluss über die Agenda 2010 nicht zu Ende ist, sondern weitergeführt werden muss. Wir haben bei der Gesundheitsreform gemeinsam etwas zuwege gebracht. […] [W]ir haben nicht zuletzt auf dem Arbeitsmarkt derart Bewegung geschaffen, dass es für diejenigen, die außerhalb des Arbeitsmarktes sind, leichter ist, in Arbeit und damit in Lohn und Brot zu kommen. […] Mir liegt daran, dass deutlich wird: Dieser Reformprozess verbunden mit der Agenda 2010 ist aus sich heraus notwendig und ein Wert an sich, weil sonst die Systeme der sozialen Sicherung unter den veränderten Bedingungen in den kommenden Jahren und Jahrzehnten nicht erhaltbar wären" (ebd.: 7370f.; Herv. i. O.).

Er stellt klar, dass es ihm im Rahmen der Reformen um den Erhalt der sozialen Sicherungssysteme geht, die nur durch einen Umbau gerettet werden können. Er begründet die Reformen mit der demografischen Entwicklung und dem, ‚was sich hinter dem Begriff Globalisierung verbirgt', führt aber nicht aus, was er darunter versteht. Dennoch macht er auf weiteren Umgestaltungsbedarf des Sozialstaates aufmerksam:

„Etwas anderes ist mindestens ebenso wichtig: Die eingeleiteten und jetzt durchzusetzenden Reformen geben Raum für Gestaltung von Zukunftsaufgaben, die wir dringend erledigen müssen. [...] Dies betrifft vor allen Dingen den Bereich der *Bildung* und *Ausbildung*. Der Bund ist nur begrenzt dafür zuständig, hier einheitliche Standards zu schaffen. Das Bildungssystem international konkurrenzfähig zu halten ist eine gesamtstaatliche Aufgabe, deren Schwerpunkt aufgrund der Kompetenzverteilung nun einmal bei den Ländern liegt. [...] Dadurch werden Mittel – zwar nicht sofort und über Nacht – für Investitionen in *Forschung* und *Entwicklung* und deren Umsetzung in neue Produkte und Produktlinien freigesetzt. [...] Deswegen brauchen wir Investitionen in Innovationen in den Bereichen der Biotechnologie, der Nanotechnologie, der Optik und anderen Technologien. Wir sind dort sehr gut, aber wir müssen es schaffen, aus dem, was wir wissen, Produkte zu entwickeln, die überall in der Welt verkaufbar sind und so Arbeitsplätze schaffen.
Schließlich, aber nicht zuletzt: Wenn wir wollen, dass wir wirtschaftlich stark bleiben und noch stärker werden, müssen wir die Kreativität, die Möglichkeiten, die Fantasie und das Können aller Menschen in Deutschland erschließen. Das Können aller Menschen erschließen heißt das Können von Frauen und Männern, von Männern und Frauen zu erschließen. [...] Wir werden diese Aufgabe – das ist eine der wichtigsten in diesem Jahrzehnt – nur meistern können, wenn wir massiv in die *Kinderbetreuung* investieren. Nur so können wir erreichen, dass junge, aber nicht nur junge, gut ausgebildete Frauen Beruf und Familie überhaupt vereinbaren können. Das funktioniert nur, wenn die Betreuungsangebote stimmen; diese Erfahrung haben wir gemacht.
Ich bin ausdrücklich denjenigen dankbar, die mit ihrer Mehrheit im Bundesrat geholfen haben, dass das, was wir heute schaffen, gelungen ist. [...] Aber über eines müssen wir uns im Klaren sein – darüber wird Gott sei Dank auch hier diskutiert, wie es vorher von der Bundesregierung und den Ministerpräsidenten diskutiert wurde –: Wir brauchen im Rahmen der *Föderalismusreform* ein wirkliches Überdenken der Strukturen" (ebd.: 7371f.; Herv. i. O.).

Auch Bundeskanzler Schröder kündigt weitere Reformen in den Bereichen Bildung, Ausbildung, Forschung und Entwicklung sowie Maßnahmen zum Ausbau der Kinderbetreuung sowie der Förderung der Erwerbstätigkeit von Frauen und Männern an und fordert eine Föderalismusreform ein.

Der Sprechakt des Bundeskanzlers thematisiert die Reformen einschließlich des Hartz-IV-Gesetzes als Teile der *Agenda 2010*. Er schreibt sich die *Agenda 2010* selbst zu und verdeutlicht, dass der Reformweg des Umbaus der sozialen Sicherungssysteme nun auch die breite Zustimmung aller Parteien hat und als beschlossen gilt. Er begründet die Notwendigkeit des Sozialstaatsumbaus als Reaktion auf die demografische Entwicklung und die – nicht näher definierte – Globalisierung, wertet die Verabschiedung des Reformpaketes aber auch als wichtiges Signal für das Ausland. Er weist darauf hin, dass weitere Reformen insbesondere im Bereich der Bildung sowie der For-

schung und Entwicklung folgen werden. Eine direkte Begründung des sozialpolitischen Handelns in der Bundesrepublik Deutschland erfolgt im Zusammenhang mit dem MOK-Regieren und der Lissabon-Strategie nicht, sodass
den Bürgerinnen und Bürgern die Teil*habe* am europäischen Hintergrund des
bundesdeutschen sozialpolitischen Handelns nicht ermöglicht wird. Eine
Sozialisation in die sozialpolitische Lebenswelt ‚Europäische Union' findet
nicht statt; dass auf die Bedeutung der Einleitung bundesdeutscher Reformen
für ein – unspezifiziertes – ‚Ausland' hingewiesen wird, reicht nicht aus.

Die Christlich Demokratische Union/Christlich-Soziale Union
(Dr. Angela Merkel)

Am Schluss der Debatte wird der Fraktionsvorsitzenden der CDU/CSU das
Wort erteilt. Sie zeichnet ein dramatisches Bild:

„Deutschland befindet sich in der schwersten Krise seit dem Zweiten Weltkrieg. [...]
Deutschland hat eine Rekordverschuldung und eine Rekordarbeitslosigkeit. Deutschland
steht am Scheideweg. Das, was wir heute zu beraten haben, wird von Millionen von Menschen mit großem Interesse verfolgt. [...] Es ist gelungen, einen *Kompromiss* zu finden,
dem die CDU/CSU-Bundestagsfraktion zustimmen kann, weil wir uns von Folgendem
haben leiten lassen: Erstens. Die Union macht deutlich, dass sie sich ihrer gesamtstaatli-
chen Verantwortung bewusst ist. [...] Das gilt für die Bundestagsfraktion genauso wie für
die Ministerpräsidenten. [...] Im Zweifel haben die Interessen unseres Landes Vorrang
[...]. Wir stimmen heute Maßnahmen zu, für die auch wir in unseren Wahlkreisen nicht
nur Zustimmung bekommen. Auch wir müssen mit den Menschen darüber sprechen, warum wir das machen, warum wir Arbeitslosen- und Sozialhilfe zusammenlegen. Gerade in
den neuen Bundesländern ist das für jeden von uns eine sehr harte Maßnahme. Liebe Frau
Sager, dazu gehört die Wahrheit, dass die Bundesregierung einen Gesetzentwurf vorgeschlagen hat, in dem die Zumutbarkeit nicht so definiert war, wie Sie es in der SPD- und in
der Grünen-Fraktion wollten. Sie wollen doch nicht etwa sagen, dass die Bundesregierung
einen Vorschlag gemacht hat, der nicht sozial und nicht vernünftig war. Das kann doch gar
nicht sein. Deshalb haben wir hinsichtlich der Zumutbarkeit nichts weiter gemacht, als
wieder das eingeführt, was die Bundesregierung in ihrer Weisheit beschlossen hatte. [...]
Wir bedauern aber, dass es uns hinsichtlich dessen, was wir gemeinsam erreichen wollten,
dass nämlich Menschen, die das Arbeitslosengeld II bekommen, eine Chance haben, wieder Arbeit zu bekommen, nicht gelungen ist, Sie zu überzeugen. Wir hätten einen wirkli-
chen Niedriglohnsektor gebraucht, damit Fordern und Fördern umgesetzt werden können.
[...] Zweitens. Die Union stimmt dem Kompromiss zu, weil die Vorteile die Nachteile
unter dem Strich überwiegen. [...] Drittens. Es wird deutlich, dass die Union bzw. die
gesamte Opposition die Kraft ist, die den Reformen Richtung und Entschlossenheit ver-
leiht. Meine Damen und Herren, es ist doch die Wahrheit, dass Sie den Weg des Bundeskanzlers nicht etwa entschlossen gegangen sind, [...] sondern widerwillig, mühselig und in
einem Tempo, das mehr dem einer Schnecke gleicht als dem Tempo, das dieses Land
wirklich braucht" (ebd.: 7372f.; Herv. i. O.).

Mit ihrem Sprechakt verdeutlicht die CDU/CSU-Sprecherin, dass ihre Fraktion den erzielten Kompromiss hinsichtlich des Hartz-IV-Gesetzes mitträgt,
sich aber für einen Niedriglohnsektor eingesetzt hat, der den Menschen Arbeit

gebracht hätte, dessen Realisierung aber an den Regierungsparteien gescheitert ist. Allerdings haben sich die Vertreter der CDU/CSU im Einvernehmen
mit der Bundesregierung und gegen die Stimmen der Koalitionsfraktionen im
Bundestag in puncto Zumutbarkeitsregelung durchgesetzt. Auch von der
CDU/CSU Fraktionsvorsitzenden wird der eingeschlagene Weg der *Agenda
2010* befürwortet und weitere Reform für notwendig erachtet:

> „Viertens. Deshalb bleibt Folgendes richtig: Der heutige Tag kann nicht darüber hinweg-
> täuschen, dass die eigentlich wichtigen *Reformschritte* immer noch vor uns liegen. Wenn
> wir wirklich an die Spitze Europas vorstoßen wollen, dann muss es gelingen, dieses Land
> in weit umfassenderer Weise zu modernisieren und zu erneuern. [...] Herr Bundeskanzler,
> ich habe ihre Worte an dieser Stelle wunderbar gehört. Sie haben davon gesprochen, wel-
> che Schritte für eine Erneuerung in diesem Land notwendig sind, und haben gesagt, dass
> Bildung und Ausbildung wesentliche Teile sind, die wir dringend brauchen. Herr Bundes-
> kanzler, wir können noch heute eine Initiative einbringen, mit der wir den Bildungsstandort
> Deutschland dadurch verbessern, dass Ihre Bildungsministerin das Verbot von Studienge-
> bühren abschafft. [...] Wir hätten sofort beschließen können, dass die Ausbildungsplatzab-
> gabe fällt [...]. Herr Bundeskanzler, ich sage Ihnen schon jetzt voraus: Wir werden nächs-
> tes Jahr über das Thema Innovation in diesem Land eine harte und sehr unerbittliche
> Debatte führen [...]. CDU und CSU werden die Anwälte für einen zukunftsfreundlichen
> Standort Deutschland sein" (ebd.: 7374; Herv. i. O.).

Das Ziel der Sprecherin ist es, an die ‚Spitze Europas' zu gelangen, deshalb –
so ihre Begründung – muss Deutschland modernisiert und erneuert werden.
Sie kündigt harte Verhandlungen zum Thema Innovation an, fordert in diesem Zusammenhang die Abschaffung der Ausbildungsplatzabgabe und die
Einführung von Studiengebühren.

Der Sprechakt der Vertreterin der CDU/CSU Fraktion bezieht sich u. a.
direkt auf das Hartz-IV-Gesetz und verdeutlicht, dass es den ‚Menschen im
Land' erklärt werden muss. Dennoch begründet sie die Reformmaßnahme nicht.
Die von ihr geleisteten Zuschreibungspraxen benennen insbesondere die Bundesregierung sowie die CDU und CSU als für das Verhandlungsergebnis verantwortlich. Eine Thematisierung der europäischen Hintergründe des bundesdeutschen sozialpolitischen Handelns erfolgt indirekt. Sie verdeutlicht,
dass es ihr darum geht, Deutschland zu modernisieren und zu erneuern, um es
an die ‚Spitze Europas' zu bringen. Eine Sozialisation in die sozialpolitische
Lebenswelt ‚Europäische Union' findet implizit und in konkurrenter Form
statt.

Zusammenfassung: Der Legitimierungsmarkt

Betrachtet man den Legitimierungsmarkt der Politikformulierungsphase des
Hartz-IV-Gesetzes insgesamt, so kann festgestellt werden, dass sich alle Parteien mit dem bundesdeutschen Reformkurs der *Agenda 2010* inklusive des
Hartz-IV-Gesetzes einverstanden erklärten und weitergehende Reformen
einfordern (vgl. Tabelle 6). Die Zuschreibungspraxen des sozialpolitischen

Handelns in der Politikformulierungsphase des Hartz-IV-Gesetzes entsprechen dem faktischen Regieren. Den Bürgerinnen und Bürgern wurde die Teil*habe* an der Ausgestaltung des politischen Prozesses und damit die Kontrolle und Überprüfbarkeit der Rationalitäten des kommunikativen Handelns der Herrschenden in der letzten Sequenz des ausgewählten Politikprozesses von allen Sprechenden ermöglicht. Die Politikformulierungsphase wurde zweifellos *legitim* ausgestaltet: *Die repräsentative Demokratie als Grundelement bundesdeutscher Staatlichkeit wurde gewahrt.* Die integrationspolitischen Hintergründe der Rationalitäten des kommunikativen Handelns der Volksvertretenden blieben dennoch verschlüsselt.

Auch in der Politikformulierungsphase lassen sich die drei Legitimierungstypen differenzieren, die auch in den vorangegangenen Politikprozessphasen erhoben werden konnten:

(1.) Dem *nationalstaatlichen Legitimierungstyp* ist der Sprechakt des FDP-Vertreters zuzuordnen. Er stellt das Hartz-IV-Gesetz als nationalstaatlichen Prozess dar und fordert weitere Reformen der wirtschafts- und arbeitsmarktpolitischen Deregulierung ein.

(2.) Zum *konkurrierenden Legitimierungstyp* gehören die Reden der Vorsitzenden der CDU/CSU-Bundestagsfraktion und des hessischen CDU-Ministerpräsidenten. Sie nehmen Bezug auf Europa und privilegieren die Konkurrenz der Bundesrepublik Deutschland mit den anderen europäischen Ländern. Sie wollen sich dem europäischen Wettbewerb um Erwerbsarbeitsplätze sowie Erwerbsarbeitslöhne stellen. Damit Deutschland im europäischen Lohnpreiswettbewerb mithalten kann, fordern sie weitere Reformen und den Ausbau des bundesdeutschen Niedriglohnsektors.

(3.) Auf einen *kooperativen Legitimierungstyp* rekurrieren die Beiträge der Sprecherin von Bündnis 90/Die Grünen, des Sprechers der SPD sowie des Bundeskanzler. Sie begründen die Notwendigkeit der nationalen Reformen – inklusive des Hartz-IV-Gesetzes – mit der demografischen Entwicklung und/oder dem ,was man unter Globalisierung versteht'. Die Sprecherin der Grünen und der Bundeskanzler werten den eingeschlagenen bundesdeutschen Reformkurs außerdem als ,wichtiges Signal' für die europäischen Nachbarländer bzw. das Ausland. Damit weisen sie implizit auf das sozialpolitische MOK-Regieren im Mehrebenensystem EU hin. Beide fordern eine Föderalismusreform. Alle drei Sprechenden kündigen bundesdeutsche Reformen im Bereich der Innovationspolitik für das Folgejahr an – ein Politikfeld, das auf dem Fahrplan der gestrafften Koordinierungspolitik für das Jahr 2004 eingetragen ist und im Rahmen der Lissabon-Strategie auf europäischer Ebene für das Folgejahr vereinbart wurde, aber mit der Bildungspolitik einen Politikbereich umfasst, der ausschließlich im Kompetenzbereich der bundesdeutschen Länder liegt.

Tabelle 6: Der Legitimierungsmarkt der Politikformulierungsphase

Legitimierung / Akteure	faktische Teilhabemöglichkeit	Zuschreibung des sozialpolitischen Handelns	Sozialisation in die sozialpolitische Lebenswelt 'Europäische Union'	(abgeleitete) Problemlösungsvorstellungen
Ministerpräsident Roland Koch (CDU)	• Existenzgrundlagengesetz • Hartz-Gesetze	→ Land Hessen → keine	Konkurrenz um europäischen Wettbewerbspreis und Erwerbsarbeitsplätze im Niedriglohnsektor	• Ausbau des Niedriglohnsektors
SPD	• *Agenda 2010* als Gesamtkonzept zur Erneuerung des Sozialstaates • Hartz-IV-Gesetz als Teil der Agenda 2010	→ Bundeskanzler Schröder, rot-grüne Koalition, alle Ebenen der bundesdeutschen Öffentlichkeit → s.o.	keine	weitere Reformen im Rahmen der *Agenda 2010*; in 2004 insb. 'Innovationen' in – Bildung – Forschung – Technologie
Bündnis 90/ Die Grünen	• zu verabschiedendes Reformpaket • Hartz-IV-Gesetz	→ rot-grüne Koalition → rot-grüne Koalition mit Zugeständnissen an die Union	implizit 'wichtiges Signal für die europäischen Nachbarländer'	• Föderalismusreform • *Innovationen* durch – Bildung – Wissenschaft – Forschung – frühkindliche, öffentliche Erziehung
FDP	• zu verabschiedendes Reformpaket • Zumutbarkeit jeder legalen Arbeit	→ Henning Scherf, Kooperation der Oppositionsparteien → keine	keine	• wirtschafts und arbeitsmarktpolitische Deregulierung

Legitimierung / Akteure	faktische Teilhabemöglichkeit	Zuschreibung des sozialpolitischen Handelns	Sozialisation in die sozialpolitische Lebenswelt ‚Europäische Union'	(abgeleitete) Problemlösungsvorstellungen
Bundeskanzler Gerhard Schröder (SPD)	• *Agenda 2010* beschlossen • Umbau des sozialen Sicherungssystems (Rente, Gesundheit, Hartz IV/Arbeitslose): Notwendig, um es erhalten zu können	→ Bundeskanzler Schröder und nun auch viele andere → rot-grüne Koalition und mitwirkende Ministerpräsidenten	‚wichtiges Signal für das Ausland'	• Föderalismusreform • weitere Reformen in den Bereichen – Bildung und Ausbildung – Forschung und Entwicklung – Ausbau der öffentlichen Kinderbetreuung – Erwerbstätigkeit von Frauen und Männern
CDU/CSU	• Reformpaket • Hartz-IV • Niedriglohnsektor	→ Bundesregierung und CDU/CSU im Bund und den Ländern → Bundesregierung und CDU/CSU im Bund und den Ländern, gegen die Stimmen der roten und grünen Bundestagsfraktionen → CDU und CSU	implizit und in Konkurrenz mit den anderen Ländern in Europa	Debatte über *Innovationen*: • Aufhebung des Verbotes von Studiengebühren • Aufhebung der Ausbildungsplatzabgabe • Ausbau des Niedriglohnsektors

Obwohl die drei letztgenannten Sprechakte den MOK-Kontext der *Agenda 2010* belegen, der auf eine kooperative Koordinierung der mitgliedstaatlichen Politiken abzielt, dominieren auf bundesdeutscher Ebene Sprechakte, die die europäischen Nachbarländer als Konkurrenten wahrnehmen. Nur die Sprecherin der Grünen stellt einen direkten und neutralen Bezug her. Eine Sozialisation in die sozialpolitische Lebenswelt ‚Europäische Union' erfolgt generell implizit und wird dominant konkurrierend besetzt. Diejenigen, die sich implizit für das MOK-Regieren mit den europäischen Nachbarländern aussprechen, legitimieren ihr sozialpolitischen Handeln mit den Rationalitäten ‚*demografische Entwicklung*' und ‚*Globalisierung*'.

6.4.4 Die Produktion von Gesellschaft

In der Politikformulierungsphase des Hartz-IV-Gesetzes wurde das geltende Verfahrensrecht der Bundesrepublik Deutschland durch das faktische bundesdeutsche Regieren eingehalten. Hingegen wurde das in Art. 20 GG verankerte Sozialstaatsprinzip von CDU und CSU als *sozial-liberale Marktwirtschaft* neu interpretiert; sie steht für ein Sozialstaatsverständnis, das Unternehmern die kostenfreie Aus-, Fort- und Weiterbildung von Arbeitskräften gewährleistet, im Niedriglohnsektor Lohnkosten sozialstaatlich subventioniert sowie Wohlfahrtsverbänden arbeitslose Sozialhilfebeziehende zur Verfügung stellt; eine Lohnspreizung nach unten ist bewusst intendiert. Der Begleiteffekt der Vernichtung von regulären Erwerbsarbeitsplätzen wird nicht bedacht. Diese Form der Interpretation des Sozialstaatsprinzips schafft maximale Gewinne für Unternehmer und führt zu einem innerstaatlichen Lohndumping; in Kauf genommen wird weiterhin, dass die Kluft zwischen Arm und Reich zunehmend größer wird. Der Politikgestaltungsvorschlag der Unionsparteien konnte sich im untersuchten Politikprozess nicht durchsetzen.

Auch für die Politikformulierungsphase muss konstatiert werden, dass die Sprechakte der Parteipolitiker in Bundesrat und Bundestag die Bürgerinnen und Bürger nicht umfassend und realitätsgerecht über die kommunikative Handlungskoordinierung zur Ausgestaltung von europäischer Sozialpolitik informierten; ihre Teil*habe*rechte wurden beschnitten. Dieser Tatbestand kann in der Politikformulierungsphase nicht mehr auf die Unkenntnis der Volksvertretenden zurückgeführt werden. Vielmehr belegt die Untersuchung des Legitimierungsmarkts, dass alle parteipolitischen Akteure über die europäische Kontextgebundenheit ihres Handelns informiert waren. Dennoch ist festzustellen, dass die Bevölkerung in der Bundesrepublik Deutschland in diesem Zusammenhang keine Chance erhielt, eine europäische Solidarität im Bereich des Sozialen zu entwickeln. Vielmehr wurde die soziale Solidarität in der bundesdeutschen Gesellschaft durch die bundesdeutschen Reformen neu ausgestaltet und teilweise mit dem Argument legitimiert, es handle sich um ein Signal an die ‚europäischen Nachbarn', teilweise aber auch unter Hinweis auf einen mit diesen Nachbarländern bestehenden Wettbewerb gerechtfertigt. Insofern fand in der Politikformulierungsphase in der Bundesrepublik Deutschland ein europäischer Gesellschaftsbildungsprozess statt, der mit negativen und indifferenten Konnotationen belegt wurde. Die innereuropäische Konkurrenz schürenden Legitimierungen des Umbaus oder Abbaus von Sozialschutzstandards tragen nicht dazu bei, dass die europäische Integration befürwortende europäische Identitäten und soziale Solidaritäten zwischen den EU-Bürgerinnen und -bürgern wachsen können.

7. Wirkungen der Institutionenbildungs- und -wandlungsprozesse im Mehrebenensystem Europäische Union auf die Lebenswelt(en)

Die am Beispiel der Genese des Hartz-IV-Gesetzes erhoben phasenspezifischen Ergebnisse der vorgestellten Analyse der Institutionenbildungs- und -wandlungsprozesse im Mehrebenensystem EU werden nachfolgend auf ihre lebensweltlichen Wirkungen hin untersucht. Die drei Analyseebenen des politologischen Institutionalismus bilden dabei das strukturierende Element.

7.1 Die kulturelle Reproduktion der Lebenswelt

Die phasenspezifischen Wissensmärkte des Politikprozesses, der zur Verabschiedung des *Vierten Gesetzes für moderne Dienstleistungen am Arbeitsmarkt* in der Bundesrepublik Deutschland führte, zeigen, dass sich im Mehrebenensystem EU zwei Akteursgruppen mit unterschiedlichen Politikgestaltungsvorstellungen gegenüberstanden. Diese „advocacy coalitions" (vgl. Sabatier 1993) repräsentierten nicht nur unterschiedliche Ausgestaltungsvorstellungen von Politikinhalten (*policies*), sondern traten für unterschiedliche Konzepte von sozialen Grundrechten und divergierende Wirtschaftsmodelle ein. Im Verlauf des untersuchten politischen Prozesses ist ein so genanntes „policy-learning" (ebd.) in den genannten Bereichen nicht erkennbar; die Akteure veränderten ihre Grundpositionen nicht (vgl. Tabelle 7). Eine Ausnahme stellt der Europäische Rat dar, der sich in der Agenda-Gestaltungsphase nicht festlegte. Dies kann u. a. darauf zurückgeführt werden, dass die EU-Beitrittsländer in der Agenda-Gestaltungsphase erstmals an den Verhandlungen des Europäischen Rates teil*nahmen* und der EuGH kurz zuvor sein bereits mehrfach erwähntes weitreichendes sozialrechtliches Urteil fällte. Trotzdem fand ein gemeinsames Lernen statt. Dieses Lernen wurde allerdings ausschließlich von den Akteuren vollzogen, die auch auf der europäischen Ebene kommunikativ handelten. Subsumierten sie in der Problemdefinitionsphase noch die Existenz eines europäischen Sozialmodells, das gemeinsam zu modernisieren ist, so kristallisierte sich in der Agenda-Gestaltungsphase heraus, dass die gemeinsame konvergenzeinleitende Modernisierung der Sozialschutzsysteme der EU-Mitgliedstaaten sowie der potenziellen Beitrittsländer zunächst eine Definition des europäischen Sozialmodells voraussetzen. Während der Rat vorschlug, sozial integrierte mitgliedstaatliche Gesellschaften mit einem hohen Maß an Verteilungsgerechtigkeit und Chancengleichheit als normative Richt-

Tabelle 7: *Die Wissensbestände der ‚advocacy coalitions'*

advocacy coalitions	Wissen ‚beitragsunabhängige soziale Grundsicherung'	soziale Grundrechte	privilegiertes Wirtschaftsmodell	integrationspolitische Vision
Erstes advocacy coalition framework: • sozialdemokratisch dominierter Europäischer Rat • sozialdemokratisch dominierter Rat • ESSA • SPD • Bündnis 90/ Die Grünen	für alle Unionsbürgerinnen und -bürger und in der Europäischen Union Lebende	Wahrung aller bundesdeutschen sozialen Grundrechte	soziale Marktwirtschaft	gemeinsame, konvergierende Modernisierung der Sozialschutzsysteme in der EU und den Beitrittsländern für eine *neue europäische Gesellschaft mit starkem sozialen Zusammenhalt,* Vollbeschäftigung und Chancengleichheit für alle männlichen und weiblichen sowie bildungsnahen und bildungsfernen Mitglieder
Zweites advocacy coalition framework: • Europäische Kommission • CDU • CSU	keine *aber* • sozialstaatlich geförderte Aus-, Fort- und Weiterbildungen • Ausbau des Niedriglohnsektors • Beschäftigung aller erwerbsfähigen Erwerbsarbeitslosen • Kombilöhne	Wahrung der bundesdeutschen sozialen Grundrechte	liberale Marktwirtschaft bzw. sozial-liberale Marktwirtschaft	*Wissensgesellschaft und* nationalstaatliche Lösungsansätze, die miteinander konkurrieren

schnur zu wählen, plädierte der sozialdemokratisch-dominierte Europäische Rat für eine Ausrichtung des europäischen Sozialmodells, das gute Wirtschaftsleistungen, ein hohes Sozialschutzniveau, einen hohen Ausbildungs- und Bildungsstand und den sozialpartnerschaftlichen Dialog als normative Ideen in allen Mitgliedstaaten verankern sollte. Der ESSA interpretierte die Vorstellungen der Sozialminister und der Staats- und Regierungschefs aller Mitgliedstaaten dann als zu schaffende neue europäische Gesellschaft mit starkem sozialen Zusammenhalt, Vollbeschäftigung und Chancengleichheit für alle männlichen und weiblichen sowie bildungsnahen und bildungsfernen Mitglieder. Seither prägt der Begriff des ‚sozialen Zusammenhaltes‘ die sozialpolitischen Debatten in der EU und präzisiert die Idee des ‚europäischen Sozialmodells‘.

Dieser Prozess wurde im Untersuchungszeitraum durch die Konvente zur Erarbeitung einer europäischen Grundrechtscharta und einer europäischen Verfassung maßgeblich unterstützt. Beide Prozesse führten zur schriftlichen Fixierung von sozialen Grundrechten in der Europäischen Union. Zudem legt der Verfassungsentwurf der Europäischen Union in Art. I-3 VVE fest, dass die Union auf die Entwicklung Europas zu einer ‚in hohem Maße wettbewerbsfähigen sozialen Marktwirtschaft‘ hinzuwirken hat. Während die Grundrechtscharta im Dezember 2000 vom Europäischen Rat proklamiert wurde, lag der Verfassungsentwurf dem Europäischen Rat im Juni 2003 – am Ende der Agenda-Gestaltungsphase – zwar vor, wurde aber in der Politikformulierungsphase des untersuchten Politikprozesses nicht abschließend beraten.

Hervorzuheben ist, dass sich die beiden identifizierten *advocacy-coalition-frameworks* in ihren Problemwahrnehmungen und -lösungsvorstellungen maßgeblich unterschieden und somit auch unterschiedliche Vorstellungen zur kulturellen Reproduktion der Lebenswelt anboten:

- Das *erste advocacy coalition framework*, zu dem die rot-grüne Koalition zählte, nahm *Erwerbsarbeitslosigkeit als strukturelles Problem* wahr, das durch den europäischen Integrationsprozess und insbesondere durch die WWU hervorgerufen wird. Entsprechend sahen die Rationalitäten dieser Gruppe die soziale Vertiefung des europäischen Integrationsprozesses vor, die durch eine gemeinsame und konvergierende Sozialpolitikentwicklung aller Mitgliedstaaten der EU einzuleiten sowie durch europäische Grundrechte und eine europäische Verfassung rechtlich abzusichern ist. In der Bundesrepublik Deutschland plädierten sie für eine einheitliche, bedarfsorientierte Grundsicherung aller Erwerbsarbeitslosen, die sie in alle Sozialversicherungssysteme integriert sowie ihre Partner und Kinder ebenfalls absichern soll. Die Akteure des *ersten advocacy coalition frameworks* plädierten im Untersuchungszeitraum für soziale Grundrechte, eine soziale Marktwirtschaft und soziale Sicherungssysteme. Sie forderten sozialpartnerschaftliche Dialoge und reguläre Erwerbsarbeit bzw. so genannte ‚gute Arbeit‘ ein.

– Das *zweite advocacy coalition framework*, zu dem CDU und CSU zählten, nahm die *Sozialleistungssysteme als Ursache von Erwerbsarbeitslosigkeit* wahr. Das *framework* unterstellt, dass Erwerbsarbeit im Niedriglohnbereich von Geringqualifizierten nicht angenommen wird, da die Sozialleistungssysteme – insbesondere die Arbeitslosenunterstützungen und die Sozialhilfe – Einkommen ohne Gegenleistung offerieren, was insbesondere für Erwerbsarbeitslose mit vielen Kindern gelte. Dementsprechend sahen die Rationalitäten dieser Akteure keine oder – wie die bundesdeutschen Akteure – eine ‚beitragsunabhängige soziale Grundsicherung' auf niedrigem Niveau vor, die an eine auf Dauer sozialstaatlich subventionierte Erwerbsarbeit (Kombilohn) gekoppelt werden soll. Sozialleistungen ohne Gegenleistungen sollte es nicht mehr geben. Die Rationalitäten dieser Gruppe setzten an nationalstaatlichen Lösungen an. Die Konkurrenz aller EU-Mitgliedstaaten sollte im innereuropäischen Wettbewerb um Erwerbsarbeitsplätze gefördert werden, um zum Ausbau des Niedriglohnsektors und zur Reduktion der Lohnkosten beizutragen. Die Akteure dieses *frameworks* standen für eine liberale oder sozial-liberale Marktwirtschaft, keine oder eine an Arbeit gekoppelte ‚beitragsunabhängige soziale Grundsicherung', mithin für eine Sozialpolitik, die als *Erwerbssystempolitik* erfasst werden kann. Sie existiert neben dem Erwerbsarbeitssystem und dereguliert dieses. Die Erwerbssystempolitik soll die EU bzw. den Wirtschaftsstandort Deutschland für Unternehmen attraktiv gestalten und sie zum prosperierensten Wirtschaftsraum in der Welt bzw. der EU machen. In diesem Wirtschaftsraum sollen Unternehmen exzellent ausgebildete Arbeitskräfte angeboten werden, deren Aus- und Weiterbildung ebenfalls sozialstaatlich subventioniert wird.

Während das *erste advocacy coalition framework* seine Rationalitäten an die Rechtsnormen des Grundgesetz der Bundesrepublik Deutschland anlehnte, orientierten sich die Rationalitäten des *zweiten advocacy coalition frameworks* am Vertragsrecht der Europäischen Gemeinschaft (insbesondere Art. 136 EGV). Zu Letzterem ist die Europäische Kommission als ‚Hüterin der Verträge' verpflichtet. Doch bundesdeutsche Parteien sind primär der Wahrung der Rechtsordnung der Bundesrepublik Deutschland verpflichtet. Ihre Teil*nahme* am Regieren in der Bundesrepublik Deutschland und im europäischen Integrationsprozess ist nur legitim, wenn die Rechtsnormen der Bundesrepublik Deutschland gewahrt werden. Im europäischen Integrationsprozess gehört die soziale Marktwirtschaft zu den Grundelementen bundesdeutscher Staatlichkeit, die nicht verändert werden dürfen. Außerhalb des Untersuchungszeitraums dieser Arbeit liegt eine Entwicklung, deren Beobachtung darauf hinweist, dass die beiden bundesdeutschen Volksparteien weiterhin in ihren *advocacy coalition frameworks* mit den dort vorzufindenden Rationalitäten kommunikativ handeln. Um die Rationalitäten des kommunikativen Handelns zu erheben, die die kulturelle Reproduktion der Lebenswelt in anderen Politikbereichen des MOK-Regierens und aktuelleren Untersuchungsperioden prägten, sind Folgeuntersuchungen erforderlich.

Im rekonstruierten und analysierten Politikprozess stand die soziale Marktwirtschaft durch die Rationalitäten des *zweiten advocacy coalition frameworks* zur Disposition, wurde durch das am 19. Dezember 2003 verabschiedete Hartz-IV-Gesetz jedoch gewahrt. Wie die Rekonstruktion und Analyse des untersuchten Politikprozesses belegt, kann eine inhaltliche Beeinflussung des sozialstaatlichen *policy-makings* durch das Regieren auf europäischer Ebene für die Bundesrepublik Deutschland nicht nachgewiesen werden. Dies ist im Wesentlichen auf zwei Gründe zurückzuführen: (1.) Die rot-grüne Bundesregierung fungierte, wie unter 7.2.2 auch noch kursorisch darzulegen ist, als Initiatorin und Schrittmacherin im gesamteuropäischen Prozess, der die soziale Dimension des europäischen Integrationsprozesses ausgestaltete. (2.) Die Rationalitäten beider *advocacy coalitions* waren auch auf Bundesebene präsent. Art. 23 GG verlangt außerdem, dass die Bundesregierung die Interessen des Bundesrates, der seit Beginn der Agenda-Gestaltungsphase von den Unionsparteien dominiert wurde, auf europäischer Ebene und in Angelegenheiten der EU mitberücksichtigt. Das Aufgreifen der Unionsidee der Zusammenlegung von Arbeitslosen- und Sozialhilfe und des Slogans ‚Fördern und Fordern' durch die rot-grüne Bundesregierung ist ein Indiz hierfür, kann aber auch ebenso als strategisches Manöver interpretiert werden. Letztendlich ist zu konstatieren, dass die vorliegende Arbeit keine eindeutigen Antworten auf die Frage liefern kann, wer das Hartz-IV-Gesetz maßgeblich beeinflusst hat. Dadurch, dass die Bundestagsdebatte vom 19. Dezember 2003 eine Zuschreibungspraxis der Verantwortlichkeiten für die Ausgestaltung des Hartz-IV-Gesetzes offenbart, in der beide großen Volksparteien den kaum veränderten und verabschiedeten Regierungsentwurf des Hartz-IV-Gesetzes als Kompromiss zwischen SPD und CDU/CSU deklarierten, kann davon ausgegangen werden, dass bei der Erstellung des Regierungsentwurfes nach dem in Art. 23 GG vorgesehenen Verfahren vorgegangen wurde. Auch im Feld der Zurechenbarkeit politischer Entscheidungen sind Folgeuntersuchungen im Kontext des MOK-Regierens dringend notwendig, die dem Wahlvolk der Bundesrepublik Deutschland zukünftig Gewissheiten verschaffen und die Debatten um die bundesdeutsche Föderalismusreform unterstützen.

Wer im fokussierten Politikprozess die Möglichkeit hatte, an der kulturellen Reproduktion der Lebenswelt sozial integriert teilzu*nehmen* und/oder teilzu*haben* sowie die Rationalitäten des kommunikativen Handelns der zur Herrschaft Bevollmächtigten überprüfen und kontrollieren konnte, wird im folgenden Abschnitt zusammenfassend betrachtet.

7.2 Die soziale Integration der Lebenswelt

Im untersuchten Politikprozess fanden weitgehende Verschiebungen von Machtressourcen statt, die sich sowohl auf der europäischen wie den bundesdeutschen Ebenen manifestierten. Wie sich die Teil*nahme*- und Teil*habe*möglichkeiten veränderten, wird im Folgenden zunächst für die europäische und im Anschluss für die bundesdeutschen Ebenen dargelegt. Im Anschluss erfolgt eine Erörterung des stattgefundenen *polity*-Bildungsprozesses.

7.2.1 Der Polity-Wandel auf europäischer Ebene

Auf der *europäischen Ebene* ging die Verschiebung von Machtressourcen mit einem Wandel des Verfahrensrechts einher, welches das Europäische Parlament, den WSA und den AdR vom sozialpolitischen MOK-Regieren exkludierte.[95] Dies ist seit dem Inkrafttreten des Vertrags von Nizza auch *de jure* legitimiert. Obwohl das neue Verfahrensrecht erst am 1. Februar 2003 in Kraft trat, erfolgte das sozialpolitische MOK-Regieren von Beginn an weitgehend ohne Einfluss supranationaler Organisationen. Allerdings gelang es der Europäischen Kommission kurz vor den Lissabonner Verhandlungen, ihr *de jure* legitimiertes Initiativrecht zu nutzen, sodass ihr die maßgebliche Beeinflussung der Lissabon-Strategie im März 2000 eingeräumt werden musste. Der Europäische Rat und das Europäische Parlament reagierten, indem sie der Europäischen Kommission das Initiativrecht im Politikbereich ‚Bekämpfung von Ausgrenzung‘ im Rahmen des vertikalen MOK-Regierens entzogen. Ein neuer Akteur, der ESSA, wurde ihr an die Seite gestellt. Er ist überwiegend mit Bediensteten aus der Ministerialbürokratie der Mitgliedstaaten besetzt. Ein anderer supranationaler Akteur, der EuGH, reagierte auf die Kommission mit der Verkündung eines weitreichenden sozialrechtlichen Urteils. Nach dem Inkrafttreten des Vertrags von Nizza sollte das neue Verfahrensrecht des Art. 137 EGV im Rahmen der gestrafften Koordinierung auch auf alle anderen Politikbereiche der Lissabon-Strategie übertragen werden; eine Überprüfung dessen liegt außerhalb des hier fokussierten Untersuchungszeitraums und bleibt Folgeuntersuchungen überlassen.

Die Wurzeln des Kompetenzkonflikts zwischen Europäischer Kommission und den mitgliedstaatlichen Akteuren des Europäischen Rates und des Rates liegen in zwei Feldern: Die beiden Institutionen gehörten (1.) *unterschiedlichen advocacy coalitions* an und verfolgten (2.) *divergierende Verfahrensvorstellungen*. Die Europäische Kommission beharrte auf dem *soft-law-*

---

95 Dennoch nahm auch das Europäische Parlament am politischen Prozess teil. Es wurde im Rahmen von Konventen beauftragt, an der Grundrechtscharta und der Verfassung der Europäischen Union mitzuwirken.

Verfahrensrecht des Amsterdamer Vertrages, das als *top-down*-Verfahren angelegt ist und im Bereich der Beschäftigungspolitik bereits praktiziert wurde. Dieses Verfahren ermöglicht der Kommission – als demokratisch nicht legitimierter Organisation – die Koordinierung, Bewertung und Kontrolle der mitgliedstaatlichen Politiken in allen Bereichen des Sozialen. Die sozialdemokratische Mehrheit der mitgliedstaatlichen Regierungen im Europäischen Rat privilegierte ein *bottom-up*-Verfahren, das alle Akteure der mitgliedstaatlichen Ebenen nach den jeweiligen mitgliedstaatlichen Gepflogenheiten in den politischen Prozess inkludiert und dann auf europäischer Ebene zu Koordinierungen führt, die von den mitgliedstaatlichen Regierungen kontrolliert werden. Dieser Kompetenzkonflikt durchzog den gesamten politischen Prozess. Da die Europäische Kommission nach dem derzeit gültigen Vertragsrecht (Art. 140 EGV) weiterhin über eigenständige Kompetenzen im Bereich des *soft-law*-Regierens in allen Politikbereichen des Sozialen verfügt, bedarf auch die weitere Entwicklung des geschilderten Konflikts der Folgeuntersuchungen.

Hervorzuheben ist, dass das vertikale sozialpolitische MOK-Regieren auf europäischer Ebene ausschließlich von demokratisch legitimierten Regierungen und deren ministerialen Bürokratien, die mit dem ESSA von mitgliedstaatlichen Ministerialbeamten und der Europäischen Kommission unterstützt werden, ausgestaltet wurde. Es erfolgt in nicht-öffentlichen Sitzungen und offeriert keine Teil*habe*möglichkeiten. Eine Kontrolle und Überprüfbarkeit der Rationalitäten des kommunikativen Handelns der Regierungen und des ESSA ist auf europäischer Ebene nicht gegeben. Dennoch ist zu konstatieren, dass durch den vollzogenen Wandel im Bereich des sozialpolitischen MOK-Regierens auf europäischer Ebene eine bereichspezifische *polity* geschaffen wurde, die den Ansprüchen des bundesdeutschen Grundgesetzes an die Entwicklung des europäischen Integrationsprozess genügen kann. Die bereichspezifische *polity* wurde demokratisiert und föderalisiert.

Betrachtet man die Ergebnisse der Analyse vor dem Hintergrund des in *Kapitel 3.1* dargelegten Forschungsstandes, so ist zu konstatieren, dass sich die Suche nach der Teil*nahme* anderer Akteure als dem Europäischen Rat, dem Rat und dem ESSA im Untersuchungszeitraum dieser Arbeit im Bereich des vertikalen sozialpolitischen MOK-Regierens auf europäischer Ebene erübrigt. Des Weiteren muss festgestellt werden, dass der EuGH im Kontext des MOK-Regierens nicht unterschätzt werden sollte. Er ist sehr wohl als Akteur wahrzunehmen, der – wenn ihm entsprechende Fälle vorgelegt werden – jederzeit das Vertragsrecht sozialrechtlich interpretieren kann.

7.2.2 Der Polity-Wandel in der Bundesrepublik Deutschland

In der ersten Hälfte des Jahres 1999 wurde die bundesdeutsche Ratspräsidentschaft genutzt, um die Vertiefung der sozialen Dimension des europäischen Integrationsprozesses voranzutreiben. Angestoßen wurden z. B. die Einberufung des Konvents zur Erstellung der Grundrechtscharta sowie die Vorbereitungen der Lissabon-Strategie und des MOK-Regierens. Ein Jahr später – nach den in Lissabon gemachten Erfahrungen mit der Europäischen Kommission – folgte dann auch die Initiative zur Einberufung eines europäischen Verfassungskonvents auf bundesdeutscher Ebene. Der Debattenanstoß erfolgte durch eine Rede von Bundesaußenminister Fischer in Berlin.

Die Einleitung der Armuts- und Reichtumsberichtserstattung in der Bundesrepublik Deutschland ist als Vorbereitung auf das vertikale sozialpolitische MOK-Regieren zu betrachten. Der Bericht wurde vom Deutschen Bundestag in Auftrag gegeben und der Erstellungsprozess vom BMAS gesteuert. Unter Ausschluss der Oppositionsparteien des Deutschen Bundestages berieten die Koalitionsfraktionen des Deutschen Bundestages mit gebietskörperschaftlichen Vertretungen, Verbänden sowie wissenschaftlichen Expertinnen und Experten über die zukünftige Ausgestaltung der Armutspolitik in der Bundesrepublik Deutschland. Der Bericht wurde auch als Grundlage für den ersten bundesdeutschen NAPincl genutzt. Er enthielt eine umfassende, alle Politikbereiche des Sozialen umfassende Definition von Armut, die auf europäischer Ebene zur Erweiterung der Kompetenzen der mitgliedstaatlichen Regierungen im Politikbereich ‚Bekämpfung von Armut' diente.

Der erste bundesdeutsche NAPincl wurde vom BMAS erstellt. Am Beratungsprozess waren Bundesministerien, Länderministerien und alle relevanten Verbände beteiligt. Das Dokument wurde dem Bundesrat und dem Bundestag zur Stellungnahme vorgelegt und im Bundestag gemeinsam mit dem ersten Armuts- und Reichtumsbericht debattiert. In dieser öffentlichen Bundestagsdebatte gelang es den Bundestagsabgeordneten jedoch nicht, die gesamteuropäischen Zusammenhänge des NAPincl-Prozesses zu verdeutlichen. Ihre Vermittlungsleistungen und Zuschreibungspraxen des sozialpolitischen Handelns waren jeweils auf die politischen Prozesse beschränkt, die ihnen bekannt waren und an denen sie selbst teil*nahmen*. Dennoch konnten die Teil*habe*möglichkeiten der Bürgerinnen und Bürger im europäischen Integrationsprozess formal gewahrt werden: Eine Parlamentarische Staatssekretärin des BMAS erörterte die Vorbereitungen des sozialpolitischen MOK-Regierens im Deutschen Bundestag.

Erfolgte die Problemdefinitionsphase des untersuchten Politikprozesses in der Bundesrepublik Deutschland noch unter breiter Beteiligung aller gesellschaftlichen Gruppen, so änderte sich dies mit der Verkündung des erwähnten EuGH-Urteils zu Beginn der Problemdefinitionsphase abrupt. Der gesamteuropäische Prozess, der als *bottom-up*-Prozess geplant war, wurde beschleunigt. In der Bundesrepublik Deutschland reagierten die Bundesländer, die für die Gewährung der bundesdeutschen Sozialhilfe zuständig sind, mit der Forderung nach einer Föderalismusreform. Außerdem wurde mit der Delegation der Politikvorbereitung an die Hartz-Kommission der politische

Prozess weitgehend entparlamentarisiert. Dennoch versuchte der Bundesrat durch die Eingabe von Gesetzesentwürfen seine Positionen zu verdeutlichen. Die Einhaltung des europäischen Fahrplans des sozialpolitischen MOK-Regierens erfolgte im Bundestagswahljahr 2002 weitgehend ohne öffentliche Debatten im Deutschen Bundestag, die nach Begründungen des politischen Handelns verlangt und die Rationalitäten der Herrschenden kontrollierbar gemacht hätten. Stattdessen wurden mediale Inszenierungen, wie z. B. die Vorstellung der Vorschläge der Hartz-Kommission im Dom zu Berlin, gewählt.

Doch als sich auf europäischer Ebene abzeichnete, dass sich aufgrund des genannten EuGH-Urteils zunehmend Ansätze einer liberalen Marktwirtschaft und des radikalen Sozialstaatsabbaus in den alten EU-Mitgliedstaaten durchzusetzen schienen, nutzte Bundeskanzler Schröder das Mittel der Regierungserklärung und verkündete die *Agenda 2010*. Sie sollte – genau wie die Vorschläge der Hartz-Kommission – als Signal an die anderen Mitgliedstaaten dienen und verdeutlichen, dass es eine Möglichkeit gibt, die Substanz der Sozialschutzsysteme in der EU zu bewahren. In seiner Rede stellte er die Hintergründe der geplanten Reformmaßnahmen allgemeinverständlich dar und auch der Fraktionsvorsitzende der SPD verwies in seinem Debattenbeitrag – wenn auch nur verschlüsselt – auf die gesamteuropäischen Hintergründe der Reformmaßnahmen. Damit wurden die Teil*habe*möglichkeiten der Bürgerinnen und Bürger an der Ausgestaltung des politischen Prozesses formal gewahrt.

Die *Agenda 2010* führte auf europäischer Ebene dann zur Diskussion um eine gestraffte Koordinierungspolitik, die einen klaren Fahrplan der gemeinsamen Reformen aller EU-Mitgliedstaaten und der Beitrittsländer bis zum Jahr 2010 festlegte. Damit war die Bundesrepublik Deutschland verpflichtet, die entsprechenden Sozialstaatsreformen einzuleiten; zusätzlicher Handlungsdruck entstand durch das EuGH-Urteil und die bevorstehende EU-Osterweiterung. Der zweite bundesdeutsche NAPincl wurde vom BMGS im ähnlichen Verfahren wie der erste NAPincl erstellt und weist auf die Hartz-IV-Reform sowie weitere sozialpolitische Reformen hin. Doch weder im Bundesrat noch im Bundestag fand während des Untersuchungszeitraums eine öffentliche Debatte zum zweiten NAPincl statt. Die Politikformulierungsphase des Hartz-IV-Gesetzes verlief in den üblichen bundesdeutschen Partizipationsstrukturen; Bundestag und Bundesrat einigten sich im Vermittlungsverfahren über den endgültigen Gesetzestext. Die letzte untersuchte Phase des politischen Prozesses wurde durch diverse öffentliche Debatten des Bundesrates und des Bundestages geprägt, die die Teil*habe*möglichkeiten der Bürgerinnen und Bürger in umfassender Weise sicherstellten und die realitätsgerechte Vermittlung des politischen Handelns in der Politikformulierungsphase erlaubten.

Hervorzuheben ist, dass die tradierten Verhandlungsstrukturen der bereichsspezifischen *polity* der Bundesrepublik Deutschland im untersuchten Politikprozess in der Problemdefinitions- und der Agenda-Gestaltungsphase aufgebrochen wurden. Sie wurden durchweg formalisiert, führten zur Teil*nahme* aller bisherigen sowie neuer Akteure, wurden von ministerialer Seite gesteuert und mit Informationen unterfüttert, so dass eine kontinuierliche Inkorporation und Rückbindung der Verhandlungen auf der europäischen Ebene möglich war. Alle Gremien und Prozessabläufe inkludierten Vertreter der regionalen Gebietskörperschaften, der Länder sowie von Verbänden und Interessengruppen, die aktiv oder durch Anhörungen am politischen Prozess teil*nehmen* konnten; sie wurden nicht entmachtet. Eine Machtverschiebung fand vom Bundestag zum BMAS bzw. BMGS statt, so dass die Ausgestaltung des *issues* ‚beitragsunabhängige soziale Grundsicherung' zwar nicht ohne die Bundestagsabgeordneten erfolgte, ihnen jedoch die Gestaltungsmacht entzog und interpersonelle Kooperationsbeziehungen mit Verbänden untergrub.

In diesem Zusammenhang ist festzustellen, dass das Bundesstaatsprinzip als Grundelement bundesdeutscher Staatlichkeit umfassend gewahrt wurde. Dennoch stand seine Neujustierung im politischen Prozess kontinuierlich zur Disposition und führte zur Forderung nach einer umfassenden Föderalismusreform. Während der Bund an einer Modernisierung der Regierungskompetenzen in Angelegenheiten der EU interessiert war, um die Zurechenbarkeit von politischen Entscheidungen für die Wahlbevölkerung zu gewährleisten, verlangten die Länder nach einer umfassenden Neuregulierung des Finanzausgleichs und der Gemeindefinanzierung. Die repräsentative Demokratie ist als Grundelement bundesdeutscher Staatlichkeit im europäischen Integrationsprozess in ihrer strukturellen Dimension der Überprüfbarkeit und Kontrolle der Rationalitäten der zur Herrschaft Bevollmächtigten zwar formal gewahrt worden. Doch durch den Ausschluss der Parlamente vom Ausgestaltungsprozess bundesdeutscher Sozialpolitik im Mehrebenensystem EU waren die Abgeordneten faktisch nicht in der Lage, die Zurechenbarkeit von Politikinhalten sowie deren Rationalitäten realitätsgerecht zu vermitteln. Dies belegen die durchgeführten Legitimierungsanalysen. Erhoben werden konnte, dass die Sprecherinnen und Sprecher nur diejenigen Politiksequenzen des politischen Prozesses begründeten und den richtigen Akteuren zuschrieben, an denen sie selbst teilge*nommen* hatten. Auch konnte festgestellt werden, dass die Teil*habe*rechte der Bürgerinnen und Bürger nur durch diejenigen Volksvertretenden vollständig gewahrt werden konnten, die auch auf europäischer Ebene am politischen Prozess teil*nahmen*. Volksvertreter, denen zwar alle Informationen zur Verfügung standen, die aber nicht aktiv am Regieren auf europäischer Ebene teil*nahmen*, gelang die Begründung der von ihnen vorgebrachten Rationalitäten nur in begrenztem Maße.

Ferner ist festzuhalten, dass die von der bundesdeutschen Sozialpolitikforschung konstatierten Transformationsprozesse des Regierens in der Bundesrepublik Deutschland durch die integrationspolitischen Hintergründe des
Regierens im Mehrebenensystem EU erklärt werden können. Bei dem vorlie-
gend untersuchten Politikprozess ging es um effizientes Handeln; öffentliche
Debatten in den Parlamenten sollten zum einen aufgrund des Bundestags-
wahlkampfes im Jahr 2002 und zum anderen deshalb vermieden werden, um
die bevorstehende EU-Osterweiterung als eine wesentliche Ursache für die
Notwendigkeit von Reformen nicht thematisieren zu müssen. Diese Vermei-
dungsstrategie war m.E. durchaus verantwortungsvoll, denn ein Scheitern der
Osterweiterung hätte den Ost-West-Konflikt neu beleben und den Frieden in
Europa gefährden können.

7.2.3   Der Polity-Bildungsprozess

Die Rekonstruktion und Analyse des politischen Prozesses zum Hartz-IV-
Gesetz belegt, dass bundesdeutsche Sozialpolitik spätestens seit dem Beginn
des neuen Jahrtausends auf allen Ebenen des Mehrebenensystems der EU
ausgeformt wird. Dies gilt insbesondere für die Phasen der Problemdefinition
und der Agenda-Gestaltung. Hingegen werden die Phasen der Politikformulierung und der Implementation auf der bundesdeutschen Ebene vollzogen,
wobei der Zeitplan der gemeinsamen Politik nur kurze Beratungen ermöglicht und ein zielgerichtetes Handeln erfordert. Eine Evaluation der Wirkungen aller europäischen Reformen im Politikbereich Bekämpfung von Armut
und sozialer Ausgrenzung in den Mitgliedstaaten wurde im Jahr 2005 durchgeführt (vgl. KOM 2006). Die Bundesrepublik Deutschland leistete ihren
Beitrag zur Evaluation u. a. mit dem zweiten Armuts- und Reichtumsbericht
(vgl. BT-Drucks. 15/5015). Eine Neuterminierung der gemeinschaftlichen
Politiken im Bereich Bekämpfung von Armut und sozialer Ausgrenzung
stand im Herbst 2006 auf dem europäischen Koordinierungs-Fahrplan (vgl.
KOM 2003) und führte in der Bundesrepublik Deutschland zur Anhebung
des Arbeitslosengeldes II. Damit ist erstmals ein vollständiger *policy*-Zyklus
im Modus des MOK-Regierens durchlaufen worden. Festzuhalten ist, dass
bundesdeutsche Armuts- und Arbeitslosenpolitik im europäischen Mehrebenensystem stattfand. Eine politikfeldspezifische Entwicklung zum europäischen Föderalismus, wie von Benz (2003) und Jachtenfuchs/Kohler-Koch
(2003) angenommen, ist unverkennbar. Die mit dieser Arbeit dargelegte Genese der sozialen Dimension des europäischen Integrationsprozesses kann ab
1999 als Entstehungsgeschichte eines *europäischen Wohlfahrtsföderalismus*
gelesen werden. Die bereichsspezifische EU-*polity* wird hier als Entwicklungsphase *eines europäischen Wohlfahrtsföderalismus mit dezentralem
Charakter* erfasst. Ob er sich als ein solcher etablieren wird, bleibt der Zu-

kunft überlassen und ist durch Folgeuntersuchungen zu überprüfen. Insbesondere ländervergleichende Politikprozessanalysen der mitgliedstaatlichen Sozialstaatsreformen sind hier angezeigt (hierzu vgl. z. B. Merkel et al. 2006).

Dass sich in der Bundesrepublik Deutschland ein Wandel von Staatlichkeit vollzieht, der auf den europäischen Integrationsprozess im Bereich des Sozialen zurückzuführen ist, konnte mit dieser Arbeit nachgewiesen werden. Er führte zum Aufbrechen tradierter Verhandlungsstrukturen und etablierte neue formalisierte Verfahren. Das Beispiel des Berichtsprozesses zur Erstellung des Armuts- und Reichtumsberichts sei hier als Beispiel angeführt. Es verdeutlicht zugleich, dass mit dem MOK-Regieren auch ein Wandel von Staatlichkeit herbeigeführt wurde, der die repräsentative Demokratie in der Dimension von Partizipationsrechten für Verbände und NGOs fördern und verkrustete Strukturen auflösen kann. Auch in diesem Bereich könnten Folgeuntersuchungen interessante Ergebnisse hervorbringen.

Dennoch kann das derzeit praktizierte *soft-law*-Regieren mittels MOK keine rechtsverbindlichen Entscheidungen auf europäischer Ebene herbeiführen. Die Koordinierung von Politiken auf europäischer Ebene verpflichtet die Mitgliedstaaten nicht zur mitgliedstaatlichen Umsetzung der Vereinbarungen im ESSA, dem Rat oder dem Europäischen Rat. Diesem Zustand hätte die Verfassung der Europäischen Union mit Art. III-210 Abs. 2 VVE (vormals Art. 137 EGV) Einhalt geboten. Er hätte das sozialpolitische *soft-law*-Regieren mittels MOK in ein sozialpolitisches *hard-law*-Regieren mittels MOK überführen können. Durch europäisches Gesetz oder Rahmengesetz hätten rechtsverbindliche Vereinbarungen im Modus des MOK-Regierens herbeigeführt werden können, die allen Mitgliedstaaten der EU-27 im Prozess der Generierung des mitgliedstaatlich zu implementierenden und auszugestaltenden europäischen Sozialmodells Sicherheiten hätten bieten können. Zudem hätten mit Art. I-3 VVE die soziale Marktwirtschaft und mit Art. II-94 VVE soziale Grundrechte rechtsverbindlich fixiert werden können. Auch dem WSA und dem AdR wären auf europäischer Ebene wieder Anhörungsrechte im Rahmen des MOK-Regierens eingeräumt worden (Art. III-210 Abs. 2 VVE). Die Europäische Kommission hätte weiterhin im ESSA mitgewirkt und der ESSA hätte dem Europäischen Parlament Anhörungsrechte zugesichert (vgl. Art. III-217 VVE). Doch auch Art. 140 EGV findet sich – als Art. III-213 – weiterhin in der europäischen Verfassung; allerdings verabschiedeten die Staats- und Regierungschefs zu diesem Artikel eine Erklärung, die die Kompetenzen der Europäischen Kommission im Hinblick auf ihr Mitwirken am Regieren in den Mitgliedstaaten wieder aufhebt (vgl. Läufer 2005: 438).

Deutlich ist auch geworden, dass das MOK-Regieren dem Bundesrat mehr Machtressourcen verleihen kann als der Bundesregierung. Dies ist der Fall, wenn die Oppositionsparteien des Bundestages die Mehrheit im Bundesrat stellen. Das strukturelle Problem leitet sich von Art. 23 GG ab, der die Bundesregierung in Angelegenheiten der Europäischen Union dazu verpflichtet, die Positionen des Bundesrates zu berücksichtigen. Diese verfassungsrechtliche Vorgabe führt beim MOK-Regieren, das sich – wie Sabel/ Zeitlin (2007) eindrucksvoll herausarbeiten – zunehmend ausbreitet, zur Nicht-Zurechenbarkeit von innenpolitischen Entscheidungen und ermöglicht dem Bundesrat bei zustimmungspflichtigen Gesetzentwürfen der Bundesregierung über den Vermittlungsausschuss eine Doppelung seiner Interventionsrechte. Entsprechend sind die Wahrnehmungen einer informellen Großen Koalition der *Politikverflechtung* (vgl. Scharpf 1988) und der mit ihr verbundenen Unzurechenbarkeit von Entscheidungen der Entwicklungsphase des *europäischen Wohlfahrtsföderalismus* zuzuschreiben. Die *doppelte innenpolitische Politikverflechtungsfalle* wird in den sich herausbildenden Strukturen zudem durch eine *europäische Politikverflechtungsfalle* ergänzt; dies gilt insbesondere, sobald das MOK-Regieren in den Modus des *hard law* überführt wird. Um die Zurechenbarkeit von innenpolitischen Entscheidungen im europäischen Wohlfahrtsföderalismus weiterhin gewährleisten zu können, ist eine bundesdeutsche Föderalismusreform notwendig, die über die am 30. Juni 2006 verabschiedete Föderalismusreform hinausweist. Eine einfache Entflechtung im Bereich der Bildungspolitik, die den Ländern auf europäischer Ebene den Sitz im Rat überlässt, reicht hier nicht aus, um der Politikverdrossenheit der Wählerinnen und Wähler in der Bundesrepublik Deutschland etwas entgegenzusetzen. In diesem Bereich ist nicht nur weitergehender Forschungsbedarf angezeigt, sondern auch verantwortliches politisches Handeln. Kompetenzansprüche sollten hinter dem Anspruch der Wahrung der repräsentativen Demokratie zurückstehen.

Außerordentlich bedenklich erscheint die Delegation der vorbereitenden Politikgestaltung an Kommissionen, die durch das Wahlvolk nicht zur Herrschaft bevollmächtigt sind und auch nicht kontrolliert werden können. Dies mag in der Entstehungsphase des *europäischen Wohlfahrtsföderalismus* und unter den dargelegten Umständen notwendig gewesen sein, kann aber nicht rechtfertigen, dass die durch das Volk gewählten Repräsentanten auf Dauer von der Politikgestaltung ausgeschlossen werden. Die repräsentative Demokratie erscheint auch aus dieser Perspektive infrage gestellt. Dass die Volksvertretenden in der repräsentativen Demokratie Aufgaben zu erfüllen haben, denen sie so nicht gerecht werden können, belegen auch die Ausführungen des nächsten Abschnitts.

7.3 Die Sozialisation der Angehörigen einer Lebenswelt

Wie die Legitimierungsanalysen dieser Arbeit zeigen, waren im untersuchten politischen Prozess nur diejenigen Sprechenden in und aus den bundesdeutschen Parlamenten zur realitätsgerechten Vermittlung und Zuschreibung von Verantwortlichkeiten in der Lage, die selbst auf europäischer Ebene am sozialpolitischen MOK-Regieren teil*nahmen.* Die Abgeordneten des Deutschen Bundestages und die Ministerpräsidenten der Länder gehören nicht zu diesem Personenkreis. Dennoch blieb es weitgehend ihnen überlassen, sozialpolitisches Handeln in der Bundesrepublik Deutschland zu vermitteln. Sie wurden in der Problemdefinitionsphase von einer Parlamentarischen Staatssekretärin des BMAS sowie in der Agenda-Gestaltungsphase und der Politikformulierungsphase von Bundeskanzler Schröder unterstützt, sodass die repräsentative Demokratie als Grundelement bundesdeutscher Staatlichkeit im europäischen Integrationsprozess in Form der Teil*habe*rechte der Bürgerinnen und Bürger – und unter den gegebenen Verhältnissen auch der Parlamentarierinnen und Parlamentarier – *formal* gewahrt werden konnte.

Trotzdem erfolgte die Sozialisation in die sozialpolitische Lebenswelt der bundesdeutschen Bürgerinnen und Bürger durch alle Volksvertretenden. Die in dieser Arbeit zu findenden Legitimierungsanalysen haben hervorgebracht, dass im fokussierten Politikprozess drei Legitimierungstypen zu identifizieren sind, die in allen Politikprozessphasen mit unterschiedlicher Gewichtung vertreten waren. Zu identifizieren sind der nationalstaatliche Typ, der konkurrierende Typ und der kooperative Typ. Die Typologisierung erfolgte unter dem Aspekt der mit dem Sprechakt vollzogenen Sozialisation in die sozialpolitische Lebenswelt ‚Europäische Union'. Wie Tabelle 8 verdeutlicht, vermittelten die Sprechakte von Seiten der SPD, der PDS und die überwiegenden Sprechakte der FDP den Bürgerinnen und Bürgern ihre Rationalitäten des kommunikativen sozialpolitischen Handelns ausschließlich als nationalstaatliche Politik. Alle Vertreterinnen und Vertreter der CDU/CSU thematisierten in ihren Sprechakten die Konkurrenz zu anderen EU-Mitgliedstaaten und/oder dem außereuropäischen Ausland. Dies entspricht auch der Rationalität des von ihnen im Untersuchungszeitraum vertretenen Wissens. Auch die Sprechakte der Vertreterinnen und Vertreter von Bündnis 90/Die Grünen und der FDP waren in der Problemdefinitionsphase diesem Typ, der seine Rationalitäten mit der Konkurrenz zu anderen Staaten legitimiert, zuzuordnen. Einen kooperativen Legitimierungstyp, der seine Rationalitäten auf der Basis der Kooperation mit den anderen EU-Mitgliedstaaten bzw. den Partnern in Europa legitimierte, praktizierten demgegenüber die Sprecherin des BMAS, der Bundeskanzler und in der Politikformulierungsphase auch die Vertreterin von Bündnis 90/Die Grünen.

Tabelle 8:   *Typen der Sozialisation in die sozialpolitische Lebenswelt*
,Europäische Union'

Politikprozess-phase \ Legitimierungstyp	nationalstaatlicher Legitimierungstyp	konkurrierender Legitimierungstyp	kooperierender Legitimierungstyp
Problemdefinitionsphase	• SPD • PDS	• CDU/CSU • Bündnis 90/ Die Grünen • FDP	• BMAS (SPD)

Agenda-Gestaltungsphase	• Bündnis 90/
	  Die Grünen
	• FDP
	• SPD
		• CDU/CSU
		• Ministerpräsident
		  Stoiber (CSU)
			• Bundeskanzler
			  Schröder

Politikformulierungsphase	• SPD
	• FDP
		• CDU/CSU
		• Ministerpräsident
		  Koch (CDU)
			• Bundeskanzler
			  Schröder
			• Bündnis 90/
			  Die Grünen

In der Problemdefinitionsphase dominierte der konkurrierende Legitimierungstyp. In der Agenda-Gestaltungsphase waren demgegenüber die Legitimierungen des nationalstaatlichen Typs vorherrschend und in der Politikformulierungsphase ist ein Gleichgewicht aller Legitimierungstypen in den untersuchten Sprechakten erkennbar. Hervorzuheben ist, dass der Legitimierungstyp, der den faktischen politischen Prozess realitätsgerecht beschrieb, im gesamten Politikprozessverlauf unterrepräsentiert war. Zudem erfolgten die Legitimierungen durch den kooperativen Legitimierungstyp überwiegend implizit. Sie wurden mit den Rationalitäten ,demografische Entwicklung' und dem, ,was man unter Globalisierung versteht' unterfüttert.

Zu unterstreichen ist, dass die im politischen Prozess vollzogenen Legitimierungen der Rationalitäten des faktischen kommunikativen sozialpolitischen Handelns nicht die Hintergründe des faktischen politischen Geschehens an die Bürgerinnen und Bürgern vermitteln konnten. Dementsprechend erfüllten sie nicht die Kriterien der Begründung, die zum Verständnis und zur Akzeptanz des Handelns der Herrschenden und der gewählten Volksvertretungen führen. Die Dominanz nationalstaatlicher Begründungen des MOK-Regierens führte zur Etablierung von zwei parallel existierenden Lebenswelten: der nationalstaatlichen Lebenswelt auf der einen und der Lebenswelt ,Europäische Union' auf der anderen Seite. Doch während die Rationalitäten, mit denen das Regierungshandeln nationalstaatlich begründet wurde, nur noch beim konkurrierenden Legitimierungstyp nachvollziehbar erscheinen, versagen die Rationalitäten des nationalstaatlichen Legitimierungstyps bei der Erklärung des faktischen politischen Handelns. Der kooperative Legitimierungstyp versagt hingegen im Bereich der Erklärung der Rationalitäten, da er rhetorisch den Erhalt des Sozialstaates fordert, aber faktisch den bundesdeutschen Sozialstaat abbaut. Festzuhalten ist, dass nur der konkurrierende Legitimierungstyp für die Bürgerinnen und Bürger nachvollziehbare Rationalitäten anbot. Dieses Ergebnis könnte auch für den Ausgang der Bundestagswahl im Jahr 2005 eine Erklärung bereitstellen. Weitere Legitimierungsanalysen im Bereich der (ländervergleichenden) Wahlforschung könnten hierzu Aufschluss geben.

Entscheidend ist jedoch, dass die vorgebrachten Begründungen der Rationalitäten der Parteipolitikerinnen und Parteipolitikern nicht ausreichten, um die Bürgerinnen und Bürger am europäischen Integrationsprozess im Bereich des Sozialen teil*haben* zu lassen. Ihnen blieb die Lebenswelt ‚Europäische Union' verschlossen. Sie erhielten nicht die Chance, eine europäische Identität auszubilden, sich als Gesellschaft zu formieren und Solidaritäten auszubilden. Vielmehr erweisen sich nur die Legitimierungen des konkurrierenden Legitimierungstyps als rational und erzeugen eine nationalstaatliche Lebenswelt, die durch Konkurrenz, die Stärkung von Eigenverantwortung, den Abbau innerstaatlicher Solidarität, Orientierungsstörungen, Sinnkrisen und mit dem Verlust der Legitimität der Herrschenden einhergeht.

Um die Legitimierungskrise und die im Anfangsstadium befindliche Gesellschaftskrise zu bewältigen, ist es m. E. an der Zeit, den Bürgerinnen und Bürgern ihre Rechte und Pflichten in der Europäischen Union nahe zu bringen und sie in die faktische Lebenswelt ‚Europäische Union' zu integrieren. Eine Entwicklung von parallel existierenden Lebenswelten, in denen die Herrschenden eine eigene sozialpolitische Lebenswelt ‚Europäische Union' ohne die Gesellschaft gestalten, und die Gesellschaften der alten EU-15 in nationalen Lebenswelten verharren lässt, in denen die Ressource ‚Ich-Stärke' verknappt, schafft keine Perspektiven – ein gemeinsamer Aufbruch in die sozialpolitische Lebenswelt ‚Europäische Union' aber sehr wohl.

8. Resümee

„Fortschritte auf dem Weg zu einer europäischen Willens- und Wirkungs-
einheit wird es nur geben, wenn diese sich in den nationalen Öffentlichkeiten auf *normativ überzeugende Gründe* für die Wünschbarkeit einer politischen Integration stützen können" (Offe 2003: 257; Herv. i. O.).

Die Gründe für die Wünschbarkeit einer sozialen Integration in den Ausgestaltungsprozess der sozialen Dimension des europäischen Integrationsprozesses liegen mit dieser Arbeit auf dem Tisch. Sie verdeutlicht, dass Innenpolitik
durch das MOK-Regieren in noch stärkerem Maße Europapolitik geworden
ist. Dies gilt insbesondere für den Bereich der Sozialpolitik, der in dieser
Arbeit im Vordergrund stand, aber auch für die Wirtschafts-, Finanz-, Ar-
beitsmarkt-, Bildungs-, Forschungs-, Technologie-, Umwelt-, Familien- und
Geschlechterpolitik, womit nur einige der relevanten Politikfelder benannt
sind.

Am Beispiel des Politikprozesses, der zur Verabschiedung des Hartz-IV-
Gesetzes führte, konnte nachgewiesen werden, dass der politische Gestaltungsprozess im Rahmen der Entwicklungsphase eines *europäischen Wohlfahrtsföderalismus* stattfand, der von einem Wandel von Staatlichkeit in der
Bundesrepublik Deutschland begleitet wurde. Dieser Wandel von Staatlichkeit ging mit einem Aufbrechen von tradierten Verhandlungsstrukturen einher, der die gewählten Volksvertreterinnen und Volksvertreter zu angehörten
Teil*nehmen*den und Teil*haben*den am politischen Gestaltungsprozess degra-
dierte. Dadurch waren sie nicht in der Lage, den Bürgerinnen und Bürgern
die gesamteuropäischen Zusammenhänge der bundesdeutschen Sozialstaatsreformen zu vermitteln. Die Begründungen ihrer Rationalitäten und die von
ihnen vollzogenen Zuschreibungen von Verantwortlichkeiten verharrten im
nationalstaatlichen Kontext und verfälschten die Fakten. Von den vorgebrachten Legitimierungen der Parteipolitikerinnen und Parteipolitiker wiesen
ausschließlich die der CDU/CSU eine in sich stimmige Kohärenz auf, standen aber für eine Position und Begründung, die die Konkurrenz der Bundesrepublik Deutschland mit den anderen Mitgliedstaaten der EU sucht. Eine
lebensweltliche Einheit ‚Europäische Union' kann so nicht gelingen.

Doch auch die Volksvertreterinnen und -vertreter derjenigen Parteien, die
die Kooperation mit den anderen Mitgliedstaaten der EU in den Vordergrund
stellen, konnten der Wahlbevölkerung dieses Vorgehen nicht vermitteln.
Sogar die Bundestagsabgeordneten der SPD und von Bündnis 90/Die Grünen, denen alle Informationen über das sozialpolitische MOK-Regieren im
Mehrebenensystem EU zur Verfügung standen, waren nicht in der Lage, die

Begründungen ihrer Rationalitäten entsprechend auszugestalten. Die Untersuchungsergebnisse dieser Arbeit deuten darauf hin, dass nur eine aktive Teil*nahme* an den Verhandlungen auf europäischer Ebene zur kompetenten Vermittlung und damit zur Wahrung der Teil*habe*rechte der Bürgerinnen und Bürger befähigen kann.

Diesem Untersuchungsergebnis entsprechend ist zu erwägen, ob der zurzeit in Verhandlung befindliche Restrukturierungsprozess der Organisation der EU genutzt werden kann, um die jeweils zuständigen Fachausschussmitglieder der nationalen Parlamente auf europäischer Ebene zusammenzuführen. Neu zu schaffende Gremien, die zwischen Rat und Europäischem Rat angesiedelt werden könnten, würden die soziale Integration der nationalen Parlamentarierinnen und Parlamentarier gewährleisten. Sie wären dann auch auf den nationalstaatlichen Ebenen eher imstande, ihren Verpflichtungen gegenüber den Bürgerinnen und Bürgern nachzukommen.

Dass die Thematisierung und Begründung des MOK-Regierens im Mehrebenensystem EU im untersuchten Politikprozess nicht hinreichend erfolgte, ist zum einen sicherlich auch darauf zurückzuführen, dass er in die Entstehungsphase des *europäischen Wohlfahrtsföderalismus* fiel. Von entscheidender Bedeutung war aber auch das erwähnte EuGH-Urteil, das in der Phase der weit vorangeschrittenen Verhandlungen mit den zwölf neuen Mitgliedstaaten erging und den gesamteuropäischen Prozess fast zum Erliegen gebracht hätte. Nachdem nun die EU der 27 existiert und die Bundesrepublik Deutschland insbesondere aufgrund dessen Exportweltmeister war, dürfte die Begründung der Rationalitäten des integrationspolitischen Handelns der zur Herrschaft Bevollmächtigten kein Hinderungsgrund mehr sein. Abschließend sei noch angemerkt, dass die ‚alten' EU-15 nicht nur als die Nettozahler der Union betrachtet werden sollten, sondern auch als diejenigen, die in den nächsten Jahren auf die Solidarität der neuen Mitgliedstaaten angewiesen sind. Nur wenn diese ihre Sozialleistungssysteme ausbauen und ihre Lohnniveaus anheben, besteht für die ‚alten' EU-15 die Chance, langfristig wieder an einen Ausbau ihrer Sozialleistungssysteme zu denken.

Doch wünschenswert ist nicht nur eine soziale Integration, sondern auch ein Denken, das andere EU-Mitgliedstaaten nicht länger als extern betrachtet. Durch nationalstaatliches Denken können angesichts der faktisch großen Abhängigkeiten in der EU alle Mitgliedstaaten und deren Gesellschaften nur verlieren. Alle Mitgliedstaaten und ihre Gesellschaften als intern zu betrachten, ist ein erster Schritt, um nicht nur Rechte und Pflichten zu teilen, sondern auch eine lebensweltliche Einheit zu werden.

Abkürzungsverzeichnis

Abb.	Abbildung
ABl.	Amtsblatt
Abs.	Absatz
AdR	Ausschuss der Regionen
Art.	Artikel
BA	Bundesanstalt für Arbeit
BGBl.	Bundesgesetzblatt
BIP	Bruttoinlandsprodukt
BMAS	Bundesministerium für Arbeit und Sozialordnung
BMGS	Bundesministerium für Gesundheit und Soziale Sicherung
BVerfGE	Bundesverfassungsgerichtsentscheid
bzw.	beziehungsweise
CDU	Christlich Demokratische Union
CGEU	Charta der Grundrechte der Europäischen Union
CSU	Christlich-Soziale Union
ders.	derselbe
DGB	Deutscher Gewerkschaftsbund
d.h.	das heißt
DV	Deutscher Verein für private und öffentliche Fürsorge
ebd.	ebenda
ed.	editor
eds.	editors
et al.	et alii
EG	Europäische Gemeinschaften
EGV	Vertrag zur Gründung der Europäischen Gemeinschaft
EP	Europäisches Parlament
ESSA	Europäischer Sozialschutzausschuss
EU	Europäische Union
EuGH	Europäischer Gerichtshof
EUZBBG	Gesetz über die Zusammenarbeit von Bundesregierung und Deutschem Bundestag in Angelegenheiten der Europäischen Union
EUZBLG	Gesetz über die Zusammenarbeit von Bund und Ländern in Angelegenheiten der Europäischen Union
f.	folgende
ff.	fortfolgende
FDP	Freie Demokratische Partei

GG	Grundgesetz für die Bundesrepublik Deutschland
ggf.	gegebenenfalls
Grüne	Bündnis 90/Die Grünen
Herv.	Hervorhebung(en)
Herv. i. O.	Hervorhebung(en) im Original
Hg.	HerausgeberIn(nen)
i. d. R.	in der Regel
insb.	insbesondere
Kap.	Kapitel
m. E.	meines Erachtens
MOK	Methode der offenen Koordinierung
NAP	Nationaler Aktionsplan bzw. Nationale Aktionspläne
NAPincl	National Action Plan(s) on Social Inclusion
NGO	Nichtregierungsorganisation
Nr.	Nummer
o. g.	oben genanntes
PDS	Partei des Demokratischen Sozialismus
Rs.	Rechtsache
SPD	Sozialdemokratische Partei Deutschlands
u.	und
u. a.	unter anderem
UB	Ute Behning
USA	Vereinigte Staaten von Amerika
vgl.	vergleiche
VVE	Vertrag über eine Verfassung für Europa
WASG	Wahlalternative soziale Gerechtigkeit
WSA	Wirtschafts- und Sozialausschuss
WWU	Wirtschafts- und Währungsunion
z. B.	zum Beispiel
zit. n.	zitiert nach

Verzeichnis der Tabellen und Abbildungen

Literaturverzeichnis

Primärliteratur

Ausschuss für Sozialschutz 2002: Gemeinsames Konzept für die NAP (Eingliederung) 2003/2005. Brüssel.

Bericht der Hartz-Kommission 2002: Moderne Dienstleistungen am Arbeitsmarkt. Broschüre Nr. A 306. Gedruckt im Auftrag des Bundesministeriums für Arbeit und Sozialordnung.

BR-Drucks. 784/97(Beschluß): Stellungnahme des Bundesrats zum Entwurf eines Gesetzes zum Vertrag von Amsterdam vom 2. Oktober 1997 vom 28.11.1997.

BR-Drucks. 352/01: Unterrichtung durch die Bundesregierung. Nationaler Aktionsplan zur Bekämpfung von Armut und sozialer Ausgrenzung 2001 bis 2003 vom 16.05.2001.

BR-Drucks. 352/1/01: Empfehlungen der Ausschüsse zu Punkt ... der 764. Sitzung des Bundesrates am 1. Juni 2001 vom 21.05.2001.

BR-Drucks. 443/02: Entwurf eines Gesetzes zum optimalen Fördern und Fordern in Vermittlungsagenturen (OFFENSIV-Gesetz) vom 21.05.2002.

BR-Drucks. 804/02: Entwurf eines Gesetzes zum Fördern und Fordern arbeitsfähiger Sozialhilfeempfänger und Arbeitslosenhilfebezieher (Födern-und-Fordern-Gesetz) vom 29.10.2002.

BR-Drucks. 478/03: Unterrichtung durch die Bundesregierung. Nationaler Aktionsplan zur Bekämpfung von Armut und sozialer Ausgrenzung 2001 bis 2003. Strategien zur Stärkung der sozialen Integration vom 10.07.2003.

BR-Drucks. 478/1/03: Empfehlung der Ausschüsse zu Punkt ... der 791. Sitzung des Bundesrates am 26. September 2003 vom 15.09.2003.

BR-Drucks. 558/03: Entwurf eines Gesetzes für moderne Dienstleistungen am Arbeitsmarkt. Gesetzentwurf der Bundesregierung vom 15.08.2003.

BR-Drucks. 558/1/03: Empfehlung der Ausschüsse zu Punkt ... der 791. Sitzung des Bundesrates am 26. September 2003. Entwurf eines Vierten Gesetzes für moderne Dienstleitungen am Arbeitsmarkt vom 16.09.2003.

BR-Drucks. 558/2/03: Antrag des Freistaates Bayern. Entwurf eines Vierten Gesetzes für moderne Dienstleistungen am Arbeitsmarkt vom 24.9.2003.

BR-Drucks. 654/03: Entwurf eines Gesetzes zur Sicherung der Existenzgrundlagen (Existenzgrundlagengesetz – EGG) – Gesetzesantrag der Länder Hessen, Baden-Württemberg, Bayern, Sachsen vom 11.09.2003.

BR-Drucks. 731/03: Gesetzesbeschluss des Deutschen Bundestages. Viertes Gesetz für moderne Dienstleistungen am Arbeitsmarkt vom 17.10.2003.

BR-Drucks. 731/1/03: Empfehlung der Ausschüsse zu Punkt ... der 793. Sitzung des Bundesrates am 7. November 2003. Viertes Gesetz für moderne Dienstleistungen am Arbeitsmarkt. Bundesrat vom 28.11.2003.

BR-Plenarp. 791: Bundesrat. Stenografischer Bericht. 791. Sitzung, Berlin, Freitag, den 26. September 2003.

BR-Plenarp. 793: Bundesrat. Stenografischer Bericht. 793. Sitzung, Berlin, 7. November 2003.

BT-Drucks. 14/999: Antrag der Fraktion SPD und Bündnis 90/DIE GRÜNEN. Nationale Armuts- und Reichtumsberichterstattung vom 05.05.1999.

BT-Drucks. 14/1069: Antrag der Fraktion der PDS. Regelmäßige Vorlage eines Berichts über die Entwicklung von Armut und Reichtum in der Bundesrepublik Deutschland vom 21.05.1999.

BT-Drucks. 14/1213: Antrag der Abgeordneten Birgit Schnieber-Jastram, Wolfgang Meckelburg, Hans-Peter Repnik, Peter Weiß (Emmendingen) und der Fraktion der CDU/CSU. Bekämpfung der „verdeckten Armut" in Deutschland vom 22.06.1999.

BT-Drucks. 14/5990: Unterrichtung durch die Bundesregierung. Lebenslagen in Deutschland. Erster Armuts- und Reichtumsbericht vom 08.05.2001.

BT-Drucks. 14/6134: Unterrichtung durch die Bundesregierung. Nationaler Aktionsplan zur Bekämpfung von Armut und sozialer Ausgrenzung 2001 bis 2003 vom 17.05.2001.

BT-Drucks. 14/6628: Beschlussempfehlung und Bericht des Ausschusses für Arbeit und Sozialordnung vom 05.07.2001.

BT-Drucks. 14/9802: Entwurf eines Gesetzes zum optimalen Fördern und Fordern in Vermittlungsagenturen (OFFENSIV-Gesetz) vom 17. Juli 2002.

BT-Drucks. 15/309: Entwurf eines Gesetzes zum Fördern und Fordern arbeitsfähiger Sozialhilfeempfänger und Arbeitslosenhilfebezieher (Fördern-und-Fordern-Gesetz) vom 15.01.2003.

BT-Drucks. 15/1420: Unterrichtung durch die Bundesregierung. Nationaler Aktionsplan für Deutschland zur Bekämpfung von Armut und sozialer Ausgrenzung 2003 bis 2005. Strategien zur Stärkung der sozialen Integration vom 10.07.2003.

BT-Drucks. 15/1516: Gesetzentwurf der Fraktionen SPD und BÜNDNIS 90/DIE GRÜNEN. Entwurf eines Vierten Gesetzes für moderne Dienstleistungen am Arbeitsmarkt vom 05.09.2003.

BT-Drucks. 15/1523: Gesetzentwurf der Fraktionen der CDU/CSU. Entwurf eines Gesetzes zur Sicherung der Existenzgrundlagen (Existenzgrundlagengesetz – EGG) vom 08.09.2003.

BT-Drucks. 15/1527: Gesetzentwurf der Fraktion der CDU/CSU. Entwurf eines Gesetzes zur Änderung des Grundgesetzes (Einfügen eines Artikels 106b) vom 08.09.2003.

BT-Drucks. 15/1531: Antrag der Abgeordneten Dirk Niebel, Dr. Heinrich L. Kolb, Daniel Bahr (Münster), weiterer Abgeordneter und der Fraktion der FDP vom 08.09.2003.

BT-Drucks. 15/1638: Gesetzentwurf der Bundesregierung. Entwurf eines Vierten Gesetzes für moderne Dienstleistungen am Arbeitsmarkt vom 01.10.2003.

BT-Drucks. 15/1728: Beschlussempfehlung des Ausschusses für Wirtschaft und Arbeit vom 15.10.2005.

BT-Drucks. 15/1749: Bericht des Ausschusses für Wirtschaft und Arbeit (9. Ausschuss) vom 16.10.2003.

BT-Drucks. 15/2259: Beschlussempfehlung des Vermittlungsausschusses zu dem Vierten Gesetz für moderne Dienstleistungen am Arbeitsmarkt vom 16.12.2003.

BT-Drucks. 15/2264: Antrag der Fraktionen SPD, CDU/CSU, BÜNDNIS 90DIIE GRÜNEN und FDP. Zusammenführung von Arbeitslosenhilfe und Sozialhilfe für Erwerbsfähige vom 18.12.2003.

BT-Drucks. 15/3041: Beschlussempfehlung und Bericht des Ausschusses für Arbeit und Sozialordnung vom 04.05.2004.

BT-Drucks. 15/5015: Unterrichtung durch die Bundesregierung. Lebenslagen in Deutschland – Zweiter Armuts- und Reichtumsbericht vom 03.03.2005.

BT-Plenarp. 13/222: Deutscher Bundestag. Stenographischer Bericht. 222. Sitzung, Bonn, Donnerstag, den 5. Märuz 1998.

BT-Plenarp. 14/58: Deutscher Bundestag. Stenographischer Bericht. 58. Sitzung, Berlin, Donnerstag, den 30. September 1999.

BT-Plenarp. 14/84: Deutscher Bundestag. Stenographischer Bericht. 84. Sitzung, Berlin, Donnerstag, den 27. Januar 2000.

BT-Plenarp. 14/179: Deutscher Bundestag. Stenographischer Bericht. 179. Sitzung, Berlin, Donnerstag, den 28. Juni 2001.

BT-Plenarp. 14/196: Deutscher Bundestag. Stenographischer Bericht. 196. Sitzung, Berlin, Freitag, den 19. Oktober 2001.

BT-Plenarp. 15/32: Deutscher Bundestag. Stenographischer Bericht. 32. Sitzung, Berlin, Freitag, den 14. März 2003.

BT-Plenarp. 15/60: Deutscher Bundestag. Stenographischer Bericht. 60. Sitzung, Berlin, Donnerstag, den 11. September 2003.

BT-Plenarp. 15/65: Deutscher Bundestag. Stenographischer Bericht. 65. Sitzung, Berlin, Mittwoch, den 15. Oktober 2003.

BT-Plenarp. 15/67: Deutscher Bundestag. Stenografischer Bericht. 67. Sitzung, Berlin, Freitag, den 17. Oktober 2003.

BT-Plenarp. 15/84: Deutscher Bundestag. Stenografischer Bericht. 84. Sitzung, Berlin, Freitag, den 19. Dezember 2003.

BT-Plenarp. 15/178: Deutscher Bundestag. Stenographischer Bericht. 178. Sitzung, Berlin, Mittwoch, den 2. Juni 2005.

BT-Protokoll 15/34: Öffentliche Anhörung. Ausschuss für Wirtschaft und Arbeit. Wortprotokoll. 34. Sitzung, Berlin, Mittwoch, den 8. Oktober 2003.

Bundesregierung 2003: Gesetzesvorhaben. Zusammenlegung von Arbeitslosen- und Sozialhilfe zur Grundsicherung für Arbeitsuchende. 13.08.2003. Unter: http://www.bundesregierung.de/servlet/init.cms.layout.LayoutServlet?global.navi knot..., gedruckt am 01.09.2003.

Council Decision 2000: Council Decision of 29 June 2000 setting up a Social Protection Committee (2000/436/EC). In: Offical Journal of the European Communities, L 172/26, 12.7.2000.

Council Decision 2004: Council Decision of 4 October 2004 establishing a Social Protection Committee and repealing Decision 2000/436/EC (2004/689/EC). In: Official Journal of the European Union, L 314/8, 13.10.2004.

Deutscher Bundestag Bundesrat Öffentlichkeitsarbeit (Hg.) 2005: Dokumentation der Kommission von Bundestag und Bundesrat zur Modernisierung der bundesdeutschen Ordnung. Berlin: media print.

Draft Charter 2000a: Draft Charter of Fundamental Rights of the European Union. CHARTE 4301/00. 17 May 2000. Brussels.

Europäische Union 2001: Beschluss des Europäischen Parlaments und des Rates zur Einführung eines Aktionsprogramms der Gemeinschaft zur Förderung der Zusammenarbeit der Mitgliedstaaten bei der Bekämpfung der sozialen Ausgrenzung. Gemeinsamer Entwurf nach Billigung durch den Vermittlungsausschuss des Artikels 251 Abs. 4 EG-Vertrag. 2000/0157 (COD). C5-0439/2001. PE-CONS 3650/01. Brüssel, den 15. Oktober 2001.

Europäisches Parlament 2000: Soziale Grundrechte in Europa. Arbeitsdokument. Reihe Soziale Angelegenheiten. SOCI 104 DE, 2-2000.

Europäischer Rat 2000: Schlussfolgerungen des Vorsitzes. 23. und 24. März 2000. Lissabon.

Europäischer Rat 2001: Schlussfolgerungen des Vorsitzes. 23. und 24. März 2001. Stockholm.

Europäischer Rat 2002: Schlussfolgerungen des Vorsitzes. 15. und 16. März 2002. Barcelona.

Europäischer Rat 2003: Schlussfolgerungen des Vorsitzes. 20. und 21. März 2003. Brüssel.

Frankfurter Allgemeine Zeitung 2007: Eurobarometer Umfrage. Neue Trennlinien zwischen Arm und Reich, 56: 07.03.2007, 13.

KOM 1974: Sozialpolitisches Aktionsprogramm. Kommission der Europäischen Gemeinschaften. Luxemburg: Amt für amtliche Veröffentlichungen der Europäischen Gemeinschaften.

KOM 1989a: Schlussbericht über das erste Programm zur Bekämpfung von Armut. Kommission der Europäischen Gemeinschaften. Luxemburg: Amt für amtliche Veröffentlichungen der Europäischen Gemeinschaften.

KOM 1989b: Zwischenbericht über das Zweite Programm zur Bekämpfung von Armut. Kommission der Europäischen Gemeinschaften. Luxemburg: Amt für amtliche Veröffentlichungen der Europäischen Gemeinschaften.

KOM 1989c: Die sozialen Aspekte des Binnenmarktes. Band 2. Soziales Europa. Beiheft 7/89. Luxemburg: Amt für amtliche Veröffentlichungen der Europäischen Gemeinschaften.

KOM 1993a: Mittelfristigen Aktionsprogramms zur Bekämpfung der Ausgrenzung und zur Förderung der Solidarität: Ein neues Programm zur Unterstützung und Anregung der Innovation (PROGRESS) 1994–1999. Brüssel.

KOM 1993b: Grünbuch für europäische Sozialpolitik. KOM (93) 551 vom 17.11.1993.

KOM 1994: Europäische Sozialpolitik. Ein zukunftsweisender Weg für die Union. Weißbuch. KOM (94) 333 vom 27. Juli 1994.

KOM 1996: Soziale Gemeinschaftspolitik. Europäische Kommission. Luxemburg: Amt für amtliche Veröffentlichungen der Europäischen Gemeinschaften.

KOM 2000a: Mitteilung der Kommission. Ein Europa schaffen, das alle einbezieht. KOM (2000) 79. Brüssel, den 1.3.2000.

KOM 2000b: Auflage eines Aktionsprogramms der Gemeinschaft zur Förderung der Zusammenarbeit zwischen den Mitgliedstaaten bei der Bekämpfung der sozialen Ausgrenzung. KOM (2000) 368. Brüssel, den 16. Juni 2000.

KOM 2000c: Mitteilung der Kommission an den Rat, das Europäische Parlament, den Wirtschafts- und Sozialausschuss und den Ausschuss der Regionen. Sozialpolitische Agenda. KOM (2000) 379. Brüssel, den 28.6.2000.

KOM 2001: Europäisches Regieren. Ein Weißbuch. KOM (2001) 428. Brüssel, den 23.7.2001.

KOM 2002: Arbeitsdokument der Kommissionsdienststellen zur Unterstützung des Berichts der Kommission für die Frühjahrstagung des Europäischen Rates in Barcelona. Die Lissabonner Strategie – Den Wandel herbeiführen. SEC (2002) 29. Brüssel, den 15.1.2002.

KOM 2003a: Stärkung der sozialen Dimension der Lissabonner Strategie: Straffung der offenen Koordinierung im Bereich Sozialschutz. KOM (2003) 261. Brüssel, den 12.6.2003.

KOM 2003b: Modernisierung des Sozialschutzes für mehr und bessere Arbeitsplätze. Ein umfassender Ansatz um dazu beizutragen, dass Arbeit sich lohnt. KOM (2003) 842. Brüssel, den 30.12.2003.

KOM 2006: Implementation and update report on 2003–2005 NAPS/inclusion and update Reports on 2004–2006 NAPS/inclusion. COM (2006) 62. Brussels, 23.3.2006.

Rat 2000: Vorbereitung der Sondertagung des Europäischen Rates am 23. und 24. März 2000 in Lissabon – Beitrag der Kommission. Rat der Europäischen Union 6602/00 vom 1. März 2000.

Rat der Europäischen Union 2000a: Beitrag des Rates ‚Arbeit und Soziales' zum Lissaboner Gipfel. 6966/00. 17. März 2000. Brüssel.

Rat der Europäischen Union 2000b: Bekämpfung der Armut und der sozialen Ausgrenzung = Festlegung von geeigneten Zielen. 14110/00. 30.11.2000. Brüssel.

Rat der Europäischen Union 2001: Gemeinsamer Bericht über die soziale Eingliederung. 15223/01. Brüssel, 12.12.2001.

Rat der Europäischen Union 2002: Bekämpfung der Armut und der sozialen Ausgrenzung: Gemeinsame Ziele für die zweite Runde der nationalen Aktionspläne – Billigung. 14164/1/02. 25.11.2002. Brüssel.

Rat der Europäischen Union 2004: Gemeinsamer Bericht der Kommission und des Rates über die soziale Eingliederung. 7101/04. Brüssel, 5.3.2004.

Regierungserklärung 2003: Agenda 2010. Regierungserklärung von Bundeskanzler Schröder am 14. März 2003 vor dem Deutschen Bundestag.

Sozialistische Zeitung vom 29.03.2001: Osterweiterung und Übergangsregelungen, 7:29.03.2001, 7.

Sekundärliteratur

Abromeit, Heidrun 2002: Wozu braucht man Demokratie? Die postnationale Herausforderung der Demokratietheorie. Opladen: Leske + Budrich.

Alber, Jens 2006: Das ‚europäische Sozialmodell' und die USA. In: Leviathan, 33: 1, 3–39.

Altvater, Elmar/Mahnkopf, Birgit 2004: Grenzen der Globalisierung. Ökonomie, Ökologie und Politik in der Weltgesellschaft. 6. Auflage. Münster: Westfälisches Dampfboot.

Armstrong, Kenneth 2003: Tackeling Social Exclusion Through OMC. Reshaping the Boundaries of EU governance. In: Börzel, Tanja/Chichowski, Rachel A. (eds.): State of the European Union. Law, Politics and Society. Oxford: Oxford University Press, 189–203.

Atkinson, Toni/Cantillon, Bea/Marlier, Eric/Nolan, Brian 2002: Social Indicators. The EU and Social Inclusion. Oxford. Oxford University Press.

Aust, Andreas 2000: ‚Dritter Weg' oder ‚Eurokeynesianismus'? Zur Entwicklung der Europäischen Beschäftigungspolitik seit dem Amsterdamer Vertrag. In: Osterreichische Zeitschrift für Politikwissenschaft, 29: 3, 269–283.

Aust, Andreas/Leitner, Sigrid/Lessenich, Stephan (Hg.) 2000: Sozialmodell Europa. Konturen eines Phänomens. Jahrbuch für Europa- und Nordamerika-Studien. Opladen: Leske + Budrich.

Aust, Andreas/Leitner, Sigrid/Lessenich, Stephan 2002: Konjunktur und Krise des Europäischen Sozialmodells. Ein Beitrag zur politischen Präexplantationsdiagnostik. In: Politische Vierteljahresschrift, 43: 2, 272–301.

Backhaus-Maul, Holger 2000: Wohlfahrtsverbände als korporative Akteure. Über eine traditionsreiche sozialpolitische Institution und ihre Zukunftschancen. In: Aus Politik und Zeitgeschichte, Jg. o.A.: B 26–27, 22–30.

Backhaus-Maul, Holger/Olk, Thomas 1994: Von Subsidiarität zu ‚outcontracting': Zum Wandel der Beziehungen von Staat und Wohlfahrtsverbänden in der Sozialpolitik. In: Streeck, Wolfgang (Hg.): Staat und Verbände. PVS-Sonderheft 25. Opladen: Westdeutscher Verlag, 100–135.

Backhaus-Maul/Olk, Thomas 1997: Vom Korporatismus zum Pluralismus? Aktuelle Tendenzen im Verhältnis zwischen Staat und Wohlfahrtsverbänden. In: Theorie und Praxis der sozialen Arbeit, 48: 3, 25–32.

Baldwin, Peter 1996: Can we Define a European Welfare State Model? In: Greve, B. (ed.): Comparative Welfare Systems. London/Macmillian, 29–44.

Balze, Wolfgang 1994: Die sozialpolitischen Kompetenzen der Europäischen Union. Baden-Baden: Nomos.

Bandelow, Nils C. 2005: Kollektives Lernen durch Vetospieler? Konzepte britischer und deutscher Kernexekutiven zur europäischen Verfassungs- und Währungspolitik. Baden-Baden: Nomos.

Barbarto, Marino 2005: Regieren durch Argumentieren. Macht und Legitimität politischer Sprache im Prozess der europäischen Integration. Baden-Baden: Nomos.

Bartolini, Stefano 2005: Restructuring Europe. Centre formation, system building and political structuring between the nation-state and the European Union. New York: Oxford University Press.

Becher, Ursula 1995: Die Arbeit im Rahmen von ‚ARMUT 3'. Gedanken zur sozialpolitischen Reichweite der Projekte im Rahmen einer integrierten Sozialpolitik. In: Herrmann, Peter (Hg.): Europäische Integration und Politik der Armutsprogramme. Auf dem Weg zu einem integrierten Sozialpolitikansatz? Berlin/Rheinfelden: Schäuble Verlag, 147–171.

Beckert, Jens/Eckert, Julia/Kohli, Martin/Streeck, Wolfgang 2004a: Einleitung. In: dies. (Hg.): Transnationale Solidarität. Chancen und Grenzen. Frankfurt/New York: Campus, 9–14.

Beckert, Jens/Eckert, Julia/Kohli, Martin/Streeck, Wolfgang (Hg.) 2004b: Transnationale Solidarität. Chancen und Grenzen. Frankfurt/New York: Campus.

Behning, Ute 1999: Zum Wandel der Geschlechterrepräsentationen in der Sozialpolitik. Ein policy-analytischer Vergleich der Politikprozesse zum österreichischen Bundespflegegeldgesetz und zum bundesdeutschen Pflege-Versicherungsgesetz. Opladen: Leske + Budrich.

Behning, Ute 2003a: Die ‚neue Methode der offenen Koordinierung'. Versuche der integrationstheoretischen Klassifizierung einer neuen Form des sozialpolitischen Regierens in der Europäischen Union. ZeS-Arbeitspapier Nr. 12/2003, Bremen.

Behning, Ute 2003b: Implementing the 'New Open Method of Co-ordination' in the Area of 'Social Inclusion'. In: Transfer. European Review of Labour and Research, 8: 4, 737–742.

Behning, Ute 2004: Die ‚neue Methode der offenen Koordinierung'. Versuche der integrationstheoretischen Klassifizierung einer neuen Form des sozialpolitischen Regierens in der Europäischen Union. In: Österreichische Zeitschrift für Politikwissenschaft, 33: 2, 127–136.

Behning; Ute 2005a: Hartz IV und Europa. In: Blätter für deutsche und internationale Politik, o.A.: 2, 217–226.

Behning, Ute 2005b: Sozialpolitisches Regieren im europäischen Mehrebenensystem. Forschungsperspektiven exemplifiziert am Beispiel des Politikprozesses zum Hartz-IV-Gesetz. Unveröffentlichtes Vortragsmanuskript. Zentrum für Sozialpolitik an der Universität Bremen. 15. Juni 2005.

Behning, Ute (Hg.) 2008: Sozialstaatliches Policy-Making im europäischen Mehrebenensystem. Politikfeldvergleichende Analysen aktueller sozialpolitischer Reformprozesse in der Bundesrepublik Deutschland. Berlin: edition sigma. In Vorbereitung.

Behning, Ute/Feigl-Heihs, Monika 2001: Europäisierung von Wohlfahrtspolitik: Ihre Genese und ableitbare Entwicklungstrends. In: SWS-Rundschau, 41: 4, 459–478.

Behning, Ute/Foden, David/Serrano Pacual, Amparo 2001: Introduction. In: Behning, Ute/Serrano Pascual, Amparo (eds.): Gender Mainstreaming in the European Employment Strategy. Brussels: ETUI-Press.

Benz, Arthur 2003: Mehrebenenverflechtung in der Europäischen Union. In: Jachtenfuchs, Markus/Kohler-Koch, Beate (Hg.): Europäische Integration. 2. Auflage. Opladen: Leske + Budrich, 317–351.

Benz, Arthur (Hg.) 2004: Governance – Regieren in komplexen Regelsystemen. Eine Einführung. Wiesbaden: VS Verlag für Sozialwissenschaften.

Benz, Arthur 2005: Governance in Mehrebenensystemen. In: Schuppert, Gunnar Folke (Hg.): Governance-Forschung. Vergewisserung über Stand und Entwicklungslinien. Baden-Baden: Nomos, 95–120.

Berger, Peter L./Luckmann, Thomas 1969: Die gesellschaftliche Konstruktion der Wirklichkeit. Eine Theorie der Wissenssoziologie. Frankfurt: S. Fischer Verlag.

Böckenförde, Ernst-Wolfgang 1991: Staat, Verfassung, Demokratie. Studien zur Verfassungstheorie und zum Verfassungsrecht. Frankfurt: Campus.

Bogdandy, Armin von 2000: Information und Kommunikation in der Europäischen Union: Föderale Strukturen in supranationalem Umfeld. In: Hoffmann-Riem, Wolfgang/Schmidt-Aßmann, Eberhard (Hg.): Verwaltungsrecht in der Informationsgesellschaft. Baden-Baden: Nomos, 133–194.

Borrás, Susana/Greve, Bent 2004: Concluding remarks: New method or just cheap talk? In: Journal of European Public Policy, 11: 2, 329–336.

Borrás, Susana/Jacobsson, Kerstin 2004: The Open Method of Co-ordination and New Governance Patterns in the EU. In: Journal of European Public Policy, 11: 2, 185–208.

Börzel, Tanja 2002: States and Regions in the European Union. Institutional Adaptation in Germany and Spain. Cambridge: Cambridge University Press.

Börzel, Tanja 2005: European Governance – nicht neu, aber anders. In: Schuppert, Gunnar Folke (Hg.): Governance-Forschung. Vergewisserung über Stand und Entwicklungslinien. Baden-Baden: Nomos, 72–94.

Bourdieu, Pierre 1998: Praktische Vernunft. Zur Theorie des Handelns. Frankfurt: Suhrkamp.

Brun, Rudolf (Hg.) 1985: Erwerb und Eigenarbeit. Dualwirtschaft in der Diskussion. Frankfurt: Fischer.

Brunkhorst, Hauke 2002: Solidarität. Von der Bürgerfreundschaft zur globalen Rechtsgenossenschaft. Frankfurt: suhrkamp taschenbuch wissenschaft.

Buchstein, Hubertus/Schmalz-Bruns, Rainer (Hg.) 2006: Politik der Integration. Symbole, Repräsentation, Institution. Baden-Baden: Nomos.

Büchs, Milena 2005: Dilemmas of post-regulatory European social policy co-ordination. The European Employment Strategy in Germany and the United Kingdom. Unveröffentliche Dissertation.

Büchs, Milena 2007: New Governance in European Social Policy. The Open Method of Coordination. Palgrave-macmillan.

Büchs, Milena/Friedrich, Dawid 2005: Surface Integration. The National Action Plans for Employment and Social Inclusion in Germany. In: Zeitlin, Jonathan/Pochet, Philippe (eds.): The Open Method of Co-ordination in Action. The European Employment and Social Inclusion Strategies. Brussels: Peter Lang, 249–285.

Bulmer, Simon/Lequesne, Christian (eds.) 2005: The Member States of the European Union. Oxford: Oxford University Press.

Busch, Klaus 1998: Das Korridormodell – ein Konzept zur Weiterentwicklung der EU-Sozialpolitik. In: Schmidt, Josef/Niketta, Reiner (Hg.): Wohlfahrtsstaat: Krise und Reform im Vergleich. Marburg: Metropolis-Verlag, 273–295.

Castells, Manuel 2002: The Construction of European Identity. In: Rodrigues, Maria João (ed.): The New Knowledge Economy in Europe. A Strategy for International Competiveness and Social Cohesion. Cheltenham/Northampton: Edward Elgar, 232–241.

Cohen, Jean/Arato, Andrew 1992: Civil Society and Political Theory. Cambridge, MA: MIT Press.

Cohen, Joshua/Sabel, Charles 1997: Directly-Deliberative Polyarchy: In: European Law Journal, 3: 4, 313–342.

Cohen, Joshua/Sabel, Charles 2003: Sovereinty and Solidarity: EU and US. In: Governing Work and Welfare in a New Economy: Euroean and American Experiments. In: Zeitlin, Jonathan/Trubek, Davis M. (eds.): Oxford: Oxford University Press, 345–375.

Czada, Roland 2004: Die neue deutsche Wohlfahrtswelt – Sozialpolitik und Arbeitsmarkt im Wandel. In: Lütz, Susanne/ders. (Hg.): Wohlfahrtsstaat – Transformation und Perspektiven. Wiesbaden: VS Verlag für Sozialwissenschaften, 127–154.

Dahl, Robert A. 1989: Democracy and Its Critics. New Haven.

Dahrendorf, Ralf 1977: Homo Sociologicus. 15. Auflage. Opladen: Westdeutscher Verlag.

De la Porte, Caroline/Pochet, Philippe 2002a: Introduction. In: dies. (eds.): Building Social Europe through the Open Method of Co-ordination. Brussels: Peter Lang, 11–26.

De la Porte, Caroline/Pochet, Philippe (eds.) 2002b: Building Social Europe through the Open Method of Co-ordination. Brussels: Peter Lang.

De la Porte, Caroline/Pochet, Philippe/Room, Graham 2001: Social Benchmarking, Policy Making and New Governance in the EU. In: Journal of European Social Policy, 11: 4, 291–307.

De la Porte, Caroline/Nanz, Patrizia 2004: The OMC – a Deliberative-democratic Mode of Governance? The Case of Employment and Pensions. In: Journal of European Public Policy, 11: 2, 267–288.

DeLeon, Peter 1993: Demokratie und Policy-Analyse: Ziele und Arbeitsweise. In: Héritier, Adrienne (Hg.): Policy-Analyse. Kritik und Neuorientierung. PVS Sonderheft 24. Opladen: Westdeutscher Verlag, 471–485.

DiMaggio, Paul J./Powell, Walter W. 1991: The Iron Cage Revisited. Institutional Isomorphism and Collective Pationality in Organizational Fields. In: Powell, Walter W./DiMaggio, Paul J. (eds.): The New Institutionalism in Organizational Analysis. Chicago/London: University of Chicago Press, 63–82.

Duina, Francesco/Oliver, Michael J. 2006: To the Rescue of National Parliaments: A Reply to Raunio. In: European Law Journal, 12: 1, 132–133.

Duina, Francesco/Raunio, Tapio 2006: The Open Method of Coordination and National Pariaments: Further Marginalization or New Opportunities? Paper prepared for the 15th International Conference of the Council for European Studies, Chicago, IL, March-April 2006.

Easton, David 1965: A Systems Analysis of Political Life. New York: John Wiley & Sons.

Eberlein, Burkard/Kerwer, Dieter 2002: Theorising the New Modes of European Union Governance. In: European Integration online Papers, 6: 5, http://eiop.or.at/eiop/text/2002-005a.htm.

Eder, Klaus/Hellmann, Kai-Uwe/Trenz, Hans-Jörg 1998: Regieren in Europa jenseits öffentlicher Legitimation? Eine Untersuchung zur Rolle von politischer Öffentlichkeit in Europa. In: Kohler-Koch, Beate (Hg.): Regieren in entgrenzten Räumen. PVS-Sonderheft 29. Opladen: Westdeutscher Verlag, 321–344.

Eder, Klaus/Trenz, Hans-Jörg 2007: Prerequisites of Transnational Democracy and Mechanisms for Sustaining it: The Case of the European Union. In: Kohler-Koch/Rittberger, Berthold (eds.): Debating the Democratic Legitimacy of the European Union. Plymouth: Rowman & Littelfield, 165–181.

Eichler, Daniel 2001: Armut, Gerechtigkeit und soziale Grundsicherung. Einführung in eine komplexe Problematik. Opladen: Westdeutscher Verlag.

Eising, Rainer/Kohler-Koch, Beate 1999: Introduction: Network Governance in the European Union. In: Kohler-Koch, Beate/Eising, Rainer (eds.): The Transformation of Governance in the European Union. London/New York: Routledge, 3–13.

Elias, Norbert 1976: Über den Prozeß der Zivilisation: soziogentische und psychogenetische Untersuchungen. Frankfurt: Suhrkamp.

Elster, Jon/Hylland, Aanund (eds.) 1986: Foundations of Social Choice Theory. Cambridge: Cambridge University Press.

Eppler, Annegret 2006: Föderalismusreform und Europapolitik. In: Aus Politik und Zeitgeschichte, 50: 11. Dezember 2006, 18–23.

Eriksen, Erik Oddvar/Fossum, John Erik 2002: Democracy through strong publics in the EU? In: Journal of Common Market Studies, 40: 3, 401–423.

Esping-Andersen, Gøsta 1990: The Three Worlds of Welfare Capitalism. Cambridge: Polity Press.

Esping-Andersen, Gøsta/Gallie, Duncan/Myles, John/Hemerijck, Anton 2002: Why We Need a New Welfare State. Oxford: Oxford University Press.

Esser, Frank/Pfetsch, Barbara (Hg.): Politische Kommunikation im internationalen Vergleich. Grundlagen, Anwendungen, Perspektiven. Opladen: Westdeutscher Verlag.

Evers, Adalbert (Hg.) 2004: Eine neue Architektur der Sozialen Sicherung in Deutschland? In: Zeitschrift für Sozialreform, 50: 1–2.

Ferrera, Maurizio/Hemerijck, Anton/Rhodes, Martin 2000: The Future of Social Europe: Recasting Work and Welfare in the New Economy. Report for the Portuguese Precidency of the European Union. Oeiras: Celta Editora.

Ferrera, Maurizio/Matasaganis, Manos/Sacchi, Stefano 2002: Open Coordination Against Poverty: The New EU 'social inclusion process'. In: Journal of European Social Policy, 12: 3, 227–239.

Finke, Barbara/Knodt, Michèle 2005: Einleitung: Zivilgesellschaft und zivilgesellschaftliche Akteure in der Europäischen Union. In: dies. (Hg.): Europäische Zivilgesellschaft. Konzepte, Akteure, Strategien. Wiesbaden: VS Verlag für Sozialwissenschaften, 11–28.

Fischer, Frank 2003: Reframing Public Policy. Discursive Politics and Deliberative Practices. Oxford: Oxford University Press.

Fischer, Joschka 2000: Vom Staatenverbund zur Föderation – Gedanken über die Finalität der europäischen Integration. In: Integration, 23: 3, 149–156.

Fischer, Klemens H. 2001: Der Vertrag von Nizza. Text und Kommentar. Baden-Baden: Nomos.

Fleckenstein, Timo 2004: Policy-Lernen in der Arbeitsmarktpolitik. Das Beispiel der Hartz-Kommission. In: Zeitschrift für Sozialreform, 50: 6, 646–675.

Foden David/Magnusson, Lars 2003: Five Years' Experience of the Luxembourg Employment Strategy. Brussels: ETUI-Press.

Franzius, Claudio/Preuß, Ulrich K. (Hg.) 2004: Europäische Öffentlichkeit. Baden-Baden: Nomos.

Frevel, Bernhard 2004: Demokratie. Entwicklung – Gestaltung – Problematisierung. Wiesbaden: VS Verlag für Sozialwissenschaften.

Frevel, Bernhard/Dietz, Berthold 2004: Sozialpolitik kompakt. Wiesbaden: VS Verlag für Sozialwissenschaften.

Gellner, Winand/Strohmeier, Gerd (Hg.): Repräsentation und Präsentation in der Medienlandschaft. Baden-Baden: Nomos.

Gerhard, Ute/Schwarzer, Alice/Slupik, Vera (Hg.) 1987: Auf Kosten der Frauen. Frauenrechte im Sozialstaat. Weinheim/Basel: Beltz.

Gerhards, Jürgen 2000: Europäisierung von Ökonomie und Politik und die Trägheit der Entstehung einer europäischen Öffentlichkeit. In: Bach, Maurizio (Hg.): Die Europäisierung nationaler Gesellschaften. Wiesbaden: Westdeutscher Verlag, 277–305.

Giering, Claus 1997: Europa zwischen Zweckverband und Superstaat. Die Entwicklung der politikwissenschaftlichen Integrationstheorie im Prozeß der europäischen Integration. Bonn: Europa Union Verlag.

Gimbal, Anke 2006: Unionsbürgerschaft. In: Weidenfeld, Werner/Wessels, Wolfgang (Hg.): Europa von A bis Z. Taschenbuch der europäischen Integration. Baden-Baden: Nomos, 356–359.

Goetschy, Janine 1999: The European Employment Strategy: Genesis and Development. In: European Journal of Industrial Relations, 5: 2, 117–137.

Goetschy, Janine 2001: The European employment strategy from Amsterdam to Stockholm: Has it reached its cruising speed? In: Industrial Relations Journal, 32: 5, 401–418.

Göhler, Gerhard (Hg.) 1994: Die Eigenart der Institutionen. Zum Profil politischer Institutionentheorie. Baden-Baden: Nomos.

Göhler, Gerhard 1997: Der Zusammenhang von Institution, Macht und Repräsentation. In: ders. (Hg.): Institution – Macht – Repräsentation. Wofür politische Institutionen stehen und wie sie wirken. Baden-Baden: Nomos, 11–62.

Göhler, Gerhard/Lenk, Kurt/Schmalz-Bruns, Rainer (hg.) 1990: Die Rationalität politischer Institutionen. Baden-Baden: Nomos.

Goetz, Klaus H./Hix, Simon (eds.) 2001: Europeanised Politics? European Integration and National Political Systems. London: Frank Cass.

Grande, Edgar/Jachtenfuchs, Markus (Hg.) 2000: Wie problemlösungsfähig ist die EU? Regieren im europäischen Mehrebenensystem. Baden-Baden: Nomos.

Grote, Jürgen R./Gbikpi, Bernhard (eds.) 2002: Participatory Governance. Political and Societal Implications. Opladen: Leske + Budrich.

Grottian, Peter/Krotz, Friedrich/Lütke, Günter/Pfarr, Heide 1988: Die Wohlfahrtswende. Der Zauber konservativer Sozialpolitik. München: Verlag C.H. Beck.

Haas, Ernst 1964: Beyond the Nation State: Functionalism and International Organization. Stanford: Stanford University Press.

Habermas, Jürgen 1988a: Theorie des kommunikativen Handelns. Erster Band. Handlungsrationalität und gesellschaftliche Rationalität. Frankfurt: Suhrkamp.

Habermas, Jürgen 1988b: Theorie des kommunikativen Handelns. Zweiter Band. Zur Kritik der funktionalistischen Vernunft. Frankfurt: Suhrkamp.

Habermas, Jürgen 1992: Faktizität und Geltung. Beiträge zur Diskurstheorie des Rechts und des demokratischen Rechtsstaats. Frankfurt: Suhrkamp.

Habermas, Jürgen 2004a: Solidarität jenseits des Nationalstaates. Notizen zu einer Diskussion. In: Beckert, Jens/Eckert, Julia/Kohli, Martin/Streeck, Wolfgang (Hg.): Transnationale Solidarität. Chancen und Grenzen. Frankfurt/New York: Campus, 225–235.

Habermas, Jürgen 2004b: Diskussion. In: Beckert, Jens/Eckert, Julia/Kohli, Martin/Streeck, Wolfgang (Hg.): Transnationale Solidarität. Chancen und Grenzen. Frankfurt/New York: Campus, 270–271.

Hajer, Maarten A./Wagenaar, Hendrik (eds.) 2003: Deliberative Policy Analysis. Understanding Governance in the Network Society. Cambridge: Cambridge University Press.

Hall, Peter A. 1986: Governing the Economy. Oxford: Polity Press.

Hanesch, Walter/Adamy, Wilhelm/Martens, Rudolf/Rentzsch, Doris/Schneider, Ulrich/ Schubert, Ursula/Wißkirchen, Martin/Bordt, Eva-Maria/Hagelkamp, Joachim/ Niermann, Thomas/Krause, Peter 1994: Armut in Deutschland. Armutsbericht des DGB und des Paritätischen Wohlfahrtsverbands. Reinbek bei Hamburg: Rowohlt.

Hartlapp, Miriam 2005: Die Kontrolle der nationalen Rechtsdurchsetzung durch die Europäische Kommission. Frankfurt/New York: Campus.

Hartwig, Ines/Umbach, Gaby 2006: Rat der EU. In: Weidenfeld, Werner/Wessels, Wolfgang (Hg.): Europa von A bis Z. Taschenbuch der europäischen Integration. 9. Auflage. Berlin: Institut für Europäische Politik, 325–331.

Hassel, Anke 2000: Bündnisse für Arbeit. Nationale Handlungsfähigkeit im europäischen Regimewettbewerb. In: Politische Vierteljahresschrift, 41: 2, 498:524.

Haus, Michael 2004: Differentiation and Reintegration: Interpreting Local Government Reforms in the Age of Governance. Unter: http://www.ruc.dk/upload/application/pdf/2faadcbf/MichaelHaus_paper.pdf

Haus, Michael/Heinelt, Hubert 2005: How to Achieve Governability at the Local Level? In: Haus, Michael/Heinelt, Hubert/Stewart, Murray (eds.): Urban Governance and Democracy: Leadership and Community Involvement. London: Routledge, 12–39.

Heidenreich, Martin/Bischoff, Gabriele 2008: The Open Method of Co-ordination: A Way to the Europeanization of Social and Employment Policies? In: Journal of Common Market Studies, 46: 3, 497–532.

Heinelt, Hubert/Getimis, Panagiotis/Kafkalas, Grigoris/Smith, Randall/Swyngedouw, Erik (Hg.) 2002: Participatory Governance in Multi-level Context. Concepts and Experience. Opladen: Leske + Budrich.

Héritier, Adrienne (Hg.) 1993: Policy-Analyse. Kritik und Neuorientierung. PVS-Sonderheft 24. Opladen: Westdeutscher Verlag.

Héritier, Adrienne 2001: Differential Europe: The European Union Impact on National Policy-making. In: Héritier, Adrienne et al. (Hg.): Differential Europe: The European Union Impact on National Policy-making. Lanham, 1–21.

Héritier, Adrienne 2002: New Modes of Governance in Europe: Policy Making without Legislating? IHS-Political Science Series No. 81. Vienna.

Heyder, Ulrich 2003: Die Agenda 2010 – Deutschlands Weg in die Reform. In: Perspektiven ds, 20: 2, 5–21.

Hodson, Dermot/Maher, Imelda 2001: The Open Method as a New Mode of Governance: The Case of Soft Economic Policy Co-ordination. In: Journal of Common Market Studies, 39:4, 719–746.

Hoffmann, Jürgen/Hoffmann, Reiner/Mückenberger, Ulrich/Lange, Dietrich (Hg.) 1990: Jenseits der Beschlusslage. Gewerkschaft als Zukunftswerkstatt. Köln: Bund Verlag.

Hoffmann, Stanley 1966: Obstinate or Obsolete? The Fate of the Nation-State and the Case of Western Europe. In: Daesalus, 95, 862–915.

Holzinger, Katharina/Knill, Christoph/Lehmkuhl, Dirk (Hg.) 2003: Politische Steuerung im Wandel: Der Einfluss von Ideen und Problemstrukturen. Opladen: Leske + Budrich.

Hurrelmann, Achim 2005: Verfassung und Integration in Europa. Wege zu einer supranationalen Demokratie. Frankfurt/New York: Campus.

Jachtenfuchs, Markus 2001: The Governance Approach to European Integration. In: Journal of Common Market Studies, 39: 2, 245–264.

Jachtenfuchs, Markus/Kohler-Koch, Beate (Hg.) 1996a: Europäische Integration. 1. Auflage. Opladen: Leske + Budrich.

Jachtenfuchs, Markus/Kohler-Koch, Beate 1996b: Regieren im dynamischen Mehrebenensystem. In: dies (Hg.): Europäische Integration. 1. Auflage. Opladen: Leske + Budrich, 15–44.

Jachtenfuchs, Markus/Kohler-Koch, Beate (Hg.) 2003a: Europäische Integration. 2. Auflage. Opladen: Leske + Budrich.

Jachtenfuchs, Markus/Kohler-Koch, Beate 2003b: Regieren und Institutionenbildung. In: dies. (Hg.): Europäische Integration. 2. Auflage. Opladen: Leske + Budrich, 11–46.

Jacobsson, Kerstin 2001: Employment and Social Policy Co-ordination. A New System of EU Governance. Paper for the Scancor Workshop on Transnational Regulation and the Transformation of States, Stanford, 22–23 June 2001.

Jacobsson, Kerstin/Vifell, Åsa 2003: Integration by Deliberation? On the Role of Committees in the Open Method of Co-ordination. In: Erikson, Erik O./Jörges, Chistian/Neyer, Jürgen (eds.): European Governance, Deliberation and the Quest for Democratisation. Oslo: Arena Report No. 2/2003.

Jann, Werner/Wegerich, Kai 2003: Phasenmodelle und Politikprozesse: Der Policy-Cyclus. In: Schubert, Klaus/Bandelow, Nils C. (Hg.): Lehrbuch der Politikfeldanalyse. München/Wien: Oldenbourg, 71–104.

Jansen, Dorothea 1999: Einführung in die Netzwerkanalyse. Opladen: Leske + Budrich.

Jansen, Dorthea/Schubert, Klaus (Hg.) 1995: Netzwerke und Politikproduktion: Konzepte, Methoden, Perspektiven. Marburg: Schüren.

Januschek, Franz 1985: Zum Selbstverständnis politischer Sprachwissenschaft. In: ders. (Hg.): Politische Sprachwissenschaft. Zur Analyse von Sprache als kultureller Praxis. Opladen: Westdeutscher Verlag, 1–20.

Jarren, Otfried/Sarcinelli, Ulrich/Saxer, Ulrich (Hg.) 2002: Politische Kommunikation in der demokratischen Gesellschaft. Ein Handbuch mit Lexikonteil. Opladen: Westdeutscher Verlag.

Jepsen, Maria/Serrano Pascual, Amparo 2005: The European Social Model: An Exercise in Deconstruction. In: Journal of European Social Policy, 15: 3, 231–245.

Jepsen, Maria/Serrano Pascual, Amparo (eds.) 2006: Unwrapping the European Social Model. Bristol: The Policy Press.

Jochem, Sven/Siegel, Nico A. (Hg.) 2003: Konzertierung, Verhandlungsdemokratie und Reformpolitik im Wohlfahrtsstaat. Das Modell Deutschland im Vergleich. Opladen: Leske + Budrich.

Jörges, Christian/Neyer, Jürgen 1997: From Intergovernmental Bargaining to Deliberative Political Process: The Constitutionalisation of Comitology. In: European Law Journal, 3: 4, 273–299.

Kaelble, Hartmut/Schmid, Günter (Hg.) 2004: Das europäische Sozialmodell. Auf dem Weg zum transnationalen Sozialstaat. WZB Jahrbuch 2004. Berlin: edition sigma.

Kantner, Cathleen 2004: Kein modernes Babel. Kommunikative Voraussetzungen europäischer Öffentlichkeit. Wiesbaden: VS Verlag für Sozialwissenschaften.

Kaufmann, Franz Xaver 1986: Nationale Traditionen der Sozialpolitik und europäische Integration. In: Albertin, Lothar (Hg.): Probleme und Perspektiven Europäischer Einigung. Köln: Wissenschaft und Politik, 69–82.

Kaufmann, Franz-Xaver 2002: Sozialpolitik und Sozialstaat: Soziologische Analysen. 2. erweiterte Auflage. Wiesbaden: VS Verlag für Sozialwissenschaften.

Keller, Berndt 1995: Perspektiven europäischer Kollektivverhandlungen – vor und nach Maastricht. In: Zeitschrift für Soziologie, 24: 4, 243–262.

Kickbusch, Ilona/Riedmüller, Barbara (Hg.) 1984: Die armen Frauen. Frauen und Sozialpolitik. Frankfurt: edition suhrkamp.

Kielmansegg, Peter Graf 2003: Integration und Demokratie. In: Jachtenfuchs, Markus/Kohler-Koch, Beate (Hg.): Europäische Integration. 2. Auflage. Opladen: Leske + Budrich, 49–83.

Klammer, Ute/Bäcker, Gerhard 2004: Privatisierung – Aktivierung – Eigenverantwortung: Zukunftsperspektiven für die Sozialpolitik? In: WSI-Mitteilungen 57:9, 466.

Klein, Ansgar/Koopmans, Ruud/Trenz, Hans-Jörg/Klein, Ludger/Lahusen, Christian/Rucht, Dieter (Hg.): Bürgerschaft, Öffentlichkeit und Demokratie in Europa. Opladen: Leske + Budrich.

Knill, Christoph 2001: The Europeanisation of National Administrations. Patterns of Institutional Change and Persistence. Cambridge: Cambridge University Press.

Knill, Christoph/Lenschow, Andrea 2003: Modes of Regulation in the Governance of European Union: Towards a Comprehensive Evaluation. European Integration online Papers, 7: 1, http://eiop.or.at/eiop/text/2003-001a.htm.

Knodt, Michèle/Finke, Barbara (Hg.) 2005: Europäische Zivilgesellschaft. Konzepte, Akteure, Strategien. Wiesbaden: VS Verlag für Sozialwissenschaften.

Kohler-Koch, Beate (ed.) 1998: Regieren in entgrenzten Räumen. PVS-Sonderheft 29. Opladen: Westdeutscher Verlag.

Kohler-Koch, Beate (ed.) 2003: Linking EU and National Governance. New York: Oxford University Press.

Kohler-Koch, Beate 2005: European governance and system integration. European Governance Papers (EUROGOV) No. C-05-01, http://www.connex-network.org/eurogov/pdf/egp-connex-C-05-01.pdf.

Kohler-Koch, Beate/Eder, Jakob 1998: Ideendiskurs und Vergemeinschaftung: Erschließung transnationaler Räume durch europäisches Regieren. In: Kohler-Koch, Beate (ed.): Regieren in entgrenzten Räumen. PVS-Sonderheft 29. Opladen: Westdeutscher Verlag, 169–206.

Kohler-Koch, Beate/Rittberger, Berthold (eds.) 2007: Debating the Democratic Legitimacy of the European Union. Plymouth: Rowman & Littlefield.

Kohli, Martin 2002: Die Entstehung einer europäischen Identität: Konflikte und Potentiale. In: Kaelble, Hartmut/Kirsch, Martin/Schmidt-Gernig, Alexander (Hg.): Transnationale Öffentlichkeiten und Identitäten im 20. Jahrhundert. Frankfurt/New York: Campus, 111–134.

König, Helmut/Greiff, Bodo von/Schauer, Helmut (Hg.) 1990: Sozialphilosophie der industriellen Arbeit. Leviathan Sonderheft 11/1990. Opladen: Westdeutscher Verlag.

Kraus, Peter A. 2004: Europäische Öffentlichkeit und Sprachpolitik. Integration durch Anerkennung. Frankfurt/New York: Campus.

Kronauer, Martin 1997: Soziale Ausgrenzung und Underclass: Über neue Formen der gesellschaftlichen Spaltung. In: Leviathan, 25: 1, 28–49.

Kuhn, Heike 1995: Die soziale Dimension der Europäischen Gemeinschaft. Berlin: Duncker & Humbolt.

Kuhnle, Stein (ed.) 2000: Survival of the European Welfare State. London/New York: Routledge.

Lamping, Wolfram 2006: Regieren durch Reformkommissionen? Funktionen und Implikationen der Hartz- und der Rürup-Kommission im Vergleich. In: Zeitschrift für Sozialreform, 52: 2, 233–251.

Lang-Pfaff, Christa 1991: Dem Gen auf der Spur. Biotechnologie und Sprache in der Bundesrepublik Deutschland. Eine politikwissenschaftliche Analyse der Biotechnologiedebatte 1984–1988. In: Opp de Hipt, Manfred/Latniak, Erich (Hg.): Sprache statt Politik? Politikwissenschaftliche Semantik- und Rhetorikforschung. Opladen: Westdeutscher Verlag, 91–121.

Langenbucher, Wolfgang R./Latzer, Michael (Hg.) 2006: Europäische Öffentlichkeit und medialer Wandel. Eine transdisziplinäre Perspektive. Wiesbaden: VS-Verlag für Sozialwissenschaften.

Läufer, Thomas (Hg.) 2000: Vertrag von Amsterdam. Texte des EU-Vertrages und des EG-Vertrages mit den deutschen Begleitgesetzen. Bundeszentrale für politische Bildung. Bonn: Europa Union Verlag.

Läufer, Thomas (Hg.) 2004: Vertrag von Nizza. Die EU der 25. Bonn: Bundeszentrale für politische Bildung.

Läufer, Thomas (Hg.) 2005: Verfassung der Europäischen Union. Verfassungsvertrag vom 29. Oktober 2004. Protokolle und Erklärungen zum Vertragswerk. Bonn: Bundeszentrale für politische Bildung.

Leiber, Simone 2005: Europäische Sozialpolitik und nationale Sozialpartnerschaft. Frankfurt/New York: Campus.

Leibfried, Stephan/Tennstedt, Florian 1985a: Armenpolitik und Arbeiterpolitik: Zu Entwicklung und Krise der traditionellen Sozialpolitik der Verteilungsformen. In: Leibfried, Stephan u. (unspezifizierte) a. (Hg.): Armutspolitik und die Entstehung des Sozialstaates. Entwicklungslinien sozialpolitischer Existenzsicherung im historischen und internationalen Vergleich. Grundrisse sozialpolitischer Forschung Nr. 3. Bremen: Zentraldruckerei der Universität Bremen, 9–38.

Leibfried, Stephan/Tennstedt, Florian (Hg.) 1985b: Politik der Armut und die Spaltung des Sozialstaates. Frankfurt/edition suhrkamp.

Leibfried, Stephan/Pierson, Paul 1992: Prospects for Social Europe. In: Politics and Society, 20: September, 333–366.

Leibfried, Stephan/Voges, Wolfgang (Hg.) 1992: Armut im modernen Wohlfahrtsstaat. Köln.

Leibfried, Stephan/Leisering, Lutz/Buhr, Petra/Ludwig, Monika/Mädje, Eva/Olk, Thomas/Voges, Wolfgang/Zwick, Michael 1995a: Zeit der Armut. Lebensläufe im Sozialstaat. Frankfurt: Suhrkamp.

Leibfried, Stephan/Pierson, Paul 1995b: Semisovereign Welfare States: Social Policy in a Multitiered Europe. In: dies (eds.): European Social Policy. Between Fragmentation and Integration. Washington: The Brookings Institution, 43–77.

Leibfried, Stephan/Pierson, Paul 2000: Social Policy. Left to Courts and Markets? In: Wallace, Helen/William Wallace (eds.): Policy-Making in the European Union. Oxford: Oxford University Press, 267–292.

Leibfried, Stephan/Zürn, Michael (Hg.) 2006: Transformationen des Staates? Frankfurt: Suhrkamp.

Lepsius, Rainer M. 1995: Institutionenanalyse und Institutionenpolitik. In: Nedelmann, Brigitta (Hg.): Politische Institutionen im Wandel. Opladen: Westdeutscher Verlag, 392–403.

Lessenich, Stephan (Hg.) 2003: Wohlfahrtsstaatliche Grundbegriffe. Historische und aktuelle Diskurse. Frankfurt/New York: Campus.

Lessenich, Stephan 2008: Die Neuerfindung des Sozialen. Der Sozialstaat im flexiblen Kapitalismus. Bielefeld: transcript.

Lessenich, Stephan/Nullmeier, Frank (Hg.) 2006: Deutschland – eine gespaltene Gesellschaft. Frankfurt/New York: Campus.

Linsenmann, Ingo/Meyer, Christoph O./Wessels, Wolfgang (eds.) 2006: EU Economic Governance: The Balance Sheet of Economic Policy Coordination. London: Palgrave-Mcmillan.

Linzbach, Christoph/Lübking, Uwe/Scholz, Stephanie/Schulte, Bernd (Hg.) 2005: Die Zukunft der sozialen Dienste vor der europäischen Herausforderung. Baden-Baden: Nomos.

Lösche, Peter 2007: Verbände und Lobbyismus in Deutschland. Stuttgart: Kohlhammer.

Lord, Christopher 2004: A Democratic Audit of the European Union. Houndsmills/New York: Palgrave MacMillan.

Lütz, Susanne 2004: Der Wohlfahrtsstaat im Umbruch – Neue Herausforderungen, wissenschaftliche Kontroversen und Umbauprozesse. In: dies./Czada, Roland (Hg.): Wohlfahrtsstaat – Transformation und Perspektiven. Wiesbaden: VS Verlag für Sozialwissenschaften, 11–35.

Maas, Utz 1980: Sprachpolitik. Grundbegriffe der politischen Sprachwissenschaft. In: Sprache und Herrschaft, o.A.: 6/7, 21–34.

Mahoney, James 2000: Path dependence in historical sociology. In: Theory and Society, 29: 4, 507–548.

Majone, Giandomenico 1993: The European Community between Social Policy and Social Regulation. In: Journal of Common Market Studies, 31: 2, 153–170.

Majone, Giandomenico 1996: Regulating Europe. London/New York: Routledge.

March, James G./Olsen, Johan P. 1984: The new institutionalism: organizational factors in political life. In: American Political Science Review, 78: 4, 734–749.

March, James G./Olsen, Johan P. 1989: Rediscovering Institutions. The Organizational Basis of Politics. New York: The Free Press.

Marin, Berndt/Mayntz, Renate (eds.) 1991: Policy Networks. Empirical Evidence and Theoretical Considerations. Frankfurt: Campus.

Marks, Gary/Hooghe, Liesbet/Blank, Kermit 1996: European Integration from the 1980s: State-Centric v. Multi-Level Governance. In: Journal of Common Market Studies, 34: 3, 341–377.

Marshall, Thomas H. 1950: Citizenship and Social Class – and other Essays. Cambridge: Cambridge University Press.

Marshall, Thomas H. 1992: Bürgerrechte und soziale Klassen. Zur Soziologie des Wohlfahrtsstaates. Frankfurt/New York: Campus.

Matties, Hildegard/Mückenberger, Ulrich/Offe, Claus/Peter, Edgar/Raasch, Sibylle 1994: Arbeit 2000. Anforderungen an eine Neugestaltung der Arbeitswelt. Reinbek bei Hamburg: Rowohlt.

Mayntz, Renate 2001: Zur Selektivität der steuerungstheoretischen Perspektive. MPIfG Working Paper 01/2.

Mayntz, Renate 2004: Governance Theory als fortentwickelte Steuerungstheorie? MPIfG Working Paper 04/1.

Mayntz, Renate/Scharpf, Fritz W. 1973: VI. Kriterien, Voraussetzungen und Einschränkungen aktiver Politik. In: dies. (Hg.): Planungsorganisation. Die Diskussion um die Reform von Regierung und Verwaltung des Bundes. München: Piper, 115–145.

Mayntz, Renate/Scharpf, Fritz W. 1995a: Steuerung und Selbstorganisation in staatsnahen Sektoren. In: dies. (Hg.): Gesellschaftliche Selbstregelung und politische Steuerung. Frankfurt/New York: Campus, 9–37.

Mayntz, Renate/Scharpf, Fritz W. 1995b (Hg.): Gesellschaftliche Selbstregelung und politische Steuerung. Frankfurt/New York: Campus.

Merkel, Wolfgang/Egle, Christoph/Henkes, Christian/Ostheim, Tobias/Petring, Alexander 2006: Die Reformfähigkeit der Sozialdemokratie. Herausforderungen und Bilanz der Regierungspolitik in Westeuropa. Wiesbaden: VS Verlag für Sozialwissenschaften.

Meyer, Christoph O. 2004: Policy Coordination Without Public Discourse? A Study of Quality Press Coverage of Economic Policy Coordination between 1997 and 2003. Paper prepared for the GOVECOR Final Review Meeting. Brussels, 16–17 February 2004.

Meyer, Jürgen (Hg.) 2003: Kommentar zur Charta der Grundrechte der Europäischen Union. Baden-Baden: Nomos.

Miegel, Meinhard/Wahl, Stefanie 1997: Solidarische Grundsicherung – private Vorsorge: Der Weg aus der Rentenkrise. München.

Möhle, Marion 2001: Vom Wert der Wohlfahrt. Normative Grundlagen des deutschen Sozialstaats. Opladen: Westdeutscher Verlag.

Moran, Michael/Rein, Martin/Goodin, Robert E. (eds.) 2006: The Handbook of Public Policy. Oxford: Oxford University Press.

Moravcsik, Andrew 1995: Liberal Intergovernmentalism and Integration: A Rejoinder. In: Journal of Common Market Studies, 33: 4, 611–28.

Mosher, James S./Trubek, David M. 2003: Alternative Approaches to Governance in the EU: EU Social Policy and the European Employment Strategy. In: Journal of Common Market Studies 41: 1, 63–88.

Münch, Richard 1993: Das Projekt Europa. Zwischen Nationalstaat, regionaler Autonomie und Weltgesellschaft. Frankfurt: Suhrkamp.

Negt, Oskar (Hg.) 1994: Die zweite Gesellschaftsreform. 27 Plädoyers. Göttingen: Steidl Verlag.

Negt, Oskar/Kluge, Alexander 1993a: Geschichte und Eigensinn 1: Die Entstehung der industriellen Disziplin aus Trennung und Enteignung. Selbstregulierung als Natureigenschaft ,Nester der Erfahrung'. Frankfurt: edition suhrkamp.

Negt, Oskar/Kluge, Alexander 1993b: Geschichte und Eigensinn 2: Deutschland als Produktionsöffentlichkeit. Frankfurt: edition suhrkamp.

Negt, Oskar/Kluge, Alexander 1993c: Geschichte und Eigensinn 3: Gewalt des Zusammenhangs. Frankfurt: edition suhrkamp.

Neidhardt, Friedhelm 2006: Europäische Öffentlichkeit als Prozess. Anmerkungen zum Forschungsstand. In: Langenbucher, Wolfgang R./Latzer, Michael (Hg.): Europäische Öffentlichkeit und medialer Wandel. Eine transdisziplinäre Perspektive. Wiesbaden: VS-Verlag für Sozialwissenschaften, 46–61.

Neyer, Jürgen 2003: Discource and Order in the EU: A Deliberative Approach to Multi-Level Governance. In: Journal of Common Market Studies, 41: 3, 687–706.

Neyer, Jürgen 2006: The Deliberative Turn in Integration Theory. In: Journal of European Public Policy, 13: 5, 779–791.

Nullmeier, Frank 1993: Wissen und Policy-Forschung. Wissenspolitologie und rhetorisch-dialektisches Handlungsmodell. In: Héritier, Adrienne (Hg.): Policy-Analyse. Kritik und Neuorientierung. PVS-Sonderheft 24. Opladen: Westdeutscher Verlag, 175–196.

Nullmeier, Frank 2004: Vermarktlichung des Sozialstaates. In: WSI-Mitteilungen 57: 9, 495–500.

Nullmeier, Frank 2005: Umbau des Wohlfahrtsstaates – ein politikwissenschaftlicher Ansatz. In: Vorländer, Hans (Hg.): Politische Reform der Demokratie. Baden-Baden: Nomos, 94–103.

Nullmeier, Frank 2006: Eigenverantwortung, Gerechtigkeit und Solidarität – Konkurrierende Prinzipien der Konstruktion moderner Wohlfahrtsstaaten? In: WSI-Mitteilungen, 59: 4, 175–180.

Nullmeier, Frank/Rüb, Friedbert W. 1993: Die Transformation der Sozialpolitik. Vom Sozialstaat zum Sicherungsstaat. Frankfurt/New York: Campus.

Offe, Claus 2000: The Democratic Welfare State. A European Regime Under the Strain of European Integration. IHS Working Paper. Political Science Series, No. 68.

Offe, Claus 2001: Gibt es eine europäische Gesellschaft? Kann es sie geben? In: Blätter für deutsche und internationale Politik, o. A.: 4, 423–435.

Offe, Claus 2003: Demokratie und Wohlfahrtsstaat. Eine europäische Regimeform unter dem Stress der europäischen Integration. In: ders. (Hg.): Herausforderungen der Demokratie. Zur Integrations- und Leistungsfähigkeit politischer Institutionen. Frankfurt a. M./New York: Campus, 239–273.

Opielka, Michael/Vobruba, Georg (Hg.) 1986: Das garantierte Grundeinkommen. Entwicklung und Perspektiven einer Forschung. Frankfurt: Fischer.

Ostheim, Tobias/Zohlenhöfer, Reimut 2004: Europäisierung der deutschen Arbeitsmarkt- und Beschäftigungspolitik? Der Einfluss des Luxemburger-Prozesses auf die deutsche Arbeitsmarktpolitik, In: Lütz, Susanne/Czada, Roland (Hg.): Wohlfahrtsstaat – Transformation und Perspektiven. Wiesbaden: VS Verlag für Sozialwissenschaften, 373–401.

Ostner, Ilona 1994: Back to the Fifties. Gender and Welfare in Unified Germany. In: Social Politics. International Studies in Gender, State, and Society, 1: 1, 32–59.

Palier, Bruno 2004: Social Protection Reforms in Europe: Strategies for a New Social Model. CPRN Social Architecture Papers. Research Report F/37. Family Network. Ottawa: Canadian Policy Research Network.

Pankoke, Eckart (Hg.) 1990: Die Arbeitsfrage. Arbeitsmoral, Beschäftigungskrisen und Wohlfahrtspolitik im Industriezeitalter. Edition Suhrkamp.

Peters, Bernhard 1991: Rationalität, Recht und Gesellschaft. Frankfurt: Suhrkamp.

Peters, Bernhard 1994: Der Sinn von Öffentlichkeit. In: Neidhardt, Friedhelm (Hg.): Öffentlichkeit, öffentliche Meinung, soziale Bewegungen. Opladen: Westdeutscher Verlag, 42–76.

Peterson, John/Bomberg, Elizabeth 1999: Decision-Making in the European Union. Basingstoke/New York: Palgrave.

Pfau-Effinger, Birgit 1993: Macht des Patriarchats oder Geschlechterkontrakt? Arbeitsmarkt-Integration von Frauen im internationalen Vergleich. In: Prokla, 23: 4, 633–663.

Piazolo, Kathrin 1998: Der soziale Dialog nach dem Abkommen über die Sozialpolitik und dem Vertrag von Amsterdam. Frankfurt/New York: Campus.

Pierson, Paul 2000a: Increasing Returns, Path Dependence, and the Study of Politics. In: American Political Science Review, 94: 2, 251–267.

Pierson, Paul 2000b: Not Just What, but When: Timing and Sequence in Political Processes. In: Studies in American Political Development, 14: 1, 72–92.

Pierson, Paul 2000c: The Limits of Design: Explaining Institutional Origins and Change. In: Governance: An International Journal of Policy and Administration, 13: 4, 475–499.

Polanyi, Karl 1978: The great Transformation: politische und ökonomische Ursprünge von Gesellschaft und Wirstschaftssystemen. Frankfurt: Suhrkamp.

Preuß, Ulrich K. 1998: Nationale, supranationale und internationale Solidarität. In: Bayertz, Kurt (Hg.): Solidarität. Begriff und Problem. Frankfurt: Suhrkamp, 399–410.

Pütter, Uwe 2006: The Eurogroup. How a Secretive Circle of Finance Ministers Shape European Economic Governance. Manchester: Manchester University Press.

Raunio, Tapio 2006: Does OMC Really Benefit National Parliaments? In: European Law Journal, 12: 1, 130–131.

Reese-Schäfer, Walter 1997: Supranationale oder transnationale Identität – zwei Modelle kultureller Integration in Europa. In: Politische Vierteljahrsschrift, 38: 4, 318–329.

Rhodes, Martin 1998: Defending the Social Contract. The EU between Global Constraints and Domestic Imperatives. In: Hine, David/Hussein Kassim (eds.): Beyond the Market: The EU and National Social Policy. London: Routledge, 36–59.

Richardson, Jeremy (ed.) 2001: European Union. Power and Policy-Making. London/New York: Routledge.

Riedmüller, Barbara/Rodenstein, Marianne (Hg.) 1989: Wie sicher ist die soziale Sicherung? Frankfurt: Edition Suhrkamp.

Riedmüller, Barbara/Willert, Michaela 2006: Chancen und Risiken der Eigenvorsorge in der Altersversicherung. In: WSI-Mitteilungen, 59: 4, 206–211.

Ringler, Jochen C. K. 1997: Die Europäische Sozialunion. Berlin: Duncker & Humbolt.

Risse, Thomas 2000: Let's Argue! Communicative Action in World Politics. In: International Organization, 54: 1, 1–40.

Rodrigues, Maria João (ed.) 2002: The New Knowledge Economy in Europe. A Strategy for International Competitiveness and Social Cohesion. Cheltenham/Northhampton: Edward Elgar.

Room, Graham (ed.) 1991: Towards a European Welfare State? Bristol: SAUS.

Room, Graham 1995: Armut in Europa: Konkurrierende Analyseansätze. In: Herrmann, Peter (Hg.): Europäische Integration und Politik der Armutsprogramme. Auf dem Weg zu einem integrierten Sozialpolitikansatz? Berlin/Rheinfelden: Schäuble Verlag, 124–146.

Room, Graham 1998: Armut und soziale Ausgrenzung: Die neue europäische Agenda für Politik und Forschung. In: Voges, Wolfgang/Kazepov, Yuri (Hg.): Armut in Europa. Wiesbaden: Verlag Chmielorz, 46–55.

Room, Graham/Henningsen, Bernd (Hg.) 1990: Neue Armut in der Europäischen Gemeinschaft. In Zusammenarbeit mit Jos Berghman, Alfredo Bruto da Costa,

Maria Garzia Giannichedda, Helumt Hartmann, Frank Laczko, Roger Lawson, Luis Villa Lopez, Gregory Mourgelas, Seamus O'Cinneide, Diane Robbins, Gaston Schaber, Jean-Paul Tricart. Im Auftrag der Kommission der Europäischen Gemeinschaften. Frankfurt/New York: Campus.

Rosamond, Ben 2000: Theories of European Integration. Basingstoke/New York: Palgrave.

Rosenbaum, Eckhard F. 2004: Ein Jahr Agenda 2010. In: Blätter für deutsche und internationale Politik, o.A.: 3, 317–326.

Rucht, Dieter 2005: Europäische Zivilgesellschaft oder zivile Interaktionsformen in und jenseits von Europa? In: Knodt, Michèle/Finke, Barbara (Hg): Europäische Zivilgesellschaft. Konzepte, Akteure, Strategien. Wiesbaden: VS Verlag für Sozialwissenschaften, 31–54.

Presse- und Informationsamt der Bundesregierung 2004: Schwerpunkt Lissabon-Strategie. In: e.public, Nr. 22, 08/2004, unter: http//: www.bundesregierung.de, gedruckt am 30.8.2004.

Sabatier, Paul 1993: Advocacy-Koalition, Policy-Wandel und Policy-Lernen: Eine Alternative zur Phasenheuristik. In: Héritier, Adrienne (Hg.): Policy-Analyse. Kritik und Neuorientierung. PVS-Sonderheft 24. Opladen: Westdeutscher Verlag, 116–148.

Sabatier, Paul (ed.) 1999: Theories of the Policy Process. Boulder: Westview Press.

Sabatier, Paul A./Jenkins-Smith, Hank C. (eds.) 1993: Policy-Change and Learning. An Advocacy Coalition Approach. Boulder: Westview Press.

Sabel, Charles F./Zeitlin, Jonathan 2007: Learning from Difference: The New Architecture of Experimentalist Governance in the European Union. In: European Governance Papers No. C-07-02, 10 May 2007.

Sachße, Christoph/Tennstedt, Florian (Hg.) 1986: Soziale Sicherheit und soziale Disziplinierung. Beiträge zu einer historischen Theorie der Sozialpolitik. Frankfurt: Edition Suhrkamp.

Sarcinelli, Ulrich 2002: Demokratische Bezugsgrößen. Legitimität. In: Jarren, Otfried/ders./Saxer, Ulrich (Hg.): Politische Kommunikation in der demokratischen Gesellschaft. Opladen: Westdeutscher Verlag, 253–267.

Sauer, Birgit 2005: Geschlechterkritischer Institutionalismus – ein Beitrag zur politikwissenschaftlichen Policy-Forschung. In: Behning, Ute/dies. (Hg.): Was bewirkt Gender Mainstreaming? Evaluierung durch Policy-Analysen. Frankfurt/New York: Campus, 85–101.

Schäfer, Armin 2006: Nach dem permissiven Konsens. Das Demokratiedefizit der Europäischen Union. In: Leviathan, 34: 3, 350–376.

Scharpf, Fritz W. 1970: Demokratietheorie. Zwischen Utopie und Anpassung. Konstanz: Universitätsverlag.

Scharpf, Fritz W. 1988: The Joint Decision Trap. Lessons from German Federalism and European Integration. In: Public Administration, 66: 3, 239–278.

Scharpf, Fritz W. 1996: Negative and Positive Integration in the Political Economy of European Welfare States. In: Marks, Gary/Fritz W. Scharpf/Philippe C. Schmitter/Wolfgang Streeck (eds.): Governance in the European Union. London/Thousand Oaks/New Delhi: Sage, 15–39.

Scharpf, Fritz W. 1997: Economic Integration, Democracy and the Welfare State. In: Journal of European Public Policy, 4: 1, 18–36.

Scharpf, Fritz W. 1998: Jenseits der Regime-Debatte: Ökonomische Integration, Demokratie und Wohlfahrtsstaat in Europa. In: Lessenich, Stephan/Ostner, Ilona (Hg.): Welten des Wohlfahrtskapitalismus. Der Sozialstaat in vergleichender Perspektive. Frankfurt/New York: Campus, 321–349.

Scharpf, Fritz W. 1999a: Regieren in Europa. Effektiv und demokratisch? Frankfurt/New York: Campus.

Scharpf, Fritz W. 1999b: The Viability of Advanced Welfare States in the International Economy: Vulnerabilities and Options. MPIfG Working Paper 99/9.

Scharpf, Fritz W. 2000: Notes Towards a Theory of Multilevel Governing in Europe. MPIfG Discussion Paper 00/5.

Scharpf, Fritz W. 2001: European Governance: Common Concerns vs. The Challenge of Diversity. MPIfG Working Paper 01/6.

Scharpf, Fritz W. 2002: The European Social Model: Coping with the Challenges of Diversity. MPIfG Working Paper 02/8.

Scharpf, Fritz W./Schmidt, Vivien A. (eds.) 2000a: Welfare and Work in the Open Economy. Vol. 1. From Vulnerabilty to Competitiveness in Comparative Perspective. Oxford: Oxford University Press.

Scharpf, Fritz W./Schmidt, Vivien A. (eds.) 2000b: Welfare and Work in the Open Economy. Vol. 2. Diverse Responses to Common Challenges in Twelve Countries. Oxford: Oxford University Press.

Schmalz-Bruns, Rainer 1995: Reflexive Demokratie. Die demokratische Transformation moderner Politik. Baden-Baden: Nomos.

Schmalz-Bruns, Rainer 1999: Deliberativer Supranationalismus. Demokratisches Regieren jenseits des Nationalstaats. In: Zeitschrift für Internationale Beziehungen, 6: 2, 185–244.

Schmidt, Manfred G. (Hg.) 1988: Staatstätigkeit. International und historisch vergleichende Analysen. PVS-Sonderheft 19. Opladen: Westdeutscher Verlag.

Schmidt, Vivien A./Radaelli, Claudio M. 2004: Policy Change and Discourse in Europe: Conceptual and Methodological Issues. In: West European Politics, 27: 2, 183–210.

Schmitter, Philippe 2000: How to Democratize the European Union ... and why bother? Lanham: Rowman + Littlefield.

Schneider, Volker 1999: Möglichkeiten und Grenzen der Demokratisierung von Netzwerken in der Politik. In: Sydow, Jörg/Windeler, Arnold (Hg.): Steuerung von Netzwerken: Konzepte und Praktiken. Wiesbaden: Westdeutscher Verlag, 327–346.

Schröder, Wolfgang 2003: Modell Deutschland und das Bündnis für Arbeit. In: Jochem, Sven/Siegel, Nico (Hg.): Konzertierung, Verhandlungsdemokratie und Reformpolitik im Wohlfahrtsstaat. Opladen: Leske + Budrich, 107–147.

Schuett-Wetschky, Eberhard 2005: Regierung, Parlament oder Parteien: Wer entscheidet, wer beschließt? In: Zeitschrift für Parlamentsfragen, 36: 3, 489–507.

Schulte, Bernd 1995a: Von der Wirtschafts- und Rechtsgemeinschaft über die Europäische Union zur Sozialunion? Das unerfüllte soziale Postulat der Europäischen Gemeinschaft. In: Döring, Dieter/Richard Hauser (Hg.): Soziale Sicherheit in Gefahr. Frankfurt: Suhrkamp, 222–246.

Schulte, Bernd 1995b: Armut: Eine Herausforderung für die europäische Integration. In: Herrmann, Peter (Hg.): Europäische Integration und Politik der Armutsprogramme. Auf dem Weg zu einem integrierten Sozialpolitikansatz? Berlin/Rheinfelden: Schäuble Verlag, 74–101.

Schulte, Bernd 1997: ‚Europäische Sozialpolitik – Auf dem Weg zur Sozialunion?' Die ‚soziale Dimension' der Gemeinschaft: Europäischer Sozialstaat oder Koordination nationaler sozialpolitischer Systeme? In: Zeitschrift für Sozialreform, 43: 3, 165–186.

Schulte, Bernd 2004: Die Entwicklung der Sozialpolitik der Europäischen Union und ihr Beitrag zur Konstituierung des europäischen Sozialmodells. In: Kaelble, Hartmut/Schmid, Günter (Hg.): Das europäische Sozialmodell. Auf dem Weg zum transnationalen Sozialstaat. WZB Jahrbuch. Berlin, edition sigma, 75–103.

Schumann, Hans-Gerd 1991: Politikwissenschaftliche Semantik- und Rhetorikforschung. Anmerkungen zu einer defizitären Bilanz. In: Opp de Hipt, Manfred/Latniak, Erich (Hg.): Sprache statt Politik? Politikwissenschaftliche Semantik- und Rhetorikforschung. Opladen: Westdeutscher Verlag, 14–22.

Schuppert, Gunnar Folke (Hg.) 2005: Governance-Forschung. Vergewisserung über Stand und Entwicklungslinien. Baden-Baden: Nomos.

Schuppert, Gunnar Folke/Zürn, Michael (Hg.) 2008: Governance in einer sich wandelnden Welt. PVS-Sonderheft 41. Wiesbaden: VS Verlag für Sozialwissenschaften.

Scott, John 2000: Social Network Analysis. A Handbook. London: Sage.

Scott, Joanne/Trubek, David M. 2002: Mind the Gap: Law and New Approaches to Governance in the European Union. In: European Law Journal, 8: 1, 1–18.

Siebel, Walter 1997: Armut oder soziale Ausgrenzung? Ein vorsichtiger Versuch einer begrifflichen Eingrenzung der sozialen Ausgrenzung. In: Leviathan, 25: 1, 67–76.

Streeck, Wolfgang (Hg.) 1994: Staat und Verbände. PVS-Sonderheft 25. Opladen: Westdeutscher Verlag.

Streeck, Wolfgang 1996: Neo-Voluntarism: A new European Social Policy Regime? In: Marks, Gary/Fritz W. Scharpf/Philippe C. Schmitter/Wolfgang Streeck (eds.): Governance in the European Union. London/Thousand Oaks/New Delhi: Sage, 64–94.

Streeck, Wolfgang 1998: Vom Binnenmarkt zum Bundesstaat? Überlegungen zur politischen Ökonomie der europäischen Sozialpolitik. In: Leibfried, Stephan/Paul Pierson (Hg.): Standort Europa. Europäische Sozialpolitik. Frankfurt: Suhrkamp, 369–421.

Streeck, Wolfgang (Hg.) 1999: Korporatismus in Deutschland. Zwischen Nationalstaat und Europäischer Union. Frankfurt/New York: Campus.

Streeck, Wolfgang 2000: Competitive Solidarity: Rethinking the ‚European Social Model'. In: Hinrichs, Karl/Kitschelt, Herbert/Wiesenthal, Helmut (Hg.): Kontingenz und Krise. Institutionenpolitik in kapitalistischen und postsozialistischen Gesellschaften. Frankfurt/New York: Campus, 245–261.

Streeck, Wolfgang/Trampusch, Christine 2005: Economic Reform and the Political Economy of the German Welfare State. MPIfG Working Paper 05/2.

Telò, Mario 2002: Governance and Government in the European Union: The Open Method of Coordination. In: Rodrigues, Maria João (ed.): The New Knowledge Economy in Europe. A Strategy for International Competiveness and Social Cohesion. Cheltenham/Northampton: Edward Elgar, 242–271.

Thatcher, Mark 1998: The Development of Policy Network Analyses. From Modest Origins to Overarching Frameworks. In: Journal of Theoretical Politics, 10: 4, 389–416.

Thelen, Kathleen 1999: Historical Institutionalism in Comparative Politics. In: Annual Review of Political Science, 1999: 2, 369–404.

Thelen, Kathleen 2000: Timing and Temporality in the Analysis of Institutional Evolution and Change. In: Studies in American Political Development, 14: 1, 101–108.

Tidow, Stefan 1998: Europäische Beschäftigungspolitik. Die Entstehung eines neuen Politikfeldes: Ursachen, Hintergründe und Verlauf des politischen Prozesses. Arbeitspapier der Forschungsgruppe Europäische Gemeinschaften Nr. 18. Marburg: Philipps-Universität Marburg.

Tömmel, Ingeborg (Hg.) 2007: Die Europäische Union. Governance und Policy-Making. PVS-Sonderheft 40. Wiesbaden: VS Verlag für Sozialwissenschaften.

Trampusch, Christine 2004: Von Verbänden zu Parteien. Der Elitenwechsel in der Sozialpolitik. In: Zeitschrift für Parlamentsfragen, 35: 4, 646–666.

Trampusch, Christine 2005: Sozialpolitik in Post-Hartz-Germany. In: WeltTrends, 13: 47, 77–90.

Treib, Oliver 2005: Die Bedeutung der nationalen Parteipolitik für die Umsetzung europäischer Sozialrichtlinien. Frankfurt/New York: Campus.

Trenz, Hans-Jörg 2002: Zur Konstitution politischer Öffentlichkeit in der Europäischen Union. Zivilgesellschaftliche Subpolitik oder schaupolitische Inszenierung? Baden-Baden: Nomos.

Trenz, Hans-Jörg 2005a: Europa in den Medien. Die europäische Integration im Spiegel nationaler Öffentlichkeit. Frankfurt/New York: Campus.

Trenz, Hans-Jörg 2005b: Zivilgesellschaft und Öffentlichkeit im europäischen Integrationsprozess: normative Desiderate und empirische Interdependenzen in der Konstitution einer europäischen Herrschaftsordnung. In: Knodt, Michèle/Finke, Barbara (Hg.): Europäische Zivilgesellschaft. Konzepte, Akteure, Strategien. Wiesbaden: VS Verlag für Sozialwissenschaften, 55–78.

Trubek, David M./Trubek, Louise G. 2005: The Open Method of Co-ordination and the Debate over 'Hard' and 'Soft' Law. In: Zeitlin, Jonathan/Pochet, Philippe (eds.): The Open Method of Co-ordination in Action. The European Employment and Social Inclusion Strategies. Brussels: Peter Lang, 83–103.

Tsebelis, Georg 1994: The Power of the European Parliament as a Conditional Agenda Setter. In: American Political Science Review, 88: 1, 795–815.

Urban, Hans-Jürgen 2004: Eigenverantwortung und Aktivierung – Stützpfeiler einer neuen Wohlfahrtsarchitektur? In: WSI-Mitteilungen 57: 9, 467–473.

Veit-Wison, John 1998: Armut oder Mindesteinkommensstandards? Das Problem eines Diskurs-Konfliktes. In: Voges, Wolfgang/Kapzepov, Yuri (Hg.): Armut und Europa. Wiesbaden: Verlag Chmielorz, 25–45.

Vobruba, Georg 1985: Arbeiten und Essen. Die Logik im Wandel des Verhältnisses von gesellschaftlicher Arbeit und existenzieller Sicherung im Kapitalismus. In: Leibfried, Stephan/Tennstedt, Florian (Hg.): Die Spaltung des Sozialstaates. Frankfurt: Edition Suhrkamp, 41–63.

Voges, Wolfgang/Kazepov, Yuri (Hg.) 1998: Armut in Europa. Wiesbaden: Verlag Chmielorz.

Walkenhorst, Heiko 1999: Europäischer Integrationsprozess und europäische Identität. Zur politikwissenschaftlichen Bedeutung eines sozialpsychologischen Konzeptes. Baden-Baden: Nomos.

Wallace, Helen/Wallace, William (eds.) 2000: Policy-Making in the European Union. Fourth Edition. Oxford/New York: Oxford University Press.

Wallace, Helen/Wallace, William/Pollack, Mark A. (eds.) 2005: Policy-Making in the European Union. Fifth Edition. Oxford/New York: Oxford University Press.

Weiler, Joseph H. H. 1997: European Citizenship: The Selling of the European Union. In: Antalowsky, Eugen/Melchior, Josef/Puntscher-Riekmann, Sonja (Hg.): Integration und Demokratie: Neue Impulse für die Europäische Union. Marburg: Metropolis, 265–296.

Weimar, Anne-Marie 2004: Die Arbeit und die Entscheidungsprozesse der Hartz-Kommission. Wiesbaden: VS Verlag für Sozialwissenschaften.

Wessels, Wolfgang 2001: Jean Monnet – Mensch und Methode. Überschätzt und überholt? IHS-Political Science Series No. 74. Vienna.

Wincott, Daniel 2001: Looking Forward or Harking Back? The Commission and the Reform of Governance in the European Union. In: Journal of Common Market Studies, 39: 5, 897–911.

Windhoff-Héritier, Adrienne 1987: Policy-Analyse. Eine Einführung. Frankfurt: Campus.

Wolf, Klaus Dieter 2000: Die Neue Staatsräson – Zwischenstaatliche Kooperation als Demokratieproblem in der Weltgesellschaft. Plädoyer für eine geordnete Entstaatlichung des Regierens jenseits des Staates. Baden-Baden: Nomos.

Wolf, Klaus-Dieter 2002: Civil Society and the Legitimacy of Governance Beyond the State. Unter: http://www.isanet.org/noarchive/wolf.html

Wörgötter, Caroline 2005a: Das Konventsmodell: Höhere Legitimität für die EU-Entscheidungsfindung? In: Österreichische Zeitschrift für Politikwissenschaft, 34: 4, 381–394.

Wörgötter, Caroline 2005b: EU-Chartas sozialer Grundrechte. Eine vergleichende Politikprozessanalyse zur Legitimität von ‚high politics'. Unveröffentlichte Dissertation. Universität Wien.

Zeh, Wolfgang 2005: Über Sinn und Zweck des Parlaments heute. Ein Essay zum Auftakt. In: Zeitschrift für Parlamentsfragen, 36: 3, 473–488.

Zeitlin, Jonathan 2005a: Social Europe and Experimentalist Governance: Towards a New Constitutional Compromise? In: European Governance Papers No. C-05-04.

Zeitlin, Jonathan 2005b: Conclusion. The Open Method of Co-ordination in Action. Theoretical Promise, Empirical Realities, Reform Strategy. In: ders./Pochet, Philippe (eds.): The Open Method of Co-ordination in Action. The European Employment and Social Inclusion Strategies. Brussels: Peter Lang, 447–503.

Zeitlin, Jonathan/Pochet, Philippe (eds.) 2005: The Open Method of Co-ordination in Action. The European Employment and Social Inclusion Strategies. Brussels: Peter Lang.

Zohlenhöfer, Reimut 2004: Die Wirtschaftspolitik der rot-grünen Koalition: Ende des Reformstaus? In: Zeitschrift für Politikwissenschaft, 14: 2, 381–402.

Zürn, Michael 1998: Regieren jenseits des Nationalstaates. Globalisierung und Denationalisierung als Chance. Frankfurt a.M.: Suhrkamp.

Politikwissenschaft

Nicole Gallina
Political Elites in East Central Europe
Paving the Way for "Negative Europeanisation"?
2008. 231 S. Kart.
24,90 € (D), 25,60 € (A), 44,00 SFr
ISBN 978-3-940755-18-6

Hartwig Hummel & Bastian Loges
Gestaltungen der Globalisierung
Festschrift für Ulrich Menzel
2009. 400 S. Kart.
39,90 € (D), 41,10 € (A), 67,00 SFr
ISBN 978-3-940755-29-2

Kinga Kas
Malte Brosig (eds.)
Teaching Theory and Academic Writing
A Guide to Undergraduate Lecturing
in Political Science
2008 160 pp. Pb. 16,90 € (D), US$19.90
ISBN 978-3-940755-01-8

In Ihrer Buchhandlung oder direkt bei
Budrich UniPress Ltd.
Budrich UniPress Ltd. – Stauffenbergstr. 7 – D-51379 Leverkusen-Opladen – Germany
ph +49.2171.344.694 – fx +49.2171.344.693 –
buch@budrich-unipress.de – www.budrich-unipress.de
Budrich UniPress Ltd. – Uschi Golden – 28347 Ridgebrook – Farmington Hills – MI 48334, USA
ph +1 (0)248.488.9153 – book@budrich-unipress.com – www.budrich-unipress.com

Armut bestrafen?

LOÏC WACQUANT

Bestrafen der Armen

Zur neoliberalen Regierung
der sozialen Unsicherheit
Aus dem Französischen von
Hella Beister
2009. 368 S. Kt.
29,90 € (D), 30,80 € (A), 49,90 SFr
ISBN 978-3-86649-188-5

Bestrafen der Armen
Zur neoliberalen Regierung der sozialen Unsicherheit

Ist Wegsperren eine Option zur Lösung sozialer Probleme? In den USA scheint das „Wegräumen" von Armen in Form von Gefängnisstrafen eine weit verbreitete Strategie zu sein. Und Europa ist dabei, von den USA zu lernen.
Wacquant analysiert Staat und Gesellschaft hüben wie drüben im Zeitalter des neoliberalen Siegeszuges. Doch er zeigt auch einen Weg aus dieser Begeisterung für Strafe, das die politischen Eliten in aller Welt dazu verleitet, die Gefängnisse als soziale „Staubsauger" einzusetzen, die den „Sozialmüll" von der Straße entfernen sollen.

„A tour de force!"
Frances Fox Piven, Autor des Buches *Regulating the Poor and Challenging Authority*

In Ihrer Buchhandlung oder direkt bei

Verlag Barbara Budrich • Barbara Budrich Publishers
Stauffenbergstr. 7. D-51379 Leverkusen Opladen
Tel +49 (0)2171.344.594 • Fax +49 (0)2171.344.693 • info@budrich-verlag.de
US-office: Uschi Golden • 28347 Ridgebrook • Farmington Hills, MI 48334 • USA •
ph +1.248.488.9153 • info@barbara-budrich.net • www.barbara-budrich.net

Weitere Bücher und Zeitschriften unter www.budrich-verlag.de